基于大观念的高中英语单元整体教学设计

理论与实践探索

（上册）

王 蔷 主编

北京师范大学出版集团
BEIJING NORMAL UNIVERSITY PUBLISHING GROUP
北京师范大学出版社

图书在版编目(CIP)数据

基于大观念的高中英语单元整体教学设计:理论与实践探索 / 王蔷主编. — 北京 : 北京师范大学出版社, 2023.12

ISBN 978-7-303-29740-5

Ⅰ.①基… Ⅱ.①王… Ⅲ.①英语课－教学设计－高中 Ⅳ.①G633.412

中国国家版本馆 CIP 数据核字(2024)第 010702 号

JIYU DAGUANNIAN DE GAOZHONG YINGYU DANYUAN ZHENGTI JIAOXUE SHEJI——LILUN YU SHIJIAN TANSUO

出版发行:北京师范大学出版社 www.bnupg.com
北京市西城区新街口外大街 12-3 号
邮政编码:100088

印　　刷:天津中印联印务有限公司
经　　销:全国新华书店
开　　本:787mm×1092mm　1/16
印　　张:29.5
字　　数:615 千字
版　　次:2024 年 1 月第 1 版
印　　次:2024 年 1 月第 1 次印刷
定　　价:98.00 元(上、下)

策划编辑:王翠萍　　责任编辑:王翠萍
美术编辑:王　蕊　胡美慧　　装帧设计:胡美慧
责任校对:段立超　包冀萌　张亚丽　　责任印制:孙文凯

总 目

上 册

上篇 基于大观念的单元整体教学设计理论概述

下篇 北师大版高中英语单元整体教学实践案例

下 册

目 录

（上 册）

上篇 基于大观念的单元整体教学设计理论概述

上篇 基于大观念的单元整体教学设计理论概述

上篇

第一章　基于大观念的单元整体教学设计

第一节　大观念提出的背景及其内涵与特征

一、大观念提出的背景

(一)大观念的提出

大观念，英文为 Big Ideas 或 Big Concepts，多被译为大观念、大概念、核心观念或核心概念等。鉴于“大观念”一词体现比“大概念”更上位，并具有时代背景下的发展性和延展性，也更符合中文表达习惯，本文拟采用“大观念”一词来表示概念的概念，也便于与具体的基础概念进行区分。大观念在教育领域的提出，最早可以追溯至1902 年，当时杜威谈到，教师应把学科知识“心理学化”，从而形成大观念，摆脱传统教学中的事实和观点，因为它们往往限制学生思考自身学习的方式(Smith & Girod，2003)。后来，Whitehead(1929)提倡儿童教育中的“大观念”，并指出儿童教育中引入的主要思想需要少而精，并尽可能地将它们相互关联起来。Phenix(1964)也强调课程设计应聚焦对学科“代表性概念”的深入理解，有效地提升学习的效能和效率。

21 世纪初期，Erickson(2001)和 Wiggins 等(2005)学者也相继对大观念进行了研究，但主要停留在微观的单元或主题教学设计层面。2010 年，以 Harlen 为代表的探究式科学教育专家委员会(IAP-IBSE)正式从宏观的学科教育层面探讨大观念，明确提出基础教育阶段的 14 项科学大观念，以大观念的理念重构科学教育体系，有机渗透在内容、方法和评测之中，围绕有联系的、有结构的科学核心概念和模型进行科学教育(韦钰，2016)。

(二)核心素养背景下的大观念

《普通高中英语课程标准(2017 年版 2020 年修订)》(以下简称《课标》)首次使用了“大概念”一词(等同于本文的大观念)，明确了高中课程要“重视以学科大概念为核心，使课程内容结构化，以主题为引领，使课程内容情境化，促进学科核心素养的落实”(中华人民共和国教育部，2020)。大观念的提出要求教师要跳出专注于针对零散知识点掌握的教育，转而引导学生在把握学科本质和内涵的基础上，关注对学科内容、学科方法等上层综合概念(Umbrella Term)的理解。鉴于其概括性、普遍性等特点，大观念能够有效统整学科核心内容，打破传统的以知识点为中心的碎片化教学，指向结构化的学科大观念形成(崔超，2020)。因此，大观念是学科核心素养落实的重要抓手，是引领课程与教学改革的核心观念。

近年来，在英语课程中发展学生学科核心素养已经引起广大学者和教师的重视，但针对大观念的相关研究在我国仍处于起步阶段，教师对大观念的内涵与价值也知之甚少，因而从大观念的角度探索英语学科核心素养落实的可能路径具有现实意义(李刚、吕立杰，2018a)。本文拟结合英语学科教学的特点，梳理英语学科中的大观念，探索基于大观念进行英语教学设计的有效途径。

二、大观念的内涵与特征

(一)大观念的内涵

从学科本质的角度，大观念是深层次的、有意义的、可迁移的核心观念，指向学科具体知识背后更为本质的内容，体现学科的思维方式和核心观点。Erickson(2001)指出，大观念是对概念关系的表述，将离散的知识点有意义地联系起来，抽象出具有深层含义的重要概念。基于 Bruner 等学者的研究，Clark(1997)将观念(Concept)与大概念等同起来，提出观念是理解和联结小观念的大概念。因此，学科大观念可以理解为反映学科本质的关键概念，能将学科关键思想和相关内容联系起来，是学生深入挖掘学科内核的“概念锚点”(王喜斌，2018)。

从课程内容的角度，大观念是处于课程体系中心地位的学科概念架构。宗德柱(2019)认为内容大观念类似于 Ausubel 所说的“学科基础结构”，即对学科内容具有更强包容性、概括性与解释力的核心概念或者命题。学生需要理解各个学科的基础结构，并将这些基础结构有意义地联系起来，促进知识的整合、迁移与应用。Wiggins 和 McTighe(2005)也提到了大观念是能够帮助整合和迁移的学科核心知识结构。他们指出，大观念作为课程内容的重点观念、原则、理论和问题等，能够使具体的知识点结构化、体系化，促进对课程内容持续性的理解，进而可迁移到学科内或学科间的其他情境中。

从过程与方法的角度，大观念是统摄教与学过程的原则和方法。结合英语单元教学，崔超(2020)指出，大观念是组织教学过程的核心，为教师设计教学过程提供依据和思路，使单元教学过程相互联系并具有一致性。顿继安、何彩霞(2019)强调，大观念提供“理解知识、研究和解决问题的思想方法或关键工具，可运用于新的情境”，为学生学习过程的组织指明方向和途径，促进高质量学习活动的开展。

综上所述，大观念是一个相对的概念，可以针对不同学科、不同学科知识或不同人群对象，同时还有不同的层次。就英语课程而言，既有宏观层面关于英语课程本质和内涵的大观念，也有相对微观层面关于语言知识的内涵和教学的大观念。对教师而言，它是统领教学设计的核心理念；对学生而言，它是通过课程内容学习所达成的育人目标。具体来说，它是学生完成学习后生成的新的认知结构、解决问题的思想和方法以及价值观念，是学生可以迁移到新的情境中用于解决问题的素养，是能够对学生一生产生深远影响的观念，并会持续影响其品格、品性和行为表现。显然，有关特定主题的大观念通过单一语篇的学习是难以实现的。学生只有从多角度建构相关主题的知识，挖掘单元内不同语篇背后的深层意义，才能形成相对完整的对该主题的认知、价值判断和行为取向。

(二)大观念的特征

1. 中心性

大观念中的“大”并非指一个大的抽象范畴，而是指处于课程、教学和评价的中心位置、具有“强大”影响力的理论和原则。有限的大观念之间相互联结，所构成的大观念群集中体现了学科本质和学科结构(李刚、吕立杰，2018a)，是指导教师开展教学的核心理念，也是引导学生学习学科内容的核心知识。

2. 网状性

大观念的网状结构为小概念的组织提供了合理框架，构成联结学科知识的纽带。这种大观念网将学科内容进行纵向联结，不同学段以大观念为中心进行课程内容的选取和组织，是课程设计的关键线索(李刚、吕立杰，2018b)。

3. 抽象性

作为从事物共性中抽象出来的体现事物本质的规律，大观念的普遍性越大，也就越远离具体的事物与现象(Wiggins & McTighe，2005)。因此，它常常表现出抽象的、不明显的，甚至有悖于直觉的特征(Erickson，2001)。为此，教师需要精心设计教学活动以帮助学生抽象出核心的意义和价值。

4. 持久性

大观念有助于学生在新旧知识间建立联系，从而强化对学科知识的深层次理解，具有可持久性。大观念会不断地发展和完善，在学习的不同时期、不同阶段可以反复出现，能够用于解释较大范围的事物和现象，贯穿学生的一生(任虎虎，2020)。

5. 迁移性

认知心理学的相关研究表明，与单纯的记忆相比，以概念框架的形式组织和理解信息，将有利于实现更大程度的迁移(Bransford *et al*，2000)。鉴于其网状结构的特点，大观念能够帮助联结零散的主题与技能，从而可迁移到新情境中用于解决问题(Erickson，2001)。

综上可见，大观念不是学科中某一具体的知识或原则，而是反映学科本质的、处于课程中心地位的、统摄教学过程的学科概念架构、内容联结与方法，它在碎片化的小概念之间建构有意义的联结，具有广泛的适用性和解释力。在学科课程教学中，大观念能够指导教师确定教学目标、选取教学内容、组织教学流程(顿继安、何彩霞，

2019)，帮助学生建构知识网络、深化学科观念、提高迁移能力(金鑫，2019)，从而有效推进学科核心素养的落地。因此，在当前普通高中课程改革背景下，明确英语学科包含哪些大观念是十分有必要的。本文将在梳理加拿大英属哥伦比亚省外语课程大观念的基础上，结合《课标》和英语学科自身特点，梳理我国中小学英语课程的大观念。

第二节　外语课程标准中的大观念

一、国外外语课程标准中的大观念，以加拿大英属哥伦比亚省为例

加拿大英属哥伦比亚省颁布的 K-12 课程标准(British Columbia's New Curriculum)(2020)构建了由三个要素组成的课程框架(见图 1-1)，即：知道(Know)、实践(Do)和理解(Understand)。“知道”指向内容学习标准，阐明各个年级所要求的基本主题和知识。“实践”指向能力标准，表明学生逐渐发展起来的技能、策略和过程。“理解”指向大观念，代表学科课程本质或内涵的一系列原理、原则，以及学生经过学习应该把握的深层概念。

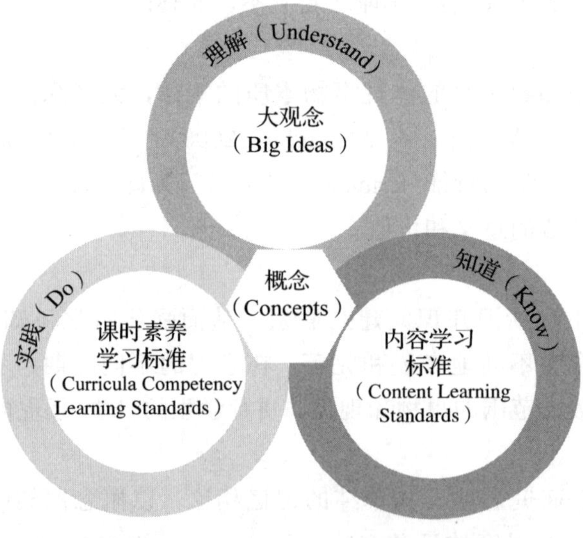

图 1-1　“知道—实践—理解”课程框架

外语课程标准(2020)遵循以上课程框架进行设计。学生基于内容标准、能力标准和大观念这三个相互关联的要素开展学习。大观念就是通过学习课程内容、发展学科能力而逐步理解的学科中的重要原理、原则和关键概念，超越单一年级而持久存留，指向深度学习。

该标准各年级的大观念类似，可以归为三个主题类别：语言输入、互动和输出机

会；故事是整体意义的载体；语言学习中的文化意识建构和身份认同发展。随着年级增长，这三个类别的大观念在认知发展的维度和情感参与的深度上体现出进阶式发展（见表 1-1）。

表 1-1　加拿大英属哥伦比亚省外语课程标准中的大观念

<table>
<tr><th rowspan="2">年级</th><th colspan="3">大观念</th></tr>
<tr><th>主题 1：语言输入、互动和输出机会：
· 有目的地听和看（输入）
· 互相交流（互动）
· 表达自己（输出）</th><th>主题 2：故事是整体意义的载体：
——故事</th><th>主题 3：语言学习中的文化意识建构和身份认同发展：
——文化意识建构
——身份认同发展</th></tr>
<tr><td>5</td><td>· 有目的地听与看促进新语言习得。
· 语言和非语言信息线索都有利于对语言意义的理解。
· 使用高频词和句式可以帮助实现互动交流。</td><td>故事促进语言习得。</td><td>· 我们可以通过新语言探索我们的身份。
· 每个文化都有不同的传统和庆祝方式。</td></tr>
<tr><td>6</td><td>· 有目的地听与看帮助我们理解信息。
· 使用高频词和句式可以帮助实现互动交流。</td><td rowspan="2">故事帮助我们学习语言，了解世界。</td><td>· 了解不同文化群体的语言可以帮助我们发展文化认知。
· 我们可以通过新语言探索我们的身份。</td></tr>
<tr><td>7</td><td>· 有目的地听与看可以帮助不断理解更多信息。
· 互动交流帮助我们理解和获得语言。</td><td>· 了解不同文化群体可以帮助我们发展文化认知。
· 加深对一门新语言的理解可以帮助我们探索身份和所在地理环境。</td></tr>
<tr><td>8</td><td>· 有目的地听与看帮助我们习得和理解新语言。
· 我们可以用新语言表达自己，谈论身边的世界。
· 随着流利度增强，我们可以更加积极地参与互动交流。</td><td rowspan="2">我们可以通过故事分享我们的经验和观点。</td><td>· 创作性的作品是语言和文化的表达。
· 学习新语言和文化能够帮助我们深入了解自己的语言和文化。</td></tr>
<tr><td>9</td><td>· 有目的地听与看帮助我们习得和理解新语言。
· 谈论我们关注的事情可以激励我们学习一门新语言。</td><td>· 创作性的作品可以帮助我们体验和欣赏文化多样性。
· 学习新语言可以帮助我们用新视角探索自己的身份和文化。</td></tr>
<tr><td>10</td><td>· 有目的地听与看帮助我们习得和理解新语言。
· 用新语言表达自己和与人对话时，需要勇气、冒险和毅力。</td><td>故事是我们理解意义、反思意义的独特方式。</td><td>· 文化表达有多种方式。
· 习得新语言可以获得和不同文化群体接触和交流的独特机会。</td></tr>
</table>

续表

年级	大观念		
	主题 1：语言输入、互动和输出机会： · 有目的地听和看(输入) · 互相交流(互动) · 表达自己(输出)	主题 2：故事是整体意义的载体： ——故事	主题 3：语言学习中的文化意识建构和身份认同发展： ——文化意识建构 ——身份认同发展
11	· 有目的地听与看帮助我们习得新语言。 · 交流的环境决定我们如何表达自己。		· 探索文化的不同表达可以加强我们对自己文化身份的理解。 · 语言与文化互相联系，塑造我们的观念、身份和话语。 · 获得新语言可以提供职业、旅行、个人发展和海外学习的机会。
12	· 语言学习是终身事业。 · 有了更高的语言能力，我们可以更细微、更清晰地讨论和支持我们的观点。		· 探索文化表达的多样性帮助我们更好地理解和欣赏世界文化。 · 用新语言分享我们的情感、观点和观念帮助构建我们的身份。 · 有了更高的语言能力，我们可以更好探讨国际事件。

基于以上表格，可以归纳出三个主题类别的大观念在不同年级的进阶体现在：

主题 1：低年级的重点是输入和互动；高年级的重点是互动和输出。

主题 2：5～7 年级，故事是获得语言和认识世界的工具；8～9 年级，故事是自我表达的工具；10 年级，故事是反思意义的工具；11～12 年级，抽象思维的能力得到不断加强，不再使用故事作为表述的工具，转而通过思辨方式进行表达。

主题 3：低年级的重点在于了解其他文化；高年级的重点在于基于对其他文化的了解，发展对自我与本民族文化身份的认同。

二、《课标》中的大观念

《课标》指出学科核心素养是学科育人价值的集中体现，是普通高中英语课程目标的核心。英语学科核心素养主要由语言能力、文化意识、思维品质和学习能力四方面构成(见图 1-2)。

图 1-2 《课标》英语学科核心素养框架

这四个要素紧密联系，相互促进，体现整合性的英语课程目标。梅德明和王蔷(2018)指出四者的关系为，“语言能力是基础要素，文化意识是价值取向，思维品质是心智特征，学习能力是发展条件，它们共同服务于英语课程的总目标”。《课标》还构建了为实现目标而服务的六要素整合的课程内容和教学方式，即英语学习活动观。《课标》以非显性标明的学科大观念为导向，推动学科课程走向结构化和整合化。

如前所述，学科大观念服务于学科课程目标的落实，指导课程内容的组织和课程实施方式。基于大观念所建构的学科理念、原则和方式应体现本学科课程的本质和内涵、对课程内容和教学过程的深层次认知，以及对学科实施过程应遵循的原则、理念和方法的阐述。《课标》虽然未显性地使用学科大观念的概念，但该标准从学科本质、课程内容和课程实施三个视角展现出了重要的大观念，体现了对英语学科的本质、内涵、原则和方式的深层次认知，成为落实英语学科核心素养目标、有效组织课程内容和开展教学设计的重要抓手。

以下，我们尝试从学科本质、课程内容和课程实施三个视角，围绕三个主题，即英语课程与学科育人、语言学习与主题意义探究、语篇与语言学习活动整理并提炼英语学科宏观、中观、微观三个层次的纵横关联的大观念网络结构(见表 1-2)。

表 1-2 《课标》中的英语学科大观念

三个层次 / 三个视角	大观念		
	宏观：主题 1 英语课程与学科育人	中观：主题 2 语言学习与主题意义探究	微观：主题 3 语篇与语言学习活动
(1)学科本质视角：体现英语课程应遵循的原理、原则和理念	•英语课程具有工具性和人文性融合统一的特点； •语言既是交流的工具，也是文化的载体和思维的工具； •英语课程应以德育为魂、能力为重、基础为先、创新为上。	•语言学习是以主题为引领、以语篇为依托、以活动为途径的整合性学习； •语言学习是为了理解和表达意义，更好地认识自己、认识他人、认识社会和认识世界，维持有效的人际沟通和文化理解； •语言学习是学生主动参与的实践过程，由意义与兴趣驱动，具有关联性、实践性、应用性、渐进性和综合性的特点。	•语篇是意义的载体，基于语篇的学习帮助我们了解世界、了解自己的语言和文化，并用新视角探索自己的身份和文化； •语言不能脱离文化而存在，语篇在表层上由语言构成，在深层上由文化内容构成；语篇按照其特定结构，将语言与文化融合在一起； •基于语篇的语言学习活动是学生在特定情境中，学习和运用语言知识、语言技能和学习策略，理解和表达观点、情感和意图的过程； •语篇具有特定的文体结构和语言特征，分析语篇的结构和语言特征有利于学生加深理解主题意义，提高表达技巧。

续表

三个层次 三个视角	大观念		
	宏观：主题 1 英语课程与学科育人	中观：主题 2 语言学习与主题意义探究	微观：主题 3 语篇与语言学习活动
(2)课程内容视角：体现英语课程内容的选取原则、构成要素及各要素之间的关系。	• 英语课程内容由主题语境、语篇类型、语言知识、文化知识、语言技能和学习策略六要素构成； • 课程内容是发展学生学科核心素养的载体； • 课程内容具有结构化、整合化、情境化的特点。	• 语言学习应围绕主题意义，建立内容要素之间的有机关联，改变教学内容的碎片化现象； • 主题为学科育人提供范围和语境，语篇为学习语言和文化知识提供文体素材，语言所承载的文化知识是形成文化意识的基础，语言技能和学习策略是发展语言能力、探究主题意义的手段和条件； • 语言学习是学生在主题意义引领下，运用语言技能和学习策略，获取语言和文化知识，阐释文化内涵，比较文化异同，涵养内在精神的过程。	• 语篇的选择应尽量贴近学生生活和时代，涵盖多种类型，包括多模态语篇； • 语篇在特定主题语境下，承载语言知识和文化知识，传递文化内涵、价值取向和思维方式； • 学习和使用不同类型的语篇，能提高学生表达和交流的有效性； • 深入研读语篇，明确教学核心内容，挖掘语篇育人价值，是教师开展有效教学的重要前提。
(3)课程实施视角：体现课程实施中应遵循的原则、理念和方法。	• 英语学习活动观是落实学科核心素养、优化教与学方式、提升教学效果的有效途径； • 学生基于意义探究获得中外优秀人文和科学知识，比较和探究文化内涵，从而形成跨文化意识、发展跨文化交流能力、涵养人文和科学精神、坚定文化自信； • 教、学、评一体化是实现英语学科核心素养培养目标的保障。	• 语言学习是学生围绕主题意义，从已知出发，通过学习理解、应用实践和迁移创新等活动，获得语言能力、文化意识、思维品质和学习能力一体化发展； • 在语言学习中，学生以自主、合作和探究的方式，通过师生、生生和生本间有意义的互动交流，获得知识、提升技能、发展思维、塑造品格； • 评价是语言学习的必要组成部分，师生应同为评价的主体，通过形成性和终结性评价，为调整教与学提供依据和方向。	• 语言学习需要充分并有意义的语言输入，语言的理解和表达在互动中形成，通过持续的学习获得发展； • 语言知识的学习应融入语篇、语境和语用之中； • 语言学习活动是学生基于语篇和主题语境，在教师的指导下主动探究意义的过程； • 检验教学是否有效的唯一标准是学生能否整合性地运用所学内容，阐释对语篇主题的深层次认知，有理有据地表达个人观点和态度，体现正确的价值判断。

提炼和把握学科大观念，对教师落实课程目标、有效组织教学内容和实施教学具有十分重要的指导意义，也是提升英语教师专业水平和能力的重要依托。

第三节　大观念与英语教育的关系

一、国际视角下不同学科大观念的提炼及其价值探讨

查尔斯基于中小学数学学科特点及其知识内在逻辑，提出数字符号、等价、比较、属性等 21 个数学大观念，并指出基于数学概念(知识)提炼的学科大观念有利于统整和联结学科知识体系，以此来组织教学则有助于强化学生对数学学科关键概念的深度理解，培养学生的数学思维，促进学生迁移运用数学知识。

哈伦在肯定大观念对科学教育改革的重要性的同时，以应用广泛度、与学科内容和学生兴趣的关联度、可迁移性、解释力、对问题解决的指导性、解决问题的成就感以及跨学科特征为原则，提出 14 个科学大观念[①](10 个有关科学知识的大观念和 4 个有关科学本身的大观念)，并认为以科学大观念为线索整合科学核心概念有助于学生掌握科学的关键知识和探究方法，培养科学思维，形成科学精神。

保蒂斯塔等在“Curriculum integration in arts education: Connecting multiple art forms through the idea of ‘space’”中以“空间”这一跨学科的大观念统整和组织舞蹈、音乐、戏剧与视觉艺术等多种艺术表现形式相融合的模块式教学，并指出以大观念为引领、融合多种艺术表现形式的教学设计不仅能够加深学生对艺术内涵与表现形式的理解，而且能够有效指导学生进行不同形式的艺术创造和实践，全面发展 21 世纪未来艺术家应具备的各项能力与技能[②]。

在社会学科研究领域，依据埃里克森在 *Stirring the Head, Heart, and Soul: Redefining Curriculum and Instruction* 中提出的“知识的结构”(见图 1-3)[③]，学生能够从全球化时代这一主题下的大量事实性知识中抽象概括出科技、政治思潮、文化世界观、孤立主义、影响力等具有跨学科特点的概念群，进而提炼出两个大观念——技术的进步有助于政治思想和观点的传播与文化世界观的革新，孤立主义是社会群体用来抵制不受欢迎的社会、政治与经济影响力的工具。由此可知，社会学科研究领域的概念学习是以内容为本、以主题为驱动的，这不仅有利于打破学科边界，促进知识整合，也有助于学生认识社会现象、解决社会问题与探索社会发展规律。正如雅各布在

① 14 个科学大观念包含宇宙中所有的物质都是由细小的微粒构成、生物体是由细胞组成等。

② 21 世纪未来艺术家应具备的各项能力与技能包括创造力、批判性思维、自我表达与反思能力等。

③ 埃里克森于 1995 年提出“知识的结构”，并阐述主题、事实与其相关概念、概括、原理和理论间的关系。2013 年，兰宁在此基础上补充“过程的结构”，并论述过程、策略和技能与概念、概括和原理之间的关系。

Curriculum 21: Essential Education for a Changing World 中所提出的，社会学科研究领域应打破传统学科划分的藩篱[①]，以学习主题为统领，聚焦当代社会的热点议题，进行学科间交叉融合式教学。

与社会学科研究领域的内容为本、主题驱动的概念学习不同，兰宁在 *Designing a Concept based Curriculum for English Language Arts: Meeting the Common Core with Intellectual Integrity* 中发现，语言与艺术类等学科的概念学习具有明显的过程驱动特点，即将过程、策略、技能看作是帮助学生接触和探究学习内容的工具。为此，她在“知识的结构”的基础上补充了“过程的结构”(见图 1-3)。以美国《共同核心课程标准》英语语言艺术“反复传诵的故事”为例，学生在复述故事梗概和关键细节、比较故事人物的经历并归纳相似点的基础上，提取出叙事技巧、角色特点、重要观念等紧密关联的技能与策略的概念群，由此建构关于语言技能过程的大观念(埃里克森、兰宁，2018)。

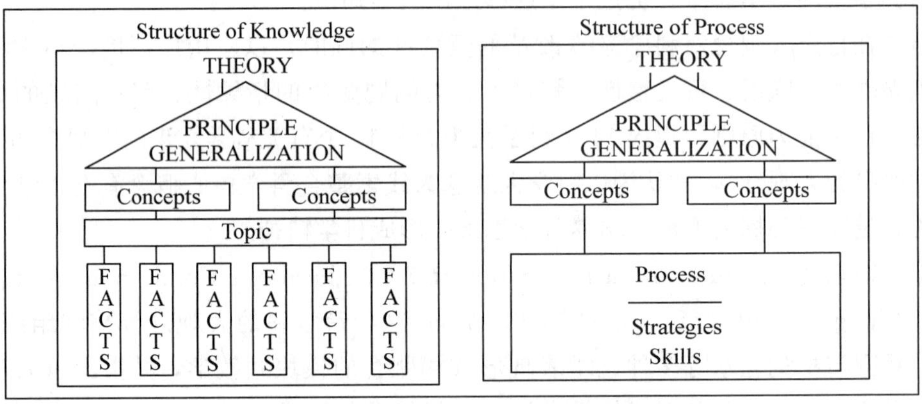

图 1-3 “知识的结构”和“过程的结构”概念框架

事实上，在英语语言艺术等学科中，“知识的结构”中的内容主题大观念的提炼，离不开“过程的结构”中的技能或策略大观念的提炼。同时，“过程的结构”只有应用到具体的学习内容中才能产生意义。例如，“在小学阶段名为‘神话人物’的语言艺术单元中，我们不仅应按照‘知识的结构’，从各文本中逐步提取出反映学习内容主题的概念或通则，而且应处理‘过程的结构’的概念性理解以确保学生成为有效的阅读者、写作者、阅览者、演说者或研究者”(Erickson *et al*，2017)。由此可知，技能和策略大观念不能仅仅是一般性的机械训练，而是能够引导学生形成对技能和策略的概念性认知并将其迁移到其他类似的学习任务中，帮助学生对所学内容主题进行深入理解和探究。埃里克森等认为，“在每门学科中，有效的课程单元通常需要知识与过程两种结构的结合，二者对确保学生的深度理解都有至关重要的作用”(2017)。知识和过程就像是一枚硬币的两面，二者是相互依存、互为补充的共生结构。

① 雅各布指出，社会学科研究通常可分为地理、历史、人类学、社会学、经济学、政治科学等下属学科群。

综上所述，大观念是具有复杂内涵的革新性教育理念和教育工具。在国际上，就来源而言，大观念既有客观存在的原理通则，也有通过建构生成的概念化理解；就学习内容而言，根据不同学科的特点，大观念既有由内容主题驱动的“知识的结构”，也有由策略、技能驱动的“过程的结构”，两种结构兼容共生，互为依存，共同助力学科大观念的建构与生成；就教学目标而言，国外概念为本的学科课程多重视培养学生的思维能力与在真实情境中解决问题的能力；就国外学科发展的走向而言，学科课程有从单一走向深度融合的趋势，使得核心概念和观点在不同学科得以丰富和延伸，从而实现纵横双向多维度的概念理解和迁移应用的目标。

二、英语学科大观念

英语学科大观念既有大观念一般意义上的普遍性特征，又有其作为语言学科的特殊属性。在借鉴与吸收埃里克森和兰宁关于“知识的结构”与“过程的结构”概念框架的基础上，结合近些年对英语学科本质观和学科育人观辩证关系的思考，我们发现，要想全面、客观且深入地理解英语学科大观念，需要借助学科内以及跨学科的双重视域进行透视，即将其分为指向学科本体的语言大观念和具有跨学科特点的主题大观念[①]。也就是说，英语学科大观念应该是语言大观念和主题大观念的有机融合体，二者相互依存、互为补充。

从学科内视域出发，指向学科本体的语言大观念指的是学生在学习和使用语言的过程中感知与体悟的关于语言是如何理解和表达意义的知识结构、方法策略和学习观念。例如，学生在学习一篇记叙文的过程中，能够逐步感知记叙文的“六要素”（when、where、who、what、why、how）。这就是一个关于语篇类型知识的、指向学科本体的、可迁移的语言大观念。在英语教学中，语言大观念植根于英语学科本质观，客观存在于英语语言的本体性知识和运作性知识中，是从语言学科的视角“正本清源”地描述与表达英语作为语言符号系统的构成、运行、应用等规律的概念性理解。因此，从语言学习的意义上来看，语言大观念在提升学生对语言本质、语言形式与功能的认识，有效使用语言进行理解和表达的能力方面，有着十分重要的价值与意义。

从跨学科视域出发，英语学科中的主题大观念具有普遍意义上的跨学科特点，包含在人与自我、人与社会、人与自然等三大主题范畴之中，为学生学习语言和探究主题意义提供语境，并在学习内容中有机渗透情感、态度和价值观，以使学生在完成学习后能够基于主题建构并生成新的认知，解决问题的思想、方法以及正确的价值观念。它是学生可以迁移到新的情境中用于解决问题的关键能力、必备品格和正确的价值观的具体表现，“是能够对学生一生产生深远影响的观念，并会持续影响其品格、品性和行为表现”（王蔷等，2021）。正如叶澜所言，深度开发学科内容的育人价值，有利于使

① 不同于埃里克森在“知识的结构”中的“主题（topic）”，本书的“主题大观念”中的“主题（theme）”是基于话题的主题意义探究，更具上位性。

固化的知识重新活化、结构化，产生知识之树的生长、发展感，并最终走向学科育人(叶澜，2016)。需要强调的是，不同于语言大观念的客观性，主题大观念具有建构性，需要基于对多个单元主题的全过程深度学习才有可能生成(见图 1-4)。

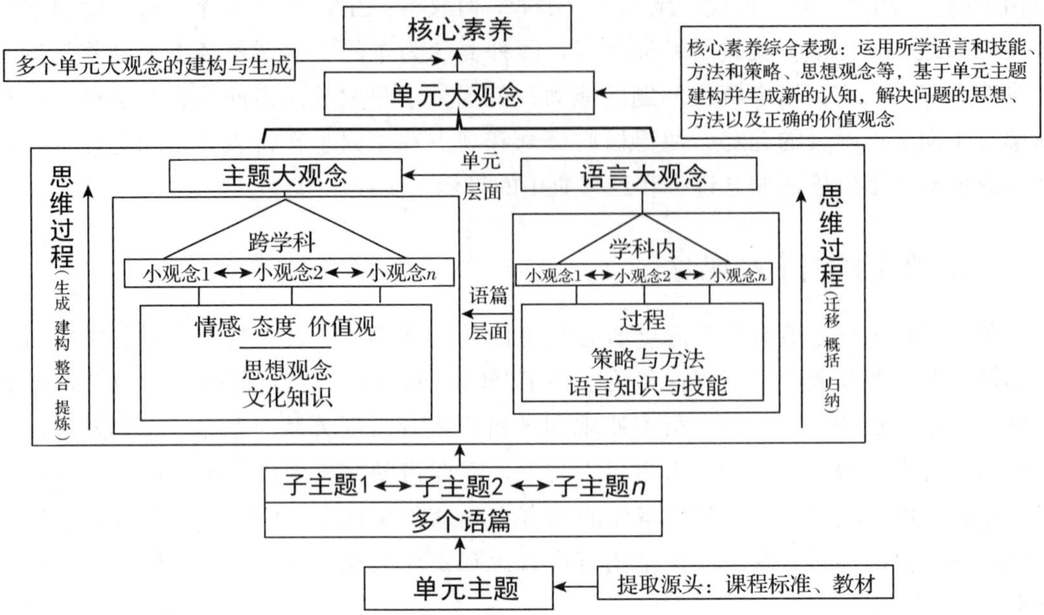

图 1-4　英语学科大观念构成示意图

三、大观念与主题意义

《课标》将主题列入英语课程内容的第一要素，明确指出“英语课程应该把对主题意义的探究视为教与学的核心任务”。随着《课标》的颁布与实施，基于主题意义探究的英语教学理念与实践得到了广大教师的广泛认同。在此背景下，亟须厘清大观念与主题意义的联系与区别。

大观念的“大”是个相对的概念，具有伸缩性。在单元内的具体语篇层面，“大”观念就变成了“小”观念。本文以单一语篇为例具体阐述主题、主题意义和主题意义探究三者之间的关系，进而说明什么是小观念。简而言之，主题是主题意义的载体和基础，主题意义是关于主题的陈述性表达，主题意义探究是学生与主题所承载的内容深度对话后建构出来的关于主题的新的拓展性理解，主题意义探究的结果即可理解为学生完成学习后建构和生成的基于该语篇主题的小观念。下面以北师大版普通高中教科书《英语》必修三第八单元“Green Living”的“Lesson 1 Roots & Shoots”为例加以说明。该单元的主题是“绿色生活”。学生通过学习第一课语篇中 just-me-ism 这一错误观念对环境的危害以及理解环保组织 Roots & Shoots 的理念，感知到“号召每个人行动起来保护环境”是“Roots & Shoots”所蕴含的主题意义，进而在深入思考该主题意义后形成“个人对绿色生活作用的认识”这一主题意义探究的结果，即该语篇的小观念。照此逻辑，教师继续引导学生建构其余语篇的小观念，并在此基础上引导学生建立起各小观念之间的联系，从语言和主题两个维度建构实现绿色生活所面临的问题及其原因、危害、解决措施和路径，实现绿色生活的意义以及实现绿色生活与个人认识和行动的关系，最终建构并生成关于这一单元主题的大观念“绿色生活是每个人选择的结果：从我做起，树立环保观念，关注环保现状，加入环保行动”。这一过程是学生运用所学语言、知识、方法和策略等表达个人对绿色生活主题的新的结构化认知、态度、价值判断和行为选择。

虽然在单一语篇层面主题意义探究的结果就是语篇的小观念，但主题意义和大观念并不同属于一个类属概念，而是存在上下位的关系，这在单元整体教学层面体现得尤为突出。单元主题是大观念得以建构和生成的物质基础，单元大观念本质上是在单元层面围绕多个语篇的子主题建构和生成的“结构化知识”(Jonassen *et al*，1993)，具有中心性、网状性、抽象性、持久性和迁移性的特征(王蔷等，2020)。单元大观念超越事实与技能的二维教学模式，创生出深层知识以及具有可迁移性和高阶思维特点的上位概念、通则、原理，即大观念，构成围绕主题的三维立体表达(埃里克森，兰宁2018)。因此，“大概念更适用于单元及单元以上(内容范畴)的教学设计。只有在足够宽泛的内容范畴内，才更有机会从看似没有联系的内容之间发现本质联系，进而形成上位的大概念”(李春艳，2020)。主题意义并不具备上述大观念特征，它无法统整单元内多个子主题的内容。综上所述，单元和大观念是兼容的，单元和主题意义则难以对接，因此单元主题意义的表述或欠妥当。

四、大观念与单元整体教学

长期以来，英语教学偏重单一语篇教学，过度关注词汇和语法知识，或聚焦语言技能和技巧训练，常常忽视单元或语篇主题及内容背后的育人潜能。从教学实践来看，单一语篇教学虽然能确保教学按序线性推进，但不利于建立单元内容之间的有机关联，无法对单元主题的诸多侧面进行上位整合，也无法从单元整体的角度开展持续性评价，因而难以推动深度学习的发生，影响了英语学科育人效力的充分发挥。

大观念的提出为解决英语教学碎片化和表层化问题提供了新的思路，而单元整体教学的提出则为落实核心素养、推动课程改革迈向育人目标提供了内容的组织框架。《课标》明确指出，要设计指向核心素养发展的单元整体教学目标，挖掘单元整体育人功能。显然，只有通过过程周期相对较长的完整单元学习，才能实现培养学生核心素养这一复杂的育人目标。此外，单元整体教学也承载结构相对完整、内容更全面的英语课程知识。在此背景下，基于大观念的单元整体教学设计便成为落实英语课程立德树人目标的重要理念。

简而言之，基于英语学科大观念开展单元整体教学设计有利于教师梳理和整合课程内容，融合主题大观念和语言大观念的协同建构，立足立德树人本质，规划单元育人蓝图，整体设计教学与评价活动，帮助学生在建构语言大观念的同时，基于深度理解，生成主题大观念，促进学生学科核心素养的融合发展。

五、大观念与核心素养发展

在新课程改革背景下，如何依托课程内容与教学活动发展学生的核心素养成为英语教育最为重要的目标。围绕培育学生的语言能力、文化意识、思维品质和学习能力，《课标》明确以主题为引领的课程内容。然而，作为育人载体的课程内容与作为育人目标的核心素养之间依然存在链条上的缺失。由于课程内容较为庞杂，既包含围绕语言的学习内容，也包含组织语言和语篇的方法类内容，还包含承载主题的文化及价值内容，因而如何有机整合课程内容，找到彼此间的关联并使其“结构化”，成为无法回避的重要议题。我们需要找到链接课程内容与核心素养的“第三方”，打通从课程内容形态转化为核心素养形态的内在逻辑链，建构英语教育立德树人的运行机制。

英语学科大观念恰恰是连接课程内容和核心素养的中介与桥梁，是落实核心素养的重要抓手和有效工具。一方面，英语学科大观念以主题大观念为统领，以语言大观念建构为动力和手段，不仅实现对主题内容的价值提炼和对语言技能和策略的概念化认知与实践，为课程内容的整合组织提供有序框架，而且帮助学生在碎片化的知识点之间建立合理关联，形成结构化、系统性的核心观念，为指向高阶思维的迁移与创造奠定基础。另一方面，英语学科大观念是通向核心素养的阶梯，是核心素养内隐在课程内容中的概念锚点，为运用英语解决问题提供知识基础、认识方式和迁移框架。需要特别强调的是，英语学科核心素养的关键点是培养在问题情境中运用所学语言和技能、方法和策略以及思想观念等分析问题和解决问题的能力（程晓堂，2018）。因此，在英语学科大观念中，学生既要建构语言大观念，即形成对语言和语言学习的基本认识与对相关策略和方法的概念提炼，为有效进行语言表达和解决问题做准备，更要建构和生成主题大观念，即围绕主题、结合所学内容形成深层认知与多角度认识和理解世界的能力，作出正确的价值判断，为立德树人、知行合一奠定基础。语言大观念和主题大观念的有机融合可以直接为学生解决真实情境中的问题提供思路、方法和行动指南。

第四节　基于大观念的单元整体教学设计的内涵与意义

基于大观念的单元整体教学设计是指教师基于课程标准，围绕特定主题，深入解读、分析、整合和重组教材等教学资源后，结合学习主体的需求，搭建起的一个由单元大主题统领、各语篇子主题相互关联、逻辑清晰的完整教学单元，使教学能够围绕一个完整的单元主题设定目标，引导学生通过对不同单一语篇小观念的学习和提炼并建立关联，生成基于该单元主题的大观念。基于大观念开展单元整体教学设计具有重要意义。

第一，大观念有利于帮助教师在教学中把握立德树人的本质，聚焦主题意义的建构，剖析单元内各子主题间的关联及其对学生建构该主题下大观念的价值，为学生探索学科关键知识、转化能力、形成素养奠定基础，服务立德树人的根本任务。

第二，大观念有利于指导教师整合课程内容、整体规划教学与评价活动。它使教师超越对零散知识的关注，重视以完整的主题意义为指引，以学生的持久理解为目标进行单元内容的组织和活动的设计(Hume & Berry，2011)。也就是说，教师能从更上位的角度，将凌乱的知识点串成线、连成片、织成网，纳入知识结构，从而形成一个系统、完整的单元知识体系(崔允漷，2019)，并在教学中融入持续的评价，确保目标落实。

第三，大观念有利于教师帮助学生形成单元大观念，促进学生学科核心素养的融合发展。通过单元整体教学，教师能够有效依托多种类型语篇，从不同的角度或深度围绕同一主题引导学生进行多元化解析(王磊、黄燕宁，2009)，并通过开展多样化的教学活动，使学生在意义探究和问题解决的过程中，建构起连贯的、整合性的知识结构(Wiggins & McTighe，2005)，逐步形成单元大观念，促进语言能力、人文素养、思维品质等多方面的融合发展。

第五节　基于大观念开展英语单元整体教学设计的途径

开展单元整体教学设计，教师首先要从课程大观念出发，明确单元设计的指导思想，阐述单元教学的核心理念；其次，从课程内容视角，研读单元全部内容，提炼单元大、小观念，搭建单元整体框架图，确定单元教学目标；再次，围绕具体语篇，梳理结构化知识和语言重点，确定课时教学目标；最后，基于大观念对单元内课时目标进行整体规划，并基于规划设计各语篇的教学活动，引导学生从不同侧面探究主题意义，建构小观念并逐步形成单元大观念。在活动设计中，教师应同步拟定课堂评价的方式和具体的评价要点，推进教、学、评一体化。

下面以北师大版高中英语新教材必修三 Unit 8 Green Living 单元为例，从学科本质、课程内容、课程实施三个视角阐释如何以大观念为统领进行单元整体教学设计[①]。

1. 阐明单元教学的指导思想和设计理念

基于核心素养的单元整体教学首先要基于大观念，从学科本质视角阐明单元教学的指导思想和设计理念。教师应用完整的陈述句概括自己对学科本质和学科内容的认

① 此处所使用的 Green Living 单元整体教学设计案例由北京师范大学外文学院 2019 级硕士研究生蔡铭珂、贾真慧、王文玲和谢子君合作设计，在此进行了一定修改。

识，提炼教学设计的核心理念。例如，我们为 Green Living 这一单元的教学设计确立了如下指导思想：

单元教学设计围绕 Green Living 这一主题展开，关注单元内各文本之间的联系，在主题引领下设计层层递进的学习活动，使学生在知识的建构中形成对 Green Living 的深层认知、态度和行为取向，推动核心素养落地课堂。

以上指导思想是教师基于对《课标》的深入理解和内化提炼出来的大观念。教师以这一大观念作为统领，把握教学主线，选取教学内容和组织教学活动，并在整个教学实施的过程中不断监测自己的教学流程是否围绕主题意义探究展开，活动设计是否偏离逻辑，以及学生是否能创造性地表达个人观点等，从而适时地进行调整。

2. 搭建单元内容框架并确定单元教学目标

教师应从课程内容视角，研读单元全部内容，提炼单元大、小观念并建立关联，搭建单元内容总体框架图，确定单元教学目标。

围绕单元主题意义梳理单元内各语篇的核心育人价值，建立单元内各语篇内容间的有机关联是设计和组织单元内容的重要环节。教师要基于大观念，在看似各自独立的语篇内容之间建立联系，梳理单元内各语篇的子主题，提炼小观念，并在小观念之间建立显性关联，共同指向单元大观念的建构，形成以大观念为统领的单元框架图，为促进学生多方面融合发展绘制蓝图。

Green Living 这一单元属于人与自然主题语境中的环境保护。基于单元主题，教师首先对各语篇子主题进行提取与分析，生成小观念。例如，Lesson 1 Roots & Shoots 一课阐释了 just-me-ism 这一错误观念对环境的危害，介绍了环保组织 Roots & Shoots 的理念，并号召每个人行动起来保护环境。在此基础上，教师建立 Lesson 1 与 Topic Talk 主题之间的联系，并将其提炼为“绿色生活中对个人作用的认识”。接着，教师继续挖掘各语篇小观念之间、语篇小观念与单元大观念之间的联系，将语篇进行整合、重组。在本单元中，教师通过分析各小观念所体现的绿色生活的不同侧面，建构起绿色生活中“对个人作用的认识—众人的努力—对现状的关注”的显性关联，形成单元主题内容关联图(见图 1-5)。

进一步挖掘语篇之间的共性联系可以发现，单元内各语篇分别从微观层面的个人、社区，到宏观层面的国家、人类，构建出了人类命运共同体的单元核心价值，而“全球携手，人人参与，共同治理”的理念则融入在每个语篇之中。本单元的 Project 中关于绿色生活的倡议涵盖了绿色生活是什么、为什么、怎么做三个方面内容，有效地整合了各语篇的主题内容，从而能够促使学生获得对绿色生活的全面和深刻的理解。统观整个单元，教师围绕 Green Living 这一主题形成了多角度的小观念建构，进而引导学生自然生成该单元主题下的大观念，即绿色生活是每个人的选择结果：树立环保观念，加入环保行动，关注环保现状。

基于以上对单元内容的梳理和整合，单元内容不再呈现为散片状，而是构成了层次分明、关联紧密的单元框架图。教师基于对整个单元内容的清晰和全面的把握，可以在分课时教学中，定位所授课语篇在单元中的位置以及对形成单元大观念的作用，帮助学生逐步构建大观念，形成对单元主题的深层认知。

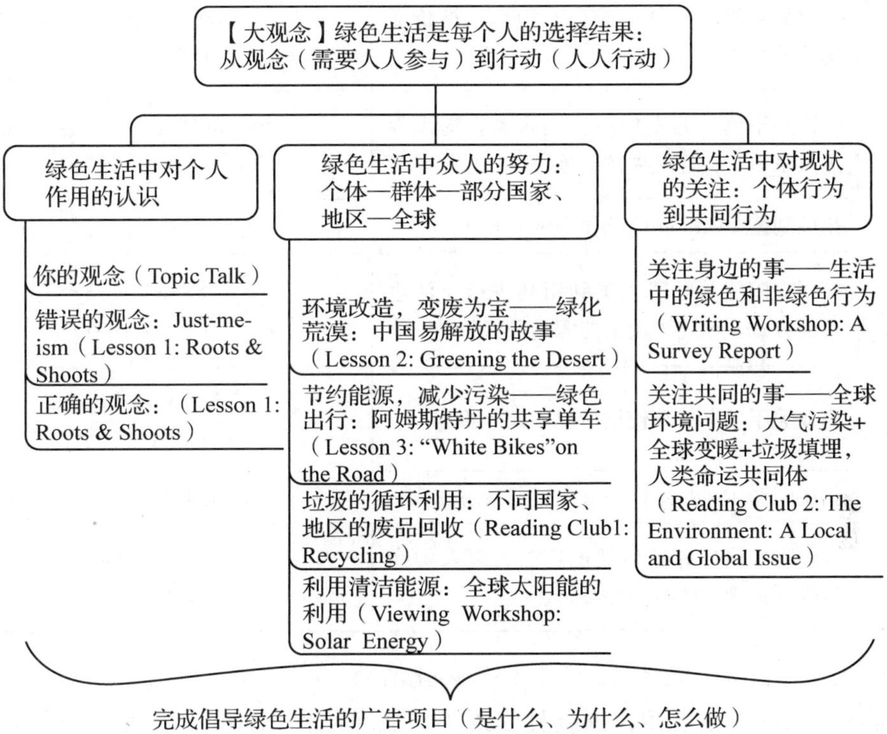

图 1-5　Green Living 单元主题内容关联图

完成单元大、小观念的提炼后，教师下一步就要思考如何设计单元整体教学目标和整体规划单元教学活动，以确保在各个语篇的教学中落实大观念。

单元整体教学目标的制订需围绕大观念和小观念的建构展开，遵循可操作性、可检测性的原则，反映学生完成某一课时学习后所形成的素养。单元目标应兼顾语言能力、文化意识、思维品质、学习能力的融合发展，体现学生学习后形成的新的认知、态度、价值判断和行为选择，即能够伴随学生未来成长的大观念。

以 Green Living 单元的教学为例，教师基于单元大、小观念，制订了如下单元目标和课时安排(见表 1-3)。单元目标体现了从单元主题中提炼的对个人作用的认识、众人的努力等角度，具有关联性和建构性特征。

表 1-3　Green Living 单元目标与课时安排

单元教学目标		语篇及课时
对个人作用的认识	描述环境问题及解决措施，谈论自己能为绿色生活做出的努力；	Topic Talk (1 课时)
	梳理并描述 Roots & Shoots 组织的信息，阐释个人在环境保护中发挥作用的必要性，说服他人加入环保行动。	Roots & Shoots (阅读；2 课时)

续表

单元教学目标		语篇及课时
众人的努力	介绍易解放及她创立的公益组织，评价易解放的行为；	Greening the Desert （听说；2 课时）
	谈论共享单车的发展历程与现状，提出促进共享单车良性发展的措施；	“White Bikes” on the Road （阅读；2 课时）
	拓展阅读 Reading Club 1：Recycling	
	介绍太阳能并阐释人类利用其进行生活生产的方式，论述该清洁能源的环保价值。	Solar Energy （看；1 课时）
对现状的关注	完成关于共享单车使用情况的调查报告。	A Survey Report （写作；2 课时）
	拓展阅读 Reading Club 2：The Environment：A Local and Global Issue	
开启绿色生活	合作完成倡导绿色生活的广告，以人类命运共同体理念践行环保举措。	单元 Project （1 课时）

3. 确定课时目标，设计教、学、评一体化活动

教师应从课程实施视角，围绕具体语篇，梳理结构化知识和语言学习的重点，确定课时教学目标，设计教学与评价一体化的活动。

教师应深入研读每一个语篇，提炼小观念，建构基于该语篇的结构化知识和语言学习的重点，如语篇结构、修辞手法、语言特点等。这既是帮助学生实现知识向能力、能力向素养转化的重要前提，也是确定课时教学目标的重要前提。在 Green Living 这一单元中，我们以阅读语篇 Roots & Shoots 为例，说明如何提炼小观念和梳理语言重点及结构化知识，使学生在围绕小观念探究意义的过程中实现对语言的整合性学习，并能在语言输出环节，有意识地根据交际目的和所学的修辞手法与特定表达，组织逻辑连贯的话语表达观点、态度和价值取向。

Roots & Shoots 这一语篇的小观念，即育人价值，是呼吁人们摒弃 just-me-ism，重视发挥个体力量参与环境保护。教师需要从这一小观念出发，提炼有关这一小观念的结构化知识；同时还需要对语篇的篇章结构、修辞手段、语言知识等进行梳理和分析，为教学活动的设计和评价要点的拟定奠定基础。

Roots & Shoots 一文属于介绍与议论结合类的文体，结构上采用递进的方式：第一部分(第一段)说明 just-me-ism 的表现及危害；第二部分(第二和第三段)介绍 Roots & Shoots 组织(成立时间、创始人、目的、名称意义等)；第三部分(第四段)讲述该组织的环保理念，呼吁个体加入环保行动。

文章作者采用了提出问题、分析问题和解决问题的信息组织结构，并多处使用排

比句或结构相近的短语增加语势，加强说服力。例如，介绍 just-me-ism 时，作者使用了 leave a tap running、leave a light on、drop a piece of litter 等，举例说明生活中常见的浪费资源和破坏环境的行为；通过 millions of gallons of water would be wasted、millions of lights would be left on、millions of pieces of litter would be dropped 构成排比，与前文形成鲜明对比，突出个人行为汇聚带来的巨大影响。再如，“Every individual matters; Every individual has a role to play; Every individual makes a difference.”这些表达富有节奏感，且说服力强。

通过研读语篇的主要内容、文体结构和语言特点等，教师围绕小观念梳理、整合出如图 1-6 所示的知识结构图，实现对语篇小观念的把握。在此基础上，教师可以设计层层递进的学习活动，引导学生在零散信息和新旧知识间建立关联，形成基于主题的新知识结构；在问题解决中形成对个体在环境保护中有重要作用这一小观念的深层认知。

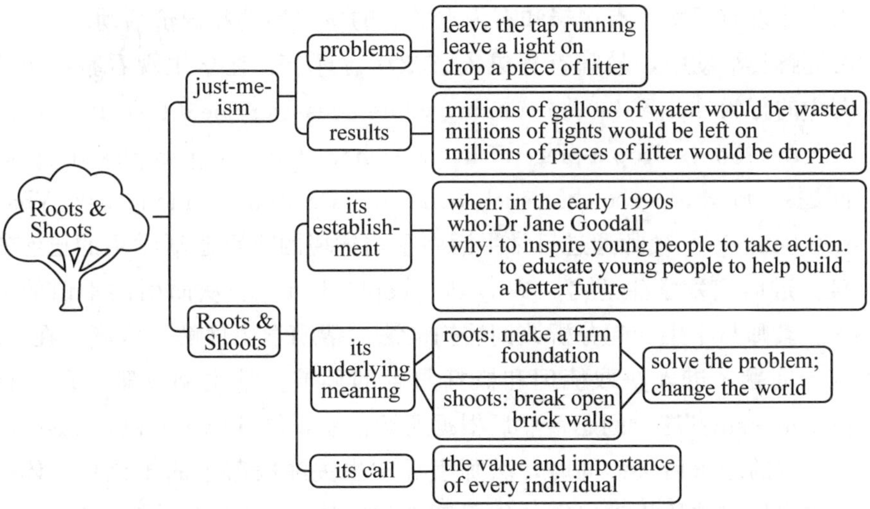

图 1-6　阅读语篇 Roots & Shoots 知识结构图

基于小观念梳理结构化知识后，教师要将对语篇的研读转化为学生主动探究意义的学习活动，引导学生逐步形成基于单元主题的大观念。结合英语学习活动观的三个层次，教师确定的阅读语篇 Roots & Shoots 课时教学目标如下：

学完本课后，学生能够：

① 通过阅读获取与梳理有关 just-me-ism 的细节信息，如行为表现、危害等，体会排比句的功能与作用。

② 提取与概括 Roots & Shoots 的基本信息(成立的背景、时间、创始人、名称的内涵、宗旨及其主张等)，梳理结构化知识，体会排比句的力量。

③ 提炼语篇的信息组织结构，按照提出问题、分析问题和解决问题的思路，尝试向他人介绍该组织。

④ 讨论 roots 和 shoots 的象征意义以及 Jane Goodall 的话语，探讨该组织成立的

意义及其核心倡议，联系自我，思考个人应以怎样的行动参与环保。

⑤ 评价 Roots & Shoots 这一组织对社会作出的贡献，并运用所学的排比句式等语言修辞手段，号召他人加入环保行动。

目标的设置遵循了英语学习活动观中的学习理解、应用实践、迁移创新三个层次，反映出学生基于语篇主题进行意义探究的全过程，体现语言、文化、思维的融合发展，具有可操作性和可检测性的特点，有利于教师在教学活动中实施与评价。

内容和目标确定之后，教学活动和评价活动的设计就是关键。《课标》指出，英语学习活动观是落实英语学科核心素养的主要途径。基于具体语言的教学，教师要以帮助学生建构语篇小观念以服务于单元大观念的建构为目标，从学生已有的主题知识和经验出发，设计从学习理解到应用实践，再到迁移创新的主题意义探究活动，引导学生梳理结构化知识，把握语言重点，将逐步生成的语篇小观念整合到单元大观念的体系中，使师生从广度到深度上探究单元大观念成为可能；之后基于活动观展现教学活动设计，力求体现有层次、有逻辑和有内在关联的学习活动和评价活动。

在学习理解类活动中，教师首先进入感知注意环节，让学生观看教材上的三幅图片并描述图中的行为(leave the tap running while brushing one's teeth; leave a light on when leaving the room; drop a piece of litter without bothering to pick it up)，同时思考并回答问题：Do you agree that such behavior is common among us? What do you think of such behavior? 教师通过日常生活中影响环境的小事激活学生的已有知识，铺垫相关语言，进而启发学生思考：Why do people do this? 从而引出本课的关键词汇 just-me-ism。教师与学生一起分析该词的构词法，帮助学生理解其内涵。在此基础上，学生围绕这一问题，进入获取梳理和概括整合的环节。学生阅读第一段，首先回答"What is just-me-ism?"这一问题；然后根据所读信息，继续思考并阐释 just-me-ism 的含义及其所带来的严重后果；同时，教师引导学生关注段落中的排比句，体会作者的意图和语言的力量。教师此时启发学生思考如何解决这一问题，进一步激活学生的经验。在此基础上，学生阅读后续段落，分步获取并梳理 Roots & Shoots 这一组织的基本信息(如成立的背景、原因、时间、创始人、命名的内涵、目的和倡议等)，并尝试使用可视化图形概括、整合结构化知识。在这一过程中，教师观察学生的学习行为和表现，根据需要提供必要的个体和全体的指导和反馈，鼓励学生交流并完善所建构的结构化知识，实现教、学、评一体化。同时，教师还会适时通过提问，引导学生逐步开展对语篇背后意义的分析与判断，指导并评价学生的思维表现。例如，教师可以提问：How do you understand the meaning of its name? What are roots? What are shoots? 引导学生理解、分析并阐释其象征意义。

接着进入应用实践类活动。教师引导学生梳理整个语篇的信息组织方式，即"提出问题—分析问题—解决问题"。学生基于这一信息组织方式和所提炼的结构化知识，展开描述与阐释、内化与运用的活动。具体而言，学生先进行个人内化，再向同伴介绍 Roots & Shoots 组织，之后在班内分享，充分内化基于学习和理解所获得的语言和文化知识。至此，完成本课教学目标①、② 和③。

在迁移创新类活动中，教师结合文中 Jane Goodall 的话，与学生探讨个体对环境保护的重要推动作用，引导学生再次关注和体验排比句的功能，同时启发学生联系个人的行为，思考个人的行动，开展批判与评价和推理与论证的活动。教师首先提出两个问题：What contributions does Roots & Shoots make to society? In your opinion, what role can an individual play in environmental protection? 此时学生需要整合所学内容，评价 Roots & Shoots 这个组织对社会所作出的贡献。在评价时学生需要基于语篇内容，合理论证个人参与环境保护的必要性，发展批判性思维，完成本课教学目标④。接着，教师创设情境，结合课程导入部分三个不利于环境保护的场景，鼓励学生基于本课所学内容劝说他人加入环保行动，开展想象与创造的活动。教师在本环节带领学生回归语篇，朗读、鉴赏文中的排比句式，体会其增强说服力的效果，并尝试运用该句式在具体情境中说服他人。在课后作业中，学生以 Roots & Shoots 组织的志愿者身份，完成一篇说服他人加入环保行动的短文，在新的情境中运用语言解决问题，巩固所学知识，实现知识的迁移创新，完成教学目标⑤。

评价是英语教学的必要组成部分。教师要在教学和评价活动中，分层、分段评价学生在新知识建构、语言运用、思维发展、观念形成过程中的外显行为(王蔷、李亮，2019)。下面列举几条有代表性的评价要点：

① 学生能举例描述文中提出的具体环保问题。

② 学生能利用思维导图呈现该组织的基本信息，多数学生能根据思维导图阐释其命名的内涵，部分学生能评价其对环境保护的作用。

③ 学生能够结合生活实际，举例说明自己可以为环保做的大事和小事。

④ 学生能在合作中有效组织逻辑连贯的话语阐述身边的环保问题，运用排比句式倡议他人以实际行动保护环境。

从以上具体语篇的教学设计中我们可以看出，学生在主动参与问题解决的过程中，深入探究 just-me-ism 的危害及 Roots & Shoots 的理念内涵，逐步形成该语篇子主题下的一个小观念，即摒弃 just-me-ism，重视发挥个体力量，从而树立起绿色生活从我做起的环保观念。完成该语篇学习后，本单元第二个教学目标“梳理并描述 Roots & Shoots 组织的信息，阐释个人在环境保护中发挥作用的必要性，说服他人加入环保行动”得以达成。

以大观念为统领的单元整体教学指向学生的素养发展，相应地在教学评价中，教师关注的是学生是否形成了有关 Roots & Shoots 的结构化知识，并整合性地运用新的知识结构，逻辑连贯地表达对个体环保的新认知，评价该组织的环保理念，创造性地号召他人加入环保行动。教师通过思维导图、问题回答、小组展示等评价工具，关注学生行为表现，评价学生学习状况，从多维度开展综合性评价，监测学生生成基于主题的单元大观念的过程，及时指导和反馈，确保核心素养目标落地课堂。

第二章　基于大观念实施单元深度学习

《课标》颁布以来，新课程理念得到了广大英语教师的认可，但英语教学碎片化、表层化和标签化的问题仍然比较突出，教师忽视了对学生批判性思维和正确价值观的培养(王蔷，2018)。看似“热闹”的课堂活动往往流于形式，限制了学生理解知识、建构意义、解决问题能力的发展(Wiggins & McTighe，2005；安富海，2014)，导致英语教学忽视学生的思维过程，留给学生独立思考的时间和空间极为有限(郑葳、刘月霞，2018)。这已经成为当前深化课程改革、培养学生的英语学科核心素养亟须解决的问题。

深度学习的提出为解决英语教学碎片化、表层化和标签化问题提供了新的视角，对于落实英语学科核心素养、转变教师理念与教学方式、推动课程改革向纵深发展具有重要意义。首先，核心素养是深度学习的目的和价值所在(崔友兴，2019)。在深度学习中，学生全身心投入对所学内容的深度思考，不仅获得了解决问题的知识和能力，还能作出正确的价值判断。其次，深度学习重视学生在学习中的主体地位，强调教学内容要与学生的经验建立关联，通过建构新知识和深度思维，获得真实世界中解决问题的能力。最后，深度学习重视教师对学生发展的促进作用，强调教师存在的根本理由和价值是激发学生的学习愿望，启发学生在学习过程中进行质疑、批判和深入思考(刘月霞、郭华，2018)。

由于指向核心素养培养的深度学习是一个系统复杂的认知和价值判断能力发展过程，依托单一语篇或单一结构的学习是难以实现的。为此，深度学习要以单元为统领，引导学生开展基于单元的整合、关联和发展学习。由此，单元整体教学成为推动深度学习、促进核心素养目标落地课堂的重要抓手。

第一节　深度学习的内涵

在国内教育领域，何玲、黎加厚(2005)最早界定深度学习的概念。他们指出，深度学习是指学习者在理解的基础上，批判性地学习新思想和新知识，将它们融入原有的认知结构，使众多思想相互关联，并能把已有知识迁移到新的情境中，作出决策，解决问题。

在中小学课程与教学改革领域，关于深度学习最为广泛接受的定义是郭华(2021)提出的。她指出：

深度学习是在教学中，学生积极参与，全身心投入，获得健康发展的、有意义的学习过程。在这个过程中，学生在素养导向的学习目标引领下，聚焦引领性学习主题，展开有挑战性的学习任务，通过一系列参与和体验式活动，掌握学科基础知识和基本方法，体会学科基本思想，建构知识结构，理解并评判学习内容与过程；能够综合运用知识和方法创造性地解决问题，形成积极的内在学习动机、高级的社会性情感和正确的价值观，成为既有扎实学识基础，又有独立思考能力，善于合作、有社会责任感、具备创新精神和实践能力、能够创造美好未来的社会实践的人。

在此基础上，郭华(2021)总结提炼了深度学习的五个特征：(1)活动与体验；(2)联想与结构；(3)本质与变式；(4)迁移与创造；(5)价值与评判。

深度学习作为教育领域的通识概念，在具体学科的实施过程中会因学科内容和认知规律的不同而表现出不同的特征。例如，在英语学科的深度学习中，学生对所学语言和语言承载的文化知识的内化是不可或缺的环节。Shulman(2000)在阐释教育的本质时也强调了学习者在输出性活动中内化知识的重要性，因为内化是发展高阶思维的前提，学生对新知识的内化需要在交流和互动中实现(Lu *et al*，2014)。鉴于此，我们在郭华(2021)提出的深度学习五个特征的基础上，补充了"内化与交流"这一特征，强调学生需要围绕主题和新的知识结构开展以描述、阐释、交流等实践活动为主的内化活动，以巩固新的知识结构，实现深度学习，达到促进知识向能力、能力向素养转化的目的。

第二节　深度学习与课程标准的联系

对比深度学习与《课标》，不难发现，深度学习的理念和特点已经体现在《课标》中。例如，深度学习是指学生有意义的、主动的学习，其核心特征是高阶思维，注重对人的培育，而《课标》强调语言学习是有意义的主题探究活动，主张要体现以学生为主体的学习过程，通过学习理解、应用实践、迁移创新等相互关联、层层递进，并融语言、文化、思维于一体的实践活动，实现对学生逻辑、批判和创新思维的培养，落实学科育人。这些理念都与深度学习不谋而合。下文将围绕郭华(2021)提出的深度学习的五个特征，具体阐释其与《课标》的联系，同时进一步阐明"内化与交流"在英语学科深度学习中的具体功能。

1. "活动与体验"和《课标》的联系

深度学习凸显学生作为学习主体的价值，强调学生要主动参与学习活动，积极体验学习过程。《课标》也明确指出，英语学习活动是英语学习的基本形式，教师要引导学生在主动体验和积极参与活动的过程中发展英语学科核心素养。

2. "联想与结构"和《课标》的联系

深度学习强调教师应整合意义联结的学习内容，重视学生经验与课堂知识之间的联系，引导学生将孤立的知识要素联结起来，建立知识间的紧密联系，将知识以结构化和整合的方式存储在记忆中(安富海，2014；朱立明等，2019)，通过知识间的关联与整合，建构新的知识体系。《课标》也注重知识间的关联与整合，强调教师要在主题探究活动中调动学生已有的知识和经验，帮助学生在已有知识的基础上，通过获取与梳理、概括与整合，建构和完善新的知识结构，建立知识间的关联，深化对该主题的理解和认识。

3. “本质与变式”和《课标》的联系

深度学习的基础是深度理解，强调学习者对学习对象进行深度加工和深入思考，把握知识的内在联系与本质，促进思维品质的发展。《课标》提出了专门针对学生思维品质的素养要求，强调学生要能客观地分析各种信息之间的内在关联和差异，发现产生差异的原因，从中推断出信息之间的逻辑关系，正确评判各种思想和观点，创造性地表达自己的观点，具备多元思维意识和创新思维能力。

4. “内化与交流”和《课标》的联系

“内化与交流”为新补充的英语学科深度学习的特征。深度学习强调学生要积极主动地将外在知识内化于心，即通过互动与交流等输出活动，将外在知识转化为个人能理解并能表达出来的知识，进而用于解决真实情境中的新问题。《课标》也重视学生在有情境的语言实践和运用活动中内化所学语言知识和文化知识，即教师要引导学生围绕主题和形成的新的知识结构开展描述、阐释、分析、判断等交流活动，逐步实现对语言知识和文化知识的内化，促进语言运用的自动化，助力学生将知识转化为能力。

5. “迁移与创造”和《课标》的联系

深度学习面向迁移运用和问题解决，强调学习者能将所学知识迁移到真实社会情境中，参与问题解决的实践过程。《课标》提出的英语学习活动观中的第三个活动层次就是迁移创新类活动，包括推理与论证、批判与评价、想象与创造等超越语篇的学习活动，旨在使学生在新的语境中，基于新的知识结构，通过自主、合作、探究的学习方式，综合运用语言技能，开展多元思维，创造性地解决陌生情境中的问题，理性表达观点、情感和态度，体现正确的价值观，实现深度学习，促进能力向素养的转化。

6. “价值与评判”和《课标》的联系

深度学习指向学科育人价值，旨在立德树人、发展学生的核心素养。在深度学习中，学生深入反思和评判自己的学习内容、学习过程和学习结果，对自身经验作出价值判断，形成正确的价值观。《课标》凸显学科的育人价值，将对文化意识的培养作为落实核心素养的基础，强调要通过英语课程使学生批判性地审视学习内容的价值取向和所涉及的文化现象，增强国家认同和家国情怀，坚定文化自信，树立人类命运共同体意识，学会做人做事，成长为有文明素养和社会责任感的人。

综上所述，深度学习与《课标》都强调要以学生为主体，推动结构化知识的建构，把握学科内容的本质意义，促进学生深度思考，同时还强调知识向能力的转化和能力向素养的发展，注重解决真实情境中的问题，立足立德树人，共同指向育人目标。

第三节 深度学习在教学中的实施路径

深度学习重视整合化、生活化和结构化的学习方式(刘月霞、郭华，2018)，突出本质化学习和迁移化应用，追求学科的育人价值。对于这样复杂的育人目标，单一课时的教学显然是难以完成的。因为当教师无法在短时间内帮助学生建构深层次大观念，引导学生探讨学科的本质问题时，学生也就不可能产生真正的能力迁移与应用(Wiggins & McTighe，2005)。因此，深度学习提倡教师在对教材等教学资源进行深入解读的基础上，结合学生主体的需求，搭建起一个由单元主题统领、内容相互关联、逻辑清晰的完整的教学单元，从而引领学生从不同角度或深度对同一主题进行多元化解析，建构起围绕特定主题且相对稳定的认知结构、情感态度和价值判断，发展高阶思维，实现深度学习。

下面我们以北师大版高中英语新教材选择性必修一 Unit 2 Success 单元为例，从教学内容、教学目标和教学方式三个方面探讨指向深度学习的单元整体教学设计的思路与方法。

1. 整合单元教学内容，确定单元教学目标

这一单元指向“人与自我”主题语境中的“认识成功”，主要涉及八个不同类型的语篇(见表 2-1)。

表 2-1 单元教学内容

语篇	语篇类型(技能)	语篇内容	语篇主题
Topic Talk	对话 (听力)	成功人士具备的能力和品质	成功的要素
Lesson 1： Money vs Success	人物报道 (阅读)	百万富翁 Jason Harley 的成功观及其人生选择	金钱不等同于成功
Lesson 2： Top Five Secrets of Success	演讲、访谈 (听力)	运用成功人士的例子阐述成功的五个秘诀	获得成功的五个秘籍
Lesson 3： Getting to the Top	博客 (阅读)	奥运冠军 Lesley Paterson 自述成功道路上作出的牺牲	成功背后鲜为人知的艰苦付出与牺牲
Writing Workshop： A Life Story	记叙文 (写作)	“铁榔头”郎平的成功经历	成功人士的经历和品质
Viewing Workshop： Success Is a Continuous Journey	演讲 (看)	Richard St. John 事业败落又重获成功的经历	成功意味着持续的努力，而不是一次性的付出

续表

语篇	语篇类型(技能)	语篇内容	语篇主题
Reading Club 1：Contribution and Sacrifice	人物传记（阅读）	科学家黄大年为中国科学事业作出的贡献与牺牲	成功意味着为国家发展贡献力量
Reading Club 2：The Importance of Failure	人物传记（阅读）	Bill Gates 经历多次失败后重获事业成功的经历	失败是成功之母

基于对单元内容的深入研读，我们对“Success”这一单元中各语篇的主题意义进行了整合，并根据各语篇意义之间的关联，提炼出学生需要逐层建构的核心学习维度：认识什么是成功，从而树立正确的成功观；知晓如何获得成功，从而明确努力方向；理解成功的深层含义，从而能为未来成功做好准备(见图 2-1)。

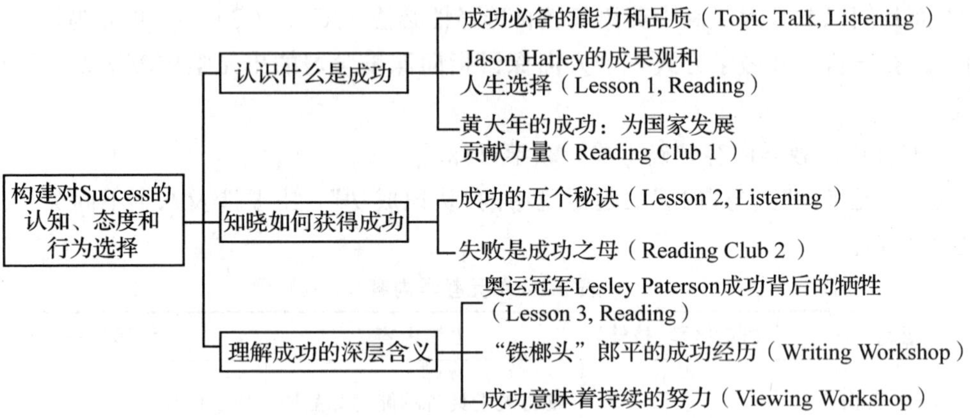

图 2-1　单元内容整合关联图

围绕以上三个核心学习维度，我们又设计了单元整体教学目标(见表 2-2)。刘月霞、郭华(2018)指出，深度学习的单元教学目标是单元育人价值的具体化。因此，单元目标要把长远的育人目标细化到具体单元的学习中，聚焦学生学完单元主题后所形成和表现出的学科核心素养，同时还要使目标可操作、可检测。

表 2-2　单元整体教学目标

单元整体教学目标		语篇及课时
认识什么是成功	描述自己心中的一位成功人士，谈论取得成功应具备的要素。	Topic Talk（第 1 课时）
	阐释并评价 Jason Harley 的成功观，表达自己对金钱和成功关系的看法以及对成功的新认知。	语篇一 Reading：Money vs Success（第 2、3 课时）

续表

<table>
<tr><th colspan="2">单元整体教学目标</th><th>语篇及课时</th></tr>
<tr><td>知晓如何获得成功</td><td>总结交流获得成功的秘诀，说出个人认为最重要的三个秘诀并解释原因，举例阐释对失败的认识。</td><td>语篇二
Listening：Top Five Secrets of Success
（布置阅读 Reading Club 2）
（第 4、5 课时）</td></tr>
<tr><td rowspan="4">理解成功的深层含义</td><td>分享奥运冠军 Lesley Paterson 的心路历程，交流自己通过努力达成目标的经历和体验。</td><td>语篇三
Reading：Getting to the Top
（第 6、7 课时）</td></tr>
<tr><td>介绍自己敬佩的一位成功人士，分享其令人敬佩的特质。</td><td>语篇四
Writing：A Life Story
（布置阅读 Reading Club 1）
（第 8、9 课时）</td></tr>
<tr><td>针对“Success Is a Continuous Journey”这一主题进行演讲，举例说明自己对成功的认识。</td><td>语篇五
Viewing：Success Is a Continuous Journey
（第 10 课时）</td></tr>
<tr><td>收集、展示、解释有关成功的名人名言。</td><td>拓展阅读和项目学习
Reading Club 1 & 2，Project
（第 11、12 课时）</td></tr>
<tr><td colspan="3">单元总目标：阐释自己的成功观，说明要取得成功需要付出的努力和应具备的品质，明确为实现成功要做的准备。</td></tr>
</table>

2. 基于单元目标，设计课时目标和主题意义

探究活动

单元目标的实现主要取决于学生对每个具体语篇的深度学习，下面以“Success”单元的第一个阅读语篇“Money vs Success”为例，探讨如何在具体语篇的教学中实现深度学习。

2.1 语篇内容分析

“Money vs Success”讲述了百万富翁 Jason Harley 捐出全部财产后重获快乐和幸福的故事，传达出其成功观：成功不能用金钱来衡量，成功感来自帮助他人和找到自我人生的真谛。

作为一篇采访类人物报道，该文由标题、导语和正文等部分构成，导语部分以多数人的成功观为背景，对比了两种不同的成功观：一味追求财富获得成功感和放弃财富以追求其他形式的成功。正文共五段，第一段至第三段采用对比手法，从物质和精神两个维度讲述了 Jason Harley 捐出财产前后 16 年间的变化（重点语言表述见图 2-2）：以前他生活富足，却深感厌倦，并因不能帮助别人而自责；现在他生活虽简单，但精神上丰盈充实。第四、五段采用直接引语呈现了 Jason Harley 的人生选择和成功观。基于以上分析，我们整理了学生需要梳理和概括的知识结构图（见图 2-2）。

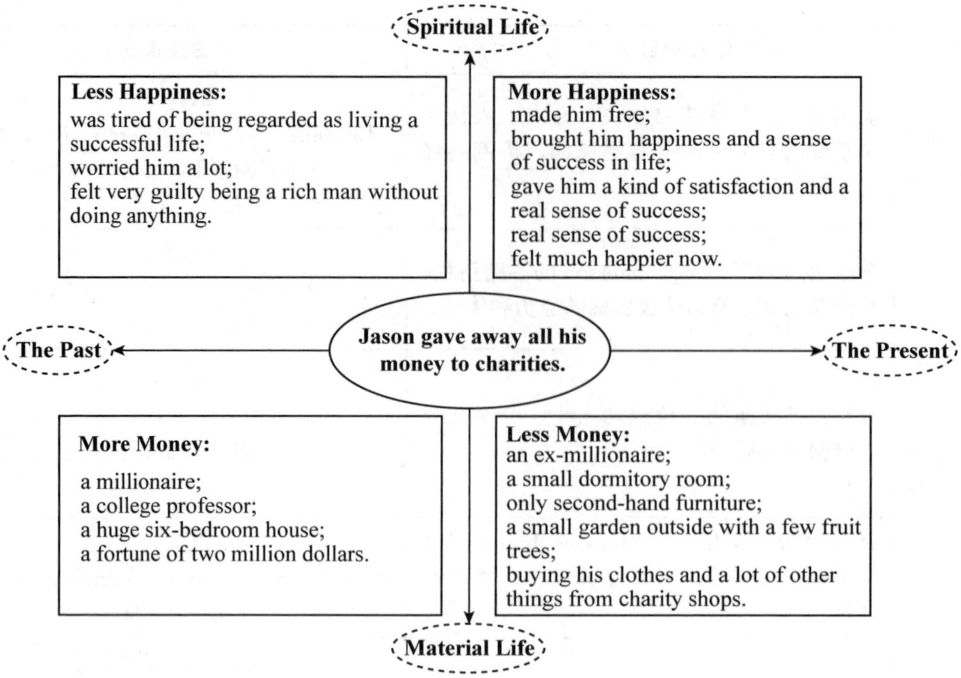

图 2-2　语篇"Money vs Success"的知识结构

2.2 课时目标与教学活动设计

"Money vs Success"这一语篇围绕成功与金钱的关系展开，需要实现的单元目标是"认识什么是成功"，以建构正确的成功观，图 2-3 是在英语学习活动观的指导下设定的本课教学目标。

学生完成本课学习后，能够：

1）获取、梳理Jason Harley在捐出全部财产前后物质生活和精神生活两个方面的变化，借助可视化图形呈现语篇的结构化知识；←学习理解

2）运用所学语言，描述、阐释Jason Harley捐出家产后物质生活和精神生活两个方面的变化及其原因；←应用实践

3）论证Jason Harley不愿做百万富翁的原因及其成功观，分析文体特点，推断作者态度；

4）在"人物访谈"活动中，从不同视角分析、批判、评价Jason Harley的选择和成功观；

5）联系实际，表达自己对金钱和成功关系的看法以及对成功的新认知。

（3）—5）←迁移创新）

图 2-3　语篇"Money vs Success"的教学目标

根据上述教学目标，学生在主题意义探究中完成了对文本内容的梳理，建构了结构化知识，并通过描述和阐释 Jason Harley 捐款前后的生活变化，内化了所学语言和内容，进而对 Jason Harley 的成功观作出推断和评价，最后生成个人对金钱和成功关系的认识，实现深度学习，并完成了本课对应的单元教学目标。

郭华(2021)指出，深度学习的根本特征是"活动与体验"，强调要落实学生的主体

地位，使其全身心投入学习活动中。因此，教师要引导学生主动思考、积极提问、自主探究，避免单一的"非黑即白"类问题，应给予学生思考空间，开展追问式教学，帮助学生厘清问题的实质(李敏，2020)。在本课教学中，教师紧扣深度学习的"活动与体验"特征和英语课堂上学生思维的发展过程，设计了环环相扣、层层递进的问题链(见图 2-4)，以促进学生主动进行意义探究和深层思考。

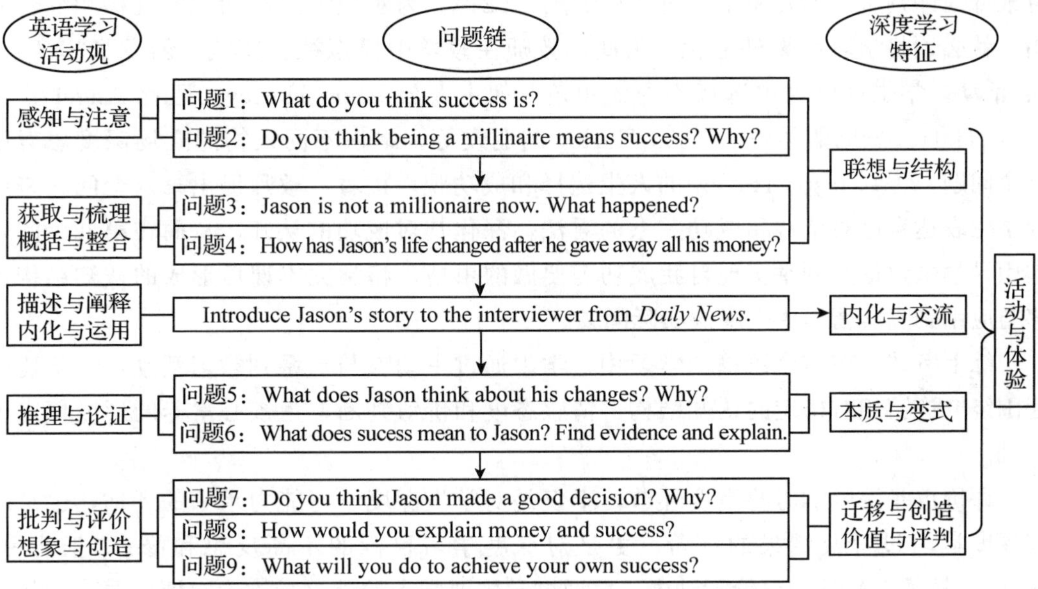

图 2-4　语篇"Money vs Success"阅读教学中的问题链

"联想与结构"是学生主动学习的前提。教师在课堂上首先通过两个问题使学生聚焦主题，"联想"(唤醒)自己对"成功"这一概念的已有知识和经验；接着引导学生阅读导语，了解大多数百万富翁对金钱的看法，进一步调动学生关于"成功与金钱关系"的已有知识和经验，并与当下的新知识建立起结构性关联。学生首先通过导语中 ex-millionaire 一词的构词法推断其含义，进而在第三个问题的驱动下主动、积极地去获取有关 Jason Harley 生活变化的信息，接着在解决第四个问题的过程中归纳整合 Jason Harley 捐出财产前后物质生活和精神生活两个方面的具体变化，体会语篇对比手法的运用，分析文本内容的内在联系，建构新的知识结构。

"内化与交流"主要表现为学生在有意义的语境中通过描述、阐释来运用所学语言和知识表达意义和观点。教师创设向 Daily News 的记者介绍 Jason Harley 事迹的情境，使学生在真实的活动体验中充分内化语言。语言学习不再是零散词汇和语法点的记忆与操练，而是结合具体主题和语境，开展综合性语言实践活动，帮助学生学习和运用语言进行理解和表达。基于此，学生在整合结构化知识和向记者介绍 Jason Harley 的活动中，可基于意义单元构建语义网络，在主题意义探究中理解词汇和语法的意义，实现对语言知识的深度加工(魏恒建，2019)。

"本质与变式"体现在对文本的深入学习中，学生需要对学习对象进行深度加工。

教师在课堂上提出第五和第六个问题启发学生深入学习语篇，推断文本信息间的逻辑关系，分析 Jason Harley 对自身生活变化的态度，并站在不同的视角论证 Jason Harley 不愿意做百万富翁的原因及其成功观，进一步挖掘文本背后的意义，实现对文本的深度加工。

"迁移与创造"强调创造性地解决陌生情境中的问题，而"价值与评判"则要求学生有根据地评判所学内容和学习过程(郭华，2021)。为实现学生对知识的迁移和综合应用，就必须将学习结果外显化。为此，教师在教学中模拟社会实践，创设了"人物访谈"活动。学生可以自由选择不同的角色，如主人公 Jason Harley、记者 Angela、被 Jason Harley 资助的学生、Jason Harley 的朋友等，站在不同人物的立场深度思考第七个问题，评判 Jason Harley 的人生选择和成功观。接着，教师提出第八个问题来引导学生表达自己对金钱和成功关系的看法，深化其对成功的认知，从而在第九个问题中引导学生讨论并列举实现自我成功需要做的事情，将学完本课后形成的认知结构迁移与应用到真实情境中来解决实际问题。

综上所述，在这个语篇的学习中，学生通过主动参与一系列学习活动，逐步建构起围绕"成功"相对稳定的认知结构、情感态度和价值判断，为核心素养的形成奠定了基础。

评价也是深度学习的重要环节，不仅是对学生深度学习能力水平的评估，也是对其深度学习过程及结果的评价，更是对深度学习目标的不断反思和修订(张浩等，2014)。教师在教学和评价活动中，可通过学生课堂上的外显行为确定评价要点，如观察学生能否从物质生活和精神生活两个方面描述和阐释 Jason Harley 捐出财产前后的变化，能否评价 Jason Harley 的人生选择等，据此判断学生对所学内容和知识的掌握情况。教师还可以采用学生自评表(见表 2-3)引导学生根据学习目标评价和反思自己的学习成效，为总结和改进学习提供参考和支架。

表 2-3　语篇"Money vs Success"课后学习效果自我评价表

学习效果自我评价表 姓名：				
评价内容	Excellent	Good	Average	Needs improvement
我能梳理出 Jason Harley 物质生活和精神生活的变化。				
我能概括本文的知识结构图。				
我能向同桌描述和阐释 Jason Harley 的物质生活和精神生活变化。				
我能推断和论证 Jason Harley 对自身改变的态度及其成功观。				

续表

评价内容	Excellent	Good	Average	Needs improvement
我能评判 Jason Harley 的人生选择和成功观。				
我能谈论自己对成功和金钱关系的认识。				
我能联系自身实际谈论如何获得自我成功。				
我的复习和改进计划				

在单元教学的评价中，教师要关注学生是否针对每个语篇的主题形成了结构化知识，是否能够整合运用新的知识结构表达自己对成功的认识，以及是否能够阐述如何获得成功以及成功的深层意义。教师可以通过指导学生制作单元思维导图整理和归纳所学内容，利用小组展示等评价方式观测学生的行为表现，评价学生的学习状况，多维度检测学生基于主题发展核心素养的过程，及时提供指导和反馈，确保核心素养目标在课堂落地。

从以上案例可以看出，基于深度学习的教学设计非常重视语篇研读和主题情境的创设，强调与学生已有知识建立关联，围绕具有挑战性的学习任务设计活动，引导学生开展意义探究，由浅入深地实现思维发展的进阶，建构起围绕主题相对稳定的认知结构、情感态度和价值判断。

第三章　指向观念建构的英语学习活动观

第一节　英语学习活动观提出的背景

21 世纪初，伴随着《基础教育课程改革纲要(试行)》的发布，我国第八次基础教育课程改革正式启动，各学科义务教育和普通高中课程标准相继完成研制并进入实验。《全日制义务教育普通高级中学英语课程标准(实验稿)》的前言指出，英语课程改革的重点“就是要改变英语课程过分重视语言和词汇知识的讲解与传授、忽视对学生实际语言运用能力培养的倾向”，转向以学生为本、以培养学生综合语言运用能力为目标的教学。为此该课程标准倡导要实施任务型教学，强调语言学习要在语境中、在完成真实的生活任务中进行，要教会学生用英语做事情，以达到培养综合语言运用能力的目的。《义务教育英语课程标准(2011 年版)》继续以培养学生的综合语言运用能力为目标，推荐任务型教学途径。十几年来，任务型教学在一定程度上更新了外语教师的教学理念，丰富了中小学英语课堂活动，对提高学生的语言交际能力发挥了积极的作用，但对语言的文化意义、思维功能，特别是对学生正确价值观的引导缺少关照。

随着基础教育课程改革的不断深化，综合语言运用能力的目标要求已无法满足国家对未来人才培养的要求。为落实立德树人根本任务，实现学科育人这一新时期的新任务，《课标》重新建构英语学科课程目标，提出了由语言能力、文化意识、思维品质和学习能力等构成的英语学科核心素养目标。新的课程目标强调英语课程要在培养学生语言能力的同时，发展他们的文化意识，提升他们的思维品质和学习能力，从而将语言、文化和思维的发展融为一体，解决语言与文化、语言与思维相互割裂等问题。

为了确保这一目标落地课堂，我国需要创建本土的教学主张和实施路径。为此，《课标》首次提出了指向英语学科核心素养目标的教学途径——英语学习活动观(以下简称“活动观”)，以实现目标、内容和方法的融合统一。《课标》明确指出，英语学习活动观是落实立德树人根本任务、培养英语学科核心素养的基本教学组织形式和重要途径。为了更好地实践活动观这一教学途径，下文将从其内涵、架构、优势、学理基础入手，探析活动观对完成新时期英语课程育人目标的意义与价值及其所取得的实践效果。

第二节　英语学习活动观的内涵、架构与优势

一、内涵

活动观是为落实新时期英语课程目标而提出的中国外语教学主张，是为实现核心素养培养目标而提出的一种解决方案。这一教学主张的核心是以育人为导向、以核心素养为目标、以学生为主体，由师生共同参与的一系列层层递进、相互关联的活动。

根据《课标》，活动观是指学生在主题意义引领下，通过学习理解、应用实践、迁移创新等一系列体现综合性、关联性和实践性等特点的英语学习活动，使学生基于已有知识，依托不同类型的语篇，在解决问题的过程中，运用学习策略，学习语言知识，发展语言技能，理解文化内涵，提升思维品质和价值判断力。这一过程既是语言知识与语言技能整合发展的过程，也是文化意识不断增强、思维品质不断提升、学习能力不断提高的过程。活动观将语言、文化、思维三者紧密结合，成为落实英语学科核心素养的重要实施路径。它不仅为教师如何开展教学指明了方向，也为教师设计、组织和实施教学活动提供了明确的指导。

二、三类活动架构

英语学习活动观视角下的活动包含三类相互关联、层层递进的学习活动，即学习理解类、应用实践类和迁移创新类活动，每类活动中又各包含三种活动形式。

学习理解类活动主要包括感知与注意、获取与梳理、概括与整合三种基于语篇的学习活动。学生基于教师所创设的主题情境，激活已知，发现语言和认知上存在的差距，形成学习期待。在教师的引导下，学生以解决问题为抓手，通过获取与梳理、概括与整合等学习活动，从语篇中获取与主题相关的语言和文化新知，建立信息间关联，将新旧知识整合，形成围绕主题的结构化知识，为深入理解语言所表达的意义和语篇所承载的文化价值取向奠定基础。

应用实践类活动主要包括描述与阐释、分析与判断、内化与运用等深入语篇的学习活动。在学习理解类活动的基础上，学生在教师帮助下，基于所形成的知识结构开展描述、阐释、分析、判断、应用等聚焦交流与表达的实践活动，内化语言和文化知识，促进语言运用的自动化，进而通过分析与判断活动，探究语言背后深层次的文化现象和寓意，获得文化体验，实现从知识向能力的转化。

迁移创新类活动主要包括推理与论证、批判与评价、想象与创造等超越语篇的学习活动。在这个阶段，教师引导学生把握语篇的文体特征和结构特点，探讨语篇的交际目的、组织结构、衔接手段和语言表达特点。同时，教师还要引导学生针对语篇背后的价值取向和作者或主人公的态度、观念和行为，开展推理与论证、批判与评价等

活动，帮助学生加深对主题的理解，把握事物或观点的本质，鉴别真善美，做出正确的价值判断和行为选择。在此基础上，学生在教师创设的新语境中，运用所学语言、观点、思想和方法，联系自身生活实际，通过自主、合作、探究的学习方式，创造性地解决陌生情境中的问题，理性表达观点和情感，体现正确的价值观，实现能力向素养的转化。

从以上三种类型的活动可以看出，活动观具有整体性、关联性、层次性、融合性、实践性和发展性等内在特征。整体性是指活动观强调语言学习要围绕主题意义，整体地学习语言知识和文化知识。关联性是指语言学习的过程是学生将所学内容与已有知识和经验建立关联的过程，是将零散知识建立关联的过程。层次性是指活动观建议教师采用"小步子循环"的方式，围绕要解决的问题，从学习理解到应用实践，循序渐进地帮助学生建构意义和内化知识，再到迁移创新，从而将所学知识、思想和方法运用于解决真实生活情境中的问题。融合性是强调语言学习与文化知识学习紧密融合，语言意义与语言形式的学习并举，将语言学习融入语篇、语境、语用之中。实践性是强调以活动为中心，以学生为主体，通过主动参与获取与梳理、概括与整合、描述与阐释、分析与判断、内化与运用、分析与论证、批判与评价、想象与创造等实践活动，发展语言能力、文化意识、思维品质和学习能力。发展性是指活动观适用于学生学科核心素养不同阶段的发展，适用于不同主题、不同语言难度和不同认知层次的语篇学习和意义探究，始终服务于学生的全人发展。

三、优势

与任务型教学等其他教学途径相比较，活动观具有四个鲜明的优势，即明确的育人导向、科学的语言教育观、以学生为主体的教育理念和可操作的实践路径，为学生建构和生成围绕主题的新的认知、态度和价值观提供了明确的指引。

第一是明确的育人导向。活动观把培养学生的英语学科核心素养作为实施教学的落脚点，强调语言学习的过程"既是语言知识与语言技能整合发展的过程，也是文化意识不断增强、思维品质不断提升、学习能力不断提高的过程"，体现了鲜明的育人观。

第二是科学的语言教育观。活动观强调语言学习以意义建构为目的。这一理念既凸显语言学习不仅是为了学习一套符号系统，更是为了使学生通过学习这个符号系统，能够参与到理解和表达意义的真实社会情境下的交流活动中。同时，活动观注重语言学习对认知发展的作用，学生通过学习语言认识语言背后所承载的文化习俗和社交规约，理解语言所承载的特定文化意义和文化精神，建构新知识，从而为他们认识社会、理解社会，并通过符号中介参与和进入社会奠定基础(郭元祥、吴宏，2018)。此外，语言背后所传递的思想、观点和态度往往代表了或反映出语言使用者的观点和价值取向(Kumaravadivelu，2006)。活动观强调语言学习者批判性地学习和分析这些语言背后的思想、观点和态度，去伪存真，汲取精华，做出正确的价值判断和行为选择。

第三是以学生为主体的教育理念。活动观凸显出学生是学习的主体，是所有学习活动中主动探究意义的主体。但是教师的指导发挥着不可或缺的重要作用。作为学习活动的主体，学生是在教师的引导下，通过自主、合作、探究的学习方式，积极参与意义探究的全过程，并通过多样、多层次的学习活动，提升逻辑思维、批判思维和创新思维，进而将所学知识迁移到新的社会情境中，用于解决新的问题。

第四是具有原则性和可操作性的实践路径。作为一种教学主张和解决方案，它既为教师提供了原则性的指导，又给出了可操作的实践方案。活动观从教学指导思想上强调教学要以主题意义为引领，以语篇为依托，同时提供了具体的实施途径和操作方式，指出教师要从学生的已知出发进入新的教学情境，引导他们学习和运用各种有效的策略，在主动探究意义的过程中开展获取梳理、概括整合的学习活动，整合性地学习语言和文化知识，建构新知。与以往语言输入之后马上进行输出的方式相比，活动观强调内化并指明了内化的途径，如教师可以通过设计描述阐释和分析判断等活动帮助学生内化新知，然后教师再设计推理论证、批判评价和想象创造等多种迁移创新类活动，引导学生将知识发展为能力，将能力转化为素养。由此，活动观既呼应了Kumaravadivelu(2006，2013)提出的后方法时代的宏观教学策略，尤其是使学生学习机会最大化、促进互动与意义协商、体现语境化的语言输入、确保社会关联，以及增强文化意识等策略和思想，又为教师实施课堂教学提供了具有可操作性的环节与步骤。

第三节 英语学习活动观的学理基础

英语学习活动观是在国内外先进外语教学理论的指导下，在广大英语教育工作者和基础教育教师多年研究和实践的基础上，基于我国特定的外语学习情境和任务而提出的中国的教学主张，受到国内外教育哲学、教育心理学、语言学和语言学习理论等诸多研究成果的支持。探讨它的学理基础，有利于广大学者和教师更好地理解和把握它背后所遵循的原则。

首先，杜威的实用主义教育思想是活动观的重要教育哲学基础。约翰·杜威(1990)强调“做中学”“重视儿童活动的意义”，尤其是儿童解决问题的活动，可以帮助他们形成分析问题、解决问题的心理批判过程。活动观从这一视角出发，强调学生在课程学习中以参与活动的形式来分析和解决问题以及探究意义。

其次，教育心理学为活动观提供了重要的教育和心理发展理论基础。从教育心理学角度看，学习活动是学生运用学科核心知识和活动经验完成相应的学科认识活动和问题解决的心理过程，其核心过程是认知发展的过程(林崇德，1997)。但是教育从来都不是价值中立的(王本陆，2017)，这一指向解决问题的认知发展过程与学生对问题的态度和价值取向等非智力因素深度关联(林崇德，2008)。因此，语言学科关键能力的建构既要考虑学生心理和认知的发展需求，也要在认知发展的过程中引导良好的品德和正确价值观的发展。活动观把通过语言学习促进学生的认知和思维发展放在核心位置，并将品德教育和价值观培养融入高阶思维发展和问题解决的过程中，从而实现通过英语课程培养学生正确价值观、必备品格和关键能力的课程目标。

再次，建构主义为活动观提供了重要学习理论基础，强调语言学习活动是意义探究的活动。知识是“学习者在一定的情境即社会文化背景下，借助其他人(包括教师和学习伙伴)的帮助，利用必要的学习资料，通过意义建构的方式而获得”(何克抗，1997)。建构主义突出情境、协作、会话和意义建构，强调基于经验的意义建构，学习过程是学习者对信息不断解构和建构的过程。因此，在英语学习中，学生对于语篇意义的加工过程是学生体验学习过程、主动建构意义的过程，他们通过探究和发现的方法去建构知识的意义，在基于情境的、与语篇互动的过程中获取信息，发现问题，验证假设，并尽量与已知建立联系。

此外，活动观也借鉴了维果斯基的社会文化理论。该理论强调学习是一个深刻的社会化过程，认为学习的本质特征是通过对话和互动创造了最近发展区。也就是说，学习唤醒了各种内部发展的过程，只有当孩子与周围环境中的人互动并与同伴合作时，这些过程才能够运作，一旦这些过程被内化，就为孩子的独立发展提供了可能。也就是说，语言知识和相关的内容知识只有被内化后才能成为学生发展的基础(Vygotsky & Cole，1978)。最近发展区的概念突出了教学在发展中的主导性和决定性作用，揭示了教学的本质特征不在于“训练”和“强化”业已形成的内部心理机能，而在于激发和形成目前还不存在的心理机能(余震球，2005)。这就需要教师设计基于学情的不同层次的活动，进行提问、反馈和评价，提供脚手架。社会文化理论还强调，社会互动是推动人的智能发展的最重要动力，儿童的认知发展源于社会互动，知识学习是多层互动的结果。由此可见，英语学习就是学生与文本的互动、学生与学生的互动、学生与教师的互动、学生与世界的互动。在互动中，教师或者能力更高的同伴都能成为促进学生的认知发展的重要中介。语言的中介作用则在于学生用目标语言在情境和活动中进行探究与互动。

另外，布鲁姆的教育目标分类学从认知理论的视角为活动观提供了活动架构上的支持。布鲁姆提出学生获取、内化和迁移所学知识、观点和方法的过程是有一定的规律和层次的(Bloom，1956)。活动观借鉴并参考了 Anderson 等(2001)对布鲁姆框架的修正，进一步厘清了英语学习者在认知层面应当具备的关键能力。根据修正后的目标分类，学习者认知行为的复杂程度由低至高划分为记忆、理解、应用、分析、评价与创造六大类。据此，活动观提出了学习理解、应用实践和迁移创新三个层次的一级认知活动架构，还设计了九项整合、细化的二级认知活动。

最后，认知语言学为活动观提供了重要的认知心理学基础。语言学科对语言能力的界定更多是从二语习得的理论视角，重视对语言交际能力的培养，导致忽略语言与认知的关系。认知语言学认为，语言习得是一种心理和智力的过程，与人类大脑获取、处理、保存和运用知识的方式密切相关，语言知识的掌握与其他知识的掌握在本质上没有什么差别(Anderson，1983)。语言学习的过程不是一个被动地接受或加工信息的过程，而是一个主动、积极地加工和处理信息的过程(周素玲，2007)。有关学习和迁移的认知心理学研究也发现，形成结构化的学习经验，把握其背后的重要原则可以促使学习者在新的情境中运用他们所学的知识去解决问题(Bransford *et al*，2000)。与内容认知分不开的语言知识也是如此。

第四节　英语学习活动观的实践效果

借鉴工程学的理念，学习科学认为，一个成功的解决方案从不以借助理论来论证世界为标准，而是以能否开发出满足现有情境、按照规律提供解决问题的方案为标准，其创新点在于是否能够突破主要局限而最大限度地实现其所要达到的目标(Simon，1996，转引自 Nathen & Sawyer，2014)。自从活动观提出之后，不少中小学英语教师和研究者都积极地在课堂中实践英语学习活动观，他们不仅认识到围绕意义开展教学的重要性，更重要的是找到了在课堂教学中将语言、文化、思维融合发展的有效路径。围绕语篇的主题意义开展教学，深入研读语篇内容，挖掘语篇的育人价值，已经成为英语教研和教学的新风尚，课堂教学也正在从碎片化走向整合化、情境化和结构化的学习，从以学科知识为本的教学走向以学科育人为本的教学(王蔷，2018)。活动观自提出以来即被一线教师广泛应用于课堂教学(如冀小婷、代俊华，2018)，而且涵盖了听说教学(如严婉华，2019；张莉，2019)、阅读教学(如陈世克，2019；陈亚丽，2019；陈则航、韩松，2018；李留建、姚卫盛，2018；马世飞，2019；孙晓慧等，2019；王兰英，2018；许颖、刘文，2019；张秋会等，2019；赵悦、毕勤，2019)和写作教学(如李彩燕，2019；刘丽萍，2020)。这些基于实践的研究涉及了不同学段的多种课型，使课堂更好地体现了指向核心素养的教学理念，具体表现在教学目标的设计更突出学生的主体参与，重视围绕意义整合语言知识的学习，目标本身也更具可操作性和可检测性。在活动设计上，教师超越了单纯的语言知识和语言交际层面的教学，通过层层递进的学习活动设计，引导学生在学习语言和探究意义的过程中，基于语篇建构知识，深入语篇理解与内化知识，超越语篇实现迁移，发展了高阶思维和解决问题的能力。这些实践案例都表明，活动观对落实核心素养的培养目标起到了积极的促进作用。

参考文献

Anderson J R. 1983. *The Architecture of Cognition*[M]. Cambridge: Harvard University Press.

Anderson L W, Krathwohl D R, et al. 2001. *A Taxonomy for Learning, Teaching, and Assessing: A Revision of Bloom's Taxonomy of Educational Objectives* (abridged edition)[M]. New York: Longman.

Bloom B S. 1956. *Taxonomy of Educational Objectives. Handbook I: Cognitive Domain*[M]. New York: Longman.

Bransford J D, Brown A L, Cocking R R. 2000. *How People Learn: Brain, Mind, Experience, and School* (ed.)[M]. Washington DC: National Academies Press.

British Columbia's New Curriculum. Curriculum Orientation Guide [EB/OL]. (2020-01-01) [2020-07-10]. https://curriculum.gov.bc.ca/.

Clark E. 1997. *Designing and Implementing an Integrated Curriculum: A Student-centered Approach*[M]. Brandon: Holistic Education Press.

Erickson H L, Lanning L A, French R. 2017. *Concept-Based Curriculum and Instruction for the Thinking Classroom* (ed.)[M]. Thousand Oaks: Corwin Press.

Erickson H L. 2001. *Stirring the Head, Heart, and Soul: Redefining Curriculum and Instruction* (ed.)[M]. Thousand Oaks: Corwin Press.

Hume A, Berry A. 2011. Constructing CoRes—A strategy for building PCK in pre-service science teacher education[J]. *Research in Science Education*, 41 (3): 341-355.

Jonassen D, Beissener K, Yacci M. *Structural Knowledge: Techniques for Representing, Conveying, and Acquiring Structural Knowledge*[M]. Hillsdale: Lawrence Erlbaum Associates.

Kumaravadivelu B. 2006. *Understanding Language Teaching: From Method to Postmethod*[M]. New York: Routledge.

Lu J, Susan M B, et al. 2014. Problem-based learning[A]. In R. K. Sawyer (ed.). *The Cambridge Handbook of the Learning Sciences* (ed.)[C]. New York: Cambridge University Press. 298-318.

Nathen M J, Sawyer R K. 2014. Foundations of the learning sciences[A]. In R. K. Sawyer (ed.), *The Cambridge Handbook of the Learning Sciences* (ed.)[C]. New York: Cambridge University Press. 21-43.

Phenix P. 1964. *Realms of Meaning*[M]. New York: McGraw-Hill.

Shulman L S. 2000. Teacher development: Roles of domain expertise and pedagogical knowledge[J]. Journal of Applied Developmental Psychology 21: 129-135.

Smith J, Girod M. 2003. John Dewey & Psychologizing the Subject-matter: Big Ideas, Ambitious Teaching, and Teacher Education[J]. *Teaching and Teacher Education*, 19: 295-307.

Vygotsky L, Cole M. 1978. *Mind in Society: The Development of Higher Psychological Processes* [M]. Cambridge: Harvard University Press.

Whitehead A N. 1929. *The Aims of Education and Other Essays*[M]. New York: Macmillan.

Wiggins G, McTighe J. 2005. *Understanding by Design* (ed.)[M]. Alexandria: Association for Supervision and Curriculum Development.

埃里克森，兰宁. 2018. 以概念为本的课程与教学：培养核心素养的绝佳实践[M]. 鲁效孔，译. 上海：华东师范大学出版社.

安富海. 2014. 促进深度学习的课堂教学策略研究[J]. 课程·教材·教法，(11)：57-62.

陈世克. 2019. 基于英语学习活动观的高中英语阅读教学实践[J]. 基础教育课程，(14)：50-56.

陈亚丽. 2019. 核心素养理念下高中英语文本阅读教学设计[J]. 中小学外语教学(中学篇)，(8)：43-49.

陈则航，韩松. 2018. 推动学生应用实践与迁移创新能力的教学改进研究[J]. 中小学外语教学(中学篇)，(11)：17-22.

程晓堂. 2018. 基于问题情境的英语考试命题理念与技术[J]. 中国考试，(12)：1-8.

崔超. 2020. 大观念视角下英语单元教学的重构[J]. 教学与管理，(4)：42-45.

崔友兴. 2019. 基于核心素养培育的深度学习[J]. 课程·教材·教法，(2)：66-71.

崔允漷. 2019. 如何开展指向学科核心素养的大单元设计[J]. 北京教育(普教版)，(2)：11-15.

顿继安，何彩霞. 2019. 大概念统摄下的单元教学设计[J]. 基础教育课程，(18)：6-11.

郭华. 2021. 深度学习的内涵与特征[R]. 普通高中指向学科核心素养的深度学习教学改进项目综合组及学科组组长第五次会议论文，北京，2021 年 2 月.

郭元祥，吴宏. 2018. 论课程知识的本质属性及其教学表达[J]. 课程·教材·教法，(8)：43-49.

何克抗. 1997. 建构主义革新传统教学的理论基础(上)[J]. 电化教育研究，(3)：3-10.

何玲，黎加厚. 2005. 促进学生深度学习[J]. 现代教学，(5)：29-30.

冀小婷，代俊华. 2018. “六要素”整合下的英语学习活动观及其实践[J]. 教学与管理，(19)：70-72.

金鑫. 2019. 科学大观念教学的缘起、价值及实践路径[J]. 教学与管理(理论版)，(8)：8-10.

李彩燕. 2019. 英语学习活动观指导下的高中英语写作教学策略[J]. 中小学英语教学与研究，(10)：56-61.

李春艳. 2020. 中学地理“大概念”下的单元教学设计[J]. 课程·教材·教法，2020(9)：96-97.

李刚，吕立杰. 2018a. 大观念课程设计：指向学科核心素养落实的课程架构[J]. 教育发展研究，38 (Z2)：35-42.

李刚，吕立杰. 2018b. 国外围绕大观念进行课程设计模式探析及其启示[J]. 比较教育研究，(9)：35-43.

李留建，姚卫盛. 2018. 例析英语学习活动观在英语教学设计中的应用[J]. 中小学外语教学(中学篇)，(11)：49-53.

李敏. 2020. 深度学习究竟“深”在何处？——兼论超越知识立场[J]. 基础教育，(1)：59-68.

林崇德. 1997. 论学科能力[J]. 北京师范大学学报(社会科学版)，(1)：5-12.

林崇德. 2008. 我的心理学观：聚焦思维结构的智力理论[M]. 北京：商务印书馆.

刘丽萍. 2020. 基于英语学习活动观的“以读和看促写”教学探究[J]. 英语教师，(2)：142-150.

刘月霞，郭华. 2018.《深度学习：走向核心素养(理论普及读本)》[C]. 北京：教育科学出版社.

马世飞. 2019. 运用英语学习活动观优化阅读教学设计的研究——以一次市级优质课磨课为例[J]. 中小学英语教学与研究，(3)：41-46.

梅德明，王蔷. 2018. 普通高中英语课程标准(2017 年版)解读[M]. 北京：高等教育出版社.

任虎虎. 2020. 基于大观念的高中物理单元逆向教学研究[J]. 基础教育课程,(8):62-68.

孙晓慧,钱小芳,王蔷,康亮. 2019. 基于英语学习活动观的高中英语阅读教学设计解析[J]. 中小学外语教学(中学篇),(4):44-48.

王本陆. 2017. 课程与教学论(第3版)[M]. 北京:高等教育出版社.

王兰英. 2018. 对六要素整合的高中英语学习活动观的认识与实践[J]. 中小学外语教学(中学篇),(12):7-12.

王磊,黄燕宁. 2009. 单元教学设计的实践与反思——以"氧化还原反应"教学单元为例[J]. 中学化学教学参考,(3):9-11.

王蔷,孙薇薇,蔡铭珂,等. 2021. 指向深度学习的高中英语单元整体教学设计[J]. 外语教育研究前沿,(1):17-25,87-88.

王蔷,李亮. 2019. 推动核心素养背景下英语课堂教—学—评一体化:意义、理论与方法[J]. 课程·教材·教法,(5):114-120.

王蔷,周密,蒋京丽,闫赤兵. 2020. 基于大观念的英语学科教学设计探析[J]. 课程·教材·教法,(11):99-108.

王蔷. 2018.《普通高中英语课程标准(2017年版)》六大变化之解析[J]. 中国外语教育,(2):11-19.

王喜斌. 2018. 学科"大观念"的内涵、意义及获取途径[J]. 教学与管理(理论版),(8):86-88.

韦钰. 2016. 以大观念的理念进行科学教育[J]. 人民教育,(1):41-45.

魏恒建. 2019. 促进词汇深度学习的教学策略探究[J]. 中小学外语教学(中学),(12):1-7.

许颖,刘文. 2019. 基于英语学习活动观的初中英语文学阅读教学实践[J]. 中小学外语教学(中学篇),(11):42-48.

严婉华. 2019. 英语学习活动观在初中英语单元听说教学中的实践[J]. 中小学英语教学与研究,(7):38-41.

叶澜. 2016. 融通"教""育",深度开发学科的育人价值[J]. 今日教育,(3):1.

余震球. 2005. 维果茨基教育论著选[M]. 北京:人民教育出版社.

约翰·杜威. 1990. 民主主义与教育[M]. 王承绪,译. 北京:人民教育出版社.

张浩,吴秀娟,王静. 2014. 深度学习的目标与评价体系构建[J]. 中国电化教育,(7):51-55.

张莉. 2019. 基于英语学习活动观的初中英语听说教学活动设计[J]. 中小学外语教学(中学篇),(11):54-60.

张秋会,王蔷,蒋京丽. 2019. 在初中英语阅读教学中落实英语学习活动观的实践[J]. 中小学外语教学(中学篇),(1):1-7.

赵悦,毕勤. 2019. 在高中英语阅读教学中实践英语学习活动观——以文本 From Page to Screen 阅读教学设计为例[J]. 中小学外语教学(中学篇),(5):58-64.

郑葳,刘月霞. 2018. 深度学习:基于核心素养的教学改进[J],教育研究,(11):56-60.

中华人民共和国教育部. 2001a. 基础教育课程改革纲要(试行)[EB/OL]. http://www.moe.gov.cn/srcsite/A26/jcj_kcjcgh/200106/t20010608_167343.html. 2001-6-8.

中华人民共和国教育部. 2001b. 全日制义务教育普通高级中学英语课程标准(实验稿)[M]. 北京:北京师范大学出版社.

中华人民共和国教育部. 2012. 义务教育英语课程标准(2011年版)[S]. 北京:北京师范大学出版社.

中华人民共和国教育部. 2018. 普通高中英语课程标准(2017年版)[S]. 北京:人民教育出版社.

中华人民共和国教育部. 2020. 普通高中英语课程标准(2017年版2020年修订)[S]. 北京：人民教育出版社.

周素玲. 2007. 大学英语综合课程语篇教学研究的认知心理学视角[D]. 上海外国语大学.

朱立明，冯用军，马云鹏. 2019. 论深度学习的教学逻辑[J]. 教育科学，(3)：14-20.

宗德柱. 2019. 大观念教学的意义、困境与实现路径[J]. 当代教育科学，(5)：25-28.

下篇 北师大版高中英语单元整体教学实践案例

下篇

第四章　必修部分单元整体教学设计案例

案例一：必修一 Unit 2 Sports and Fitness

团队教师(按姓氏拼音排序)：范欢　侯延玮　刘子祎　孙雪　吴娜　杨甜
团队负责人：付绘

一、单元整体教学内容分析

本单元围绕“运动与健康”话题展开，属于“人与自我”主题下的“健康的生活方式、积极的生活态度”等子主题范畴。本单元以多种形式的语篇介绍了运动方式、比赛规则、体育精神、运动与健康的关系以及运动对健康的意义。单元中的语篇形式多样、内容丰富，引导学生意识到运动与健康的重要性，帮助学生理解体育精神、尊重体育赛事规则，养成健康的生活方式和积极的人生态度。

本单元的教学素材包括四篇听力输入语篇，五篇阅读输入语篇和一篇视频输入语篇。

Topic Talk 包括两篇听力材料。第一篇介绍了一位学生日常喜爱的运动方式、健康状态和生活习惯。第二篇呈现了排球运动的比赛规则。该课作为本单元的起始课，起到了激活学生相关背景知识的作用，并为本单元后面的教学内容做了话题、词汇以及思维等方面的铺垫。

Lesson 1 为阅读语篇，体裁为记叙文，以主人公 Paul 的球队队友为视角对故事进行讲述。语篇包括两部分：第一部分，笔者介绍了“我”与 Paul 都热爱篮球，是校篮球队成员。身高处于劣势的 Paul 不被球队重视，但他不服输、努力训练；第二部分，由于“我”在篮球赛中受伤，Paul 在“我”的推荐下替补上场。最终，Paul 在比赛中证明了自己的实力，得到了教练的赏识与认可。该语篇涉及了“运动与健康”主题下的体育精神、体育公平等内容。通过阅读 Paul 的故事，激发学生感悟并学习 Paul 不服输、不气馁的体育精神。通过教练对 Paul 的态度的转变，引导学生反思体育运动中的公平公正。

Lesson 2 包括两篇听力语篇。第一篇以广播提示和对话的形式介绍了网球、拳击、长跑三项运动的比赛规则或比赛技巧。第二篇以打电话的形式展开。Will 与 John 是利物浦球队的粉丝，电话中 Will 告知 John 利物浦打败曼联的消息，John 十分惊喜与激动。本课听力语篇着重关注单元主题意义下的体育比赛规则。通过对网球、拳击、长跑、足球运动的比赛规则或赛事进行介绍，帮助学生了解不同体育运动的比赛规则，引导学生建立尊重和维护比赛规则的意识。

Lesson 3 为阅读语篇，体裁为书信形式的应用文。语篇中，Martin 医生对十六岁的 Jeremy 关于长跑健身的困惑进行解答。具体阐述了长跑的要求、长跑对健康的好处以及 Martin 医生对长跑运动的建议。该语篇重点关注单元主题意义下的运动与健康的关系，以及合理运动对健康的好处和意义。通过学习长跑的要求、长跑对促进身体健康的好处等内容，引导学生关注并重视体育运动对健康的意义，激励学生积极参加体育锻炼，强身健体，保持健康体魄。

Writing Workshop 呈现了一篇以"最后的冲刺"为题的记叙文。文中讲述了在"第十五届圣巴巴拉自行车越野大奖赛"的最后冲刺阶段，第三名选手 Ismael Esteban 因自行车轮胎被刺破，被迫肩扛自行车快步走向终点，此时第四名选手 Agustin Navarro 并没有趁人之危，而是始终保持在后，直到完成比赛。赛后，Esteban 欲将奖牌赠与 Navarro，但 Navarro 没有接受。该语篇重点关注单元主题意义下的运动精神，通过阅读 Navarro 与 Esteban 的比赛故事，引导学生理解相互尊重、相互团结、不唯成绩论英雄的体育精神。同时，引导学生学习记叙文的写作方式，从故事背景、人物、发展情节、故事高潮、结尾等方面叙述故事。

Reading Club 包含两个语篇。第一篇为说明文，介绍了武术的起源、历史、益处、种类以及中国武术对日本、韩国等国家的影响。第二篇属于应用类文本，介绍了国际运动中心开设拉丁舞、瑜伽、动感单车等健身课程的时间、种类、适宜人群及内容。这两篇文本属于"运动与健康"主题下的拓展内容，丰富学生对运动方式、保持健康等方面的认识，拓宽阅读领域与视野。

Viewing Workshop 是视听说课。视频中讲述了运动对儿童健康的好处、儿童参与体育锻炼的一些误区，并对儿童正确进行体育锻炼提出建议。该视频着重关注本单元主题意义下的儿童运动与健康，引导学生意识到体育锻炼对儿童健康的意义，同时意识到正确进行体育锻炼、遵循身体成长规律进行运动的重要性。

综上所述，本单元共包含八个语篇，语篇形式多样、内容丰富，涉及记叙文、说明文、应用文、书信等各类文体和听、说、读、看、写等多种技能，讨论了运动方式与习惯、体育赛事规则、体育精神、运动与健康的关系、运动的意义等多项内容，引导学生意识到运动与健康的重要性，帮助学生理解体育精神、尊重体育赛事规则，提高对运动与健康的重视程度。

二、基于大观念的单元内容结构图

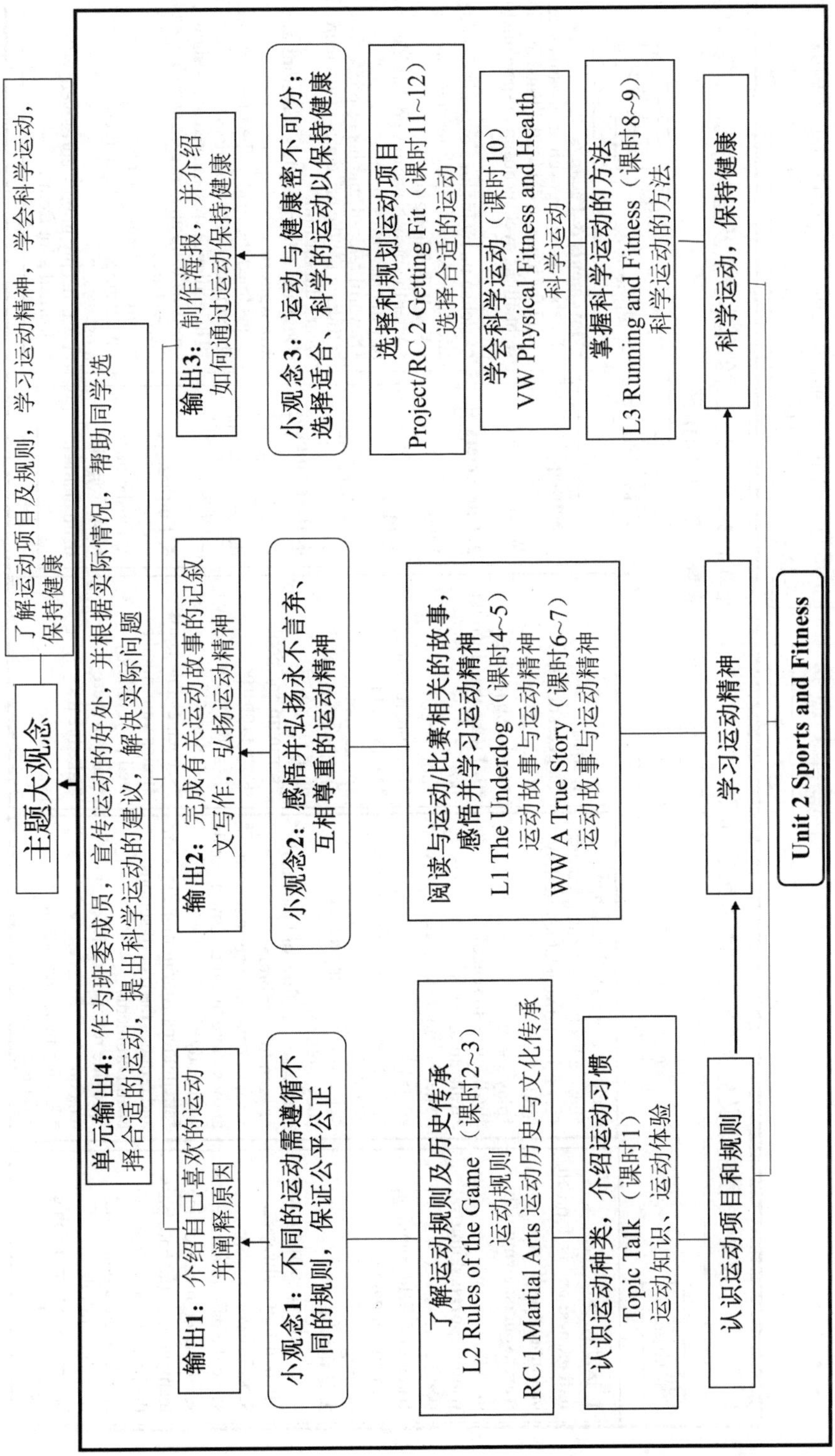

语言大观念

运用与运动相关的词汇和表达方式，描述运动，提出科学运动的建议来保持健康；撰写运动故事，弘扬运动精神

小观念1：围绕语义整合性学习词汇和表达方式

描述运动

1. 运动种类
ball games: tennis, football, badminton, golf …
water sports: swimming, diving …
winter sports: skiing, skating …
track and field: running, jumping, jogging, cycling …
2. 运动频率
never, seldom, sometimes, often, usually, always …
3. 运动规则
serve the ball, touch the ball, send it over, the receiving team, bounce the ball, pass the ball, shoot, defend, attack, score a point/goal
must/mustn't do
be prohibited from doing
be reminded to do

描述健康

*be in pretty good/bad shape
*have a healthy and balanced diet
*eat fruit and vegetables/healthy food
*play sports
*walk/cycle to school
*walk up the stairs
*There is no better way to know yourself ...
*help you get fit and prevent diseases
*give you good upper and lower body strength
*increases the flow of blood and oxygen to your brain
*makes your heart stronger and allows more blood to flow around your body
*strengthens your immune system and reduces the risk of serious health problems
*provide relief from aches or tension
*develop their muscles in different ways …

提出建议

1. 结构
*suggest doing …
*If …, you will …
*advise sb to do …
*If I were you, I would do …
*don't need ...
*It's important to ...
*You should ...
*make sure ...
*Don't forget to ...
2. 语言
*warm up and cool down properly
*jog slowly for ..., then walk for ...
*set achievable goals
*trains your mind as well as your body
*hang in there
*take breaks

小观念2：学习记叙文的基本要素及基本结构，撰写运动故事，感悟运动精神

语篇结构

1. Setting
When & Where
2. Characters
Who
3. Plot
What happened
4. Development
How does it develop(Climax/Conflict)
5. Ending
Why should we learn from the main character

描述方式

•**Movements & Feelings**
*Esteban had been cycling as hard as he could for hours and with the finishing line in sight all the cyclists began to speed up to cross it.
*Esteban threw his bike over his shoulders and raced towards the finishing line.
•**Words & Thoughts**
*After the race, Navarro said, "I didn't want to win that way."
*Navarro refused, and his response was: "Offering me the prize was worth more than what I did for him."
•**Describe other people's reactions and the atmosphere**
*Fans lined the road to the finishing line, cheering on the competitors.
*The audience was amazed at his show of sportsmanship and cheered and clapped for the cyclists.
•**Comments and theme**
*What surprised/attracted/delighted me most was that …
*I was deeply impressed/moved by …
*I learned a lot from …

三、基于大观念的单元总体教学目标

单元小观念	单元总目标
认识运动项目和规则	介绍运动种类、规则、精神及其历史传承；分析并阐释运动与健康的关系以及遵守规则的意义；交流自己喜欢的运动并说明原因。
学习运动精神	举例讲述运动故事中人物、事件及运动精神；感悟运动人生，体验、挖掘并学习运动精神；分享运动故事，体现运动精神。
学会科学运动	厘清并阐释日常锻炼、训练与健康的关系，评判并思考自身的健康状况，能够说明如何选择适合自己的运动，如何掌握运动技巧，并从科学运用的角度说明原因；制订个人锻炼目标、计划并实施，用视频记录每天的运动，养成锻炼习惯。
保持身心健康	表达对运动与健康的单元主题的理解与认知；反思并分享自身运动与健康的问题和解决方法。

四、教学反思

1. 如何进行单元内容分析，提炼大、小观念

“教材内容”是指教科书上呈现的内容，只有将其进行教学化处理，转化为在课堂上呈现的与具体目标相匹配的内容，才能称其为“教学内容”。而当教师基于学生立场，针对教学内容，从期望学生“学会什么”出发，逆向思考“学生起点在哪儿”“学生如何学会”时，才能真正称之为“学习内容”。学习内容作为学习单位，是制订学习目标、设计学习活动和实施学习评价的逻辑起点。单元多文本分析过程是教师将学习内容纳入知识结构，从而探究出系统的、有逻辑的单元主题意义，进而提炼单元大、小观念的过程。

进行单元内容分析，提炼大、小观念，我们的做法如下：

(1)围绕主题解读文本，建构主题知识网

课程内容具有结构化、整合化和情境化的特点。教师对单元主题下多文本的解读的首要目的是将单元主题下的结构化知识的内在关联和逻辑找出来，让所学内容之间形成关联。

(2)厘清主题相关核心概念，建构单元主题意义探究逻辑

在以主题意义为引领的课堂上，教师要通过创设与主题意义相关的情境，充分挖掘特定主题所承载的文化信息和发展学生思维品质的关键点，基于对主题意义的探究，以解决问题为目的，整合语言知识和语言技能的学习与发展，将特定主题与学生的生活建立关联，鼓励学生学习和运用语言，开展对语言、意义和文化内涵的探究，特别是通过对不同观点的讨论，提高学生的鉴别和评判能力。主题意义探究逻辑是教师完成每个语篇教学的核心。因此，厘清语篇中的主题意义框架，形成意义探究逻辑，才能基于探究问题，设计学习活动，最终解决基于主题意义的现实问题，在解决问题的

过程中实践语言、提升能力、形成观念。

(3)整合与重组文本，设定教学目标，提炼小观念

将单元中与主题意义直接相关的文本内容进行整合，帮助学生从不同语篇的多个角度加深对主题的理解，形成完整的知识和认知结构。基于这一目的，重组语篇，把语篇背后的知识串成线、织成网。基于这样的内容分析，从学习和认知的角度以及学习理解、应用实践和迁移创新三个层次设计教学目标和学习活动。学生结合自己的生活经验和已有知识，跟文本对话、跟同伴对话、跟自己对话，最终形成基于新的认知结构的观念化认识，并能够运用语言进行有效表达。

(4)建立小观念之间的关联，概括、归纳单元大观念

单元的主题意义是教师依据多个文本解读梳理出的、学生主题学习和探究的逻辑，小观念是在主题意义探究过程中，学生形成的、带有个人主观经验的深层次理解和认识。建立小观念之间的关联，并对这种关联进行概括化表述，真正形成统领整个单元的大观念——重构对运动的认知、态度和价值取向：丰富运动知识、弘扬运动精神、实践科学运动、保持身心健康。

2. 如何设定单元目标并开展持续性评价

单元目标是落实课程总目标的行动方向和路径。换言之，单元目标是对单元学习单位内学生要“学什么”“怎么学”以及“学到什么程度”的高度概括，也是单元学习成果的评价指标设定。单元目标的设定要遵循层次性、渐进性和可达成性，覆盖学习内容选择、认知层次、能力素养水平表现、策略形成、问题解决以及观念更新等核心素养要素。单元目标的表述要清晰、具体、可操作、可检测。

制订单元目标并开展持续性评价，我们的做法是：

(1)建构单元整体目标框架，实现观念—目标—活动—评价的一致

教师依据大、小观念，梳理单元目标框架，设计小观念评价任务。本单元教师在形成基于大、小观念和以主题意义为引领的单元框架图后，依据大观念，参照《课标》中的学业质量水平一和水平二的素养表现要求，纵向关联小单元的主题意义，从认知发展的角度，设定单元整体教学目标。单元整体目标的设定是从学习理解单元主题知识网中的表层知识，到分析、综合、评判以及阐释主题的深层含义，最后迁移所学，建构新的认知体系并进行表达和创造。

(2)建构单元整体本质问题框架，实现“观念—意义—本质问题—活动”的统一

依据单元目标，提炼小观念下的本质问题，设计相应的学习活动。本单元中，教师依据单元目标，提炼探究“运动与健康”主题意义过程中的本质问题，依据问题的探究顺序，设计基于学习理解、实践应用、迁移创新层面的学习活动。可以看出，对本质问题的回答过程，不仅能够检测学生对小观念的理解程度，还能检测不同层次学习活动的效果，发挥持续评价的作用，真正实现“观念—目标—活动—评价”的高度一致。

(3)共创课堂评价指标，实现学、用、评一体化

依据课时目标，共创评价标准，在持续评价中提升生成质量。本单元大观念形成

的第二部分——讲述运动故事，学习运动精神。依据课时目标，教师将读写融通，阅读别人故事的过程就是生成自己故事评价标准的过程。学生根据评价标准从内容、结构、语言三个方面对自己的运动故事写作进行谋篇布局。在最后的互评前，教师在评价标准中又增加了讲故事是否有条理、评价是否有说服力以及运动精神对个人未来的影响三个方面的要求。师生在完成创作和评价的过程中不断共创并丰富评价标准，加深对评价标准的理解，并在学生能力范围内最大化地接近和达成教学目标。学生在持续评价中学会写作，在谋篇布局、写作、自评、互评的过程中不断提升生成质量，实现语言的学、用、评一体化。

3. 通过教学设计与实施，我们总结出以下四个感悟：

(1)整个单元教学设计连贯，主题意义探究深刻，结构性强，实践操作性强，使用得心应手。学生每节课的收获大、语言输出量大、有阶梯性，其实看学生学到多少主要就是看他能够输出多少，实用且科学。

(2)一个单元上完，感觉新教材好教，容易上手，每个单元按照话题展开、线索清晰、材料新颖，易于让学生围绕话题，构建主题意义，真正体现了教材即教程，也是学程。但刚开始教要慢下来，课上多留时间给学生，让学生在课堂营造的语境下多表达，促成知识的内化和构建。

(3)在实际教学中，按照提供的课时教学设计上完整个单元。结合学生的实际情况，将 Viewing Workshop 中的视频替换成与中国传统运动相关的视频，并结合 Reading Club 1 开展教学，在整个单元的整体构建中加入了中国传统运动文化。

(4)我觉得单元教学中要重点关注学生的课堂落实，让学生在课堂上进行语言操练；要用好教材和学案，每节课都要让学生有总结和积累，让学生体会到成就感；要充分信任学生，先学后教，学生自主总结、交流互动，从而应用提升。

五、案例点评

在 Sports and Fitness 单元的教学设计中，北京市丰台区教研员付绘老师带领团队以大观念为抓手，以单元主题为引领，在对单元教学各语篇的内容进行深入分析的基础上，根据各语篇子主题和主要内容，提炼出各语篇背后的主题意义，从而为在语篇之间建立关联奠定了基础，也为建构小观念并建立各小观念之间的关联提供了依据。教师采用可视化结构图呈现单元整体规划，构成单元育人蓝图。在此基础上，教师设计了素养导向的单元教学目标，体现出完成单元学习后，学生围绕“Sports and Fitness”这一主题形成的核心素养综合表现。在单元目标中，教师使用了行为动词，如介绍、分析并阐释、交流、说明、举例讲述、分享、厘清并阐释、制订计划、表达、反思并分享等，使核心素养目标通过学生外显化的语言运用、思维表现、围绕主题的认知表达，以及所体现出的价值判断等进行观察、检测和评价。

从该团队的教学反思中，我们看到该设计还突出了教、学、评一体化的设计理念，单元目标的确定，为实现教与学的逻辑奠定了基础，教师通过每个语篇的教学，逐步引导学生在完成单元学习后，形成“丰富运动知识—弘扬运动员精神—实践科学运动—维护身心健康”这一单元大观念，在知识的建构中逐渐形成对“运动与健康”这一主题全面深入的认知、态度及行为取向。具体而言，本案例主要呈现以下几方面的特点：

第一，基于大观念这一指导思想深入研读单元内各语篇的内容，挖掘其主题意义，建立碎片化内容之间的纵横关联，梳理单元脉络，调整课时顺序，如 Lesson 1 及 Writing Workshop 均围绕深入理解运动故事与运动精神展开，服务于“学习运动精神”这一小观念的生成，帮助教师以更具整体化的视角组织教学内容。

第二，基于单元教学内容及大、小观念的建构，制订单元教学目标。目标反映了学生在完成单元学习后运用与“运动与健康”相关的语言和文化知识、思想观点、策略方法等，联系个人实际，反思自身运动与健康的问题，找到解决方法等核心素养综合表现，并注意了目标中行为动词的可观测、可操作、可检测等特点，使核心素养目标通过学生外显化的语言运用、思维表现和围绕主题的认知表达和所体现出的价值判断等进行观察、检测和评价。

第三，基于教、学、评一体化的理念设计单元持续性评价。教师参照并细化《课标》中学业质量水平的素养表现要求，围绕单元教学目标，提炼探究“运动与健康”主题意义的单元整体本质问题框架，有效提升“标准—教学—评价”一致性。此外，教师在反思中提到了对学生课堂表达、输出、口笔头落实情况、学案及课堂总结等体现学生学习是否发生的证据的关注，以此确认学生对大观念的建构、理解和应用，并邀请学生和老师共创课堂评价指标，促进学生自我监督性学习，帮助达成预设的教学目标，以评促学，以评促教。

案例二：必修二 Unit 4 Information Technology

团队成员(按姓氏拼音排序)：代菲　孙薇薇　郑心笛

一、单元整体教学内容分析

本单元属于“人与社会”主题语境下的“科学与技术”，以阅读、听力、视频共八个多模态语篇多维度阐述这一主题。整个单元依托语篇，将有关信息技术类型、功能及影响的语言和文化的学习融入对主题意义的探究中，全面发展学生的听、说、读、看、写等语言技能，培养学生运用学习策略获取信息、应用信息技术解决问题的能力，发展学科核心素养，落实立德树人。

Topic Talk 是听力对话，介绍了应用程序的功能及其应用带来的影响。通过本课的学习，学生关于信息技术的已有知识和经验被激活。同时，本课涉及 apps、avatars、get updated with the news all day long 等有关信息技术的类型、功能和影响的语言知识，为学生之后的学习打下基础。

Lesson 1 是一篇说明文，介绍了虚拟化身的定义、发展历史、用途及人们对虚拟化身的评价。虚拟化身指的是人们在网络环境中的形象，如聊天头像、游戏中的替身等都属于虚拟化身。

Lesson 2 中的听力对话呈现了应用程序的作用——方便人们的学习与生活。

Lesson 3 是两篇议论文，体现出人们对互联网影响友谊所持的正反观点，有的人认为互联网无法代替面对面的交流，同时容易让人以自我为中心，损害友谊的发展；有的人认为互联网方便沟通，使人与人之间的距离更近，促进友谊。

Writing Workshop 以网页形式呈现了如何应用线上个人简介推荐自己以加入感兴趣的俱乐部。

Viewing Workshop 以视频形式呈现一首回文诗，其正序朗读是人们对电子书取代纸质书所持的正面观点，倒序朗读是人们对电子书取代纸质书所持的反面观点，十分巧妙。

Reading Club 1 是一篇说明文，陈述了数字化技术在弘扬古代艺术方面的应用，比如用 3D 技术呈现《清明上河图》，使人们有穿越到宋朝的感觉；Reading Club 2 是一则广告，介绍了智能手环的特点和功能。

Lesson 1 和 Reading Club 2 分别介绍了虚拟化身和智能手环，是人们对信息技术的认知，因此两者可以建立关联，体现出人们对信息技术的认识；Lesson 2、Writing Workshop 和 Reading Club 1 是分别体现了人们对应用程序、线上个人简介和数字化技术的应用。Writing Workshop 是应用信息技术推荐自己，Reading Club 1 是应用信息技术弘扬艺术，两者由微观到宏观，联系紧密，因此 Reading Club 1 可作为 Writing Workshop 的补充阅读。Lesson 2、Writing Workshop 和 Reading Club 1 可共同提炼为人们对信息技术的应用。Lesson 3 和 Viewing Workshop 分别以互联网、电子书为载体，论述了人们对其影响的正反观点，属于人们对信息技术的评价。

因此，本单元可分为三个学习小单元，先建立对信息技术的认识，再结合实际生成对信息技术进行评价，最后落脚到行动上，即：应用信息技术方便学习、生活乃至弘扬艺术文化，层层递进，这也与 Topic Talk 相呼应。Topic Talk 以应用程序为例，既介绍了应用程序的功能，即人们对信息技术的认识，又探讨了人们如何应用信息技术，统领整个单元。

按照课本的顺序来安排教学，会有以下问题：首先，Writing Workshop 作为主语篇的最后一篇，其最后的输出是一篇为了加入兴趣俱乐部而写的 A Personal Profile，其中主要涉及 in my opinion、I think、enjoy sth、love doing sth 等表达观点和兴趣爱好的语言表达，并没有运用前面所学课文中与信息技术类型、功能和影响相关的语言知识，也就是说本单元最后的整体输出几乎没有应用本单元所学的语言知识；其次，按照教材的编排，整个单元的 Project 是以小组为单位，设计一款应用程序来解决现实问题，比如：交友问题、防范网络风险的问题等，Project 是 Lesson 2 的最后一个迁移创新活动，也就是说学生在学完 Lesson 2 之后需要有 Project 的产出，要完成 Project，学生需要 Lesson 1 、Lesson 3 甚至是 Writing Workshop 中的语言知识。因此，如果按照课本的编排顺序，在学完 Lesson 2 后就要输出 Project，对学生来说，准备时间不足，语言输入也不足，很难完成。最后，由下面的“单元内容结构图”可知，按照课本原来的编排顺序，形成探索主题意义的过程是：认识—应用—评价—应用—评价信息技术，交叉进行，三个学习小单元被割裂，且单元的主题意义探究最终落脚到对信息技术的评价而非行动上，不够合理。

因此，本单元的教学将 Viewing Workshop 和 Lesson 2 调换课时顺序。调换之后，三大问题都可解决。首先，三个学习小单元各成整体，不被割裂，先认识再评价，而后应用信息技术，层层递进；其次，Lesson 2 放在本单元的最后一课，学生有前几节课所学的知识做支撑，也有充足的时间准备，使课后 Project 的完成更具操作性；最后，Lesson 2 上完之后，Project 的完成也与 Topic Talk 的内容相照应，即应用信息技术解决问题，使本单元的学习首尾相接，强调对信息技术的合理应用。因为不管是虚拟化身、互联网的使用，还是线上个人简介的利用，都有泄露隐私的风险，增强信息安全意识十分重要。因此本单元最终落脚到“合理应用信息技术，增强信息安全意识”的主题意义上。而且，从语篇形式来看，调整之后的顺序为读—看—读—写—听，两篇阅读之间穿插 Viewing Workshop，可适当减少学生的阅读负担，更易于学生接受。

二、基于大观念的单元内容结构图

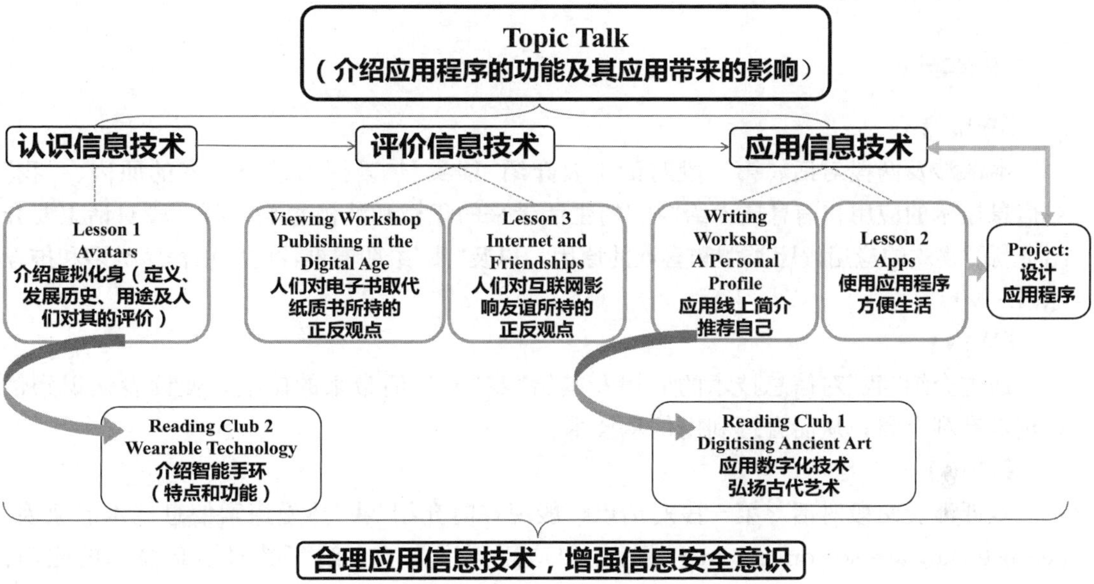

三、基于大观念的单元总体教学目标

通过本单元的学习，学生能够：

1. 认识信息技术：

- 描述应用程序的功能及影响，讨论如何合理利用信息技术方便生活；
- 介绍虚拟化身，谈论如何合理利用虚拟化身进行网络社交活动，规避使用风险。

2. 评价信息技术：

- 论述电子书取代纸质书的正反观点，谈论纸质书的存亡及数字化时代下个人的阅读形式选择；
- 阐述互联网对友谊的正负面影响，就如何合理利用互联网保持并增进友谊提出建议。

3. 应用信息技术：

- 撰写线上个人简介，注意在应用信息技术推荐自己的同时要保护好个人隐私；
- 设计应用程序，应用信息技术解决现实问题。

四、各课教学设计

(一)Topic Talk

文本分析

【What】

本课涉及两段对话。第一段对话主要介绍了"我"热爱探索信息技术的原因、"我"对信息技术的应用和信息技术给"我"的生活带来的积极和消极影响。第二段对话主要介绍了"我"喜欢的应用程序类型和喜欢的原因，以及"我"给朋友推荐的应用程序类型和推荐原因。

【Why】

通过介绍"我"对信息技术的应用及其给"我"的生活带来的影响，使读者认识到信息技术有利有弊，从而合理利用信息技术。

【How】

本课涉及两段对话。第一段对话以一般现在时介绍"我"热爱探索信息技术的原因：because they are so convenient；接着，以应用程序为例介绍"我"对信息技术的应用：shopping online、chatting online；最后，点出信息技术对"我"生活的影响：积极影响——makes me feel less lonely、communicate better with each other；消极影响——too much chatting online takes a lot of time。第二段对话以一般现在时介绍"我"喜欢的应用程序类型和喜欢的原因。音乐类应用程序——music app，可用来自我放松：listen to songs when I can't sleep or feel nervous、helps me relax；游戏类应用程序——apps for different games，可用来在虚拟空间中尝试不同人物：use different avatars in different games、explore different personalities；时钟应用程序——an app called "Alarm Clock"，可用来限制玩游戏的时间：remind me that my time is up；同时，"我"也推荐朋友下载新闻类应用程序，用来获取每日新闻：get updated with the news all day long。

本课的知识结构图如下：

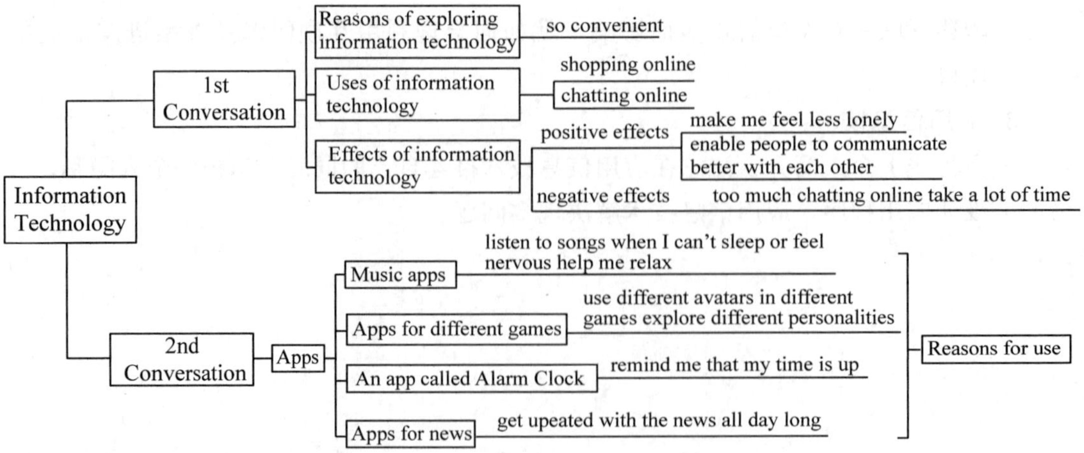

教学目标

在本课结束时，学生能够：

1. 通过听第一段对话，获取、梳理“我”喜欢探索信息技术的原因、“我”对信息技术的应用及其给“我”的生活带来的影响；

2. 借助已获取的信息，向 *Teen Tech Talk* 的记者谈论自己如何应用信息技术及其给自身生活带来的影响；

3. 通过听第二段对话，获取、梳理“我”喜欢的应用程序类型和喜欢的原因以及“我”给朋友推荐的应用程序类型和推荐原因；

4. 针对应用程序的用途和使用应用程序时应注意的问题写一段话，并在小组、班级中分享。

教学重难点

【教学重点】

1. 通过听第一段对话，获取、梳理“我”喜欢探索信息技术的原因、“我”对信息技术的应用及其给“我”的生活带来的影响；

2. 通过听第二段对话，获取、梳理“我”喜欢的应用程序类型和喜欢的原因以及“我”给朋友推荐的应用程序类型和推荐原因。

【教学难点】

1. 借助已获取的信息，向 *Teen Tech Talk* 的记者谈论自己如何应用信息技术及其给自身生活带来的影响；

2. 针对应用程序的用途和使用应用程序时应该注意的问题写一段话，并在小组、班级中分享。

教学过程

教学目标	教学活动与步骤	设计意图	效果评价	时间与互动模式
讨论自身对信息技术的运用，表达态度和观点。	Activity 1 Ss use questions to talk about information technology.	利用问题使学生聚焦主题，激活关于信息技术的已有知识和经验，并铺垫语言。	学生能够与同伴积极讨论自身对信息技术的运用，讨论对主题的认知、态度，学生相关语言被激活。	3' IW CW

续表

教学目标	教学活动与步骤	设计意图	效果评价	时间与互动模式
通过听第一段对话，获取、梳理“我”喜欢探索信息技术的原因、“我”对信息技术的应用及其给“我”的生活带来的影响。	Activity 2 1. Read the Text Builder carefully and work in groups to help each other with new words. 2. Ss listen to the first conversation twice and complete it by underlining the words or expressions they hear. 3. Ss share their notes in pairs. 4. Two or three Ss will be selected to present their notes orally.	学生先读 Text Builder 熟悉听力材料，通过听对话获取第一段对话的核心内容：“我”探索信息技术的原因、“我”对信息技术的应用及其给“我”的生活带来的影响。	学生听两遍之后能够获取 Text Builder 中缺失的信息。	7’ IW CW
借助已获取的信息，向 *Teen Tech Talk* 的记者谈论自己如何应用信息技术及其给自身生活带来的影响。	Activity 3 Self work: With the help of the Text Builder, Ss talk about how they use the information technology and how it has changed their lives. Pair work: Ss talk about their uses of information technology and its impacts on their lives. Class work: Two or three Ss will be selected to present in front of the whole class.	学生运用所学知识，借助 Text Builder 向 *Teen Tech Talk* 的记者谈论自己如何应用信息技术及其给自身生活带来的影响。	学生能够描述并阐释自己对“信息技术”的认识，内化所学知识。	5’ IW PW CW
通过听第二段对话，获取、梳理“我”喜欢的应用程序类型和喜欢的原因以及“我”给朋友推荐的应用程序类型和推荐原因。	Activity 4 1. Ss listen to the second dialogue three times and complete the notes in the table. 2. Ss share their notes in pairs. 3. Two or three Ss will be selected to present their notesin class.	以表格形式辅助学生获取“我”喜欢的应用程序类型和喜欢的原因以及“我”给朋友推荐的应用程序类型和推荐原因。	学生在听第三遍对话之后能够获取第二段对话的主要信息并填写表格。	8’ IW CW

续表

教学目标	教学活动与步骤	设计意图	效果评价	时间与互动模式
针对应用程序的用途和使用应用程序时应该注意的问题写一段话，并在小组、班级中分享。	Activity 5 Self work: Ss use the language they have learned to write a short paragraph about the apps they find useful and the problems they should be aware of. Group work: Ss share their writings in groups. Class work: Three or four representatives will be chosen to present their writings in front of the whole class. T summarises Ss' errors in their writings.	使学生在写作中内化和运用所学并迁移创新。	学生能够有逻辑地写出自己如何利用应用程序以及使用时应该注意的问题。	15' IW GW CW
阅读关于信息技术的名言并谈论自己对信息技术的观点以及如何合理利用信息技术。	Activity 6 Ss read the quotes provided by the T and talk about their views on information technology and how to useit properly.	学生通过阅读名言和谈论信息技术加深对此话题的思考。	学生能够在名言的引导下进一步谈论信息技术的利弊，并进行深度思考。	5' CW
	Activity 7 Reflect on and summarise what they've learned.	学生提炼所学知识。	学生能够在教师的引导下总结所学。	2' IW CW
	Homework Write a short paragraph (80 words or so) about your views on information technology and how to make use of it for our *School's Newspaper*.			
教学设计特点及说明				
1. 从主题、内容、文体、语言、作者等角度进行深入的文本解读，并将语篇研读的结果转化为一系列有逻辑层次的课堂学习活动。 2. 以英语学习活动观为指导，设置三个层次(学习理解、应用实践、迁移创新)的教学目标，促进核心素养四要素(语言能力、文化意识、思维品质和学习能力)的整体推进、关联融合、协调发展。				

续表

教学设计特点及说明
3. 针对教学活动的效果评价贯穿始终，凸显教、学、评一体化，实现以评促教、以评促学的目的。 4. 教学设计制订指向核心素养的单元整体教学目标，分析并提炼单元学习的意义和价值，围绕主题语境整体设计学习活动，避免脱离主题意义或碎片化的教学方式。

(二)Lesson 1

文本分析

【What】

本文为阅读文本 Avatars，介绍了虚拟化身的定义、发展历史、用途以及人们对使用虚拟化身所持的不同观点。

【Why】

通过介绍虚拟化身，旨在使读者了解虚拟化身，辩证认识虚拟化身的使用，增强信息安全意识，合理利用虚拟化身进行网络社交活动，规避使用风险。

【How】

本文是一篇说明文，共包括六个段落，采用并列式结构从不同方面介绍了虚拟化身的定义、发展历史、用途以及人们对其使用所持有的不同观点。全文从抽象概念到具体应用，帮助读者更全面地认识并了解虚拟化身。

第一段采用下定义的说明方法介绍了虚拟化身是什么，即"These digital identities, known as avatars, are a key part of how people use the Internet to communicate and express themselves."

第二段分别使用一般过去时和过去将来时以及相关的时间短语介绍了虚拟化身的历史发展以及人们过去对虚拟化身的认识和看法：

in the 1980s: The first simple 2D avatars appeared in role-playing computer games.

by the late 1990s: They had been used in web chats.

Very few people knew that future avatars would have such a wide variety of forms and uses.

第三段至第五段主要采用了举例子和做诠释的说明方法介绍了虚拟化身的用途。人们使用虚拟化身表达自我(express yourself and give you lots of room for creativity)，主要表现在以下方面：

- create new identities that did not look or act like their real selves at all;
- dress their avatars in fancy clothes;
- try being someone of the opposite sex, and call themselves "Andy" instead of "Anna";
- have more than one avatar: a sensible one for work; a friendly, good-looking one

for meeting people; a silly one for having fun.

同时，虚拟化身也可用于代表自我，人们创造并使用和自己性格、外表、行为举止相似的虚拟化身，例如：

- If your blog avatar is a picture of a cute cat, your message is "I like relaxing and having fun".
- Well-known cartoon characters or laughing monkeys say "I'm a really funny person".
- different hairstyles—which says a lot, perhaps, about what they want to look like.

此外，虚拟化身还可以：

- move around and talk when you type in your message;
- talk, walk and fly around, meet people, go shopping and attend classes.

第六段使用转折词 however 对比介绍了人们对使用虚拟化身存在的两种不同观点：一种观点是使用者担心 spend so much time in virtual worlds that they are becoming afraid of meeting people in the real world; the use of several avatars can also be a risk, as people can use avatars to cheat others online；另一种较为积极的观点是使用者 look forward to a time when their avatar will act like a real person and travel around bigger, more exciting virtual worlds。

此外，文中还使用两幅 avatars 的配图。第一幅是身穿蓝色连体衣和长靴的男性形象，穿着酷炫；第二幅是九个不同模样、不同发型装扮的女性头像，帮助读者更直观地理解虚拟化身表达自我和代表自我的内容。

教学目标

在本节课结束时，学生能够：

1. 获取并梳理虚拟化身的定义、发展历史、用途以及人们对使用虚拟化身所持的不同观点，形成知识结构图；

2. 运用所学语言，基于知识结构图，介绍虚拟化身及其发展历史、用途以及人们对使用虚拟化身所持的不同观点；

3. 分析并判断人们对虚拟化身的使用存在不同观点的原因；

4. 结合实际，讨论如何合理利用虚拟化身进行网络活动，规避虚拟化身使用带来的风险，并提出建议。

教学重难点

【教学重点】

获取并梳理虚拟化身的定义、发展历史、用途以及人们对使用虚拟化身所持的不同观点，完成思维导图，并对其进行描述和阐释。

【教学难点】

分析并判断人们对虚拟化身的使用存在不同观点的原因，并就如何合理利用虚拟化身开展网络活动提出建议。

教学过程

教学目标	教学活动与步骤	设计意图	效果评价	时间与互动模式
第一课时				
基于问题，讨论对虚拟化身的看法。	Activity 1 Ss see several images of avatar. (T introduces the topic and helps Ss understand the key word"avatar" in the context.) Ss answer the question: 1. What kind of avatars do you use online? 2. Why do you choose it?	通过图片导入虚拟化身，聚焦主题；借助问题，铺垫语言，激活学生对虚拟化身的已有知识和经验。	学生能够积极思考，表达看法，相关语言、认知被激活。	4' CW
	Before reading the passage, Ss come up with questions about what do they want to learn from this passage. Possible questions: 1. What is an avatar? 2. What is the history of avatars? 3. How can we use avatars?	在阅读文本前，学生提出想要从本文中了解的问题，激发好奇心和求知欲。	学生至少能够提出3～4个问题。	4' CW
获取并梳理虚拟化身的定义、发展历史、用途以及人们对使用虚拟化身所持的不同观点，形成知识结构图。	Activity 2 1st reading Ss read the text, check their questions asked before and underline it in the textbook. Ss discuss in groups and answer the question: After reading the passage, what do you know about avatars? Ss summarise the information about avatars	在第一遍阅读中，学生了解文章体裁和文本大意，核实阅读文本之前提出问题的答案，并在教师引导下，总结出本文从哪些方面介绍了虚拟化身，为接下来自主阅读完成思维导图做铺垫。	学生能够积极参与思考阅读，回答问题，并对所获取的信息进行总结，自主完成思维导图。	12' CW

续表

教学目标	教学活动与步骤	设计意图	效果评价	时间与互动模式
	(definition/history/uses/views).			
	Activity 3 After summarising the information about avatars, Ss read the text by themselves and finish the mind map.	在第三遍阅读中，学生能够完成思维导图，培养学习的自主性。		15' IW
运用所学语言，基于知识结构图，介绍虚拟化身及其发展历史、用途以及人们对使用虚拟化身所持的不同观点。	Activity 4 Self work: Ss introduce the definition, history of development, uses of avatars and different views to themselves. Group work: Ss share their mind map in groups and improve their mind map. They introduce avatars to group members.	通过自我表达和小组讨论，学生可以交换信息，不断完善思维导图，在交流中逐渐内化语言。	学生能够进行自我表达和小组讨论，呈现出不同程度的内化。	10' IW GW CW
	Homework Introduce avatars based on your mind map, and then record your description.			
第二课时				
回顾第一课时所学内容。	Activity 1 Class work: Check the homework Two groups will be invited to the class to do the presentation. Other Ss continue to polish their mind map and learn from the presentation. T provides feedback on Ss' performance.	通过班级展示，教师检查第一课时的课后作业，以及学生对所学内容的内化情况，并对学生表现进行反馈。	两个小组完成课堂展示。	10' GW CW

续表

教学目标	教学活动与步骤	设计意图	效果评价	时间与互动模式
分析并判断人们对使用虚拟化身存在不同观点的原因。	Activity 2 Ss discuss the question in groups and share the answer in class: How did people view avatars in the past? How do you know that? T summarises Ss' answers and teaches the structure and uses of past future explicitly. Then Ss finish Activity 9 on page 11.	旨在借助问题，创设情境，教授语法。学生通过思考过去人们对未来虚拟化身的观点和认识，在语境中学习“过去将来时”及其功能，完成相应课后练习。	学生能够阐述过去人们对未来虚拟化身的观点，发现“过去将来时”的结构和用法，并正确完成相应课后练习。	20' GW CW
	Activity 3 Ss answer the following questions: 1. What are the positive and negative effects of using avatars? 2. Why does the use of avatars have these risks? Give your reasons.	借助提问和追问，学生进一步深入思考如今人们对网络头像使用存在正反观点的原因，辩证看待网络头像使用的优点及其带来的风险。	学生能够分别针对两种不同观点阐明 2～3 条原因。	10' GW CW
结合实际，讨论如何合理利用虚拟化身进行网络活动，规避虚拟化身使用带来的风险，并提出建议。	Activity 4 Ss work in groups of four and discuss the following question: How to make good use of avatars and prevent possible risks in our life? Several groups will share their answers to the whole class. Other groups can add additional suggestions which have not been mentioned before.	借助提问，引导学生联系实际生活思考如何合理使用虚拟化身进行网络活动，规避使用风险，提出建议，以小组为单位在全班展示分享。	学生积极思考讨论，能够进行全班展示，其他小组可做补充。	5' GW
	Homework Write an article about how to make good use of avatars in no less than 80 words.			

续表

教学设计特点及说明
1. 以英语学习活动观为指导，设置三个层次(学习理解、应用实践、迁移创新)的教学目标，层层递进，促进核心素养四要素(语言能力、文化意识、思维品质和学习能力)整体推进、协调发展。 2. 板书设计体现了对文本意义和主题探究的过程，呈现出基本的知识框架。

(三)Lesson 2

文本分析

【What】

本课涉及三个听力材料。第一篇听力文本是对一位应用程序开发商的采访，介绍了应用程序流行的原因、教育类应用程序的用途、开发应用程序的困难和应用程序开发使用的最新技术。第二篇听力文本是一对父女的对话，讲述了父亲求助女儿如何在购物应用程序上注册账号的事情。第三篇听力文本是工作人员与顾客的对话，呈现了ABC 顾客服务中心的工作人员 Chris 帮助顾客 Barbara 解决在购物应用程序上下单但是没有收到货物这一问题的过程。

【Why】

三篇听力材料旨在使学生了解应用程序的用途及其给人们生活带来的影响和改变，同时也通过呈现应用程序研发过程中的困难和技术创新，激发学生探索信息技术的兴趣，引导学生创新创造并合理使用信息技术解决现实问题。

【How】

第一篇听力材料以采访的形式展开，共分为三个部分。首先是采访的开场白，采访人引入了应用程序的话题和采访对象：新科技公司应用程序开发商 Li Xing。

接着是采访的主体部分，以一般现在时依次举例说明了应用程序流行的原因：用途广泛，例如：find popular restaurants、call for taxis 和 find directions to different places 等；教育类应用程序的用途：allow students to choose their online teachers and subjects、ensure that students can all enjoy the same learning materials 等；研发应用程序过程中的困难：finding out what people need and solving real-world problems；以及研发应用程序投入的新技术：VR，AR 和 MR 等。在采访过程中，双方通过 useful、increasingly powerful、fantastic、difficult、challenging 等一系列形容词总结应用程序的特点及其研发过程。采访人通过总结被采访人的话语和追问的模式过渡到下一话题，例如：They make our life much easier…Could you tell me something about educational apps? Sounds fantastic! But developing an app must be difficult，right 等。最后是采访的结束语。

第二篇和第三篇听力材料都以对话形式展开，分别呈现了父亲向女儿求助如何在购物应用程序上注册账号和顾客向工作人员求助如何收到已下单的快递的两个场景。

其中，第二篇对话介绍了非正式语境下如何求助和主动提供帮助的语言表达：Can you help me out with…？ I can't figure out how to…Do you need help…以及 No worries. I can help you with that. 等；第三篇对话介绍了正式语境下如何求助和主动提供帮助的语言表达：Can you do me a favour and find out what's going on？ Would you be able to check again？ How may I help you？ Let me enquire about…以及 Can I assist you with anything else…等。

第一课时

教学目标

在本课结束时，学生能够：

1. 梳理并概括有关应用程序的基本事实性信息（应用程序流行的原因、教育类应用程序的用途、研发应用程序过程中的困难和运用的最新技术），借助思维导图呈现结构化知识；

2. 借助思维导图，以应用程序开发商的身份向记者描述、阐释应用程序的事实性信息；

3. 以小组为单位讨论并列出想利用应用程序解决的现实问题，为设计新款应用程序项目做准备。

教学重难点

【教学重点】

梳理并概括有关应用程序的基本事实性信息并借助思维导图呈现结构化知识。

【教学难点】

以应用程序开发商的身份向记者描述、阐释应用程序的事实性信息，并为设计新款应用程序进行头脑风暴，讨论并列出想利用应用程序解决的现实问题。

教学过程

教学目标	教学活动与步骤	设计意图	效果评价	时间与互动模式
基于问题，分享对应用程序的观点。	Activity 1 Ss discuss the question： 1. What apps do you often use? 2. What do you use them for?	利用问题使学生聚焦主题，激活其关于应用程序的已有知识和经验，并铺垫语言。	学生对于主题的认知、态度以及相关语言被激活。	4' IW CW

续表

教学目标	教学活动与步骤	设计意图	效果评价	时间与互动模式
获取并梳理应用程序流行的原因。	Activity 2 Ss discuss the question: Why are apps so popular? Ss listen to the first part and find out why apps are so popular according to Li Xing.	通过听获取采访第一部分的内容：应用程序流行的原因。	学生能够获取应用程序流行的原因，体现出对采访基本信息的把握。	3' IW CW
预测即将要讨论的关于教育类应用程序的内容。	Activity 3 Step 1 Ss predict what will be discussed about the educational apps.	预测采访中教育类应用程序的内容。	学生能够根据已获取的信息对即将讨论的教育类应用程序的内容进行预测。	1' CW
学生听并获取、梳理教育类应用程序的细节信息。	Activity 3 Step 2 Ss listen to the second part to check their guesses and complete the chart. Ss share their notes in pairs. Two Ss will be selected to share their notes in class.	以表格形式辅助学生获取有关教育类应用程序的细节信息。	学生在听三遍材料之后能够获取教育类应用程序的细节信息，并填写表格。	6' IW CW
学生听并获取研发应用程序过程中的困难及其使用的最新技术。	Activity 4 1. Ss read and answer the questions: (1) What are the difficulties in developing apps? (2) What are the latest technologies used in apps? Ss can use the phrases below for reference. 2. Ss listen to the following parts and complete the information.	听并获取应用程序研发过程中的困难和其运用的最新技术。	学生能够获取研发应用程序过程中的困难和其运用的最新技术。	3' IW CW

续表

教学目标	教学活动与步骤	设计意图	效果评价	时间与互动模式
根据已获取的信息，借助思维导图呈现结构化知识。	Activity 5 Ss look at the listening script and listen to the whole interview again. Ss draw a mind-map of all the information they get with the help of their notes. Ss share the mind map with their desk-mates and revise their own mind map.	学生看听力文本听采访全文，并根据获取的信息绘制思维导图，呈现结构化知识。	学生能够在教师的引导下概括、整合其获取的信息，并用思维导图呈现结构化知识，体现对采访内容的整体把握。	8’ IW
借助思维导图，以应用程序开发商的身份向记者描述、阐释应用程序的事实性信息。	Activity 6 You are going to be interviewed by the reporter from *Teen Tech Talk*. Practise describing what you know about apps to prepare for the talk. Self work: Describe the information about apps to yourself. Pair work: Describe the information about apps to your partner. Class work: Two pair-representatives will be invited to present in front of the whole class.	学生以应用程序开发商的身份向记者描述、阐释应用程序的事实性信息，通过自我阐述、同伴互述以及全班展示不断内化语言。	学生能够在思维导图的辅助下描述、阐释关于应用程序的事实性信息，体现对所学知识的不同程度的内化。	10’ IW PW CW
以小组为单位讨论并列出想利用应用程序解决的现实问题，为设计新款应用程序项目做准备。	Activity 7 Brainstorm to prepare for the app design. (The First Phase of Project) Group work: Discuss the question: If you are able to develop an app to solve a real-world problem, what problem would you like to solve? And how? Make a list of your group members’ ideas.	学生结合所学，以小组为单位讨论并列出想利用应用程序解决的现实问题，为设计新款应用程序项目做准备。	学生能够积极参与讨论，列出想利用应用程序解决的现实问题，为设计新款应用程序项目做准备。	10’ IW PW

续表

教学目标	教学活动与步骤	设计意图	效果评价	时间与互动模式
	Class work: Two groups will be invited to share the lists of their ideas of the new app design.			
	Homework (The Second Phase of Project) Design the new app. Each group needs to finish the following tasks: Design the new app icon. Draw a graphic organiser to illustrate all of the functions of apps. Write an introduction on how to use the app in about 100 words. Prepare an oral presentation of the group's app in the next lesson.			

第二课时

教学目标

本课结束时，学生能够：

1. 通过听两段对话，获取、梳理父亲、顾客分别遇到的问题及其对应的解决方案；

2. 听并记录两段对话中寻求帮助和主动给予帮助的语言表达，识别并归纳不同表达在正式和非正式语境下的使用；

3. 在“角色扮演”活动中，运用所学语言模拟“孩子帮助母亲选应用程序”和“网店客服帮助顾客选商品”两个场景。

教学重难点

【教学重点】

听并记录两段对话中寻求帮助和主动给予帮助的语言表达，识别并归纳不同表达在正式和非正式语境下的使用。

【教学难点】

在“角色扮演”活动中，运用所学语言模拟“孩子帮助母亲选应用程序”和“网店客服帮助顾客选商品”两个场景。

教学过程

教学目标	教学活动与步骤	设计意图	效果评价	时间与互动模式
回顾所学。	Activity 1 (The Third Phase of Project) Three groups will be selected to present their new app designs. (Two or three Ss will be selected to comment on these two groups' designs.) Questions: Do you find their apps useful? Which one do you like best? Why?	以作业展示的方式引导学生回顾上节课内容。	学生能够在教师的引导下回顾所学。学生关于主题的认知、态度和语言知识被激活。	10' IW CW
	Activity 2 Ss discuss: What problems might we have when using shopping apps?	激活学生关于购物类应用程序使用问题的已有知识和经验，铺垫语言。		
通过听两段对话，获取、梳理父亲、顾客分别遇到的问题及其对应的解决方案。	Activity 3 Step 1 Ss listen to the first conversation and find out: What help does Dad ask for?	学生听第一段对话并获取主要内容，即：父亲寻求何种帮助。	学生能够获取第一段对话的大意，体现对基本信息的把握。	2' IW CW
	Activity 3 Step 2 Ss listen to the first conversation again and find out: What does his daughter do to solve the problem?	学生再听第一段对话，获取其细节信息，即女儿帮父亲解决问题的步骤。	少数学生听一遍就能在表格的辅助下获取第一段对话的细节信息，大部分学生需要听两到三遍才能完成表格。	3' IW CW

续表

教学目标	教学活动与步骤	设计意图	效果评价	时间与互动模式
	Activity 4 Step 1 Ss listen to the second conversation find out: What help does Barbara ask for?	学生听第二段对话并获取主要内容：顾客 Barbara 寻求何种帮助。	学生能够获取第二段对话的大意，体现对基本信息的把握。	2’ IW CW
	Activity 4 Step 2 Ss listen to the second conversation again and finish the exercise below. What does Chris do to solve the problem? Number these steps in the right order.	学生再听第二段对话获取细节信息，即：Chris 帮助顾客解决问题的步骤。	学生听两遍之后能够在表格的辅助下获取第二段对话的细节信息：Chris 帮助顾客解决问题的步骤。	3’ IW CW
听并记录两段对话中寻求帮助和主动给予帮助的语言表达，识别并归纳不同表达在正式和非正式语境下的使用。	Activity 5 Ss listen to the two conversations again and complete the Talk Builder.	学生再听对话，获取并梳理两段对话中请求帮助和主动给予帮助的表达。	由于学生有一定的知识积累，在听两遍之后能够记录两段对话中寻求帮助和主动给予帮助的语言表达，准确填写表格。	5’ IW CW
	Activity 6 Ss listen and imitate the sentences in the Talk Builder. Ss look at the Talk Builder and pick out the expressions that are formal/informal and explain why.	学生看听力文本，听并模仿 Talk Builder 中的语言表达，在教师的引导下根据语境是否正式将表达分类，并解释原因。	学生能够依照自己的生活经验，根据语境是否正式将表达进行分类，并解释原因。	5’ IW CW

续表

教学目标	教学活动与步骤	设计意图	效果评价	时间与互动模式
在“角色扮演”活动中，运用所学语言模拟“孩子帮助母亲选应用程序”和“网店客服帮助顾客选商品”两个场景。	Activity 7 Role-play: Each pair picks a situation randomly. Situation 1: Student A: a mother who wants to choose an app; Student B: the son/daughter offering help. Situation 2: Student A: a customer preparing for a party Student B: a staff of a online shop offering to give suggestions. Class work: Two pairs will be invited to present in front of the whole class. Summary & Feedback: T gives feedback on Ss' performance and summarises what have been learned this class.	学生在“角色扮演”活动中，运用所学语言随机抽取“孩子帮助母亲选应用程序”和“网店客服帮助顾客选商品”两个场景，内化语言，迁移所学。	学生能够在“角色扮演”活动中运用所学知识与同伴积极交流、解决场景中的问题。	15' PW CW
	Homework The Fourth Phase of Project Make a poster for the new app that your group designed to call for others to use.			
教学设计特点及说明				
教学步骤针对教学目标与教学重难点设计，利用信息组织图建构的结构化知识、“角色扮演”活动和层层递进的问题链，推动学生思维发展的不断进阶。				

(四)Lesson 3

文本分析

【What】

本文为阅读文本，主要介绍了人们对互联网影响友谊所持的不同观点。Robert 认为互联网损害友谊，主要表现在三个方面：在线聊天并不能取代面对面交流，图像并不能代表真实生活中的微笑和拥抱；互联网使人们变得以自我中心，不考虑他人；网络社交关系不一定是真实的。最后 Robert 进一步表达出自己的看法：朋友之间应该更多关注面对面交流，减少在线聊天。Cathy 的观点与 Robert 相反，她认为互联网增进了友谊，主要表现在三个方面：互联网使交流变得更方便，更有趣，在线交流使人们彼此之间变得更亲近。最后 Cathy 对以上三点原因做出总结。

【Why】

通过介绍互联网损害和增进友谊的表现，分析原因，使读者正确认识互联网对友谊的影响，合理利用互联网，保持并增进友谊。

【How】

Internet and Friendships 语篇包括两篇博客文章，文体为议论文。

第一篇为 Robert 的 *The Internet harms Friendships*，共包括五个段落，采用总分总结构。

第一段为全文的主题段：While the Internet can bring people closer together，it can also harm friendships。

第二至第四段使用逻辑连接词 firstly，secondly，thirdly 分条阐述互联网损害友谊的三个方面，每一段的结构为总分结构，即主题句加支撑性细节：

• talking online is no replacement for face-to-face contact；

• the internet can make people self-centred；

• online relationships may not be what they appear to be。

在论述不同方面时，多次运用破折号，表示对上文的解释说明；使用连接词 in addition 补充“互联网使人们变得以自我为中心”新的支撑性论据。

第五段为总结段，使用 in my opinion 表明作者观点：friends should focus more on face-to-face communication，and less on online communication。

从论证方式来看，文中采用 1. 引用（according to a parenting expert）：引用育儿专家 Denise Daniels 的话阐述网络交流使儿童难以集中注意力或对他人表达善意；2. 常识（as we know）：使用常识突出面对面直接交流的重要性；3. 举例（for example）：举例说明人们只关注自己；4. 数据（never be 100 percent sure）：使用数据充分证明在线交流中诚实和信任无法得到保证。以上都表现出网络损害友谊的观点。

第二篇为 Cathy 的 *The Internet Helps Friendships*，共包括五个段落，采用总分总结构。

第一段为全文的主题段：The Internet can help develop friendships in many ways。

第二至第四段使用逻辑连接词 firstly，secondly，thirdly 分条阐述互联网增进友谊的三个方面，每一段的结构为总分结构，即主题句加支撑性细节：

• the Internet makes communication much more convenient；

• the Internet has also made communication more fun；

• online communication can actually bring people closer to each other。

第五段为总结段，最后一段使用 finally，I believe 表明作者观点并总结全文：I believe the Internet brings people closer together and makes communication with friends more convenient and interesting。

从论证方式来看，文中采用 1. 举例（like letters and phone calls）：列举传统的沟通方式阐述其受时空限制的不足；2. 对比（however）：对比传统的沟通方式和在线交流以突出后者的便捷有趣；3. 引用（as Eileen Kennedy-Moore，an authority on the subject，points out）：引用专家的话进一步肯定线上好友的优点，以上都论证了互联网增进友谊的观点。

教学目标

在本课结束时，学生能够：

1. 获取梳理两位博客作者对互联网影响友谊所持的正反观点及其原因，形成知识结构图；

2. 基于知识结构图，运用所学语言，描述阐释人们对互联网影响友谊的正反观点以及原因；

3. 在辩论赛活动中，运用所学的论证方式针对“网络损害友谊还是增进友谊”辩题，有理有据地论证自己的观点；

4. 结合自身实际，谈论自己将如何合理利用互联网以增进友谊及注意事项。

教学重难点

【教学重点】

1. 获取梳理两位博客作者对互联网影响友谊所持的正反观点及其原因，完成思维导图，并对其进行描述阐释；

2. 结合自身实际，谈论自己将如何合理利用互联网以增进友谊及注意事项。

【教学难点】

在辩论赛中，运用所学的论证方式针对“网络损害友谊还是增进友谊”这一辩题，有理有据地论证自己的观点。

教学过程

教学目标	教学活动与步骤	设计意图	效果评价	时间与互动模式
第一课时				
基于问题，表达与主题相关的观点和看法。	Activity 1 Lead-in：T's own experience. T asks questions： 1. Do you have similar experience? What is it? 2. Do you think the Internet helps or harms friendships? Why? Then T introduces the topic：Robert and Cathy's opinions about the Internet and friendships.	通过教师讲述个人经历，学生回答问题，将学生带入“互联网影响友谊”的情境中；通过问题，学生进行头脑风暴，表达对“互联网增进友谊还是损害友谊”这一话题的看法并给出原因，激活学生已有知识，引出 Robert，Cathy 的博客文章。	学生能够积极参与思考，回答问题，表达自己的看法。	3' CW
获取梳理 Robert 对互联网影响友谊所持的不同观点及其原因，形成知识结构图。	Activity 2 (Robert's blog) 1st reading Ss read the text and answer the following questions： 1. What does Robert think about the Internet and friendships? 2. Why does he think so?	在第一遍阅读中，借助问题，学生识别 Robert 的观点(互联网损害友谊)以及三个论点，获取文章的基本结构。	学生能够积极参与阅读。在第一遍阅读中，识别 Robert 观点并能说出三个论点。	10' IW CW
	2nd reading Ss focus on the first argument and answer the question： What details does Robert use to support his first argument?	在第二遍阅读中，通过问题，引导学生关注第一个论点的支撑性细节，同时让学生关注到“复合词”的用法。	在第二遍阅读中，学生能够在老师的引导下，借助问题，明确找出支撑性细节。	
	Then Ss read the rest part by themselves with the help of the question and finish their mind map. What details does Robert use to support his second and third arguments?	学生自主完成文本剩余内容的学习，并完成思维导图，培养学生的自主性。	学生能够自主完成剩余内容的阅读，完成思维导图。	

续表

教学目标	教学活动与步骤	设计意图	效果评价	时间与互动模式
基于知识结构图，运用所学语言，描述阐释 Robert 对互联网影响友谊的观点以及原因。	Activity 3 Ss engage in different kinds of activities. Self work: Ss introduce Robert's opinion, three arguments and supporting details. Group work: Group members share their mind map and introduce Robert's opinion about the influence of Internet on friendships. Class work: Two Groups will be invited to describe Robert's opinion about the "Internet and friendships".	借助思维导图，通过自我表达、小组讨论和班级展示交换信息，完善思维导图，在交流活动中内化语言。	学生能够积极参与分享，呈现不同程度的内化。	12' IW GW CW
获取梳理 Cathy 对互联网影响友谊所持的不同观点及其原因，形成知识结构图。	Activity 4 Ss read Cathy's blog and answer the following questions: 1. What does Cathy think about the Internet and friendships? 2. Why does she think so? Then Ss will read the passage again and finish their mind map with the help of the question: What details does she give to support her three arguments?	借助问题，学生注意到文章基本结构，自主获取梳理 Cathy 对于互联网对友谊影响的观点，找出三个论点以及支撑性细节，完成思维导图。	学生能够积极参与阅读并找出 Cathy 的观点。大部分学生能够找出 Cathy 的三个论点以及支撑性论据，完成思维导图。	10' IW CW

续表

教学目标	教学活动与步骤	设计意图	效果评价	时间与互动模式
基于知识结构图，运用所学语言，描述阐释 Cathy 对互联网影响友谊的观点及原因。	Activity 5 Ss engage in different kinds of activities. Self work: Ss introduce Cathy's opinion and the reasons why does she think that Internet harms friendships based on their mind map. Group work: Group members share their mind map and introduce Cathy's opinion about the influence of the Internet on friendships. Class work: One or twogroups will be invited to describe Cathy's opinion about "the Internet and friendships".	借助思维导图，通过自我表达、小组讨论和班级展示交换信息，完善思维导图，在交流活动中内化语言。	所有学生积极参与分享讨论，呈现不同程度的内化。	10' IW GW CW
	Homework Describe the influence of the Internet on friendships based on your mind map and record your description.			
第二课时				
回顾所学。	Activity 1 Review the two texts. Ss discuss in groups and answer the questions: Why does the Internet harm friendships? Why does the Internet help friendships?	借助问题，通过小组讨论，学生能够回忆巩固上节课所学内容。	学生能够积极参与小组讨论，回忆所学。	3' GW CW

续表

教学目标	教学活动与步骤	设计意图	效果评价	时间与互动模式
在辩论赛活动中，运用所学的论证方式针对"网络损害友谊还是增进友谊"这一辩题，有理有据地论证自己的观点。	Activity 2 After reviewing the two passages, Ss discuss in groups and answer two question: 1. In the first blog, there is a sentence "It is these skills that enable us to develop lifelong friendships." What does "these skills" refer to in this sentence? Do you agree with these statements? Why? 2. What does Eileen Kennedy-Moore mean when she says that online friends "fill holes real-life friends can't"? Give your reasons. 3. Are there any advantages or disadvantages of online friends? Why?	借助问题，聚焦文本重点内容，学生讨论分析并进行深度思考，进一步认识到网络交友的优点和缺点，同时也对 Topic Talk 中所谈到的在线聊天进行拓展和深入思考。	学生能够积极参与小组讨论，表达观点。	10' GW CW
	Activity 3 After reviewing these two passages, Ss discuss in groups and answer the question: How does Robert and Cathy support their arguments?	借助问题，学生赏析作者是如何论证支撑自己观点的，为接下来的辩论赛做好论证准备。	学生能够回答出问题，找出证据，说明论证方式。	6' GW WW
	Activity 4 Debate: Two groups from different positions will be invited to have a debate about the topic "Does the Internet harm friendships or help friendships?" The debate will be held twice and each debate will last 8 min. (T will time the debate. Other Ss will vote the winner group for each debate.) Finally, T summarises this debate.	通过辩论赛，学生考虑到互联网对友谊正反两个方面的影响，运用所学论证方式为自己观点辩论的同时质疑对方提出的观点和论据，培养辩证思维和批判思维。	学生能够积极参与到辩论赛中，表明并论证观点，阐述原因，辩证评价互联网对友谊的影响。	18' GW

续表

教学目标	教学活动与步骤	设计意图	效果评价	时间与互动模式
结合自身实际，谈论自己将如何合理利用互联网增进友谊以及注意事项。	Activity 5 Ss discuss the question in groups: How can we make good use of the Internet to help our friendships? Several groups share their answers in class and other groups can add additional suggestions.	借助问题，学生联系自身实际讨论如何合理使用互联网增进友谊以及注意事项，并在全班分享，体现正确的情感态度价值观。	学生能够积极参与小组讨论。部分小组在班级分享，其他小组可以做补充。	8' GW CW
	Homework Make a poster Each group makes a poster to call on your schoolmates to make good use of the Internet. The poster may include: 1. your views about the influence of the Internet on friendships; 2. the ways of using the Internet to help friendships.			
教学设计特点及说明				
1. 体现教师多角度、深层次的语篇研读，并将语篇研读的结果转化为一系列课堂学习活动。 2. 教学设计及目标制订指向核心素养的单元整体教学目标，围绕主题语境整体设计学习活动，避免脱离主题意义或碎片化的教学方式。				

(五)Writing Workshop

文本分析

【写作主题】

本单元的主题为信息技术，范文是一篇为加入阅读俱乐部而写的线上个人简介(A Personal Profile)，以 Teens Talk About Books! 为标题，主要介绍了作者的用户名、年龄、地址、个人信息、最喜欢的书籍类型，以及加入阅读俱乐部的原因。

【写作目的】

通过填写线上个人简介，作者应用信息技术推荐自己，说明自己是加入阅读俱乐部的合适人选，也让在线读者了解自己。

【语篇结构】

范文属于新媒体语篇：最上方显示阅读俱乐部的网址；网址下方是图片标识、网页标题 Teens Talk About Books! 和导语；接下来是网页的主体内容，即个人简介的七个模块，分别为：申请人用户名、年龄、地址(选填)、个人基本信息(包括年级、兴趣爱好、对阅读的整体看法等)、最喜欢的书籍类型、举例及评论，以及加入阅读俱乐部的原因；网页的最下方附有保护用户隐私安全的超链接。

【语言特点】

全文大量使用第一人称。作者在“About me”中主要介绍自己的基本信息和对阅读的看法。使用一般现在时介绍自己的年级(a senior secondary school student)和喜欢的科目(English，history 和 geography)，自己一家人的爱好(explore new places with my family)，以及自己空闲时(in my free time)的阅读场所(in the library，at the park)。这些都表明作者对于阅读的热爱(I've always loved to read!)，现在完成时也暗示出阅读是过去已经发生、持续到现在并将继续下去的兴趣爱好。接着，作者再次使用一般现在时表达对阅读的看法，指出阅读能够帮助她 explore the unknown world，这是一种 exciting experience。在“Favourite books”中，作者介绍自己喜欢的书籍、评价以及读后感受。使用一般现在时直接指出自己喜欢所有的哈利波特系列(*Harry Potter* series)，尤其是第一部(the first one is the best)。作者接着运用一般过去时说明原因，即《哈利·波特》的作者 did an amazing job of creating a whole new world，这使得自己读后想要 find out what happened to each of the characters。举例来说，作者最喜欢 Hermione 是因为自己和 Hermione have a lot in common，这就与个人简介的用户名联系起来了。这里，作者尝试与读者互动，通过一般疑问句 Are there other readers who also like her? 希望寻找知己。最后，在“Reason for joining the reading club”中，作者说明加入俱乐部的原因。使用一般现在时指出自己加入阅读俱乐部是因为 it's fun to hear about new books that other people enjoy。接着，以一般疑问句 Is there a fantasy book that you really like? 和祈使句 Let's share ideas 再次建立与读者的互动，表达自己希望了解其他在线读者的喜好，并一起交流的愿望。

范文多处细节体现了信息安全意识：作者使用网名 Happy Hermione 填写 User name 模块；虽然作者填写了地址(小地址 Wuhan 在前，大地址 China 在后)，但 My location 模块是选填的(optional)；网页最下方附有保护用户隐私的超链接。这些细节都能有效避免在使用互联网时泄漏个人隐私。

此外，范文还使用了大量表达个人兴趣爱好的词汇或结构，包括 my favourite、I also enjoy、I love、I've always loved to、it's an exciting experience for me、I believe… is/are the best、I like、it's fun to 等，以及表达个人观点态度的词汇或结构，包括 that's why I believe、I believe、in my opinion、I think 等。

教学目标

在本课结束时，学生能够：

1. 获取、梳理线上个人简介的结构，概括、整合主体部分的内容和语言表达；
2. 列出线上个人简介写作提纲，以范文为参考撰写线上个人简介；
3. 评价、比较自己和同伴的作文，完善线上个人简介写作。

教学重难点

【教学重点】

获取线上个人简介的结构、内容和语言表达，以此为参考撰写线上个人简介，并在其中展现信息安全意识。

【教学难点】

撰写语言连贯、具有逻辑性的线上个人简介。

教学过程

教学目标	教学活动与步骤	设计意图	效果评价	时间与互动模式
第一课时				
获取、梳理线上个人简介的结构，概括、整合主体部分的内容和语言表达。	Activity 1 Ss look at pictures of the clubs in our school and think of the question: Have you ever joined in the clubs in our school?	引起学生兴趣，通过小组讨论交流思想，铺垫语言。	学生能够介绍自己参加社团的经历。	2’ GW
	Ss think of the question: Our school is going to start some online clubs. What online clubs do you want to join in and why?	引起学生兴趣，通过小组讨论聚焦线上俱乐部，铺垫语言。	学生能够指出自己未来想要加入的社团，部分学生能够说明原因。	3’ GW
	Activity 2 Ss look at the blank personal profile and pay attention to its format. Answer the question: What can you see in the personal profile on page 18?	通过观看空白线上个人简介，学生获取、梳理线上个人简介的结构。	学生能够获取、梳理线上个人简介的结构。	3’ IW

续表

教学目标	教学活动与步骤	设计意图	效果评价	时间与互动模式
	Ss look at the blank personal profile and pay attention to information security: How could we protect our information security in an online personal profile?	通过教师引导，学生明确线上个人简介写作过程中应具有信息安全意识。	学生能够参与讨论，部分学生能够针对线上个人简介写作中的信息安全展开说明。	5' IW GW
	Activity 3 Ss read the sample text and find out: 1. How does the writer deal with information security? 2. How does Happy Hermione feel about reading? 3. What are her favourite books and why? 4. What reasons does she give for joining the club?	通过范文阅读，学生关注范文作者在书写线上个人简介时保护信息安全的方式。在小组讨论和班级分享中关注范文主体部分三个主要模块的具体内容。	学生能够发现范文中体现信息安全意识的细节，部分学生能够结合范文进行解释，并通过小组讨论和班级分享概括、整合三个主要模块的具体内容。	15' GW
	Activity 4 Ss read the sample again and underline the useful expressions: 1. What expressions are used to show interest? 2. What expressions are used to express opinions?	通过再次阅读、小组讨论和班级分享，学生梳理表达个人兴趣爱好和观点态度的词汇或结构，为写作提供语言支持。	学生能够在小组讨论和班级分享后概括、整合表达个人兴趣爱好和观点态度的词汇或结构。	5' GW CW
列出线上个人简介写作提纲，以范文为参考撰写线上个人简介。	Activity 5 Ss think of the club they want to join and write an outline to include the detailed information they want to write about in their personal profiles. Ss complete the outline individually. Two or three Ss share their outlines with the whole class.	在范文的辅助下，学生完成写作框架，厘清写作的逻辑、思考细节内容；通过班级分享，学生自查提纲的条理性和逻辑性。	学生能够完成写作提纲。	7' CW

续表

教学目标	教学活动与步骤	设计意图	效果评价	时间与互动模式
	Ss write their first draft with the help of their outlines and the Writing Help on page 19.	在写作框架和课本中 Writing Help 的辅助下，学生完成线上个人简介一稿的写作。	学生能够开始线上个人简介一稿的写作，部分学生能够在课上完成写作。	5' IW
	Homework Finish your first draft with the help of your outline.			
第二课时				
评价、比较自己和同伴的作文，完善线上个人简介写作。	Activity 1 Ss review the first drafts and read their first draft individually. Then, in pairs, Ss share their interests, favourites, and reasons to join a club.	通过独立阅读和同伴交流，学生回顾线上个人简介一稿，激活已知。	学生的已知被激活。	5' IW PW
	Activity 2 Ss learn to evaluate their own and others' writings with the help of T: What is a good personal profile? Ss discuss with their group members and list some assessment criteria. Then, with the help of T, the whole class clarify a check list.	学生通过独立思考、小组讨论列出评价线上个人简介的标准，培养学生的自学能力和反思能力；在教师的帮助下，学生明确线上个人简介的评价维度，发展学习能力。	学生能够提出线上个人简介的评价标准，并能够在小组讨论、班级展示和教师讲解后明确线上个人简介的评价维度。	10' IW GW
	Activity 3 Ss make self-assessment with the help of the self-assessment sheets in the worksheets.	学生在学案的辅助下自评线上个人简介一稿，培养学生的自学能力和反思能力。	学生能够在学案的辅助下完成线上个人简介一稿自评。	5' IW
	Activity 4 In groups, Ss exchange their drafts, and get two completed peer-assessment sheets from their group members.	学生在学案的辅助下互评线上个人简介一稿，交流思想，发展自学能力和反思能力。	学生能够在学案辅助下完成线上个人简介一稿互评。	15' IW

续表

教学目标	教学活动与步骤	设计意图	效果评价	时间与互动模式
	Activity 5 Ss revise their first draft with the help of self-assessment sheets and peer-assessment sheets.	学生依据自评和互评表改进一稿，培养不断完善写作的习惯。	学生能够开始修改线上个人简介一稿。	5' IW
	Activity 6 Ss make a summary. How can we write an online personal profile? Ss summarise the way to write a personal profile (including structure, contents, useful expressions) and make reflections on common problems with the help of T. Then, Ss summarise the way to protect information security when writing online personal profile.	学生总结线上个人简介的写作方式，发展归纳总结的能力；在教师的帮助下反思写作中遇到的问题，发展反思能力和自学能力；总结写线上个人简介时保护信息安全的具体做法，以在未来应用信息技术时规避风险。	学生能够有条理地总结所学内容，并反思写作中遇到的问题；大部分学生能够列举保护信息安全的具体措施。	5' IW
	Homework Polish your first draft of the personal profile to write a second draft.			
教学设计特点及说明				
1. 从写作主题、写作目的、语篇结构、语言特点四个方面解读写作范文，并引导学生从多个角度关注范文，为写作做铺垫。 2. 以英语学习活动观为指导，设置三个层次(学习理解、应用实践和迁移创新)的教学目标，促进核心素养四要素(语言能力、文化意识、思维品质和学习能力)的整体推进、关联融合、协调发展。 3. 针对教学活动的效果评价贯穿始终，凸显教、学、评一体化，确保教学效果。				

(六) Viewing Workshop

文本分析

【What】

文本是一首诗，围绕“this is the end of printed books”展开，表达了两种不同的观点：纸质书将被电子书取代(正序)，纸质书不会被电子书取代(倒序)。

【Why】

文本通过介绍针对“this is the end of printed books”的两种观点，引导学生辩证看待数字时代纸质书的存亡，从而合理应用信息技术。

【How】

本课以视频的形式呈现一首诗，分为两个部分：第一部分正序播放这首诗，第二部分倒序播放。这两种呈现方式表达两种相反的看法。

文本正序表达了纸质书将被电子书取代的观点。使用一般现在时明确指出这是纸质书消亡的时代(this is the end of printed books)，纸质书过时且无聊(outdated and dull)，人们不再喜欢阅读纸质书(no longer can it be said that we like to read)。作者接着列举了纸质书将被电子书取代的原因：1. 纸质书的形式(presentation is more important than content)无法跟上时代的潮流(keep up with trends)；2. 人们注意力持续的时间(attention span)比较短，不易理解纸质书中复杂的观点(complex ideas)，作者本人也不在意(don't care)通过阅读来学习；3. 以明星的穿着(what celebrities are wearing)和甘地的事迹(what Gandi did last century)为例，侧面说明纸质书不能帮助人们很好地了解当下正在发生的事情，跟上时代的步伐。最后，作者使用现在进行时再次指出纸质书的市场正在消亡(be dying)，使用一般将来时预测纸质书不会幸存。

文本倒序表达了纸质书不会被电子书取代的观点。首先使用一般将来时和现在进行时指明纸质书将会存在(be going to survive，don't think that it's all dying)。接着，作者列举了纸质书的优点：1. 将甘地的事迹(what Gandi did last century)和明星的穿着(what celebrities are wearing)对比，侧面反映纸质书能够帮助人们了解重要的历史事件；2. 作者有义务关心环境及其可持续性(be obligated to care for the environment and its sustainability)；3. 尽管人们注意力持续的时间(attention span)比较短，但纸质书的内容比形式更重要(content is more important than presentation)。最后，作者使用现在进行时再次说明纸质书不是过时和无聊的(no longer can it be said that books are outdated and dull)，纸质书的时代也不会结束(no longer can it be said that … this is the end of printed books)。

教学目标

在本课结束时，学生能够：

1. 获取、梳理人们针对电子书取代纸质书所持的正反观点及原因；

2. 根据已获取的信息，描述、阐释人们针对电子书取代纸质书所持的正反观点及原因；

3. 结合自身实际，论证是否同意“this is the end of printed books”，并谈论今后将采取的阅读形式。

教学重难点

【教学重点】

获取人们对电子书取代纸质书所持的正反观点，概括原因，并进行描述、阐释。

【教学难点】

梳理、概括正反方各自的原因；就“this is the end of printed books”开展演讲。

教学过程

教学目标	教学活动与步骤	设计意图	效果评价	时间与互动模式
获取、梳理人们针对电子书取代纸质书所持的正反观点及原因。	Activity 1 Ss look at a picture presented by T and have a discussion: Do you prefer reading printed books or digital ones? In pairs, Ss talk about their preferred way of reading.	引起学生兴趣，通过同伴间讨论交流思想，铺垫语言。	学生能够介绍自己偏好的阅读形式。	2’ PW
	Activity 2 Ss read a saying and have discussion: Do you agree with the saying “this is the end of printed books”? Give your reasons.	学生通过小组讨论和班级交流聚焦视频文本主题，为观看视频做准备。	学生能够针对数字化时代纸质书的存亡表达看法，并举例说明原因。	3’ GW CW
	Activity 3 Ss watch the first part of the video and think of: What is the speaker’s opinion of printed books?	观看视频的第一部分，学生获取第一种观点。	学生能够回答作者认为纸质书将被电子书取代。	2’ CW
	Activity 4 Ss watch the first part again and finish Activity 2 on page 20. Ss first individually tick the information mentioned or implied and then discuss with their partners.	通过独立勾选、同伴间讨论和班级分享，学生交流思想，梳理、概括纸质书将被电子书取代的原因。	学生能够在独立观看和与同伴讨论后完成勾选，学生能够在班级分享后梳理、概括纸质书将被电子书取代的原因。	5’ IW PW

续表

教学目标	教学活动与步骤	设计意图	效果评价	时间与互动模式
	Activity 5 Ss write down the first five lines of the first part. In pairs, Ss read their notes line-by-line in reverse and think of: 1. Has the speaker's opinion changed? 2. What's your prediction about the speaker's opinion if the poem is read in reverse?	通过倒读诗的前五行，学生发现观点的改变，并就视频第二部分观点做出预测，为观看视频第二部分做准备。	学生能够参与讨论，并针对视频第二部分作者的观点做出预测。	2’ PW
	Activity 6 Ss watch the second part of the video and think of: What is the speaker's opinion of printed books?	观看视频的第二部分，学生获取第二种观点。	学生能够回答作者认为纸质书不会被电子书取代。	2’ IW
	Activity 7 Ss watch the second part again and finish Acivity 4 on page 20. Ss fill in the table individually and discuss with their partners.	通过独立记录、同伴间讨论和班级分享，学生交流思想，梳理、概括纸质书的优点。	学生能够在独立记录和与同伴讨论后填写表格，并且能够在班级分享后列出纸质书的优点。	5’ IW PW CW
根据已获取的信息，描述、阐释人们针对电子书取代纸质书所持的正反观点及原因。	Activity 8 Ss individually talk about the reasons which are for and against "this is the end of printed books".	通过自我对话，学生内化语言。	学生能够进行自我对话。	4’ IW
	Activity 9 In pairs, Ss talk about the reasons which are for and against "this is the end of printed books".	通过同伴间交流和班级展示，学生进一步内化语言。	学生能够积极参与同伴间交流和班级展示。	5’ PW

续表

教学目标	教学活动与步骤	设计意图	效果评价	时间与互动模式
结合自身实际，论证是否同意“this is the end of printed books”，并谈论今后将采取的阅读形式。	Activity 10 Ss prepare for speeches about “this is the end of printed books”. Then Ss answer the questions: 1. After watching the video, what are your opinions on “this is the end of printed books”? 2. How would you read in future and why? Ss learn how to make a speech with the help of T and then prepare the speech individually.	在教师的辅助下，学生学习如何做演讲，然后独立准备班级演讲。	学生能够积极准备演讲。	7’ IW
	Activity 11 Ss make one-to-two-minute speeches. Two or three Ss present to the whole class. Then Ss summarise the merits and shortcomings in the speeches, with the help of T.	通过演讲，学生交流思想，发展逻辑思维；此外，学生规划未来，在生活中合理应用信息技术。	学生能够条理清晰、有理有据地进行演讲。	6’ CW
	Ss summarise the reasons which are for and against “this is the end of printed books”.	通过总结本节课内容，发展学生的学习能力。	学生能够有条理地总结本节课所学内容。	2’ CW
	Homework Write a summary on the video “this is the end of printed books” (no less than 80 words). You may include: 1. why “this is the end of printed books” will/will not come true; 2. your opinions on printed books; 3. your future ways of reading.			

续表

教学设计特点及说明
1. 以英语学习活动观为指导，设置三个层次(学习理解、应用实践和迁移创新)的教学目标，促进核心素养四要素(语言能力、文化意识、思维品质和学习能力)的整体推进、关联融合、协调发展。 2. 针对教学活动的效果评价贯穿始终，凸显教、学、评一体化，保证教学效果。

五、教学反思

在刚开始为“Information Technology”这个单元做教学设计时，我对教材中的各个板块的功能还不是很了解，也刚接触“单元整体教学”的概念，不是特别明晰具体如何开展单元整体教学设计，因此，自己的第一版教学设计几乎是参照着单元整体教学设计范例“模仿”出来的，我脑中并未真正建立“如何进行单元整体教学设计”的知识结构。后来，我和组员们用两个月的时间一起探究、打磨教学设计，经过多次修改，最终形成终稿。在这个过程中，我加深了对单元整体教学设计的认识，也明晰了具体如何进行单元整体教学设计。

首先，我更加深刻地认识到单元整体教学设计的内涵和意义。“单元整体教学设计”并不是一个高深、抽象的概念，而是一种教学的逻辑，要求我们把语篇的教学放在单元背景下，使学生通过各个语篇的学习，形成对单元主题更深层、更全面的理解，实现深度学习。我们在进行单元整体教学设计时，要时刻提醒自己：学生学完这个单元后，最终能带走什么？其实这也就是能够指导学生自身实践的单元“大观念”，能对学生之后的生活产生深远的影响。此外，我们在进行单元整体教学设计时，要不断向自己发问，帮助自己厘清思路，比如：单元中各个语篇总体上探讨了什么主题？反映了主题的一个方面，还是不同方面？哪些语篇间的关联性更强？如何对各个语篇进行整合利用？各个语篇中的语言知识都有哪些？如何整合语篇中的语言知识和文化知识等以促进学生学科素养的融合发展？在单元整体教学设计中，我们不仅要重视“观念”，也要关注“语言”。“语言”是学生用英语“表达”和“做事”的基础，我们要根据单元中各个语篇的主题梳理和整合语言知识，不能一下子塞给学生很多语言知识点，而要引导学生在具体的问题情境中运用语言知识去口头或笔头表达单元主题意义。总之，通过单元整体教学设计，我们可以整体把握一个单元中的重难点，从而在实际教学中重点突出、详略得当，而不是让学生“东背一点，西记一点”，使学生脑子中充满孤立、零碎的语言知识点，难以形成可运用、可迁移的知识结构。可见，单元整体教学设计才是帮助学生发展素养的根本途径。

其次，通过这次单元整体教学设计，我对如何整体规划单元教学，设计有逻辑的单元内容结构图也颇有体会。我在第一次设计单元内容框架图时，以为 Topic Talk 在一个单元中的地位不太重要，就没有把其主题放到单元框架图中。

而后我才意识到 Topic Talk 是一个单元的开篇，可以从话题的角度激活学生的已有知识和经验，铺垫语言，为学生整个单元的学习奠定基础，其地位不容忽视。因此，我便开始深入研读 Topic Talk 的内容，并把其主题内容调整到单元内容框架图的最上端。但是，我设计的第二版单元内容框架图并没有建立各语篇间的关联，而是将各个文本的主题内容按照教材上的顺序罗列了一下，所有文本都是并列、孤立的存在。

后来苦思冥想，梳理出了一条逻辑线，即从“认知”到“行动”：将 Lesson 1，Viewing Workshop 和 Lesson 3 归为“看法：信息技术的正负面影响”这一学习小单元，将 Writing Workshop 和 Lesson 2 归为“行动：合理利用信息技术”学习小单元。虽然第三版的单元内容框架图逻辑上很顺畅，但是我陷入了“为了逻辑而逻辑”的误区，我为了把各个语篇的主题内容都套到“看法：信息技术的正负面影响”和“行动：合理利用信息技术”这两个学习小单元中，并没有完全尊重语篇的原内容，对个别语篇的主题内容把握不够准确。比如，我并没有很好地把握 Lesson 1 这一课的立意，这一说明性文本主要介绍了虚拟化身的定义、发展历史、用途及人们对其的正负面评价，旨在让读者进一步认识“Avatar”这一信息技术，并不能直接将其主题提炼为“Avatar 的正负面影响”，并归为“看法：信息技术的正负面影响”这一学习小单元中。

考虑到对文本研读的深度直接决定单元内容框架图的构建逻辑，我决定重新研读各个语篇的内容以找准各个语篇的主题，并与组员们反复讨论，最终确定了“认识信息技术”“评价信息技术”和“应用信息技术”三个学习小单元，即：先让学生建立对信息技术的认知，进而使其了解信息技术的正负面影响，形成对信息技术的价值判断，最终能合理应用信息技术，实现自身行动的改变。虽然第三版单元内容结构图的逻辑更加顺畅，但是我发现如果按照教材中的语篇顺序来安排教学，会有三个问题：第一，Writing Workshop 作为主语篇的最后一篇，其输出任务是写一个 Personal Profile，其中主要涉及 in my opinion、I think、enjoy sth、love doing sth 等表达观点和兴趣爱好的语言表达，并没有运用前面所学文本中的与信息技术类型、功能和影响相关的语言知识；第二，整个单元的 Project 是以小组为单位，设计一款应用程序来解决现实问题，比如：交友问题、防范网络风险的问题等，要完成这个 Project，学生需要 Lesson 1、Lesson 3 甚至是 Writing Workshop 中的语言知识，但是按照课本的编排顺序，学生在学完 Lesson 2 之后就要设计一款应用程序，完成 Project 这一输出任务，对学生来说，准备时间不足，语言输入也不足，难以实现；第三，如果完全按照教材来安排授课顺序，学生所经历的主题意义探究过程是：认识信息技术—应用信息技术—评价信息技术—应用信息技术—评价信息技术，三个学习小单元被割裂，不够整合。

鉴于以上三个问题，我一直在思考：如何基于单元主题合理安排语篇教学的顺序？经过反复思考和与组员的充分讨论，我考虑将 Viewing Workshop 和 Lesson 2 调换顺序。调换顺序之后，学生先“认识信息技术”，进而再“评价信息技术”，最后“应用信息技术”，三个学习小单元各成整体、不被割裂，层层递进。同时，将 Lesson 2 作为本单元的最后一课，学生不仅有前几节课所学知识的支撑，也有充足的时间准备 Project，使 Project 的完成更具可操作性。此外，学生在学完 Lesson 2 之后完成 Project，即：

设计应用程序解决现实问题，充分体现“应用程序解决问题”的主题，与 Topic Talk 的内容相照应，使本单元的学习首尾相接、前后呼应。最后，从语篇形式上来看，在调整授课顺序之后，学生各个语言技能的训练顺序为“读—看—读—写—听”，在两篇阅读之间穿插 Viewing Workshop 可适当减轻学生的阅读负担，更能为学生所接受。因此，在最终版的单元内容结构图中，Lesson 2 被安排在本单元最后。

除了单元内容结构图的设计之外，我对如何确立单元教学目标和设计单元作业也有一些思考。我们要将单元学习目标按照单元内容结构图中的学习小单元分类，并且多问自己几个问题来检测单元目标的科学性和合理性，例如：单元教学目标与每一个课时的教学目标是什么关系？每一个课时目标对单元目标的实现是否有贡献？课时目标是否都最终指向单元目标？单元目标是否可达成、可操作、可检测？单元目标是否体现了单元学习后学生的综合素养表现？通过审视这些问题，我们可以更深入地检测和完善单元目标的设计。关于单元作业，我们要明确每一个课时作业的设计思路和目的，预测学生完成作业的基础和动力，说明作业设计为本课学习内容和能力如何起到巩固或检测的作用，为之后内容的学习提供哪些支持或准备以及能否有助于单元目标的实现。

总之，经过两个月的单元整体教学设计研磨，我觉得自己真的是“脱胎换骨”，对何为单元整体教学以及如何设计单元整体教学有了更深的认识。同时，我也深刻认识到老师的创造力是无穷无尽的，我们要敢于在充分研读语篇的基础上适当调整单元内语篇的教学顺序，由“教教材”转变为“用教材教”。

孙薇薇

本次阅读教学课例设计基于英语学习活动观，以单元主题意义为引领，以语篇为依托，其教学活动设计和教学目标制订皆服务于指向核心素养发展的单元整体教学目标的实现。因此，这就要求教师深入研读文本，挖掘语篇内涵，分析语篇与主题意义的关联，以明确单元目标，精准定位课时教学目标，合理设计教学活动。具体来看，两篇阅读文本 Avatars 和 Internet and Friendships 的教学设计始终在“合理应用信息技术，增强网络信息安全意识”的主题意义统领下，引导学生通过对“虚拟化身”和“互联网对友谊的影响”的学习，逐步建立起对信息技术的辩证认识和评价，以探究主题意义，落实核心素养目标。

在本次教学设计过程中，我也更加深刻地认识到语篇研读和主题意义对于单元整体教学设计的重要性。第一，深入研读语篇对于做好教学设计具有重要意义。无论是挖掘单元主题意义、单元主题与各语篇的关系、单元内各语篇间的关联，还是分析语篇内的文化知识、文体特征、语言特点、价值取向等都离不开对语篇的深入研读。第二，主题意义对于单元整体教学具有重要的引领作用。单元是承载主题意义的基本单位。基于主题意义的单元整体教学设计能够从更上位的角度将单元语篇进行系统的分析整合，从而制订教学目标，设计更具整体性和关联性的学习活动，有效避免教学内容脱离主题意义或碎片化的呈现方式。

代菲

本单元的主题为“人与社会”下的信息技术，单元整体教学设计将有关信息技术类型、功能及影响的语言和文化学习融入对主题意义的探究中，全面发展学生的听、说、读、看、写等语言技能，培养学生运用学习策略获取信息、应用信息技术解决现实问题的能力，形成核心素养，落实立德树人。

为了保证单元学习的逻辑，我们对单元中语篇的讲授顺序进行了调整。以写作课和视听课为例，Writing Workshop 是一篇为了加入兴趣俱乐部而写的线上个人简介，可归入本单元的第三个学习小单元“应用信息技术”；Viewing Workshop 有关人们对于互联网时代纸质书存亡的两种不同观点，可归入本单元的第二个学习小单元“评价信息技术”。在单元整体教学中，Viewing Workshop 被放在第三课讲授，Writing Workshop 被放在第五课讲授，保证本单元中的三个学习小单元各成整体、不被割裂，让学生先认识，进而再评价，最后应用信息技术，层层递进。

在单个语篇的教学设计中，一个难点在于情境创设，即如何将语篇与学生生活实际相联系，在真实的情境下使学习发生。同样以写作课和视听课为例，我们思考讨论后决定直接从学生需求出发，在 Writing Workshop 中让他们联想希望参加的校内俱乐部，并以其为目标撰写作文；在 Viewing Workshop 中引导学生思考自己平时的阅读形式及习惯，并对其进行辩证思考。

在精细打磨、反复思考、共同完成单元整体教学设计的过程中，我们基于课程标准，围绕单元主题，结合学生需求，深入解读、分析、整合单元内容，设计相互关联、逻辑清晰的教学活动，最终培养学生的学科核心素养。

郑心笛

案例三：必修二 Unit 5 Human and Nature

团队成员(按姓氏拼音排序)：葛晓培　姜莹辉　梁悦怡　姚小敏　张慧

一、单元整体教学内容分析

本单元的主题是人与自然，主要涉及的语篇类型有对话、记叙文、访谈、应用文(宣传册)、新媒体语篇(视频和影评)以及说明文。

Topic Talk 的语篇内容为对生态环境的基本认识，涉及了与自然主题相关的听力及对话任务，其中主要介绍了伦敦的生态环境、保护自然的英文讲座。

Lesson 1 A Sea Story 讲述渔夫归途中遇到了莫斯肯漩涡，在危急时刻渔夫沉着冷静应对，通过敏锐的观察，最终成功脱逃与获救的故事。

Lesson 2 Professional Rescue Team 涉及了两则关于“震后援救与自救”的访谈，主要谈到了中国国际救援队的 Mr Wang 讲述参与国际救援的经历，告诉大家地震时的应对措施。

Lesson 3 讲述了 Scott 和 Amundsen 两位探险家所带的两支队伍前往南极探险的故事。Amundsen 的队伍准备充分，第一个到达了南极并且安全返回。然而，Scott 的队伍遭遇了许多困难，但在返程中仍直面死亡。Scott 队伍最终没能返程，但却受到了人们的尊敬。

Writing Workshop 呈现了地震防护宣传册从不同视角向读者提供了如何应对地震这一自然灾害的防护措施，并在每一条防护措施后解释这一做法的原因。

Viewing Workshop 的视频科普了宇宙奥秘，介绍了宇宙到底有多大。

Reading Club 1 从地理、动物、人文景观三个方面介绍了新西兰的自然环境基本概况。Reading Club 2 展现了电影《狼图腾》的影评帖，告诉了我们人类如果捕猎狼群会导致生态平衡遭到破坏，并最终危及人类自身，强调了保护生态链的重要性。

Check Your Progress 是对整个单元学习的巩固与反思。

二、基于大观念的单元内容结构图

在 Lesson 1 的语篇中，大量的环境描写以及对渔夫的心理描写体现了大自然的威力和恐怖，令人不由得产生敬畏之情；Viewing Workshop 展示给学生的是浩瀚无垠的宇宙，同时对比出了人类的渺小。这两个语篇能够共同构建"敬畏自然"的小观念。Lesson 2 和 Writing Workshop 分别以不同的语篇类型向学生科普了应对地震的自救措施，指向"应对自然"的小观念。然而，人类除了被动应对自然带来的破坏之外，也有一部分人会主动探索自然中的未知事物。Lesson 3 就向学生呈现了两支南极探险队探索自然的精神。其中，Scott 的队伍虽然没能安全返回，但他们的探险精神赢得了全世界人的尊敬。除此之外，教师还应该引导学生进一步思考，难道只要有了探索自然的精神，我们就能勇往直前，不顾其他的一切吗？当然不是。Scott 的队伍由于对南极了解、准确不够充分，所以没有办法去应对自然界给他们带来的重重挑战，最终导致失去生命。他们的失败经历有助于进一步深化"敬畏自然"和"应对自然"的小观念。以上五个语篇共同指向了本单元的大观念问题，即，人与自然是什么关系？人与自然应该和谐共处。此外，本单元的补充阅读 Reading Club 1 为我们展现了新西兰人与自然和谐共处的场景；Reading Club 2 同样也展现了人与狼群和谐共生的场景。这两个补充阅读语篇有助于巩固学生对于本单元大观念的生成。

三、基于大观念的单元总体教学目标

基于单元内容结构图，以及对每个语篇的意义探究，按照小观念设置六个单元目标。单元目标 1，学生在 Topic Talk 中能够介绍自己居住地的自然环境，并对人与自然的关系进行初步的分析；单元目标 2，学生在 Lesson 1 中能够描述渔夫莫斯肯漩涡脱险的过程，论述人与自然的关系，即人对自然应有敬畏之心；单元目标 3，学生在

Viewing Workshop 中能够介绍宇宙的相关知识，论述“人在宇宙中十分渺小”的自然规律；单元目标 4，学生在 Lesson 2 中能够描述访问者 Mr Wang 的国际救援经历，讨论地震时的应对措施，谈论在面对自然灾害时应该如何保护自我；单元目标 5，学生在 Writing Workshop 中能够完成对某一自然灾害的宣传手册，讨论面对自然灾害时如何保护自我；单元目标 6，学生在 Lesson 3 中能够描述 Scott 队伍南极探险之旅的经历和感受，辩证分析人物的失败，评价人物的探索精神。

为了实现上述六个单元目标，教师可以为本单元安排 11～12 个学习课时。其中 Reading Club 2 可以作为 Lesson 3 的课后补充阅读材料。本单元学习结束时，教师可以安排一到两个课时让学生完成 Check Your Progress 和 Unit Diary，并且展示单元 Project，总结所学和反思不足，迎接新一单元的学习。单元 Project 的设计参考如下：学完整个单元之后，学生需要小组合作，制作一个关于某一自然灾害的宣传手册，包含是什么、为什么、怎么做。学生需要描述该自然灾害是什么、为什么想选这个灾害来宣传、遇到这样的灾害要如何应对防范。学生可以在班内分享小组成果，展示本组的宣传手册。这一单元总体评价活动有效地整合了小观念，能够体现学生对人与自然关系的理解，达到教、学、评一体化的效果。

统观整个单元，教师围绕人与自然这一主题形成了多角度的小观念建构，进而引导学生自然生成该单元主题下的大观念，即人与自然如何相处。

四、各课教学设计

（一）Topic Talk

文本分析

本节课在单元中的位置和功能：本单元的主题是人与自然，属于“人与自然”主题范围，涉及敬畏自然、应对自然、探索自然和人与自然和谐共处四个子主题；本课作为单元的导入课，旨在初步激活学生关于自然生态和人与自然关系的背景知识和语言，为学生建构单元大观念做铺垫，帮助学生从听说课自然过渡到阅读课的学习。

【What】

本单元的 Topic Talk 包括两个听力文本。第一个是关于“伦敦生态环境”的广播电台节目，Sarah 介绍了伦敦的城市绿化覆盖率达到 66%，有 300 万座私家花园，鸟、鹿等野生动物种类和泰晤士河的鱼类丰富，但仍存在温室效应、空气和噪声污染等环境问题；第二个是一则对话，两个人在听了讲座 Living with Nature 后意识到当人类过度利用自然，自然会背弃人类，所以要好好保护自然环境。

【Why】

本课的听力文本旨在帮助学生了解良好的自然生态呈现的面貌和对人的影响，反思人类行为带来的环境问题，意识到保护自然环境的重要性，正确认识人与自然的关系。

【How】

两个听力文本均以一问一答的对话形式展开。第一个对话主要采用被动语态 is covered with 和 there be 句型客观描述伦敦西区现在的自然生态面貌，同时运用数据，如 66 percent、three million、over 350 kinds of birds、120 different kinds of fish、forty days a year；今昔对比，如 less… than fifty years ago、as cold these days；举例阐释，如 like deer、for example 等方法具体呈现。丰富的形容词 lucky、amazing、great、interesting、obvious、dangerous、worrying 等表现了自然生态的改变带给人类的影响。

第二个听力文本用一般过去时“I didn't know…”“We tried to… but over did it.”“Nature got hurt, felt pain, and finally turned its back on us.”陈述了对话者反思人类过度利用自然的行为所造成的伤害，并认识到人与自然的关系，应该好好保护自然环境 We should take care of our “home”、We should protect nature。

教学目标

在本课结束时，学生能够：

1. 获取并梳理伦敦西区的自然生态面貌，形成关于自然生态的知识结构图；

2. 分析自然生态的改变带给人类的影响，谈论人类行为带来的环境问题，辨析人与自然的关系；

3. 联系自身实际，介绍居住地附近的自然环境并评价其存在的环境问题。

教学重难点

【教学重点】

1. 获取并梳理伦敦西区的自然生态面貌，形成关于自然生态的知识结构图；

2. 分析自然生态的改变带给人类的影响，谈论人类行为带来的环境问题，辨析人与自然的关系。

【教学难点】

联系自身实际，介绍居住地附近的自然环境并评价其存在的环境问题。

教学过程

教学目标	教学活动与步骤	设计意图	效果评价	时间与互动模式
获取并梳理伦敦西区的自然生态面貌，形成关于自然生态的知识结构图。	Lead-in Ss look at two pictures and answer the following questions. 1. What do you see from the pictures? 2. How do you feel about the natural environment of Richmond Park? Use a sentence to describe it. Ss preview the Text Builder carefully, and predict what will be talked about in the dialogue.	通过让学生观察Richmond Park里的自然生态景观，将学生带入情境，让学生分享看到Richmond Park里景观的感受，激活学生关于自然的背景知识和语言，通过预览Text Builder，预测将要听到的内容。	学生能够说出公园里的forests、river、grass、deer等词汇；能够用It is quite beautiful/green的句子或词组简单描述这样的自然环境带给自己的感受；能够从景观、动植物、环境问题等方面预测将要听到的内容。	5' IW CW
	Activity 1 Ss listen to the dialogue and answer the question. How does Sarah comment on West London?	引导学生先听对话大意，再获取关于西伦敦自然景观、生物种类、水体、气候变化及存在的问题等信息。	学生能够归纳西伦敦现在植被覆盖、鸟、鹿、鱼类种类丰富的情况，并说出水体、气候与以往相比的变化以及存在的空气污染和噪声污染问题。	10' IW PW CW
	Ss listen to the dialogue again and answer the questions. If possible, T can play the dialogue for the third time. 1. What aspects does Sarah talk about? What does West London look like now? 2. Are there still some environmental problems today? How do you know that? Please find some evidence. Ss take notes while listening and finish the Text Builder, then exchange ideas in pairs.			

续表

教学目标	教学活动与步骤	设计意图	效果评价	时间与互动模式
分析自然生态的改变带给人类的影响，谈论人类行为带来的环境问题，辨析人与自然的关系。	Activity 2 Ss listen to the dialogue one more time and answer the questions. 1. How does Sarah feel about the environmental changes in London now? 2. From what aspect will you describe the natural environment of Richmond Park?	引导学生捕捉Sarah提到的不同生态环境带给人们的感受。在听后能建构自然生态知识结构图，内化语言并尝试描述出来。	学生能够说出伦敦自然景观、生物物种、水体方面好的变化，以及让Sarah感觉很神奇、幸运等形容词，同时也表示对仍然存在的环境问题的担忧。	5’ IW CW
	Activity 3 Discuss in groups. How shall humans live with nature? Talk about your understanding of the relationship between humans and nature.	引导学生对第一个对话内容进行反思，讨论人与自然的关系，为听第二个对话做铺垫。	学生能够说出人类与自然该如何相处的一些词汇和短语。	5’ GW
	Activity 4 Listen to the 2nd dialogue about two Ss talking about their feelings after listening to a lecture about nature. Ss take notes while listening and answer the questions. What were the boy and the girl’s feelings after listening to the lecture? Why?	引导学生获取对话人听讲座的感受和原因，以及他们对人与自然关系的理解。	学生能够说出对话人意识到人类过度利用自然，给自然造成了伤害。	7’ IW GW CW
	Ss listen to the dialogue again and answer the questions. What was the boy’s understanding of the relationship between humans and nature? Ss take notes while listening and finish the summary. Then share their opinions with the partners in the group.		学生能够说出人类行为带来的环境问题，谈论人与自然的关系。	

续表

教学目标	教学活动与步骤	设计意图	效果评价	时间与互动模式
联系自身实际，介绍居住地附近的自然环境并评价其存在的环境问题。	Activity 5 Ss discuss the natural environment near the place where they live and then volunteer to share his/her idea with the whole class. They need to cover at least four aspects: 1. comments 2. natural landscape 3. living things 4. environmental problems	引导学生从自然景观、生物种类、水体、气候等方面介绍居住地的自然环境，并描述存在的环境问题。	学生能够从至少四个方面介绍居住地附近的自然环境。	8' CW
	Homework Analyse the relationship between humans and nature and write the disasters that human behaviors can bring to the natural environment.			
教学设计特点及说明				
本课活动的设计以促进学生英语学科核心素养的发展为目标，围绕“人与自然”的主题语境，基于教师引领示范，以学生为主体，以自主、合作探究的小步子滚动学习方式，通过学习理解、应用实践、迁移创新等一系列融语言、文化、思维为一体的活动，引导学生加深对人与自然关系的理解；帮助学生在活动中习得语言知识，运用语言技能，分析自然生态的改变带给人类的影响以及人类行为带来的环境问题，谈论人与自然的关系；联系自身实际，介绍居住地附近的自然环境并评价。				

(二)Lesson 1

文本分析

【What】

本语篇为“人与自然”主题语境，改编自短篇小说 A Descent into the Maelstrom，主要讲述了渔夫惊心动魄的莫斯肯漩涡脱险记：渔夫三兄弟出海捕鱼，归途中遇到了莫斯肯漩涡，弟弟最先被漩涡卷走，船只在漩涡中不断打转，千钧一发之际渔夫观察到圆柱体物件下沉的速度较慢，于是将自己绑在木桶上，弃船脱逃，最终获救，而他哥哥则随着船只葬身大海。渔夫死里逃生后向他人讲述自身经历，却没有人相信。

【Why】

本文引发读者深入思考人与自然的关系：人与自然息息相关，大自然既可以给人类馈赠，也能给人类带来灾害，人类的力量在自然面前非常渺小，因此人类应该敬畏自然。此外，在面对自然灾害险情时，应该保持冷静，敏锐观察，才能化险为夷。

【How】

本语篇为记叙文，运用第一人称，以渔夫的视角展开叙述。一共有五段，为总分结构。开篇首先讲述了事件的时间及恶劣影响，第二段至第五段按照时间顺序，具体描写了从遇险到自救到脱险的过程。

·文章在叙述时间、地点、原因时用了很多关系副词引导的定语从句。

限定时间：

That was the day when it took only six hours to break my body and soul.

限定地点：

My brother and I were coming back from the islands where we often risked going and got more fish than others.

The waves soon carried me to an area where the other fishermen were.

限定原因：

The reason why I'm here to tell the story is that I made the right decision

·文中通过一系列的地点变化描写莫斯肯漩涡遇险记的全过程。

从岛屿回来→朝着漩涡靠近→到达边缘→进入内部→弃船脱逃→被海浪带走：came back from the island、in the direction of the whirlpool、on the edge、on the inside、left the boat、carried to an area

·在描述方位变化时，使用了一系列形容词和动词。

灾难降临时的惊心动魄：the sky was covered with dark clouds、a huge wave covered our boat、in a terrible storm、nearer to the horrible edge

面对灾难时不同人的反应，弟弟掉入海里，渔夫积极自救，哥哥坐以待毙：my younger brother fell into the sea、made three observations、tie myself to a barrel to help me float、jumped into the sea to try and escape、too frightened and stayed in the heavy boat

·在描述方位变化和灾难降临的场景时，伴随人物的心理描写。

从初遇漩涡的恐惧、绝望到逐渐平静，惊叹自然力量的强大，好奇漩涡本身：

frightened、hopeless、sick、calmer、amazing、wonderful、curious

教学目标

在第一课时结束时，学生能够：

1. 获取并梳理文中渔夫莫斯肯漩涡遇险、自救、脱险的事实性信息，形成思维导图；

2. 根据结构化知识，描述渔夫的莫斯肯漩涡脱险记。

在第二课时结束时，学生能够：

1. 推理、论证渔夫能从莫斯肯漩涡死里逃生的原因，评价渔夫的品质；

2. 分析人与自然的关系，谈谈作为人类应该以怎样的态度面对自然，（探讨渔夫面对自然灾害时的做法对自己有何启发）；

3. 找出文中关系副词引导的定语从句，使用 when、where、why 引导的定语从句讲述一个自然灾害遇险、自救、脱险的故事。

教学重难点

【教学重点】

1. 学生能够梳理、概括文本细节性信息，形成遇险、自救、脱险过程的结构化知识；

2. 学生能够分析渔夫能从莫斯肯漩涡死里逃生是因为遇险时沉着冷静，观察周围环境。

【教学难点】

1. 学生能够概括、描述遇险、自救、脱险的过程；

2. 学生能够探讨渔夫在漩涡边缘的心情变化，感叹自然之力的神奇，并得出人应该敬畏自然的结论；

3. 学生能够用关系副词引导的定语从句讲述从自然灾害中脱险的故事。

教学过程

教学目标	教学活动与步骤	设计意图	效果评价	时间与互动模式
第一课时				
获取并梳理文中渔夫莫斯肯漩涡遇险、自救、脱险的事实性信息，形成思维导图。	Activity 1 Ss look at a picture and talk about their feeling of the sea.	通过观看海上漩涡图片导入主题，让学生意识到大海也有危险的一面，更能体会渔夫在面对莫斯肯漩涡时的惊恐。	学生能够说出自己看到图片的感受。	5’ CW
	Ss look at the picture, and learn some expressions (fisherman, fishing boat, whirlpool, waves).	教师结合图片介绍生词，为学生阅读文本减少词汇障碍。	学生能够大声跟读词汇。	
	Ss read the fact file to learn about *Maelstrom*, *Moskoe-strom*, and *Edgar Allan Poe*. Questions: 1. What is Moskoe-strom? 2. Who introduced the term into the English language?	学生看 Fact File 补充必要的背景知识，为后面阅读文本做铺垫。	学生能够在读完 Fact File 后，回答教师的问题。	

续表

教学目标	教学活动与步骤	设计意图	效果评价	时间与互动模式
	Activity 2 Ss read paragraphs 1-2, and find out the setting and characters of the novel, the effect of the terrible experience and the reason why the fisherman was frightened when hearing the word. Questions: 1. What effect did the terrible experience have on the storyteller? 2. Why did the fisherman become frightened the moment he heard the word?	首先让学生读第一、二段，获取小说要素中的背景和人物的相关信息，以及情节中的开端部分：遇到漩涡，变得惊恐。	学生能够在读完第一、二段后找到故事背景和人物的信息，这一经历的影响和渔夫惊恐的原因，并能够复述出来。	5’ IW CW
	Activity 3 Ss read paragraphs 3-4, and find out the movement of the boat, change of the environment and the fisherman’s feelings. Then draw on the map. Questions: 1. How did the fisherman feel when moving towards the whirlpool? Why? 2. Why did the fisherman tied himself to a barrel?	学生阅读第三、四段，从船的位置移动梳理故事脉络，以及对应的人物心理。通过提问，让学生找出并复述“三个观察”，实现语言知识的初步内化。	学生能够找到船的移动经过和对应的人物心理变化，以及“三个观察”的具体内容，并能够描述出来。	8’ IW PW
	Activity 4 Ss read paragraph 5 to see the ending of the story, and complete the mind map.	学生读第五段后，梳理故事情节的结尾部分，了解故事情节，描述如何逃脱，实现内化。	学生能够获取脱险的结果，并描述渔夫是如何脱险的。	12’ IW GW

续表

教学目标	教学活动与步骤	设计意图	效果评价	时间与互动模式
	Ss describe how the fisherman managed to escape. Questions: 1. What happened after he escaped? 2. Why didn't they believe the story? 3. How do you understand "break my body and soul" in paragraph 1?	学生画出思维导图整合故事脉络，为后面描述故事情节做准备，并以小组合作的形式完成思维导图。	学生能够画出呈现小说情节的思维导图，包含情节变化和人物心理。	
根据结构化知识，描述渔夫的莫斯肯漩涡脱险记。	Activity 5 Ss talk about the experience of the fisherman to their partners, based on the mind map.	学生通过结构化知识描述渔夫遇险、自救、脱险的过程，实现语言知识的内化。	学生能够根据结构化知识，描述渔夫的莫斯肯漩涡遇险记。	10' PW
	Homework Prepare a natural disaster escape experienceand share it to the class.			
第二课时				
推理、论证渔夫能从莫斯肯漩涡死里逃生的原因，评价渔夫的品质。	Activity 1 Ss retell the story to their partners. Ss analyse the reason why the fisherman escaped, and comment on his characteristics. Questions: 1. Why did the storyteller survive, but his elder brother didn't? 2. What is the storyteller's characteristics?	学生通过分析渔夫逃脱的原因，培养逻辑思维和批判性思维；评价人物品质，学习优秀品质，涵养学生内在精神。	学生能够说出渔夫顺利脱险的原因。	10' PW

续表

教学目标	教学活动与步骤	设计意图	效果评价	时间与互动模式
分析人与自然的关系，谈谈作为人类应该以怎样的态度面对自然。	Activity 2 Free talk： Ss talk about the relationship between human and nature and the way we should face nature. Questions： 1. What's the relationship between human and nature? (What does nature offer us? Besides natural resources，can nature provide us with other things? How about spiritual things? Apart from good side，is nature sometimes harmful to us?) 2. How should we face nature? (Since nature has offered us so many things，what should we do? There are many natural disasters，what should we do? Since power of nature is so great，what attitudes should we have?)	学生深层次分析文本，探讨人与自然的关系，培养辩证思维。	学生能够说出人与自然的关系；学生能够得出人应该敬畏自然的结论。	10' CW
找出文中关系副词引导的定语从句，使用 when、where、why 引导的定语从句讲述一个自然灾害遇险、自救、脱险的故事。	Activity 3 Ss conclude the meaning and usage of the relative clauses they find in the text.	学生发挥想象创作故事，既能运用所学的定语从句，又能用到故事要素结构，实现知识的迁移创新。	学生能够找出文中关系副词引导的定语从句，并用 when、where、why 引导的定语从句创作并讲述自然灾害脱险故事。	20' IW
	Homework Edit and write the survival story，including relative clauses.			

续表

教学设计特点及说明
1. 本课教学活动设计遵循英语学习活动观的基本要求。在学习理解层面，先引导学生理解文本内容，获取、归纳文中关于渔夫在莫斯肯漩涡遇险、自救、脱险过程的基本信息。在此基础上，要求学生描述、阐释故事的主要情节，是对所学内容的应用实践。最后，论证渔夫能逃生的原因，评价人物品质，引导学生深入思考人与自然的关系，并用定语从句创作并讲述一个自然灾害逃生的故事，是对知识的迁移创新。这些活动的设计遵循了学生的认知规律，符合英语学习活动观的基本要求，有效整合语言知识、文化知识、语言技能和学习策略等学习内容，发展了学生的批判思维和创造思维。 2. 本课教学活动设计落实教、学、评一体化。通过提问、观察学生梳理的结构化知识，评价学生是否理解并掌握渔夫从遇险、自救、脱险的过程；通过观察学生描述小说故事，了解学生对于小说要素的掌握情况和对细节信息的捕捉情况；通过教师提问，观察学生回答情况，了解学生能否结合课文内容分析、阐释人与自然的关系，了解学生意识到人应该敬畏自然。 3. 本课运用思维导图帮助学生梳理文本信息，按照时间顺序，以渔夫移动轨迹为主线，按照遇险、自救、脱险三个阶段找出发生的事件和对应的人物心理变化，思维导图清晰明了、直观形象，有利于学生形成结构化知识，更好地理解文本、实现语言知识的内化。

(三)Lesson 2

文本分析

【What】

本单元的主题语境是“人与自然”。本文的语篇类型是一个采访对话，主题是自然灾害与防范、安全常识与自我保护。听力材料分为两部分：第一部分是主持人采访中国国际救援队的 Mr Wang，Mr Wang 讲述参与国际救援的案例(汶川地震和尼泊尔地震)。通过问答方式，了解到自然灾害的危险和 Mr Wang 团队救援工作面对的风险和压力，感受到 Mr Wang 对于自己工作的自豪、舍身精神和责任感；第二部分继续上一段材料的采访，由 Mr Wang 告诉大家地震时的应对措施，在室外、室内或被困在地震中如何做能够幸存。

【Why】

本文通过 Mr Wang 讲述参与国际救援的案例和地震中的应对措施，展示自然灾害的危险以及救援工作的艰辛和伟大，体现救援工作者救人救己的精神，同时能够培养学生的安全常识与自我保护意识。

【How】

本课语篇以采访的形式呈现。Mr Wang 在应答时，采用了观点—证据的总分结构。在回答第一个问题“What happens on your rescue attempts?”时，先强调主题句是拯救生命“... our first and most important goal is to save lives”，之后再用细节支撑；在回答第二个问题“How long does a rescue attempt usually take?”时，直接用举例的方法说明，清晰而翔实。

在采访的第二部分，主持人使用了一些采访技巧，包括如何进行、打断及结束一段对话，例如“Excuse me … but can I interrupt you there?”“Sorry for interrupting again”“I'm very sorry, but we'll have to finish there”等，通过这些方式顺利推进对 Mr Wang 的采访。

教学目标

在第一课时结束时，学生能够：

1. 获取有关自然灾害和救援人员工作的基本背景知识，辨认访问材料中的主题和人物。
2. 通过笔记概括和整合访问者 Mr Wang 参与国际救援的主要事迹和细节，复述并进行简要评价。

在第二课时结束时，学生能够：

1. 获取第二部分听力材料的信息，完成信息表格，以口头形式总结复述。
2. 关注主持人提问的语言技巧，概括并整合如何进行、打断和结束对话。
3. 运用访问技巧以角色扮演的形式进行一段对话，讨论地震时的应对措施。

教学重难点

【教学重点】

1. 本课通过让学生听一段采访，帮助学生掌握学习策略，梳理如何更有效地获取采访中的主要信息，学习提问时的一些主要技巧和应答时的阐述观点技巧。
2. 通过对专业救援队的材料梳理，挖掘自然灾害的危害和救援工作的伟大，获取防灾知识，形成保护自身的意识。

【教学难点】

1. 能够获取听力材料中有关救援工作的内容和防御自然灾害的相关信息。
2. 能够在迁移环节应用采访问答的技巧开展对话。

教学过程

教学目标	教学活动与步骤	设计意图	效果评价	时间与 互动模式
第一课时				
获取有关自然灾害和救援人员工作的基本背景知识，辨认访问材料中的主题和人物。	Activity 1 Ss look at the pictures and brainstorm some natural disasters that they know about. Then explain the title “professional rescue team”.	通过展示自然灾害的图片引起学生注意，评估学生对自然灾害的了解，引出题目。	学生能够说出和描述一些自然灾害，并解释标题。	4’ IW CW

续表

教学目标	教学活动与步骤	设计意图	效果评价	时间与互动模式
	Questions: 1. What natural disasters do you know? 2. How would you describe them?			
	Activity 2 Ss look at the pictures and describe what rescue teams do step by step when an earthquake comes. Questions: 1. What can you see in these pictures? 2. Retell the steps a rescue team might do when an earthquake comes.	讨论本课灾害发生时救援人员的工作，为学生提供情境，铺垫听力材料的背景信息，并补充相关词汇。	通过配对练习评估学生对救援工作的了解情况。	6' IW CW
	Activity 3 Ss listen to the first part of the interview and retell main ideas. Questions: 1. Which three natural disasters are mentioned? 2. What does the interviewer want to know about? 3. Who is the interviewee?	学生获取第一部分材料的主要内容，了解听力材料的主题并通过复述内化知识。	学生能够复述第一部分材料的主要信息。	8' IW CW
通过笔记概括和整合访问者 Mr Wang 参与国际救援的主要事迹和细节，复述并进行简要评价。	Activity 4 Ss make predictions of the questions and listen to the whole interview. Then play the audio and check if Ss predict correctly. Question: What would you like to ask if you were the interviewer?	引导学生预测采访中的问题，然后听录音回答问题，获取材料中的基本信息。	学生能够概括材料的主要内容。	8' IW CW

续表

教学目标	教学活动与步骤	设计意图	效果评价	时间与互动模式
	Activity 5 Ss listen again and complete the sentence frames. Read the Skill Builder and work in pairs to tell which are main ideas and which are details. Then write the correct letters in the brackets.	帮助学生掌握观点和证据的不同用法，并掌握材料中的主要观点和细节。	学生能够初步掌握观点和证据的区别，完成填空，掌握材料中的观点和细节信息。	8’ PW CW
	Activity 6 Ss use the summary and the table to retell Mr Wang's story and make some comments.	引导学生进一步内化 Mr Wang 救援的故事并进行简要评价，更好地了解救援人员的工作。	学生能够复述 Mr Wang 的国际救援经历并进行评价。	6’ IW CW
	Homework Look up some information about how to survive an earthquake. Share it in the next lesson.			
第二课时				
	Activity 1 Ss share their homework in pairs and tell the class what people should do to survive an earthquake.	学生说出地震时人们的应对措施，为听第二部分听力材料铺垫背景知识。	学生能够说出地震时的一些应对措施。	6’ PW CW
获取第二部分听力材料的信息，完成信息表格，以口头形式总结复述。	Activity 2 Ss listen to the second part of the interview and complete the chart.	听第二部分的听力材料，完成表格，获取材料的主要信息。	学生能够获取并概括材料中关于地震的应对措施。	10’ IW
关注主持人提问的语言技巧，概括并整合如何进行、打断和结束对话。	Activity 3 Ss listen again and focus on the language that the interviewer used. Complete the Talk Builder and discuss their contexts.	学生关注提问的技巧，判断如何进行、打断和结束对话，累积词汇表达。	学生能够总结提问策略，包括如何进行、打断和结束对话。	6’ IW CW

续表

教学目标	教学活动与步骤	设计意图	效果评价	时间与互动模式
	Activity 4 Ss work in groups and discuss the situations where they would need to maintain, interrupt, and end a conversation. Write down more expressions.	组织学生自由表达他们已知的短语，判断哪些是礼貌用语，哪些是不礼貌用语，内化新知识。	学生能够区分礼貌用语和不礼貌用语。	8' GW
运用访问技巧以角色扮演的形式进行一段对话，讨论地震时的应对措施。	Activity 5 Ss work in pairs and do a role play on maintaining, interrupting and ending a conversation in the two given situations. Ss can choose either one by themselves. Situation 1: Two friends discussing on how people can survive an earthquake. (need to interrupt so as to give different opinions) Situation 2: An English teacher and a student discussing on how to keep students safe when there's an earthquake.	为学生创造情境练习提问技巧，迁移新知识。以角色扮演的形式增加口头表达的练习机会。	学生能够把对话技巧应用到新情境中，熟练运用短语。	10' PW
	Homework You and your classmate are talking about the interview. Listen to your classmate's ideas and express your own opinions (using details to support your ideas and skills for interruption).			

教学设计特点及说明
本次教学设计分为两课时，第一课时关注第一部分听力材料，重点放在让学生区分观点和细节上，从而加强他们的论证技巧；第二课时关注第二部分听力材料，重点放在训练学生展开、打断和结束对话的语用能力上。 整体而言，听说课重点注重对话语用方面的功能，目的是让学生学会在实际情境中得体地交流，因此迁移创新部分的活动也是主要围绕想象与创造活动进行，为学生提供情境运用新学到的交际技巧，解决问题，尤其在第二课时的学习中，重点围绕采访对话的语言运用技巧，学习如何

续表

教学设计特点及说明
进行、打断和结束一段对话，并迁移到新情境中。 此外，本次教学设计特别注意引入和内化活动的设计，引入部分以直接、精简为主，以自然灾害图片评估学生学前知识，带出救援人员的作用，引入主题。同时，内化与运用的活动分段式进行，把第一课时的听力材料分成两部分，先让学生获取基本主题信息，进行复述，内化知识；而后进行下一部分的预测和获取简单信息；最后才是听取细节信息和内化运用。本次教学设计尤其注意到对学生学情评估的重要性，在听材料前先为学生做好一定的知识铺垫，例如进行预测和词汇的学习等，降低学生听说课的焦虑情绪。 在教学评价方面，始终把教、学、评三者贯穿在整个教学活动的设计中，第一课时的评价方式以课上观察学生的口头表达为主，而课后作业的布置与第二课时的活动相关联，让学生提前了解地震时的应对措施，为下节课的听力活动做铺垫。第二课时的评价活动也是以口头表述为主，以练习和讨论为辅，同时在迁移创新环节为学生创设难度不同的两个真实情境，把新知迁移到新情境中。

(四)Lesson 3

文本分析

【What】

本文讲述了 Scott 和 Amundsen 两个队伍前往南极探险的故事。Amundsen 的队伍在出发前准备好了食物和正确的交通工具，去程顺利，成为到达南极的第一支队伍，并安全返程。Scott 的队伍出发前没有准备好正确的交通工具，去程时雪橇损坏、马也无法前行。到达南极后，Scott 一行人发现已经有人捷足先登，受到了打击并失去了目标。返程时，Scott 队伍遇到了许多致命的困难：食物短缺、队员患病离世、遇上恶劣的暴风雪天气等。Scott 一路上在日记中记录了他们的心路历程：遭受打击、失去目标、绝望、疲惫、悲痛，但同时又勇于面对死亡。Scott 队伍最终没能返程，但他们受到了世界的尊敬，Amundsen 也歌颂了 Scott 的精神品质。

【Why】

本文通过描述两个探险队前往南极的经历，使读者感受到极地探险家对大自然的探索精神，同时，使读者从 Scott 队伍的失败教训中认识到大自然的威力，强化敬畏自然、应对自然的态度。

【How】

本文是一篇记叙文，按照时间顺序，分别讲述了两个探险队在探险前、去往南极时、到达目的地后以及返程的经历。文中呈现多处有关时间的语言表达，如 on 1 June、1910，以及 then、soon、after a while、finally、later 等副词。

在描述探险家们遇到的困难时，文章使用了以下表达体现南极恶劣的环境和令探险家们绝望的境地：have serious difficulties with、broke down、running out of food、 terrible weather condition、have great difficulty walking 等，生动地呈现了南极科考的艰辛和自然的威力。

本文还描写了探险家们在重重困难中的心路历程，从迫不及待想出发，到梦想落空时的打击和失落，以及面对返程时重重艰难险阻的疲惫、绝望、不畏死亡和悲痛：waited anxiously、shocked、lost the goal of our ambition、goodbye to most of our dreams、tired、hopeless situation、hope to meet the end with a similar spirit、a letter full of sadness。

本文还使用了一些表达或直接或含蓄地体现了 Scott 队伍的精神品质，即对自然的探索精神、坚定的信念、面对绝境和死亡的勇气：we are very cheerful、carried twenty kilos of rocks all the way with them、the act of a brave man、hope to meet the end with a similar spirit、left a record for honesty、sincerity、for bravery、great courage、heroes。

此外，本文的配图展现了南极冰天雪地的环境和 Scott 队伍探险时的珍贵照片，有利于激活学生关于南极的背景知识，并联想到南极探险的艰难险阻。

教学目标

在第一课时结束时，学生能够：

1. 获取并梳理两个探险队探索南极的信息以及 Scott 队伍返程时的困难，借助时间轴和表格呈现结构化知识；

2. 分析、判断 Scott 队伍输给 Amundsen 队伍的原因，及其返程时的情感变化；

3. 利用时间轴，初步描述两个队伍的南极探险之旅。

在第二课时结束时，学生能够：

1. 分析、判断 Scott 日记中的隐含意义，借助表格呈现结构化知识；

2. 运用本课所学相关语言，借助时间轴和表格描述 Scott 队伍南极探险之旅的经历和感受；

3. 评价 Scott 队伍的探索精神，推理论证他们输给自然的原因。

教学重难点

【教学重点】

1. 获取、梳理两个探险队探索南极的信息(国籍、时间点、关键事件)以及 Scott 队伍返程时的困难，借助时间轴和表格呈现结构化知识；

2. 分析、判断 Scott 队伍输给 Amundsen 队伍的原因，及其返程时的情感变化；

3. 利用时间轴，初步描述两个队伍的南极探险之旅；

4. 运用本课所学相关语言，借助时间轴和表格描述 Scott 队伍南极探险之旅的经历和感受。

【教学难点】

1. 分析、判断 Scott 日记中的隐含意义，借助表格呈现结构化知识；
2. 评价 Scott 队伍的探索精神，推理论证他们输给自然的原因。

教学过程

教学目标	教学活动与步骤	设计意图	效果评价	时间与互动模式
第一课时				
获取两个探险队探索南极的信息，包括国籍、时间、所做的准备和路途中发生的事，梳理出时间轴，并分析、判断 Scott 队伍输给 Amundsen 队伍的原因。	Activity 1 Ss observe the pictures of Scott's and Amundsen's team in the south pole and talk about what they know about the picture. Questions: 1. Where is this place? Who are they? What are they doing? 2. What difficulties may the explorers face there over 100 years ago? 3. What preparations do they need to make?	创设情境，铺垫生。激活学生有关南极探险的已知背景知识，并激发学生的阅读兴趣。	学生能够利用已知讲述图片信息，并说出图中的人探索南极时可能遇到的困难和所需做的准备。	4' CW
	Activity 2 Ss read paragraph 1 and find out what "race" means in the title, which pole it refers to. Then Ss have a brief explanation of the title. Ss predict who would win the race.	获取标题信息，得知文章主题。	学生能够概括出标题的表层含义。	3' IW CW
	Activity 3 Ss read paragraphs 2-5 to find out who won the race. Ss need to fill in the timelines for the key time and key events. Questions: 1. Who won the race? 2. Why could Amundsen's team win the race? Why would Scott's team lose the race? 3. Would you say that Scott and his team were losers? Why or why not?	通过对比，分析原因，初步认识到做好准备在战胜自然中的重要性。根据 Scott 队伍没能夺得第一的信息初步评价他们是否是失败者。	学生能够找出关键的时间点和对应的事件，完成两队的时间轴；学生能根据关键信息判断两队获胜和失败的原因。	15' IW CW

续表

教学目标	教学活动与步骤	设计意图	效果评价	时间与互动模式
利用时间轴，初步描述两个队伍的南极探险之旅。	Activity 4 Ss tell the stories of the two teams using the timeline to international visitors in a South pole museum, which should include their opinions on the reasons why Amundsen's team could win and why Scott's would lose.	获取并梳理一部分内容后马上内化运用，有利于及时巩固知识，为后续学习理解类活动做铺垫，实现学习理解与应用实践类活动的小步子循环。	学生能够按照时间顺序运用时间轴上的目标语言讲述两队的探险过程，并给出两队获胜和失败的理由。	8' IW PW CW
获取 Scott 队伍返程时的困难，分析、判断其情感变化，借助表格呈现结构化知识。	Activity 5 Ss read paragraphs 6-10 and fill in the chart for the problems they met and their feelings. Ss give evidence from the text to explain their choices of words about Scott's team's feelings.	通过阅读梳理，明确人物遇到的困难和对应的心境，初步感受自然对人类的威力，并构建信息结构图。	学生能够说出人物在不同的困难中对应的情感，并给出解释。	13' IW CW
运用本课所学相关语言，借助时间轴和表格描述 Scott 队伍南极探险之旅的经历和感受。	Summary and Assignment: T summarises the class briefly and gives assignment: Practicing telling the story of the journey of Scott's team using the timeline and the chart.	课后作业可以使学生运用所学进一步内化，同时为下一课时深入语篇和超越语篇的学习做铺垫。	学生能够运用时间轴和表格上的目标语言及结构，按时间顺序讲述 Scott 队伍的南极探险之旅。	2' CW
第二课时				
分析、判断 Scott 日记中的隐含意义，借助表格呈现结构化知识。	Activity 1 Ss read paragraphs 6-10 again, and are scaffolded by the questions to dig deeper into the implied meaning of Scott's diary. Ss discuss in groups, fill in the chart and share their ideas with the class. Questions: What was Scott trying to say in his diary?	挖掘人物深层次的情感，锻炼学生挖掘文本隐含信息的能力。同时，由于日记内容较难理解，教师给予支架问题引导学生思考，辅以小组讨论，既降低了分析难度，又体现了学生的主体性。	学生能够阐释日记隐含的人物想法或情感。	10' IW GW CW

续表

教学目标	教学活动与步骤	设计意图	效果评价	时间与互动模式
	Scaffolding questions: 1. Are they really cheerful? Why or why not? 2. Why would they put on their shoes slower and slower? 3. How did they view Captain Oates' death? 4. What similar spirits it was? 5. How did Scott feel about the price of this journey?			
运用本课所学相关语言，借助时间轴和表格描述 Scott 队伍南极探险之旅的经历和感受。	Activity 2 Ss tell the story of Scott's team's journey using the timeline and chart to international visitors in a South pole museum.	通过讲故事的形式，使学生运用并内化有关 Scott 队伍南极探险之旅的目标语言和结构化知识，整合语篇信息。同时，回顾上一课时的内容，为后续活动做好语言和内容上的铺垫。	学生能够运用时间轴和表格上的目标语言和结构，按时间顺序讲述 Scott 队伍的南极探险之旅。	8' IW PW CW
评价 Scott 队伍的探索精神，推理论证他们输给自然的原因。	Activity 3 Ss read the last paragraph for people's comments on Scott's team. Questions: 1. What are people's comments on them? 2. How do you think of Scott and his teammates? Why? 3. Would you say that Scott and his team were losers? Why or why not? Scaffolding questions: 1. Did Scott make any contribution to science in this journey? 2. What are people's views towards them?	基于对语篇的深入理解，评价人物在多个事件中展现出来的精神和品质。引导学生辩证地看待 Scott 队伍的失败，锻炼批判性思维。	学生能够评价 Scott 队伍的精神品质并给出基于文本的理由；能够辩证地说明 Scott 队伍是否失败并给出理由。	12' IW GW CW

续表

教学目标	教学活动与步骤	设计意图	效果评价	时间与互动模式
	Activity 4 Discuss in groups. 1. How do you understand the "race" in the title besides a race between the two teams? 2. Why would Scott's team lose the race with nature? Scaffolding questions: 1. Were Scott's team racing with Amundsen's team in their return journey? If not, why? 2. For each difficulty they met, in what way did they lose the race with nature?	引导学生挖掘题眼的深层含义。通过分析 Scott 队伍输给自然的原因，强化“敬畏自然”“应对自然”的小观念。	学生能够判断题眼的深层含义，并以演讲的形式分享自己对 Scott 队伍与自然之间的输赢的看法。	13' GW
	Summary and Assignment: T summarises the class briefly and gives assignment: 1. Finish Focus on Language in page 39. 2. Write a short article about Scott's team's race with nature, which should include their experience and the reasons for their defeat.	课后语言练习以显性的方式巩固词缀知识。将课上的演讲以作文的形式呈现有利于进一步内化语言，提炼观念。	学生能够正确为词汇添加目标后缀并在语境中正确使用；学生能够以写作的方式呈现自己对 Scott 队伍的教训和对自然的看法。	2' CW

教学设计特点及说明

1. 在意义驱动的活动中运用目标词汇，促进词缀在语境中的习得。
2. 活动与问题链的设计遵循活动观的三大层次。
3. 本课遵循教、学、评一体化原则，主要通过以下几大方面评价学生是否达成本课目标：

评价手段	具体评价方式
提问、观察学生课堂回答	通过提问，观察学生讨论及回答的情况，了解学生是否能有理有据地评价 Scott 队伍的精神品质，辩证看待 Scott 队伍的失败。
观察学生课上生成的结构化知识、图表	通过观察学生梳理的两个探险队的时间轴，以及 Scott 队伍返程的表格，了解学生是否获取并整合语篇内容，是否能理解日记的隐含意义。
观察学生的课堂展示、成果展示	通过学生讲述的故事，判断学生是否内化了相关语言表达。
	通过学生的演讲，判断学生对于本课生成了什么样的小观念。
学生的课后作业	判断学生对目标词缀知识的习得情况。

(五)Writing Workshop

文本分析

本课作为单元教学的最后一个语篇，对学生最终观念的形成和态度、行为的转变与迁移创新等方面起着重要作用，旨在帮助学生理解宣传自然灾害防范知识的重要性，即从深层认知“敬畏自然”到“保护自我”的行为方式的转变，促进实现单元目标(完成对某一灾害防护的宣传手册，讨论面对自然灾害时如何保护自我)。本单元的 Project 主要内容为学生宣传某一自然灾害知识(如介绍自然灾害、群众意识调查、防范知识普及等)，为自然灾害防护提供方法。

【写作内容】

本单元写作范文以“如何在地震中逃生”为题，从室内、室外、车内三种情形向读者介绍应对地震灾害的八种方法，如在室内不要跑动而要保护自己、重心下移并双手护头等；在室外远离掉落物、寻找避难场所等；在车内应立即停止前行并保持冷静等。

【写作目的】

本单元的主题语境为“人与自然”，该范文通过介绍不同情形下如何应对突发地震灾害并对所提供的方法进行具体做法及原因的描述与阐释，旨在宣传自然灾害防护知识并引导读者树立灾害中的自我保护意识。

【语篇结构】

本文开篇以三幅防护动作图进行导入，并辅以关键词 drop、cover 及 hold on，让读者快速把握写作意图。全文通过 if you're indoors、if you're outdoors、if you're in a car 三个小标题分为三部分，即以空间顺序从室内、室外、车内三种不同情形列举了八种地震防护的方法。每种方法自成一小段且位于首句，实心点与加粗字体的使用吸引了读者的注意并对方法加以强调。

【语言特点】

本文介绍的应对突发地震的方法均使用祈使句的表达方式 Dos 和 Don'ts，如肯定形式“Drop，cover and hold on. ”“Move away from anything that can fall. ”“Stay seated. ”等，否定形式“Don't run，but protect yourself. ”“Don't try to run out of the building during an earthquake. ”等，简洁明了，重点突出；主要运用一般现在时和一般将来时针对不同情形下的做法进行原因分析和具体描述，其中也涉及多处祈使句表达；文中还使用了其他表达方式，如 The most important thing is、protect oneself from、as soon as you can、avoid doing 等凸显了地震防护的紧急性和必要性；定语从句的使用进一步阐释了可能发生的情形以警示读者采取正确的防护措施。

教学目标

在第一课时结束时，学生能够：

1. 获取如何在地震中逃生的方法及原因，并梳理灾害防护宣传手册的基本结构框架；

2. 获取撰写灾害防护宣传手册的句式与语言表达，分析与判断表达方式的特点、功能及意图；

3. 总结并运用宣传手册的写作原则（Writing Help）及相关表达方式完成对自己小组所选的某一灾害防护的大纲和初稿写作，实现迁移创新。

在第二课时结束时，学生能够：

1. 阐释宣传手册的写作要点，并展开组内灾害防护宣传手册自评；

2. 在班级分享中，小组间评价其他组的灾害防护宣传手册，完成组间互评；

3. 根据 Writing Help 的评价要点及同伴的评价建议改进宣传手册，为单元小组活动做好准备。

教学重难点

【教学重点】

1. 宣传手册的写作结构、文体特征及相关的表达方式；

2. 宣传手册的写作意图及相关表达的语言功能及意义。

【教学难点】

1. 针对自己所选的某一灾害运用恰当的语言逻辑严谨且清晰地开展写作；

2. 写作的自我评价与同伴互评，以及如何改进自己的写作。

教学过程

教学目标	教学活动与步骤	设计意图	效果评价	时间与互动模式
第一课时				
感知并初步阐释宣传手册的组织结构与特点，明确自己的写作任务。	Activity 1 Ss discuss with their partners about the natural disasters that they have chosen (e. g. earthquake, flood, hurricane, sandstorm, etc.) and the corresponding ways of how to survive them (the information collection is the homework assigned before the class; Ss are seated in the group according to the topic they are going to write). Questions: 1. What kind of natural disaster have you chosen? 2. How can you survive these natural disasters if they really happen?	铺垫相关语言知识、激发写作动机、引出写作内容。	通过小组讨论，学生基于前期的单元学习和已经收集到的相关信息，能够初步向同伴介绍如何在某一自然灾害中安全防范，保护自身。	3' PW GW

续表

教学目标	教学活动与步骤	设计意图	效果评价	时间与互动模式
	Activity 2 Ss in the same group are going to write a brochure about surviving a disaster. Before writing, they are invited to see some pictures of brochures on different topics such as bicycle riding, cultural relics of Egyptian Pyramid, and hamburgers. Ss share their first impressions on these brochures, particularly what elements are involved and what kinds of features they have. Later, T introduces "brochure" the target genre to the class. Questions: 1. Can you find something in common among these kinds of writings? 2. How do you feel about this kind of writing?	导入写作语篇体裁，明确写作任务。	通过观察图片，学生基于已有的生活经验能识别出“宣传手册”这一语篇体裁，能够通过观察所展示的图片说出其共同特点，并简单阐释这一语篇体裁的功能。	3’ CW
初步建构灾害防护宣传手册的结构框架。	Activity 3 Ss make predictions on what elements will be included in their brochure and predict how to organise these elements within their brochures. Questions: How will you write your own brochure about a natural disaster?	初步建构写作框架，预测写作内容与形式。	学生能够结合自然灾害防护初步建构写作框架，如能对“自然灾害防护宣传手册”所涵盖的相关要素及特点进行初步的预测。	2’ IW CW

续表

教学目标	教学活动与步骤	设计意图	效果评价	时间与互动模式
获取如何在地震中逃生的方法，初步构建自然灾害宣传手册的基本结构框架。	Activity 4 Ss are invited to check their predictions by scanning the brochure on page 41, underlining what people should do in three different situations. Then draw the outline of this brochure. Questions: 1. What does the writer mainly write in each part? 2. What key information is included in each part?	判断作者组织素材的意图、总结归纳各部分的具体内容。	学生在读完语篇后能够独立找出写作框架的事实性信息，自主梳理出该语篇的基本结构框架。	4' IW CW
获取撰写灾害防护宣传手册的句式与语言表达，分析与判断表达方式的特点、功能及意图。运用所学表达方式对地震防护的内容进一步完善。	Activity 5 Discuss in pairs. 1. What sentence patterns are used to describe the ways of surviving an earthquake? 2. Why does the writer use imperative sentences to give advice? 3. What other pieces of advice can you add in this brochure?	归纳重点语言表达方式，并补充地震逃生方法。	学生通过梳理宣传手册中的语言表达形式，能够归纳出“Dos and Don'ts”的祈使句用法，并对其语用功能进行初步阐释；能够基于前期听力材料的学习补充新的地震逃生方法。	5' PW
	Activity 6 Ss are invited to read the whole brochure. Highlight the words and expressions which the writer uses to interpret his or her advice on earthquake survival and write them down on their handouts. Questions: 1. What other expressions does the writer use in each way of survival? 2. Why do you think these expressions are useful to express the writer's idea? 3. What tense is used to further explain each piece of advice?	丰富语言表达，阐释写作意图。	学生能够找出并写下“自然灾害防护手册”可借鉴的语言表达，初步阐释写作意图。	6' IW GW CW

续表

教学目标	教学活动与步骤	设计意图	效果评价	时间与互动模式
	Activity 7 Ss are asked to further write the advice. To evaluate their classmates' writing performances, Ss can refer to Writing Help to help them identify whether their classmates' expressions satisfy the criteria mentioned before. After the first-period practice, Ss are encouraged to summarise the ways of giving explanations or reasons as well as the characteristics of brochure.	分析与总结语篇体裁特点，为评价铺垫。	学生能够运用相应的表达方式进行单句的建议仿写，初步评价自己与同伴的语言表达；基于前期体裁特点的分析能够更具体地阐释宣传手册的写作特点与注意事项。	7' IW CW
总结并运用宣传手册的写作原则及相关表达方式完成对自己小组所选的某一灾害防护的大纲和初稿写作，实现迁移创新。	Activity 8 Ss discuss in group the outline of their own brochure in terms of the structure provided in Activity 4. The group then organises the information in terms of different situations and plans how to present the brochure. Then Ss choose the sentence patterns and expressions they've learned and use them in their composition of the first draft.	拟定提纲，完成初稿。	通过形成的写作框架，学生能够整理具体的语言表达方式，并完成自然灾害防护宣传手册初稿。	15' IW GW
	Homework Complete your first draft in groups.			

续表

教学目标	教学活动与步骤	设计意图	效果评价	时间与互动模式
第二课时				
阐释宣传手册的写作要点，并展开组内灾害防护宣传手册自评。	Activity 1 Ss are provided with the table of self-assessment.	回顾第一课时所学，展开评价。	学生能够说出宣传手册的基本特征、语言表达等事实性信息。通过介绍评价标准，学生知晓评价的基本要求。	3' IW
	Activity 2 One group is invited to share the brochure. T sets the example for self-editing, such as highlighting the useful words and expressions. Others ask questions and give comments. Then each group starts self-editing their own brochure.	学习与开展小组自评。	学生能够基于评价表对自己小组的宣传手册进行评价。	6' IW GW
在班级分享中，小组间评价其他组的灾害防护宣传手册，完成组间互评。	Activity 3 Ss in different groups exchange their group brochures. With the peer-assessment table, each member assesses other group's brochure. Through discussion, the whole group comes to an agreement on the peer-assessment.	展开组间评价，提高学生参与评价的意识。	基于组内自评经验，学生能分析其他小组的宣传手册，并通过讨论达成对另一小组的一致意见。	6' IW GW
	Activity 4 Each group shares the brochure in the whole class and also gives the comments on other groups.	通过小组呈现与同伴互评，改进自己的写作。	学生能够根据 Writing Help 的评价要点、组内自评与组间互评改进宣传手册。	25' GW CW

续表

教学目标	教学活动与步骤	设计意图	效果评价	时间与互动模式
根据 Writing Help 的评价要点及同伴的评价建议改进宣传手册，为单元小组活动做好准备。	Activity 5 T introduces the Unit Project for "Humans and Nature—Natural Disasters", including what natural disaster is, why to share this knowledge to other people, how to survive the natural disaster. Then Ss share their opinions on project design.	总结创作宣传手册、自评与互评经验，为单元 Project 即完整介绍某一自然灾害做准备。	学生能总结写作自评和互评的要点，表达个人感受；能初步表明对单元项目的设计。	5' IW
	Homework Polish the first draft in terms of the feedback from other groups. On the basis of the group draft, try to design your own group's project and get prepared to share in the whole class.			

教学设计特点及说明

本课教学设计基于阅读与听说课的语言铺垫，在学生初步掌握与自然灾害相关的语言表达后，引领学生完成灾害防护宣传手册。秉承单元大观念的主题意义建构与探究，从学生对自然的基本认识出发并从分析到解决问题过程中实现深层的理解以及态度和行为的转变，即落实核心素养的培养，以学生大观念的形成和迁移为目标来进行单元整体教学设计。

本课的学习活动层层递进，既体现了每一小步的循环，又有整体的大步循环。教师从阅读写作范文入手引导学生获取并梳理相关的事实性信息并引导学生分析宣传手册这一特殊的应用文文体特点及其表达方式；基于此，教师通过创设新的语言情境鼓励学生运用语言表达，实现迁移创新。从意义探究到聚焦语言表达，再到语言运用，体现了层层递进、实践性、关联性的英语学习活动，同时教学中注重学生分析与评价能力的培养。

此外，本课注重教、学、评的一体化，即教师在课堂上时刻监测活动中学生学习的进展，如鼓励学生进行仿写与创造性写作，师生共同完成自评与互评表。在自评方面，教师为学生提供支架范例，让学生熟悉如何通过评价改进自己与他人的写作，这一过程不仅能锻炼学生的分析、批判与评价能力，还能为之后组间互评过程中了解其他小组介绍的不同自然灾害防护知识，落实深度学习并促进核心素养发展提供支持。

(六)Viewing Workshop

文本分析

本课作为单元教学的视听语篇，旨在让学生基本掌握宇宙的相关知识，从宇宙大小和宇宙中心两大问题进行探讨，对学生敬畏自然观念的形成以及态度和行为的转变与迁移创新等方面起着重要作用。

【What】

本视频为科普性质的手绘动画，为观众科普了“宇宙到底有多大”的科学知识。视频首先提出了宇宙的两种定义，即可观测的宇宙和全宇宙，并分别介绍了两种宇宙的大小、边缘和中心，也强调了两种宇宙都在扩大的变化趋势。最后，视频强调了人类只是可观测宇宙的中心而非全宇宙的中心。

【Why】

通过观看视频，学生能够了解宇宙的相关知识并感受宇宙浩瀚无垠的特点，引发自身思考，即人类在宇宙面前十分渺小且并不是全宇宙中心的这一观念，从而使学生了解这方面的自然规律并逐渐生成敬畏自然的发展观念。

【How】

视频内容层次清晰，以“总—分—总”的结构向观众阐释“How big is the universe?”开篇提出了四个有关宇宙大小的问题：1. How big is it? 2. Is there an edge? 3. Is there a centre? 4. Is it getting bigger? 中间介绍部分运用多种方式向观众解释这四个问题，如运用数据计算并辅以手绘图：two times 13.77 equals 27.5 billion light years across 直观且严谨地反映了宇宙大小及变大的发展趋势；运用类比的修辞手法：the size of the Earth within the observable universe is roughly equivalent to the size of a virus within the solar system 帮助学生理解宇宙浩瀚无边界的特点；最后呈现教材中的信息结构图，再次以手绘的形式正面回答四个问题，进行总结。

教学目标

本节课结束时，学生能够：

1. 获取并梳理关于宇宙大小的四个问题的基本信息，形成结构化知识图；
2. 判断视频中运用的表达手法如列数字、类比等，并分析其作用和效果；
3. 在科学博物馆讲座的活动中，运用生成的结构化知识表格或手绘图，向游客科普宇宙的相关知识；
4. 论证人类不是全宇宙的中心，并论述“人在宇宙中十分渺小”的自然规律。

教学重难点

【教学重点】

1. 获取并梳理四个与宇宙话题相关的问题并形成结构化知识图；
2. 分析与判断视频中说明文的表达方式，评价其表达作用和效果。

【教学难点】

1. 内化与运用语言知识，在科学博物馆活动中介绍宇宙的相关知识；
2. 深入探讨人与宇宙的关系，即人类不是全宇宙的中心，应该敬畏自然。

教学过程

教学目标	教学活动与步骤	设计意图	效果评价	时间与互动模式
获取并梳理关于宇宙大小的四个问题的基本信息，形成结构化知识图。	Activity 1 Ss discuss about how much they have known about the universe. T asks them whether they know how big the universe is and introduces the scientific video. Questions: 1. What do you know about the universe? 2. How big is the universe?	以提问的形式导入所学内容，调动学生对宇宙的已有知识，激发学生的学习兴趣；在主题语境下铺垫与宇宙话题相关的生词。	学生能够说出与宇宙相关的知识术语如卫星、天体、光年等；在主题语境下能够学习部分生词。	3’ IW CW
	Activity 2 Ss watch the first part (0:00-0:18) of the video and figure out four main questions that the video will talk about. Ss discuss in groups and predict the content of this video by sharing opinions. Questions: 1. What questions does this video put forward? 2. What’s your opinion on these questions? 3. In this video, what might the presenter use to illustrate the questions?	基于视频第一部分的四个问题获取视频大意，构建初步的信息结构图；鼓励学生对所提出的问题和内容进行初步预测，提升学习动机；引导学生在视听过程中带着解决问题的意识定位关键信息。	学生能够说出视频提出的四个问题，并能够对这些问题提出自己的看法；学生能够初步猜测视频内容的呈现方式。	2’ GW CW

续表

教学目标	教学活动与步骤	设计意图	效果评价	时间与互动模式
	Activity 3 Ss watch the second part (0:18-0:39) of the video and tell the differences between the observable universe and the whole universe. If Ss have difficulty getting the information, the video will be played again. Ss are asked to fill in the following information. *The observable universe is the region of space visible to us from Earth. The whole universe means everything that exists or has existed or will exist.* Questions: 1. What are the two meanings of the universe? 2. Is there any difference between them?	通过获取两大类宇宙的定义及差异，进一步梳理信息结构框架。	学生能够在反复观看视频的过程中区分可观测宇宙和全宇宙，并表达出相关定义。	2' IW
	Activity 4 Ss predict what is going to be talked about and watch the third part (0:39-0:58) of the video. Then they note down some key figures and information on the worksheets. Ss discuss what they have acquired in pairs and then in class. In the same way, watch the fourth part (0:58-1:19) and discuss and continue to fill in the table. T draws the current observable universe and marks its expanding tendency to help Ss better understand the video. Question: Does the size of the observable universe still remain the same?	基于梳理的结构图框架，师生共同完善关于宇宙大小的信息内容；将视频内容转换为直观的图表有助于学生更好地理解并为描述阐释和内化环节做铺垫。	学生通过聚焦视频中的数字和手绘图等信息获取与宇宙大小等问题相关的信息，在分享中不断完善信息和语言表达；学生能够初步分析宇宙的发展趋势，并阐释板书中的手绘图。	6' IW PW CW

续表

教学目标	教学活动与步骤	设计意图	效果评价	时间与互动模式
判断视频中运用的表达手法，并分析其作用和效果。	Activity 5 Ss watch the next part (1:19-1:48) first and discuss what they have found. Both Ss and T continue to fill in the table. During this process, the comparison between the universe and the virus and its usefulness are discussed. Questions: 1. What method does the presenter use to help us understand the size of the universe? How? 2. Is the comparison useful in understanding the infiniteness of the universe?	此活动进行学习理解与应用实践的第一次小步子循环；引导学生分步视听与讨论有助于降低视听难度和缓解学生的学习焦虑；引导学生分析说明文体中"比较"的表达手法。	学生能够找出并分析地球和病毒的类比手法，对宇宙浩瀚无垠这一特点进行评价。	6' IW PW CW
	Activity 6 Ss watch the next part (1:48-3:00) and answer the third question (Is there a centre?) and the fourth question (Is it getting bigger?). For the second watch, Ss are assigned with different tasks in groups: one draws the relevant pictures on the worksheet whereas the other one writes down some key words on the worksheet. The group prepares for sharing how the presenter describes the centre of the universe. Later, Ss have group discussion on what they have drawn and share their opinions in the whole class. Likewise, the use of "analogy" is highlighted when Ss introduce this part. After discussion, the figure of the whole universe is established. Question: In what way does the video help us understand the centre of the universe?	引导学生通过关键词和绘图自主梳理与描述话题内容；以小组分工的形式让学生自主进行主题意义探究；此活动进行学习理解与应用实践的第二次小步子循环，涉及描述与阐释相关内容以及分析说明文体的表达手法。	学生能够在小组活动中进行合理分工，如获取数字与图表信息，并在相互分享的过程中逐步完善信息结构图和语言表达；学生能够对板书中的图，即全宇宙和可观测宇宙的不同点进行阐释与评价。	8' GW CW

续表

教学目标	教学活动与步骤	设计意图	效果评价	时间与互动模式
在科学博物馆讲座的活动中，运用生成的结构化知识表格或手绘图，向游客科普宇宙的相关知识。	Activity 7 Ss are invited to explain four relevant questions about the universe. T informs Ss that the hand-drawings and figures are greatly welcomed in their introduction and highlights the methods applied in this scientific video.	基于前期的活动，运用信息结构图进行语言表达，内化语言知识以实现小步子循环；两种信息结构图的选择能让学生更自主地进行语言表达从而促进语言知识的内化；学生在情境下，对所生成的结构化知识进行整合性阐述，并使用绘图的方式，增强趣味性和生动性。	学生能够运用丰富的语言知识、肢体语言等方式向同伴科普宇宙知识，实现语言的内化与运用。	8' IW CW
论证人类不是全宇宙的中心，并论述“人在宇宙中十分渺小”的自然规律。	Activity 8 Ss watch the last part (3:00-4:00) to go through the main idea of the whole video for the first time. In the second watch, Ss continue to finish the table from the presenter's perspective. Then discuss the following questions in groups, and have one presenter share their views in class. Questions: 1. Are we the centre of the universe? Why or why not? 2. How do you feel about the universe and the humans in the universe?	观看视频的总结部分以回顾整个视频的主要内容；问题的设计旨在引导学生认识到以下自然规律：人不是宇宙的中心，人在宇宙中是十分渺小的，人应该敬畏宇宙。	学生能够基于前面的学习得出人类不是宇宙中心的结论，对人与宇宙的关系进行评价，实现深度学习。	10' IW GW CW
	Homework Write a brief summary of the video based on the four questions of the table.			

续表

教学设计特点及说明
1. 本课遵循英语学习活动观，设置了学习理解、应用实践和迁移创新类的活动。其中，学习理解与应用实践类活动实现了小步子循环，进一步降低学习难度。 2. 由于视频语速较快，内容科普性强，理解难度较大，故本课采用分步观看的方式降低梳理难度。 3. 本课对单元大观念的构建有所贡献，进一步帮助学生构建了“认识自然，敬畏自然”的小观念。学生能够了解并内化有关宇宙大小的知识，并通过迁移创新类活动，逐步实现对人与宇宙关系的深层理解，并落实敬畏自然观念的发展。 4. 本课抓住了“视听”特色：教师通过图片、视频和图表等多模态方式为学生提供语言和内容的输入，又引导学生利用绘图、图表等视听手段进行输出。

五、教学反思

(一)单元整体教学

1. 尊重文本，以文本分析为起点，避免预设语篇观念。

做第一版单元大观念内容结构图时，我们是从认识到行为这两个层面来梳理本单元的内容结构，还额外增添了一个语篇，与 Reading Club 2 一起组成“保护自然”的小观念。经过多次讨论，我们才意识到，在梳理这一结构图的过程中掺杂了过多主观的、先入为主的想法。于是，在分析过程中，我们也按照这样的逻辑，迫切地想把单元里所有的语篇都放到这个特定的框架中，并且先入为主地去建构语篇之间的关系。这种“预设型”的单元整体设计导致语篇的育人价值和主题定位错误，教师也就无法准确地挖掘出小观念，从而导致相应的单元目标、每课的迁移创新活动的设计也产生了较大的偏差。此外，不占课时的 Reading Club 2 以及补充阅读仅供学生课外自主阅读，没有教师带领着探究文章的主题意义，学生很难建构出观念。所以，从这次初步的探索中我们发现，单元大观念内容结构图不存在固定模板，核心还是在于读透每个语篇背后的育人价值，尊重文本，从语篇分析出发，做好深入解读后，再基于学生的认知发展顺序，思考如何建构大、小观念，进而确定语篇教学的顺序。

2. 避免过度概括语篇的观念。

在第二版单元大观念内容结构图中，我们舍弃了 Reading Club 1，将其余的语篇归为两类，分别提炼出“认识自然，敬畏自然”和“应对自然，保护自我”的小观念。经过这一轮设计，我们认识到，一个语篇可能会有多个小观念，不能都作为意义探究的重点，也不能走极端，将其概括成只有一个观念。以本单元的 Lesson 3 为例，不同人以不同的视角解读这一语篇会得出不同的小观念，如“敬畏自然”“探索自然”或“应对自然”等。但在第二轮的单元整体设计中，我们仍旧没有很好地尊重文本，将该语篇的多个小观念直接概括成“认识自然，敬畏自然”，并与单元内其他三个语篇并列，犯的是“过度概括”的错误。这样以“自然规律”一词统领单元内的大多数语篇，语篇之间的联系被弱化，缺乏准确的主题定位。

在第三轮的修改中，我们更加深入地解读了每个语篇的主题意义和育人价值，尊重文本本身，再次调整语篇之间的联系，得到了最终版的单元结构图。这次 Lesson 3 的主题定位在于帮助学生生成探索自然的小观念，同时进一步深化“敬畏自然”和“应对自然”的小观念；单元内的两个 Reading Club 语篇作为课后补充阅读，能够深化人与自然和谐共处的单元大观念。

3. 采用多元评价手段，服务于教与学，避免将评价形式化。

确定好单元的主题内容关联之后，我们设计了单元目标以及教学评价。在多次讨论修改单元评价方式的过程中，我们有以下感悟。首先，教学评价的设计容易流于形式。例如，许多新手教师喜欢设计学生自我评价表，但是在实际操作的时候，评价表最后很有可能流于形式，得到不真实的反馈，也就无法指导教师调整教学。其次，“课堂观察”这一形成性评价也不适合作为单元整体评价，因为教师能观察到的学生数量以及学习深度有限。教师可以考虑采用辩论、做海报等综合性的评价方式，尽量把学生在单元中学习到的语言、内容或语篇知识等融合到评价中。最后，教学评价的作用不仅在于促进教师改进教学，还在于促进学生学习。这就要求教师要以多种形式设计教学评价，使学生作为学习的主人，乐意去实施评价，能够感受到自己在学习上的进步，进而起到鼓励学生继续学习的作用。因此，教师在设计教学评价的时候设定的标准不能都以好学生为基准，要在每个学生的原基础水平上评价，才能让每个学生都感受到自己的进步。

在大观念的理论指引下，本单元的语篇不再是单个独立的存在，而是互相之间成为有机的整体，共同促进单元大观念的形成。提炼文章的小观念、构建文章之间的联系、思考单元大观念，这些尝试对于教师来说无疑是很大的挑战。当我们还是学生的时候，大都接受的是照本宣科式的教育，所以对于现在的我们来说，摸索大、小观念是从零开始，途中遇到了许多困难与挫折，体会到了转变教学理念与教学方式的不易。但是，在一次次地修改单元整体教学设计的过程中，我们深深地感受到这一任务对于教师思维的挑战和开发，以及最终成功整合单元内容的喜悦。同时，对于学生而言，接受单元整体教育的他们不用再挣扎于背诵碎片化的知识，而能够主动地建构知识，在知识间发现联系，生成的观念将会影响他们的一生。希望能有更多的一线教师尝试基于大观念的单元整体教学，促进深度学习的发生。

姚小敏

(二)Topic Talk

1. 为学生提供语言支架，有效落实教学目标。

第一次实施本课的微格教学时，尽管在认知层次上学生对于认识 Richmond Park 的自然生态环境构成和表达这种环境带给人的感受并不难，但我却发现学生有点接不住教师的提问，他们在回答时仅是蹦出一两个单词，并不能表达完整意义的句子。为达成学习理解层面的教学目标，我将本课客观描述伦敦西区自然生态面貌的被动语态 is covered with 和 there be 句型，以及表达环境带给人的主观感受的句子结构 It is quite/very、It looks like、I like 等作为学生回答时可参考的句型呈现在了教学课件上。学习理解层面的活动虽然在认知水平上对学生的挑战不大，但因为要处理新的语言知识，容易使学生望而生畏，不利于后续应用实践、迁移创新等更高层次学习活动的参与，因此需要根据学情提供必要的语言支持，使学生有理解和表达的欲望，提高学习的积极性和主动性，并养成用完整句子回答问题的习惯。

2. 设计彼此关联、有逻辑的教学活动。

教师是课堂的组织者，具有更多的话语权和权威性，习惯于按照自己的逻辑让学生按部就班地完成教学活动，容易忽视学生的认知逻辑。在先听大意后听细节梳理伦敦西区的自然生态面貌的活动之后，学生要能将内化形成的自然生态知识结构表达出来，为从自然景观、生物种类、水体、气候等方面介绍居住地的自然环境做准备。因此，在设计教学活动时，我设计问题让学生先从听力材料中获取 Sarah 是从哪些方面介绍伦敦的自然生态环境的，进而梳理自然景观、生物种类、水体、气候四个方面的细节信息和语言表达。在此基础上，学生通过小组讨论进一步完善自然生态知识结构，内化语言知识，进而表达出来。从学习理解到应用实践、迁移创新的每个活动环环相扣，不能省略，只有设计层层递进、有关联性的支撑问题，才能使听和说更好地衔接。

葛晓培

(三)Lesson 1

教学设计中，导入环节的设计至关重要，如何既能调动学生兴趣，又能与之后的活动紧密衔接是一个难题。一开始我的设计采用视频导入，首先播放一小段莫斯肯漩涡的科普视频，学生观看之后提问他们有何感受，设计意图是让学生更加直观地感受莫斯肯漩涡的威力。但是根据反馈，这个视频看完后学生并没有真正学到什么，也没有增加对莫斯肯漩涡的了解，也就是说，通过视频导入形式过于花哨，流于表面，对教学没有起到实质性作用。后来我改为通过海上漩涡的图片导入，这样做的好处是既能节约时间，又能使学生直面漩涡的恐怖。因此，在设计导入环节时，教师需要慎重选择导入方式，确保导入环节服务于教学。视频虽然生动形象，能够吸引学生注意，但是否真正发挥作用值得商榷，还是应该结合文本，思考导入到底对学生有什么作用，是否能了解到学生已有知识和需要掌握的知识之间的信息差，或者为之后提取课本中的信息做铺垫，不能为了导入而导入。

同时，教学设计时应该考虑如何让学生生成语篇的小观念从而逐步建构起单元大观念。语篇内容讲的是渔夫遇到莫斯肯漩涡，自救并脱险的故事。经过讨论，我们确定这一语篇的育人重点是让学生明白人要敬畏自然：自然灾害可以对人造成巨大伤害，人的力量在自然面前非常渺小。显然，不能直接告诉学生要敬畏自然，而是应该潜移默化，“润物细无声”，让学生自己体会和领悟为什么要对自然心存敬畏。于是，在设计活动时抓住随着时间的推移，自然环境变化和渔夫心理变化两条线，学生只有自己感受在面对极端自然灾害时的渺小和无助，才能真正意识到必须要敬畏自然。因此，在建构大观念上，教师必须避免主观判断和引导，尊重文本，找出文本中的内在联系，并落实到具体活动上使学生生成对应的单元大观念或是语篇小观念。此外，对于学生能力、意识等的培养，教师不能机械地贴标签，喊口号，直接告诉学生要做什么，这样不能达到育人的作用。教师应该循循善诱，让学生自己发掘文本，这样才能达到知识的内化。

最后，教师应该将学生作为课堂的主体，在设计活动时尊重学生的主观能动性。在梳理文本时，可以借助地图，帮助学生厘清时间和地点的变化以及相关的背景和人物心理描写。所以，活动中我让学生结合文本自己动手画，梳理文章脉络，提取关键信息，形成信息结构图，这样学生主动参与进来，对语篇的理解也更透彻。同时，教师也要考虑学生的实际能力是否可以自己完成任务。如果不能，比较好的做法是为学生搭建支架，可以第一部分带着学生一起读，示范如何找到相关信息并填充到信息结构图中。之后再让学生自己完成剩余部分的信息结构图。如果学生的能力依旧不足以完成任务，可以采用同伴合作、小组合作等形式，让学生共同梳理文本，画出信息结构图。教师应该给学生充分的空间进行自主学习，但在设计任务时也必须弄清楚为什么要设计这个任务，学生是否能感知文本，建立和文本的有效互动，以及完成任务能收获什么，是否能用所学知识去解决问题。

张慧

(四)Lesson 2

1. 要注重集体合作。

经过这次的小组合作设计整个单元的教学活动后，我明白了为什么学校总是要集体备课了。孤军奋战，靠个人努力苦思冥想的成果是不尽如人意的。在刚开始进行单元整体设计时，我们小组一开始分配了每个人负责设计一节课，在完成文本研读和基本教学活动设计后，再共同商量整个单元的整体设计。但到了商讨的时候我们发现了很多问题，小组成员之间有不少分歧，第一次的讨论不太顺利，也导致后来第一次进行单元整体设计时效果不理想。我们主要问题出在把一整个单元割裂开，各自研读，这样的方式显然是不可取的。于是后来我们决定共同研读每个语篇，总结各位老师和同学提出的建议进行修改，最终完成单元整体设计的大纲后，再各自细化每个课时的教学设计。这次的合作十分顺利，也让我认识到合作的力量，从课文的研读、教学目标的设定、课堂导入到说课的排练等，都是经过多次集体反复讨论修订的结果，因此在下次设计教案时，也要尽量从集体商讨的过程中获取知识，从而提高教学设计的质量。

2. 要以生为本。

一切为了学生。在设计教案的过程中，要时刻提醒自己学生才是学习的主体，因此教学活动的对象应该以学生为主，从课堂活动到课堂评价，都要增加学生的自主性和参与感。在设计本课时，我特别注意到学情分析的重要性。以往在写学情分析时，我并没有很好地把学情与课堂内容联系起来，导致学情分析相对空乏，没有很好地站在学生的角度思考本节课对他们而言难点在哪、要如何克服难点以及如何让学生有效地学等问题，因此如果没有做好学情分析，是很难设计出以生为本的课堂的。此外，在修改教案的过程中，我也从其他组员身上学到很多，他们能站在学生的角度说出感受和提出改进的方法，大到整个教学活动的设计，小到课堂提问，都能够提出许多改善的建议，因此与他人交流也是建立以生为本课堂的有效方法。

3. 要以终为始。

教学设计始终要以终为始。这个观点始终贯穿我的整个教学目标设计过程，也就是说，教学目标既是教学设计的终点，也是起点。进行教学设计时，始终要以可操作、可观测、可检测的教学目标为导向，教师始终要考虑本课结束时学生能学到什么，要如何设计教学活动来实现这些目标。在设计本课时，虽然教学目标的设定比较具体，但常常在设计教学活动的过程中忘记了设计这些活动的核心是为了实现最初的教学目标，以致最初设计的活动与教学目标割裂。经过组员提醒和自我反思，我重新按照英语学习活动观层层递进地设计教学目标，并在设计教学活动时逐一对照教学目标，以此检测教学活动是否围绕教学目标进行设计。此外，在进行单元整体教学设计时，也要精心设计单元教学目标，这是检验整个单元学习的完成情况的指标之一。因此，以终为始的原则始终贯穿在每个课时，乃至整个单元的教学设计中，是教学设计中的重要一环。

梁悦怡

(五)Lesson 3

1. 设计逻辑紧密的问题链，促进深度学习。

一个好的问题能够引发学生的深度思考，一连串逻辑紧密、层层递进的问题链能够带领学生一步步探究主题意义，从而实现深度学习。那么怎样才能使问题逻辑严谨，促进深层次的学习呢？英语学习活动观可以成为教师设计活动和问题的理论依据。从学习理解到应用实践再到迁移创新，学生逐步在教师的引领下思考不同层次的问题，既能保证基于文本的事实性信息的获取，又能通过深入文本的应用实践类活动内化目标语言，还能实现超越文本的迁移创新。此外，设计问题链对教师本身也是一种思维的锻炼。教师只有深入研读文本，挖掘到文本中的育人价值，才能以之为方向标，由浅入深地设计问题。

在实践过程中，我发现提出上位问题有利于教师在学习理解活动中适当放手，让学生带着一个上位的问题探究语篇，自行梳理文本信息。在大观念的梳理过程中，教师要避免先入为主的想法，将育人价值强加在学生身上。在设计本课迁移创新的问题时，我因为害怕某个问题带有自己的主观引导，于是在最开始就设计了十分宽泛的迁移创新问题，即“What can you learn from this lesson?”。虽然这样的问题给予了学生足够的自由，但是又不利于小观念的生成。在有了足够的语言和观点内容支撑的前提下，就可以以一种意义协商的方式将学生往小观念的方向引导。总而言之，教师需要“收放有度”，不全权控制课堂的生成，也不能在毫无支架和引导的情况下，任由学生“自由发挥”。

2. 小步子循环学习理解与应用实践类活动。

在处理语篇的时候，我们常常会感觉语篇很长，信息量很大，全篇阅读下来需要一定的时间。所以在处理这种长难语篇的时候，应注意学习理解和应用实践类活动的小步子循环。具体来说，教师应该先对文本有深入解读，切分意义单元，再以这些意义单元为单位，设计活动对语篇进行概括整合和描述阐释之间的循环。这样处理有利于学生以意义为单位逐步内化语篇中的语言知识和文化知识，降低学习难度。每次的学习理解与应用实践类活动结束后，都要思考如何设计问题或活动衔接下一部分的阅读，再进行下一次的小循环。

3. 语法与意义并行，在主题意义探究中习得语言。

在最初设计活动时，我常常感到焦虑：本课的目标词缀该怎么教呢？我想我的焦虑来源于对学生能力的不信任，以及对学习目标的误解。最初我觉得只有将所有的目标词汇和语法都单独地拎出来教，学生才能学会。然而，脱离语境的语言学习是枯燥浅层的、容易被遗忘的。而且，学生学习不只是为了答对考试的题目，更是为了提高综合语言运用能力，促进核心素养的发展。在主题意义探究过程中，主题内容是语言学习的载体，语言又能表达文章的主题思想。在意义驱动的活动中，学生体会南极探险家的心路历程和精神品质，同时运用目标词汇进行产出，从而在语境中习得词缀。

4. 挖掘文本小观念，以育人价值作为课堂主线。

小观念能引导课堂提问的走向。最初小组成员对本语篇的小观念有较大分歧，于是迟迟无法敲定活动设计。然而事实是，本课小观念确实比较多，但不能都作为意义探究的重点，也不能走极端，认为只有一个观念而彻底抛弃其他观念。不同的人以不同的视角解读这一语篇会得出不同的小观念，如“认识自然规律”“敬畏自然”“探索自然”或“应对自然”等，本课则先着重引导学生体会探险家们探索自然的精神，得出Scott 队伍并非失败者的结论，再从题眼入手，从另一个角度引发学生思考 Scott 队伍最终丧生的原因，深化“敬畏自然”和“应对自然”的小观念。

总的来说，在大观念、深度学习和英语学习活动观等理论的支撑下，本课的设计既能服务于语篇自身的意义探究和语言学习，又有助于单元大观念的生成。单元中的语篇不再独立存在，而是互相之间成为有机整体，共同促进单元大观念的形成。

姚小敏

(六)Writing Workshop

1. 以读促写的教学模式应基于单元大观念的“问题解决”。

在进行读写教学前，教师应该先思考学生为什么要阅读这则语篇，它能为学生解决什么问题，学生能通过这一语篇体裁达成什么样的迁移活动，落实育人价值。通过本单元的观念建构及分析，学生在应对自然灾害方面的知识储备相对匮乏，而这一语篇以传递“预防自然灾害”的信息为目的，因而以这一话题开展讨论能更好地调动学生主题意义探究的积极性。传统的写作教学模式往往向学生灌输写作框架，通过机械的记忆与模仿进行语言技能训练，并没有留下真正意义上的学习痕迹。而基于观念问题解决的读写教学能促进学生思维层次的培养。因此，让学生感受到自己的创作是有实际意义价值的显得尤为重要。

2. 保证阅读中汲取的语言表达“迁移”至学生的写作中。

教师引导学生关注服务于语篇意义的语言表达后，可鼓励学生进行语言的内化与运用。结合英语学习活动观，学生要达到迁移创新的思维层次需要中间的“内化桥梁”。为此，基于本单元听力语篇的学习，教师可创设“困于地震”的情境，让学生续写该范文，既调动了已学知识，又能让学生在意义探究中运用目标语言输出自己的观点，为迁移至另一自然灾害预防打下基础。在内化与运用的过程中，教师应确保学生使用阅读中汲取的信息进行写作，并提供支架与写作反馈，确保有效的学习迁移，而非盲目的文本复制。

3. 评价贯穿读写教学的全过程，促进学生的自主学习。

读写课侧重学生评价素养的发展，与阅读课稍有不同的是，学生不仅要梳理范文的信息结构，还需要以评价者的身份鉴赏语言的表达。在教学过程中，教师可根据学生的水平采用相应的评价性问题，在关注语言表达结构的同时，也需要挖掘其背后的写作意图。通过批判性的阅读方式，师生可初步共建写作的评价标准，为之后的初稿撰写打下基础。若学生的评价经验不足，教师也可以引导学生一同进行读写评价，之后“放手”让学生自行体验语言表达，为语言的内化和运用做好铺垫。在学生完成初稿后，评价的作用更为显著。教、学、评一体化的教学设计需要教师提出清晰的目标，体现学生的实际学习过程并有可操作、可监测的评价措施，及时给予学生反馈，避免流于形式的评价。通过自我与同伴评价的方式，学生运用宣传手册的评价知识结构进行自我反思，也能学习其他小组的宣传手册，实现“以评促教”和“以评促学”，达到预防自然灾害知识共享的课堂目标，进而推动育人价值的实现。

4. 基于单元大观念的总目标，让学习持续“发酵”。

基于本单元的语篇内容，教师可鼓励学生继续开展单元评价，即落实到“可视化的学习成品”上，如开展实地调研与汇报，以了解人们对自然灾害的认识和态度。通过宣传手册这一已学的语篇体裁和所学语言表达完整地介绍自己所选的自然灾害和应对措施，从多种视角分析人与自然的关系，体现单元评价的多元性和持续性。主题意义的探究并非止步于课堂，而是为学生在依托阅读的基础上超越阅读，在实际生活中打开新视角，不断地进行探究实践，实现深度学习。

姜莹辉

(七)Viewing Workshop

1. 深入研读语篇，准确定位语篇在单元观念建构中的位置。

谈及宇宙，我们首先想到的概念便是"未知宇宙""宇宙探索"等，因而最初在单元整体的设计中，我们将这一语篇列入"探索自然"这一上位概念的范畴下。但在教学设计的过程中，我们发现这一说明文语篇除了向学生科普宇宙知识外，更重要的是引导学生思考"人类是否为宇宙中心"这一主题。基于此，这一视听语篇能在自然探索的基础上，深化学生敬畏自然的观念。在深入研读语篇的基础上，教学设计要基于观念提出服务主题意义探究的问题，旨在培养学生的思维能力，落实核心素养的发展。

2. 从不同视角思考文本信息结构，促进学生的主题意义探究。

教材和视频本身已提供了表格形式的信息结构图，分别从可观测宇宙和全宇宙两个视角总结了文本信息。但从视频中看，手绘的表达方式更加直观，在一定程度上能让学生减少对零散信息的依赖，从宇宙变化的逻辑视角回答文中的四个问题。因此，教师在与学生一同梳理文本信息的过程中，将文字转化为图画形式是一种新的信息梳理方式。在内化与运用语言的过程中，教师可鼓励学生从两种信息结构中选择其一，可以以表格的形式在科学博物馆情境中科普宇宙知识，或调动自己的肢体语言服务语言表达，理解并输出自身观念，从而促进学生的主题意义探究。

3. 基于视听语篇的特点分步设计教学活动，实现从小步子到整体的活动循环。

该视频语速较快，信息量较大，最突出的特点在于巧妙融合了说明文表达手法和多模态呈现方式。首先，从学生认知的视角看，其中的关键词与绘图是直接的关注点，能使学生初步把握语篇的主题并服务于主题意义探究。其次，当语篇信息量与难度偏大时，分步获取并内化信息是有必要的，因为实现整体的概念建构不能一蹴而就。基于此，获取并梳理信息时，教师可以从每个问题出发，分别梳理对应的信息，并通过反复听缓解学生的学习焦虑。信息梳理的过程中，列数字、做比较等表达手法可由学生分析和判断，以实现小步子的活动循环。最后，教师可采用小组分工的形式，从视听语篇的多模态特点入手，让学生以手绘图或关键词等方式梳理后半部分的信息，共同实现完整的概念梳理、分析与内化。

总体看来，从小步子到整体的活动循环是教师不断"放手"，将课堂交还给学生，让其更加自主地开展主题意义探究的过程；从小步子到整体的活动循环能不断加深学生对人与宇宙关系的深层理解，是实现深度学习的重要途径。

姜莹辉

案例四：必修二 Unit 6 The Admirable

团队成员(按姓氏拼音排序)：胡文静　王思宇　王雅诗　殷鑫

一、单元整体教学内容分析

本单元共包括七个语篇、一个写作任务和一个语法练习。具体来看，Topic Talk 部分，学生先结合个人经历探讨自己敬佩的人，并通过听力认识到一些值得敬佩的职业、行为和品质等。Lesson 1 是阅读语篇，讲述了医学先驱屠呦呦克服困难，勇于探索，最终发现青蒿素，获得诺贝尔奖的经历。Lesson 2 是听力文本，以对话和访谈的形式，讲述了 Martin Luther King 和 Gandhi 反对种族歧视、为和平而战的个人经历。Lesson 3 讲述了“超人”Reeve 的故事。曾经的大明星，因为一场意外全身瘫痪，但他身残志坚，直面不幸，最终走出低谷，活出精彩人生。Writing Workshop 的范文是根据 Lesson 1 的文本撰写的人物概要，最后的输出活动则是要求学生对 Lesson 3 进行人物概述。Viewing Workshop 呈现的视频是 Martin Luther King 于 1963 年呼吁平权的演讲 I Have a Dream。Reading Club 1 由两部分组成，分别讲述了中美宇航员的故事。美国“挑战者”号在发射后爆炸，宇航员虽然牺牲了，仍然获得了总统的赞美；中国神舟五号飞船成功着陆，宇航员杨利伟圆满完成任务，载誉归来。Reading Club 2 讲述了犹太女孩 Anne 的故事。Anne 为了躲避纳粹的追捕和家人藏身阁楼，两年时间里，她坚持写日记，以乐观积极的态度对抗不幸。虽然 Anne 最后没有逃过厄运，但是她的文字打动并激励了无数人。Check Your Progress 中是四组练习，检测学生本单元语言知识的学习情况，包括确定性与不确定性的表达方式、相关单词词组、定语从句等。

二、基于大观念的单元内容结构图

本单元，我们提出的单元大观念是“什么是值得敬佩的人?”，Topic Talk 部分，要求学生根据个体经历，从不同维度描述值得敬佩的人，激活学生的已有认知。然后学生通过阅读人物事迹，构建对 The admirable 的新认知。学生首先认识到，像屠呦呦这样推动社会进步的伟人是值得敬佩的，这是第一层。但是只有对人类作出巨大贡献的伟人才值得敬佩吗？答案是否定的。实现自身发展的普通人也值得敬佩。我们从 Lesson 3 的语篇可以看出这一点。即便是普通人，只要勇敢乐观地面对生活，最终也可以活出精彩人生，得到人们的敬佩。通过以上语篇的学习，学生对 The admirable 已经有了基本的认知：无论是推动社会发展的伟人，还是实现自身发展的普通人都值得敬佩。但是否只有这样“成功”的人才值得敬佩呢？The admirable 还有更深层的含义。第一，是否值得敬佩与成败无关。中国宇航员获得成功，美国宇航员失败了，但是无论成功或失败，他们都得到了人们的敬佩。第二，是否值得敬佩与年龄无关，年轻的 Anne 写下了稚嫩却动人的文字。她年纪虽小，却激励了千千万万的人。通过这两个语篇，学生能够构建对 The admirable 更深层次的认识。Anne 的语篇被放到了最后，是因为比起前面的人物，她和学生的年龄、身份更相近。同样身为年轻人的学生能够联系自身，思考如何能够成为值得敬佩的人。至此，我们期待学生已经形成了对 The admirable 的深层认知。最后，单元 Project 要求学生以小组为单位绘制海报，运用所学知识展示自己敬佩的人。

本单元大观念的生成由浅入深、层层递进。或许是推动发展的伟人，或许是实现自身发展的普通人，或许是没有获得成功的人，或许是年幼的孩子，是否值得敬佩似乎与成就大小、身份高低等都无关，那么获得敬佩的关键到底是什么呢？我们预设的答案是：值得敬佩的人都拥有优秀的精神品质。这也是我们希望学生能够通过本单元的学习形成的意识与观念。

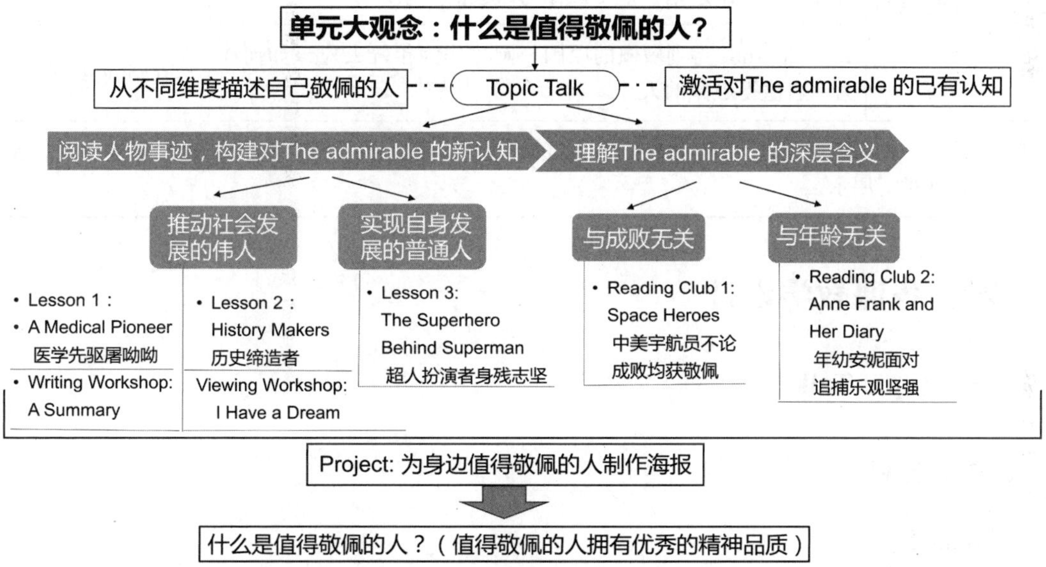

三、基于大观念的单元总体教学目标

单元总体目标	每课时目标	对应语篇
阅读人物事迹，构建对 The admirable 的新认知。	1. 介绍自己敬佩的人，描述其职业、行为和品质。	Topic Talk
	2. 描述屠呦呦发现青蒿素、获得诺贝尔奖的经历；分析屠呦呦的品质；撰写一篇新闻人物特稿，介绍一位对社会有重大贡献的科学家。	Lesson 1

续表

单元总体目标	每课时目标	对应语篇
	3. 依据时间轴描述 Martin Luther King 和 Gandhi 的人生经历，分析他们被称为历史缔造者的原因；借助时间轴介绍一位中国历史缔造者。	Lesson 2
	4. 描述 Reeve 的人生经历；分析他被称为超级英雄的原因，解释并评价 Reeve 的话语；介绍生活中自己敬佩的超级英雄。	Lesson 3
	5. 梳理超人扮演者的人生经历，为 Reeve 的故事写一篇总结。	Writing Workshop
	6. 从本单元人物中任选一位，以他/她的视角发表题为 I Have a Dream 的演讲。	Viewing Workshop
理解值得敬佩的深层含义。	1. 比较中美宇航员的共性与差异，分析他们是否值得敬佩并解释原因；阐述是否值得敬佩与成败的关系。	Reading Club 1
	2. 分析 Anne 得到敬佩的原因，阐述作为年轻人应该如何成为一名值得敬佩的人。	Reading Club 2
单元总任务：在班级开展的“最值得敬佩的人”的评选活动中，以小组为单位推选一名候选人，制作海报，并进行展示。		

四、各课教学设计

(一)Topic Talk

文本分析

【What】

本课包含两篇对话。第一篇对话主要探讨了令人敬佩的人，包括他们的职业，他们做的事情以及他们的品质。Jenny 分享她敬佩当消防员的叔叔，因为他们扑火、救人，他们不怕危险、非常勇敢。第二篇对话探讨了值得敬佩的人具有的品质，共分三类：第一类是勇敢、不怕危险，与恶魔斗争，拯救人类的生命；第二类是努力并有创造性地工作，让我们的生活变得更好；第三类是与自身弱点和缺陷斗争的人。

【How】

两篇对话均使用一般现在时谈论话题，使用动词短语描述值得敬佩的人做的事情，使用形容词或动词短语描述他们的品质。在第一篇对话中，说话者介绍其敬佩的人是消防员，敬佩的原因包括他们做的事：put out fires、save people's lives、spend lots of time helping people who are in danger，以及他们的品质：brave、don't seem to be afraid of danger。在第二篇对话中，两位对话者各抒己见，分享了值得敬佩的人具有的品质。第一类人 brave、not afraid of danger、fight against evil and save people's lives。第二类人 work very hard and creatively、make our lives better。第三类人 fight against their own weaknesses。

【Why】

通过两篇谈论值得敬佩的人的对话，引导学生初步学会从不同角度谈论值得敬佩的人，并建立"值得敬佩的人应当具备什么样的品质?"这一问题的基本认知，为接下来的学习奠定基础。

教学目标

在本课结束时，学生能够：

1. 获取并梳理令人敬佩的人做的事和具备的品质，并通过向他人介绍某个值得敬佩的职业进行内化；

2. 通过听录音获取并梳理值得敬佩的人应该具备的品质，并在小组讨论中对其进行批判评价，形成自己的认识；

3. 概括整合介绍值得敬佩的人应该包含的方面，并迁移运用所学词汇短语，向班级介绍自己敬佩的人。

教学重难点

【教学重点】

根据 Text Builder 的内容向他人介绍一个令人敬佩的职业。

【教学难点】

运用所学词汇介绍一位自己敬佩的人。

教学过程

教学目标	教学活动与步骤	设计意图	效果评价	时间与互动模式
获取并梳理令人敬佩的人做的事和具备的品质，并通过向他人介绍某个值得敬佩的职业进行内化。	Activity 1 Ss explain the meaning of "the admirable" and say the name of the person they admire. Then work in groups and introduce the person they admire from at least three aspects: names, qualities they have and things they do. Questions: 1. What does "the admirable" mean?	导入主题，铺垫关键词汇，激活已知，发现未知，激发学生的学习兴趣。	学生能够说出 the admirable 的意思是值得敬佩的人，并能够从三个方面简要介绍自己敬佩的人。	7' GW CW

续表

教学目标	教学活动与步骤	设计意图	效果评价	时间与互动模式
	2. Who do you admire? 3. Why do you admire him or her?			
	Activity 2 Ss listen to the dialogue and complete it by underlining the words and expressions in the Text Builder. Then think of other careers that are admirable and share their ideas in class. T concludes their results on the blackboard. Questions: 1. What other careers do you think is admirable as well? Why? 2. Which career do you prefer to do in the future?	通过听录音和整理 Text Builder 中的内容，获取令人敬佩的人的品质和事迹，以及相关词汇和短语，并根据职业和不同维度进行梳理。通过向班级介绍某个职业，内化运用所学词汇和短语。	学生能够通过听录音完成对话；能够将 Text Builder 中的事迹、品质与职业对应起来，并能够自己组织语言简单地介绍其中一个职业。	10' IW PW CW
通过听录音获取并梳理值得敬佩的人应该具备的品质，并在小组讨论中对其进行批判评价，形成自己的认识。	Activity 3 Ss discuss in groups to answer what qualities the admirable should have. Ss listen to the dialogue twice to find out the qualities mentioned and note down the key words. Then discuss whether they agree with the qualities mentioned in the dialogue and explain reasons. Questions: 1. What qualities do you think the admirable should have? Why? 2. What qualities are mentioned in the dialogue? 3. Do you agree that the admirable should be brave/intelligent/…? Why?	通过听录音，获取并梳理值得敬佩的人应该具备的品质。通过讨论，评价录音中提到的品质，对值得敬佩的人应该具备什么样的品质形成自己的认识。	学生能够通过记录关键词获取录音中提到的品质，并能够阐述自己对提到的品质的看法和对该问题的认识。	10' IW GW CW

续表

教学目标	教学活动与步骤	设计意图	效果评价	时间与互动模式
概括整合介绍值得敬佩的人应该包含的方面，并迁移运用所学词汇短语，向班级介绍自己敬佩的人。	Activity 4 Ss conclude the aspects that should be included when introducing the admirable. Then they introduce a person they admire. Questions: 1. From what aspects can we introduce an admirable person? 2. How would you introduce the person you admire to the class?	通过总结不同方面和独立介绍自己敬佩的人，将所学语言和结构迁移运用到与自己生活相关的情境中。	学生能够总结出值得敬佩的人的品质，所做的事等内容，并从不同方面向班级进行介绍。	13' IW PW CW
	Homework Write a paragraph to introduce the person they admire according to the talk they did in class.			
教学设计特点及说明				
本课在整个单元的作用主要是介绍主题，激发学生对主题的已有认知，并铺垫必要的语言。因此在课堂活动的设计中有大量的口语表达和讨论活动，意在激发学生积极踊跃的思考。同时，本课的讨论都是初步的探讨，不设具体答案，为后面课时的深入探讨做铺垫。				

(二)Lesson 1

文本分析

【What】

本课是阅读课。本文题为“医学先驱”，主要介绍了屠呦呦带领团队发现青蒿素并荣获诺贝尔奖的经历。

文章先纪实性地描述了屠呦呦获奖的场景，说明她获奖的原因(发现青蒿素)和感受(不仅是她的个人成绩，更是对全体中国科学家的认可和鼓励)。接下来文章介绍了屠呦呦的基本信息和科研经历。她曾专门学习过中医知识，对传统医学实践有了深入的认识。屠呦呦发现青蒿素的过程并不容易，在1969年，她开始带领团队寻找对抗疟疾的疗法。然而，他们途中遇到了许多困难，包括实验屡次失败、资源匮乏、人手短缺、工作环境恶劣等。但是屠呦呦勇于创新，坚持实验，甚至主动成为第一个人体实验志愿者，最终发现了对抗疟疾的疗方——青蒿素。最后作者对屠呦呦进行了评价。

虽然淡泊名利，但是她的科研工作得到了世界的认可，她对未来的医学也充满了展望。

【Why】

通过学习本课，学生可以学习屠呦呦如下精神品质：

1.（对待困难）坚持不懈、不畏困难；

2.（对待未知）勇于创新，积极探索；

3.（对待名利）乐于奉献、淡泊名利。

【How】

本课是一篇典型的新闻人物报道，讲述了医学先驱屠呦呦带领团队发现青蒿素，荣获诺贝尔奖的真实事件。本文采用倒叙手法，先描写屠呦呦获奖的场景，说明她的身份和重大成就，再介绍她的基本信息和科研经历，最后是对她的整体评价，突出她的重大贡献和个人品质。全篇采用过去时态，描写过去发生的事件。本文由于信息较多，作者还多次使用了关系从句将冗杂的信息组织起来，进行进一步说明。比如"... and the laboratory in which they worked had poor air quality..."就使用了关系副词引导的从句，对先行词 laboratory 进行修饰——是他们工作的那个实验室。文章还体现出新闻类人物报道的写作特点，包括标题简短有趣、添加人物配图、多次使用引用、结构清晰等。

文章首先描写了屠呦呦获得诺贝尔奖的事件，作者运用动词词组 walk slowly on to the stage、talk about the life-saving drug 等描述屠呦呦获奖的具体场景，让读者身临其境。同时运用直接引用，通过引用诺贝尔组委会成员的话 saved the lives of millions 说明屠呦呦获奖的原因；引用她自己的话"... not only an honour for myself, but also... for all scientists in China."说明她的获奖感受。

接下来，作者介绍了屠呦呦的基本信息，但主要是围绕其受教育经历展开的，重点提及她和中国传统药学的接触 studied Chinese medicinewith experts、gained deep knowledge about traditional practice 等，为后文屠呦呦从中草药中寻找灵感创造前提。

而后，作者详细说明了屠呦呦带领团队发现青蒿素的经历。她在过程中遇到了许多困难和挑战，比如：实验屡次失败，tested more than、with no success；资源不足、人手不够，limited resources、did not have enough staff；科研环境恶劣，poor air quality。但是作为一名科学家，屠呦呦迎难而上、毫不退缩。在实验屡次失败，难以推进时，她勇于创新，转而从中国传统药学寻找灵感，had an idea that；虽然经历了多次失败，但她仍然坚持不懈，不断尝试，researched hundreds of traditional recipes、one by one；在发现一个有希望的疗法时，她甘于献身，敢于进行人体实验，bravely volunteered、first human subject，最终获得了成功。在这个困难重重，又不断克服困难的科研过程中，屠呦呦的科研精神被凸显出来了。

最后，作者对屠呦呦做了整体性评价，用最高级和被动语态等句型阐述了她作为科学家的成就和品质，was selected、one of the most influential、was noted for、ability、bravery、saved millions of lives 等，为凸显屠呦呦的地位，作者还将她与著名科学家 Einstein 和 Turing 一同列举。结尾处，作者直接引用屠呦呦的话，她认可了中西方传统药学中蕴含的智慧，并鼓励把两者结合起来进行更深入的探索，wisdom behind、be fully integrated、great potential for future advances，屠呦呦的创新和献身科学的精神再次被凸显。

纵观全文，紧紧围绕标题 A medical pioneer 来写。先点明主人公的身份 A medical pioneer，再描写她的经历说明她是如何成为 A medical pioneer 的，最后对她作为 A medical pioneer 的成就做了整体评价。作者在描写中突出了屠呦呦的行为和成就，彰显出她的精神品质，“the admirable”的身份也蕴含其中。两个角色相互交织，共同实现了本课小观念和单元大观念的生成。

教学目标

在第一课时结束时，学生能够：

1. 通过阅读文本，获取并梳理有关屠呦呦发现青蒿素、获得诺贝尔奖的事实性信息(包括基本信息、科研经历、评价成就)，绘制信息结构图；

2. 根据信息结构图，在演讲比赛中，介绍屠呦呦发现青蒿素、获得诺贝尔奖的经历。

在第二课时结束时，学生能够：

1. 分析屠呦呦值得敬佩的原因，总结其个人品质并说明依据；

2. 识别文体类型，分析作者运用了哪些手段组织文本介绍屠呦呦的个人经历，阐述具体的写作效果；

3. 学校将举办以“The Admirable”为题的评选比赛，根据本文，为屠呦呦撰写推荐词。

教学重难点

【教学重点】

通过阅读文本，获取并梳理有关屠呦呦发现青蒿素、获得诺贝尔奖的事实性信息，绘制信息结构图，并根据信息结构图，复述屠呦呦的经历。

【教学难点】

1. 分析判断屠呦呦值得敬佩的精神品质，并说明原因；

2. 分析总结新闻类人物报道的写作特点；

3. 学校将举办以“The Admirable”为题的评选比赛，根据本文，为屠呦呦撰写推荐词。

教学过程

教学目标	教学活动与步骤	设计意图	效果评价	时间与互动模式
第一课时				
通过阅读文本，获取并梳理有关屠呦呦发现青蒿素、获得诺贝尔奖的事实性信息（包括基本信息、科研经历、评价成就），绘制信息结构图。	Activity 1 T shows a picture of Tu Youyou and asks the following questions: 1. Who is "she"? 2. What do you know about her? Ss are introduced some basic information of her.	激活学生已知，快速导入主题；解决课文生词，为阅读做准备。	学生能够基于教师引导激活已有知识。	6' IW CW
	Activity 2 Ss read paragraph 1 and discuss the following questions in the group: 1. When and where did Tu Youyou win the Nobel Prize? 2. Why did she win the Nobel Prize? 3. How did she feel after winning the Nobel Prize? Then share in class. T asks: What do you expect to read next?	获取并梳理文章首段主要信息，预测文章大意。	学生能够基本掌握文章大意。	7' GW CW
	Activity 3 Ss first read paragraphs 2-5 quickly and check their predications. Then read again carefully and complete Activity 5 on page 54. After completion, discuss the answers in the group and then share in class. After checking the answers, Ss try to present each part based on the mind map. Details: While checking the answers of each part, Ss will be asked some specific questions	获取并梳理文章的关键信息，整合归纳文本细节，绘制信息结构图。	学生能够根据文本梳理整合关于屠呦呦科研经历的基本信息。	22' IW GW CW

续表

教学目标	教学活动与步骤	设计意图	效果评价	时间与互动模式
	relating to the deep meaning of the text. For "basic information", Ss will be asked: 1. Why did the author talk about the education experience of Tu Youyou? For "scientific work": How did Tu Youyou deal with each difficulty she met? For "attitudes": 1. Why did the author mention Einstein and Turing? 2. Why did the author quote from Tu Youyou? What do you learn from the quotation?			
根据信息结构图，在演讲比赛中，介绍屠呦呦发现青蒿素、获得诺贝尔奖的经历。	Activity 4 Speech competition: Introduce the experience of Tu Youyou to the people who are not familiar with her.	内化并运用所学，巩固文本知识。	学生能够根据信息结构图，完成对文本内容的内化，用整合性的语言对屠呦呦的经历进行描述。	10' IW GW CW
第二课时				
通过朗读，回顾所学知识，调动课堂气氛。	Activity 1 Ss are asked: What do you remember about Tu Youyou? If Ss can't think of, T will ask some guiding questions, such as "What difficulties did she meet?"	调动课堂气氛，回顾上节课所学知识，激活学生已知。	学生能够积极参与到课堂活动中。	2' CW
分析屠呦呦值得敬佩的原因，总结其个人品质并说明依据。	Activity 2 Ss read the article and answer the following questions: 1. Why is Tu considered a medical pioneer? (Can you try to define the word "pioneer"?) 2. Is Tu "the admirable"? Why? 3. What is the most impressive quality of Tu? How can it help to solve your real-life problems? (Provide an example)	细读文本，关联主题，挖掘育人价值，生成语篇小观念。	学生能够正确理解标题的含义、挖掘屠呦呦的精神品质并认识到其值得敬佩的原因。	10' IW CW

续表

教学目标	教学活动与步骤	设计意图	效果评价	时间与互动模式
识别文体类型，分析作者运用了哪些手段组织文本介绍屠呦呦的个人经历，阐述具体的写作效果。	Activity 3 Ss discuss in group: As a news article, how did the author depict the experience and personalities of Tu Youyou? (You can think about what techniques he used and how they functioned.) Then present in class.	关联意义，注意文体，分析新闻类人物报道的写作特点。	学生能够识别文体特征，赏析其写作效果。	8’ GW CW
学校将举办以“The Admirable”为题的评选比赛，根据本文，为屠呦呦撰写推荐词。	Activity 4 Ss are shown two relative sentences from the article and then identity the use of “preposition+relative pronoun” and compared how it is different from the previous use. T makes a summary based on page 92 and askes Ss to complete Activity 11 on page 55. Then Ss discuss in groups to figure out more example sentences from the text and try to summarise the use of relative clause.	引导学生关注本文重点语法知识，在语境中学习语法。	学生能够基本掌握本课的语法知识。	10’ IW GW
	Activity 5 Challenge: The school wants to choose three most admired people as role models. You have one minute to persuade the committee to include Tu Youyou. For preparation: 1. Ss will first be asked what should be included in the recommendation (experience, achievements, personal qualities). 2. Ss will be asked to write a relative clause as a practice. 3. Ss are reminded that they could find some useful expressions from the text. Ss try to write the recommendation, and discuss in groups. Then share in the whole class.	学生在新情境下完成知识迁移。	学生能够完成知识的迁移创新，灵活运用本课所学的事实信息、语言知识和相关结构，为屠呦呦撰写一段推荐词。	15’ IW GW CW

续表

教学设计特点及说明
1. 体现英语学习活动观。第一步：引导学生基于语篇，获取关于屠呦呦科研经历的事实性信息；第二步：进一步深入理解，内化所获取的结构化知识，复述屠呦呦的经历，两人一组就屠呦呦的经历完成采访的角色扮演；第三步：批判评价，挖掘屠呦呦身上的优秀品质，并迁移创新，创设新的情境让学生运用所学的知识和结构解决现实问题，利用文章内容、语言、语法知识为屠呦呦撰写推荐词。 2. 重视课上的生成和输出。在教学过程中引导学生逐步绘制信息结构图，使学生在学完本课后能够清晰掌握知识结构，并能用自己生成的结构化知识完成内化和创新迁移。 3. 阅读与写作、口语教学相结合。本课虽然是阅读课型，但是教师重视学生的口语和写作能力的培养，在课上设计了多个展示活动，为学生提供口语和写作的锻炼机会。 4. 教、学、评一体化。教师在课上时刻观察学生情况，给予反馈或帮助，检测学习的发生。

（三）Lesson 2

文本分析

【What】

本单元的听力由两个对话组成。第一篇为采访者和 Sam Roberts 博士的访谈。两人就 Martin Luther King 的人生经历展开讨论，Sam Roberts 博士介绍了 Martin Luther King 的不平等遭遇、他所做的抗争以及他获得的成就。整个对话以时间为序，介绍了 Martin Luther King 的几个重要人生经历：

1943 年，遭受公车歧视，被迫让座给白人；

1955 年，组织公车抗议，获得平权运动首胜；

1963 年，组织游行，发表演讲 I Have a Dream；

1964 年，荣获诺贝尔和平奖；

1968 年，惨遭刺杀。

由此可见，Martin Luther King 的主要人生经历为：1. 遭遇：年幼遭受公车歧视，成年后领导和平抗议却多次入狱，最终被刺杀；2. 抗争：组织公车抗议、多次和平抗议，组织游行、发表演讲唤醒民众；3. 成就：帮助黑人取得平权，激励全世界人民为平权和正义而战。

第二篇是两个学生的对话。两人选定在学校布置的研究课题中介绍 Gandhi，但两人对 Gandhi 的生平还不甚了解，因此两人在讨论中试图确定一些有关 Gandhi 的信息。对话中包括女孩对 Gandhi 的评价、Gandhi 的主要成就：领导印度民族独立、提出和平抗议，启发了包括 Martin Luther King 在内的许多人。但两人并不能确定 Gandhi 是否荣获诺贝尔和平奖，经过一番讨论后，两人决定再搜索更多的网站来确定这一信息。

两位历史缔造者都经历了多重磨难，但心中始终坚信和平与平等，致力于推动非暴力抵抗，并最终获得成功。

【Why】

通过两个听力语篇，学生能够了解两个人物勇于反抗、与种族歧视作斗争的人生经历，感悟和平与平等的重要性，体会信仰的力量，明确他们值得敬佩的原因。

【How】

第一篇听力以时间为序展开对 Martin Luther King 人生经历的回顾。相关的时间表达有：具体年份以及 the next year、a few years later 等。对话介绍了 Martin Luther King 经历的不平等遭遇、做出的反抗以及他获得的成就。在描述遭遇时，用到了 suffered racial discrimination、put behind bars、was killed 等表达，并解释了什么是 racial discrimination—people are treated unfairly due to their skin colour。在介绍 Martin Luther King 对种族歧视作出的反抗时，用到了如下表达：organised a bus protest、organised peaceful protests、organised a march to Washington，D. C、made a speech 等。在介绍取得的成就时，用到了如下表达：won the right to、received the Nobel Peace Prize、inspired people around the world to fight for equal rights and justice 等。

本篇对话介绍了 Martin Luther King 人生经历中关于平权运动的重要事件，向听众展示了他从初始萌生平权意识到最终为平权运动牺牲的完整经历。整个介绍围绕 Martin Luther King 最主要的贡献，所选取的事件均为代表性事件和为人们所熟知的事件。

第二篇是两个学生关于 Gandhi 的对话。对话涉及了女学生对 Gandhi 的评价以及 Gandhi 取得的成就。在介绍女孩对 Gandhi 的评价时用到了 one of the most important figures of the 20th century。在介绍 Gandhi 取得的成就时，用到了如下表达：led India to independence from British rule、believed in the power of peaceful protests and inspired many people 等。在对话过程中，两人使用了表达确定性和不确定性的功能句：

确定性：There's no doubt that…
Yes，I'm certain.
Actually，I don't think…
I'm pretty sure…

不确定性：I'm not sure about…
Really? Are you sure about that?
I don't know if that's true…
But perhaps we should…

教学目标

在第一课时结束时，学生能够：

1. 获取并梳理 Martin Luther King 的不平等遭遇、所做的抗争以及获得的成就，制作人物经历时间轴；

2. 根据人物经历时间轴，介绍 Martin Luther King；

3. 分析并评价 Martin Luther King 的精神品质，阐述其值得敬佩的原因。

在第二课时结束时，学生能够：

1. 获取并梳理 Gandhi 的主要成就和影响；

2. 分析与评价 Gandhi 的品质，阐述其值得敬佩的原因；

3. 判断对话中两人对人物信息的确定程度，总结对话中出现的表达确定性和不确定性的句式；

4. 介绍一位中国历史缔造者；

5. 阐释 history maker 的含义，评价什么样的人可以被称作 history maker。

教学重难点

【教学重点】

1. 获取并梳理 Martin Luther King 的不平等遭遇、所做的抗争以及获得的成就，制作人物经历时间轴；

2. 获取并梳理 Gandhi 的主要成就和影响。

【教学难点】

1. 分析并评价 Martin Luther King 的精神品质，阐述其值得敬佩的原因；

2. 阐释 history maker 的含义，评价什么样的人可以被称作 history maker。

教学过程

教学目标	教学活动与步骤	设计意图	效果评价	时间与互动模式
第一课时				
介绍自己了解到的 Martin Luther King 和 Gandhi，说说自己想进一步了解他们什么。	Lead-in Ss look at two pictures about King and Gandhi, and then discuss. Qustions: 1. What do you know about them? 2. What else do you want to know about them?	激发学生背景知识和学习兴趣，为后续听力和口语表达扫清语言障碍。	学生能够运用已有语言知识介绍 Martin Luther King 和 Gandhi。	3' IW CW

续表

教学目标	教学活动与步骤	设计意图	效果评价	时间与互动模式
	Activity 1 After the first listening, Ss discuss in pairs. Questions: 1. Did you get the information you want? 2. What is mainly discussed in this conversation? 3. In what order did Dr. Sam Roberts introduce King?	了解对话大意和遵循的介绍顺序。	学生能够梳理对话中涉及的几个主要方面：不平等遭遇、所做的抗争以及获得的成就。	5' IW PW CW
获取并梳理 Martin Luther King 的不平等遭遇、所做的抗争以及获得的成就。	Activity 2 After the second listening, Ss discuss in groups. Question: What key events are mentioned in this conversation?	第二遍听力先让学生获取简单的时间信息和听力中提到的有关 King 人生中的主要事件。	学生能够从听力中摘取文中的关键信息。	5' GW CW
将人物经历以时间轴的形式呈现。	Activity 3 After the third listening, Ss discuss in groups. Question: In which year did these key events happen? Draw a timeline.	通过可视化的时间轴，将听力信息整合起来，便于学生进行内化。	学生能够创造性地制作 Martin Luther King 的人生经历时间轴，整合听力信息。	7' GW CW
根据梳理出来的人物经历时间轴，介绍 Martin Luther King。	Activity 4 Ss introduce King in pairs.	学生根据梳理出的人物经历时间轴，向同伴介绍 Martin Luther King。	学生能够准确介绍 Martin Luther King 的人生经历。	10' PW
分析评价 Martin Luther King 的品质。	Activity 5 Ss analyse King's qualities in groups. Then share in class.	通过深层次问题引发学生对主人公的思考，从信息获取层面上升到分析评价层面。为学生提供整合性地运用所学语言和进行批判性思维的机会。	学生能够以小组为单位探讨从本课中了解到的 Martin Luther King 的品质以及他获得敬佩的原因，并能够整合性地运用所学语言分析人物品质，理解其值得敬佩的原因，形成正确的价值观。	10' GW CW

续表

教学目标	教学活动与步骤	设计意图	效果评价	时间与互动模式
第二课时				
获取并梳理对话中女生对 Gandhi 的评价以及 Gandhi 的主要成就，并分析人物品质。	Lead-in： Ss make a review about King and answer the questions. 1. What did we learned about Martin Luther King? 2. How did King was inspired by Gandhi?	复习上节课学到的有关 King 的知识，引出本课主要人物 Gandhi。	学生能够回顾上节课所学知识，并整合性地运用语言说出自己知道的有关 Gandhi 的知识。	5' IW CW
	Activity 1 Ss listen to the tape for the first time. Then find out what is mainly talked about in this conversation and whether the boy and the girl sure about the information.	获取对话大意。	学生能够总结出对话大意以及对话双方对信息的大致确定程度。	3' IW CW
	Activity 2 Ss listen to the tape for the second time and find out the detailed information. Questions： 1. What did the girl think of him? 2. What were his achievements? 3. What did he believe in?	获取听力中的主要信息，把握人物主要事迹。	学生能够准确获取听力中的信息，根据学生的回答情况判断学生抓取听力中关键词的能力。	5' PW CW
	Activity 3 Ss analyse Gandhi's qualities.	分析人物品质，深刻理解人物形象。	学生能够有理有据地分析出 Gandhi 的品质。	5' IW CW
判断对话中男生和女生对人物信息的确定程度。	Activity 4 Ss listen to the tape for the third time and judge whether the girl and the boy are certain about the information mentioned in the dialogue. Finish Activity 6 and check answers in pairs，then in class.	引导学生判断对话双方对信息是否确定，实现从意义到功能的转移，为下一步让学生自己找出表示确定或不确定的句式做铺垫。	学生能够听懂听力中出现的表示确定和不确定性的语句，并能够准确抓取关键信息。	5' IW PW CW

续表

教学目标	教学活动与步骤	设计意图	效果评价	时间与互动模式
	Activity 5 Ss work in pairs and role play. Listen again and find out all the sentence patterns that they use to express certainty and uncertainty. After finishing, share in the whole class.	让学生自己找出句式，同时找出他们认为最有效的表达确定和不确定的句式，最后全班整合。	学生能够判断确定和不确定的表达并获取句式信息。	5' PW CW
向同伴介绍一位中国历史缔造者，总结两位外国历史缔造者与中国历史缔造者的品质，解释他们值得敬佩的原因。	Activity 6 Ss work in groups and introduce a Chinese history maker they have chosen. Then choose the key events and present in class. The other groups should comment on the Chinese history maker and the presenters should respond to their comments.	组织学生组内讨论选定的历史缔造者，验证已知信息的准确性，引导学生使用本课的功能句式询问和表达信息的确定性与不确定性，然后在班级展示，实现知识的内化和迁移。最后，学生互评，帮助学生更好地理解缔造者值得敬佩的原因，实现升华。	学生能够建构并内化了这两课的结构化知识和语言点，能否整合性运用所学语言有理有据地表达自己的观点，能否准确分析中外历史缔造者的品质，能否阐释历史缔造者值得敬佩的原因，形成正确的价值观。	15' GW CW
	Activity 7 Ss reflect on the following questions: 1. What does “history maker” mean? 2. Are history makers admirable? Why? 3. How can you become a history maker in our class/school?	引导学生进行批判性思维，进一步理解本课标题的含义，深化对本单元大观念的认识。	学生能够对本课主题思想有深刻认识。	2' IW CW
	Homework Search for more information about Gandhi and prepare to introduce him in the class. Include the informationon what he suffered, did, achieved and what you think of him.			

(四)Lesson 3

文本分析

【What】

在学习本课前，学生已经通过学习 Lesson 1 和 Lesson 2 了解到给人类带来健康、平等的伟人是值得敬佩的。而本课将通过介绍 Reeve 这样一位并没有非凡贡献的普通人的故事，帮助学生认识到，虽然没有伟大贡献，但只要活出人生价值，在社会中尽自己所能发光发热，也是值得敬佩的，帮助学生构建对“什么是值得敬佩的人”这一单元大观念的新认知。

本文介绍了超人扮演者 Christopher Reeve 的人生故事。Reeve 的人生经历大致可以分为四个阶段。在幼年阶段，Reeve 从小对演艺有兴趣，八岁时首次在学校演出，后来 Reeve 被选中出演超人，从此开启了演绎超人的新阶段。在这一阶段，Reeve 在 1978～1987 年出演了四部超人电影。在此期间，Reeve 看望医院里生病的孩子，与相关组织合作帮助需要帮助的人。但接下来，Reeve 的人生因意外走入低谷。1995 年，Reeve 遭遇事故，在骑马时摔下来，脖子受伤，全身失去知觉。Reeve 因此消沉了一段时间。但在家人和朋友的支持下，他重拾生活的意志。在重新振作阶段，Reeve 以重新恢复行走能力为目标。为此他做了很多康复训练，也以导演、制作人、演员的身份成功重回影视圈。他还写了自传，重新开始做慈善，成为脊椎受伤和残疾人士的积极支持者。他的事迹和精神鼓舞了很多人。2004 年，Reeve 去世，但他的超级英雄形象留在了许多人心中。

【How】

本文是一篇人物传记，介绍了 Reeve 的一生。文章的标题为 Superhero Behind *Superman*，使用同义词 superhero 和 superman，揭示了 Reeve 的双重身份：他是荧幕上的 Superman，用超能力拯救人类；他也是实际生活中的 Superhero，帮助他人，激励他人。教材中还有两张 Reeve 的图片，一张是他在电影超人中身着超人服的剧照，另一张是他全身瘫痪坐在轮椅上的照片，分别代表了他荧幕上超人的身份和生活中超级英雄的身份。

文章共有六个自然段。第一段总述 Reeve 的一生，点明他不仅是荧幕上的超人，更是生活中的超人，统领全文。第二段至第五段依据时间顺序介绍了 Reeve 的一生，第二段至第四段分别重点描述了 Reeve 在不同人生阶段的经历。

文章主要使用一般过去时介绍 Reeve 的经历，使用了许多动词短语和表达情感的词描述 Reeve 在不同人生阶段的经历和情感。在描述他早年的经历时，使用了 passion 点明 Reeve 对演艺的兴趣，用了 star in his first school play、try out for (Superman film) 介绍他出演第一部剧和试镜超人电影的经历。在讲述他作为好莱坞明星的演员阶段时，使用了 star in four Superman films、visit sick children、speak out about health、 help those most in need，体现了他成就之大以及他乐于帮助他人的善良品质。介绍他低谷时期时，用 was thrown off his horse、broke his neck、had no movement of feeling in his body、needed a machine to help him breathe 描述 Reeve 遭遇意外的经过和结果，突出他受伤之重；用 lost all hope、a living nightmare、wished that he was dead、thought of ending his own life、fell into a depression 描述 Reeve 在受伤后的内心世界，突出他绝望之深；之后又用 found the will to live again、focused his attention on his goal of one day walking again 说明他找回重新生活的意愿。在介绍他重振精神时，使用 undertook an intense exercise programme、engaged in a wide range of exercises 描写他为康复做出的努力，用 managed to return to his film career、wrote a biography、returned to his charity work 介绍他重启生活后取得的一些成果；用 passionate and energetic 描述 Reeve 的状态，用 positive attitude 概括他对生活的态度，此外还引用了他的积极话语，体现了他的乐观精神。

综上所述，通过介绍 Reeve 在人生顺风之时跌入谷底、低迷许久又重新振作并再次活出精彩人生的经历，并在其中穿插对 Reeve 内心的描写，突出他内心世界的起伏变化，体现了他乐善好施的善意，坚强的意志和乐观的人生态度。通过这种方式，文章揭示了现实中 Reeve 虽然没有拯救人类的超能力，却依旧帮助他人，鼓舞他人，从而解释了 Reeve 为什么被称为生活中的超级英雄。

【Why】

通过介绍 Reeve 从荧幕上的超人成为生活中超级英雄的经历，作者揭示了 Reeve 的宝贵品质：帮助他人的善良，与伤病斗争的毅力和对未来的积极态度，激励读者要在生活中积极面对困难，并心怀善意。同时作者也以 Reeve 的经历启发读者，只要发挥个人价值，给他人带来积极影响，每个人都可以成为超级英雄。

教学目标

在第一课时结束时，学生能够：

1. 获取关于 Reeve 的基本信息，描述他人生中重要的转折事件，梳理并描述他在早年生活、好莱坞生涯、受伤抑郁、重振精神等阶段的行为与经历；

2. 绘制 Reeve 的人生经历折线图，形成关于其基本信息和经历的信息结构图；

3. 在学校以“Role Models”为主题的展示活动中，依据信息结构图向同学介绍 Reeve。

在第二课时结束时，学生能够：

1. 分析 Reeve 在不同人生阶段的情感；推测 Reeve 在受伤后的心理活动，并分析 Reeve 能够成功从事故和伤病中走出来的原因，分析 Reeve 的品质；

2. 分析 Reeve 被称为真实生活中的超级英雄的原因，解释文章标题的含义；

3. 介绍并分享生活中的一位超级英雄。

教学重难点

【教学重点】

学生能够梳理 Reeve 的个人信息和经历，画出人生经历折线图，并依据图表介绍 Reeve。

【教学难点】

学生能够推测并分析 Reeve 在不同人生阶段的情绪，解释 Reeve 能走出低谷重启生活的原因；分析并论证 Reeve 的品质，解释 Reeve 被称为真实生活中的超级英雄的原因。

教学过程

教学目标	教学活动与步骤	设计意图	效果评价	时间与互动模式
第一课时				
获取关于 Reeve 的基本信息，描述他人生中重要的转折事件，梳理并描述他在早年生活、好莱坞生涯、受伤抑郁、重振精神等阶段的行为与经历；绘制 Reeve 的人生经历折线图，形成关于其基本信息和经历的信息结构图。	Activity 1 Ss watch a picture of superman and answer the questions: 1. What do you know about superman? 2. What does the superman do? Ss watch a video of Reeve's *Superman* and summarise what superman does. Then, they think: 1. Are there superheroes in real life? 2. What kind of people can be considered superhero in real life?	先让学生了解电影中的超人用超能力帮助和拯救人类。在此基础上引导学生思考生活中是否有超人，如果有，应该是什么样子的，进而为引导学生思考为什么 Reeve 被视为生活中的超级英雄做铺垫。	学生能够描述电影中超人的形象，并依据电影中的超人形象对生活中的超人作出合理预测。	10' CW
	Activity 2 Ss watch some pictures of Reeve and think what they expect to know from the text. Then Ss share their ideas in class.	激发学生对 Reeve 的兴趣并提出问题，引导学生在通过阅读寻找答案的同时了解文章大意。	学生能够介绍 Reeve 人生中的主要事件。	5' CW

续表

教学目标	教学活动与步骤	设计意图	效果评价	时间与互动模式
	Activity 3 Ss read the text quickly, find basic information of Reeve, and take notes. Then discuss in pairs, and share the information they find by answering questions: What do you know about Reeve?	通过让学生寻找Reeve的基本信息，使他们对Reeve有基本了解，并进一步熟悉文本内容。	学生能够获取Reeve的基本信息。	4' IW PW CW
	Activity 4 Ss read the text again. Work in groups and find key turning events in Reeve's life, then mark the events on the timeline.	通过让学生寻找Reeve人生中的关键事件并说明该事件为什么关键，使学生对Reeve的人生轨迹有初步了解。	学生能够获取Reeve人生中的关键事件。	5' IW GW
	Activity 5 Ss read the text carefully, take more notes about what Reeve did or experienced on each stage, share in groups and then in class. Ss read paragraphs 2-3 and answer: What did he do before and when he starred in *Superman* films? Ss read paragraphs 4-5 and answer: 1. What happened to him in 1995 disaster? 2. How did he find the will to live again? 3. What did he do after that?	通过让学生分别阅读Reeve遭遇意外前和遭遇意外后的经历，让学生对Reeve还是好莱坞明星时所做的事情，以及他遭遇意外并从低谷走出的经历有更细致的了解。	学生能够完整掌握Reeve的人生经历，并陈述Reeve每段人生经历的细节信息。	10' GW CW
	Activity 6 Ss work in groups and draw a line chart to show how Reeve's life goes up and down.	通过让学生用折线图展示Reeve起伏的人生，将关于Reeve经历的零散信息汇总成结构化知识。	学生能够将关于Reeve经历的细节信息汇总成结构化知识。	6' GW CW

续表

教学目标	教学活动与步骤	设计意图	效果评价	时间与互动模式
在学校以“Role Models”为主题的展示活动中，依据信息结构图向同学介绍 Reeve。	Activity 7 Ss introduce Reeve according to the notes and line chart to other Ss in the Exhibition of Role Models held by school.	学生依据课堂笔记和折线图介绍 Reeve 的人生故事，内化并运用课堂所学。	学生能够使用本节课所学语言和信息结构图整合性地介绍 Reeve 的生平经历。	5’ IW GW CW
	Homework Practise telling Reeve’s story.			
第二课时				
回顾所学	Activity 1 Homework check: Ss try to tell Reeve’s story to their classmates.	检查学生作业的完成情况，让学生对 Reeve 的人生经历进行再内化。	学生能够借助信息结构图整合性地介绍 Reeve 的生平经历。	7’ IW GW CW
分析 Reeve 在不同人生阶段的情感；推测 Reeve 在受伤后的心理活动，并分析 Reeve 能够成功从事故和伤病中走出来的原因，分析 Reeve 的品质。	Activity 2 Ss work in groups and discuss Reeve’s mood or feelings on different stages in his life.	让学生分析 Reeve 在不同人生阶段的情绪感受，使学生深刻认识 Reeve 内心世界的变化，为分析其品质做铺垫。	学生能够合理分析并推测 Reeve 经历背后情感的巨大变化。	12’ GW CW
	Activity 3 Ss work in groups and discuss: 1. If you were Reeve, how would you feel after such an accident? 2. Why can Reeve recover from such a disaster and have a different but wonderful life? Then, Ss share their ideas in class and analyse Reeve’s qualities on the basis of his experience.	通过让学生从 Reeve 的视角分析他受伤后的内心活动，让学生深入感受 Reeve 在生活一切顺利之时跌入谷底时的绝望，了解他能够从绝望中走出来的不易。在此基础上进一步分析 Reeve 能走出意外打击、重新活出精彩人生的原因，以及他的品质。	学生能够合理站在 Reeve 的视角推测他受伤后的内心活动，并在此基础上从 Reeve 的经历中分析他的品质。	8’ GW CW

续表

教学目标	教学活动与步骤	设计意图	效果评价	时间与互动模式
分析 Reeve 被称为真实生活中的超级英雄的原因，解释文章标题的含义。	Activity 4 Ss work in groups and discuss: 1. Why is Reeve regarded as a superhero in real life? 2. What's the meaning of the title?	通过让学生分析 Reeve 被称为生活中的超级英雄的原因，进一步理解 Reeve 的品质和文章的主题。	学生能够基于已学内容解释 Reeve 被视为生活中的超级英雄的原因并解释标题的真实含义。	8' GW CW
介绍并分享生活中的一位超级英雄。	Activity 5 Ss describe a superhero in their life. Hints: From what aspects can we introduce a person?	通过让学生思考并描述自己生活中的超级英雄，运用本节课的知识结构图，将学到的新知用于新的情境中。	学生能够运用所学新知选出生活中值得敬佩的人，并能够从基本信息、人物经历、人物品质等方面对人物进行介绍。	10' IW GW CW
	Homework Write a story of a superhero in your life.			
教学设计特点及说明				
1. 教学服务于单元大观念和单元目标。本课通过梳理超人扮演者 Reeve 的人生经历，引导学生分析 Reeve 被称为超级英雄的原因，帮助学生获得对于单元大观念“什么样的人值得敬佩”的新认知，即除了前两课学到的对人类有重要影响的伟人，Reeve 这样尽自己能力帮助他人、用自己的经历和精神品质鼓舞激励他人的人也值得人们敬佩。 2. 教学设计依据英语学习活动观进行。通过学习理解、应用实践、迁移创新三个层次的活动，引导学生梳理人物经历，分析人物品质，解释并论证 Reeve 被称为生活中的超级英雄的原因，帮助学生从 Reeve 的故事中获得关于单元大观念的新认知。				

（五）Writing Workshop

文本分析

【写作主题】

本单元的写作主题是为学过的人物传记撰写一篇概要。范文将本单元 Lesson 1 A Medical Pioneer 的内容进行提炼总结，简要地概述了屠呦呦的人生经历和医学成就，体现了她令人敬佩的伟大贡献和精神品质。

【写作目的】

通过对屠呦呦的故事的提炼和概括，帮助学生精准地把握她的重大贡献，体会其突出的精神品质，帮助学生学会在有限的篇幅内向他人介绍一位值得敬佩的人。

【语篇内容与结构】

范文是对原文的高度概括和总结。

1. 范文迁移了原文的主体结构，内容涵盖了原文的主要信息。范文共分为四段。第一段概括了原文第一段的内容，交代了屠呦呦获得诺贝尔奖。第二段概括了原文第二段的内容，介绍了屠呦呦的教育背景。第三段概括了原文第三和第四段的内容，介绍了屠呦呦研发青蒿素的经过。最后一段概括了原文第五段的内容，简要交代了屠呦呦淡泊名利的态度。

2. 范文主要围绕屠呦呦发现青蒿素这一最能体现其贡献的事件展开，概括了原文中与此事件相关的主要信息，如她的教育背景、她发现青蒿素后获得的荣誉，以及获得这些荣誉后面对荣誉的态度。

3. 范文在概括主要信息时，省略了原文中的细节性阐释、例子和直接引语等。

【语言特点】

一方面，沿袭人物传记的语言特点，范文使用有关时间的表达方式将主要信息衔接起来；另一方面，作为一篇概要，为了使信息简洁精炼且逻辑清晰，范文使用了大量的连接词和整合性的句子结构整合与连接原文信息，包括 and later、when、despite、in order to、finally、although 等。此外，范文中除了总结原文关键词句，还运用新的语言对原文内容进行重组。同时，范文忠于原文内容，未添加多余信息或主观评价。

教学目标

在本课结束时，学生能够：

1. 通过对比分析 A Medical Pioneer 原文及本课范文，总结归纳撰写人物概要时应该包含的主要信息和应该省略的次要信息；

2. 通过阅读范文，识别将几部分主要信息衔接起来的语言手段，包括时间、连接词和整合性的句子结构等；

3. 通过阅读 The Superhero Behind *Superman*，概括每个部分的主要内容，并运用所学衔接手段，撰写一篇 200 词以内的概要介绍 Christopher Reeve 的事迹；

4. 根据同伴互评和自评的结果，改进作品，完成终稿。

教学重难点

【教学重点】

撰写语篇 Superhero Behind *Superman* 的概要，简要介绍 Christopher Reeve 的故事。

【教学难点】

避免次要信息的干扰，准确提炼原文的主要内容。

教学过程

教学目标	教学活动与步骤	设计意图	效果评价	时间与互动模式
第一课时				
通过对比分析 A Medical Pioneer 原文及本课范文，总结归纳撰写人物概要时应该包含的主要信息和应该省略的次要信息。	Activity 1 T sets the scene: Suppose our school is going to choose three most admirable people as our role models. You can write a message within 200 words to the committee to recommend the person you admire. Ss try to introduce an admirable person in this unit to their partners in one minute. Questions: 1. How do you think of your introduction? 2. Did you meet any difficulty in the process? 3. How can we manage to do it well?	设定情境，激发学生的写作动机。	学生能够基于创设的情境分享创作思路。	3' IW CW
	Activity 2 Ss are going to write a summary of "The Superhero Behind *Superman*" so as to recommend him as the role model. Discuss in class and finish Activity 1 on page 62. 1. What is a summary? 2. Why should we write a summary? 3. How to write a summary?	引出写作内容，明确写作任务。激发学生对概要的已有认知。	学生能够说出自己对概要写作的理解。	2' IW CW

续表

教学目标	教学活动与步骤	设计意图	效果评价	时间与互动模式
	Activity 3 Ss look at the mind maps of Lesson 1, and retell the main points of the text. Then read the sample summary, compare it with the mind map and the original text in pairs. Check the predications in Activity 1 and share any other findings. Questions: 1. What are the main points of "A medical pioneer"? 2. Which of our predications are false and which are true? 3. What other features of summary did you find from the sample?	阅读概要，验证预测，明确概要的主要写作特点。	学生能够根据范文阐述活动一中预测结果的正确性。	10' IW PW CW
	Activity 4 Ss match the paragraphs in the summary with the main points from the original text, and find out the relative focus. Question: Which main point from the original text has the most focus in the sample? Which has less? Then think about the following questions and discuss. 1. Why is basic information neglected in paragraph 2? 2. What would you choose as the focus in the summary of "The Superhero Behind *Superman*"? What information can be omitted accordingly?	总结范文中对哪些信息重点关注，哪些信息适当省略。并据此判断在自己的概要中应该如何抓住重点信息。	学生能够说出范文中主要关注了屠呦呦发现青蒿素这一关键事件，省略了与此事件无关的信息。学生能够阐述在写作中如何处理信息的详略度。	8' IW

续表

教学目标	教学活动与步骤	设计意图	效果评价	时间与互动模式
	Activity 5 Ss compare the supporting information of each part in the summary and the original text to find out what kind of information is left out in each part. Then read the first two paragraphs of "The Superhero Behind *Superman*", highlight the key words, underline the information that should be left out, and summarise each of them in one or two sentences.		学生能够总结出范文中被省略的次要信息类型，并据此尝试总结原文前两段内容。	7' IW
通过阅读范文，识别将几部分主要信息衔接起来的语言手段，包括时间、连接词和整合性的句子结构等。	Activity 6 Ss discuss what strategies are used in the sample to organise the information, and underline the time expressions used in the summary. Then compare the sentences in the summary with the distributed information in the original text, to highlight the linking words that organise the information. Ss use linking strategies to link the summary of the first two paragraphs they wrote. Discuss in groups to assess and revise the writing under T's guide. Questions: 1. How are the main points from the original text reorganised in the summary? 2. What kind of words and expressions are used to make the summary concise and logical?	梳理范文中用到的衔接手段。运用衔接手段尝试衔接对第一、二段的总结。	学生能够说出范文中使用了时间和连接词来衔接主要信息，并识别出主要的连接词。能够使用衔接手段和自己的语言组织对第一、二段的总结。	10' IW GW CW

续表

第二课时				
通过阅读，概括每个部分的主要内容，并运用所学衔接手段，撰写一篇200词以内的概要介绍 Christopher Reeve 的事迹。	Activity 1 Ss highlight the key words in the rest paragraphs and conclude its main information with one or two sentences relatively. Then use time expressions and linking words to link and reorganise the information, and take their mind maps as guide to compose the first draft.	总结概括原文主要内容，并运用所学衔接手段，借助思维导图的引导，撰写初稿。	学生能够根据所学获取关键信息及省略次要信息，运用衔接手段和自己的语言组织信息，撰写初稿。	25' IW
根据同伴互评和自评的结果，改进作品，完成终稿。	Activity 2 Ss discuss in groups to figure out the assessing criteria they think is reasonable. Then take a vote in class to determine the finial criteria. Ss learn how to do peer editing as T shows a piece of work as an example. Ss assess and edit the first draft in pairs based on Peer Editing Sheet. Then recommend the work they appreciate to the class, and share their comments and suggestions.	通过同伴互评，提升学生的评价能力，进一步明确写作概要的技巧和标准，以改进自己的作品。	学生能够根据 Peer Editing Sheet，评价同伴的作品。	15' PW GW CW
	Homework Revise the first draft according to the peer editing results, and write the second draft.			

续表

教学设计特点及说明
本单元的写作相较其他单元比较特别，它不是要求学生自己组织信息来完成某种特定文体的写作，而是需要学生对给定的文本进行分析概括，撰写总结。因此相比于对范文进行分析，从中学习语篇结构和语言特点，更重要的是将范文与其原文进行对比，以发现范文中总结概括了哪些关键信息，省略了哪些次要信息，以及使用了什么语言策略对原文关键信息进行重新组织。由于需要学习的技巧较为复杂，本文采用“小步子循环”的方式，在获取梳理与运用实践的交替中逐步建构写作内容：先引导学生发现一部分范文特点，在自己的写作中进行尝试，然后再次回到原文发现其他特点；同时，本课采用形成性评价，在作品建构过程中和完成初稿后都进行了学生互评；最终学生提交初稿、互评表和终稿，由教师进行终评。

（六）Viewing Workshop

文本分析

【What】

本课是一节视听课，内容为 Martin Luther King 发表的关于黑人平权的著名演讲 I Have a Dream 的结尾部分。King 在演讲结尾提出了对未来的畅想，他梦想在佐治亚的红山上，昔日奴隶的儿子将能够和昔日奴隶主的儿子坐在一起，共叙兄弟情谊；希望连密西西比州这个正义匿迹，压迫成风的地方，也将变成自由和正义的绿洲……他字字铿锵，以热切的文字表达自己对于一个更加平等、健全社会的渴望，有力推动了美国国内黑人争取民权的斗争进一步发展。

【Why】

通过观看视频，希望学生能够更加深入地了解 Martin Luther King 的个人经历和精神品质、黑人平权运动的艰难发展历程，对人类的平等权利等问题有更深入的思考；并学习其中的演讲技巧和方式，尝试将学到的内容用于自身演讲中。

【How】

视频内容是 Martin Luther King 在历史上的一次著名演讲，意在改变当时美国黑人的悲惨现状，推动美国国内黑人争取民权的斗争进一步发展。

King 在演讲中，运用多种修辞手段来增强演讲的艺术感染力。演讲中使用排比句式，七次使用 I Have a Dream 作为句子开头，增强了语势，使演讲词朗朗上口，富有激情，有利于激发听众的情感；使用对比的修辞手法，将理想的平等和现实的不堪进行对比，如他希望他的孩子们可以 be judged by the content of their character，但现实是 be judged by the color of their skin。鲜明的对比凸显出现实的黑暗，展示出创建一个平等、平权世界的意义。使用隐喻的手法，表示希望 every valley shall be exalted，and every hill and mountain shall be made low，the rough places will be made plain，and the crooked places will be made straight。幽谷上升，高山下降，坎坷曲折之路成为坦途，正预示着阻碍社会进步的困难被一点点清除，人类终将走上更宽广的道路。

除了内容本身，Martin Luther King 的肢体语言也具有特色。他站在群众中间，声音洪亮，语调起伏、重点突出；他的手不时抬起、上扬，作为其情感的进一步表达，将气氛不断推向高潮；他昂首挺胸，始终以坚定的目光看向群众，注重眼神交流和情感共鸣。这都体现了其演讲能力，使得其演讲成为经典永久流传。

教学目标

在本课结束时，学生能够：

1. 阐述演讲内容、目的及其影响，并熟练朗诵演讲片段；
2. 分析、总结演讲的特点(包括语言特点和表演特点)；
3. 结合总结出的特点，从本单元人物中任选其一，以他的视角发表题为 I Have a Dream 的演讲。

教学重难点

【教学重点】

1. 阐述演讲内容、目的及其影响，并熟练朗诵演讲片段；
2. 分析、总结演讲的特点(包括语言特点和表演特点)；

【教学难点】

从本单元人物中任选其一，以他的视角发表题为 I Have a Dream 的演讲。

教学过程

教学目标	教学活动与步骤	设计意图	效果评价	时间与 互动模式
阐述演讲内容、目的及其影响。	Activity 1 T shows a picture of Martin Luther King and asked: 1. Who is he? 2. What do you remember about him? 3. What's his contribution? How did he achieve it?	回顾所学内容，激活学生已知，引起学生兴趣，快速导入主题。	学生能够基于所学，回答问题。	3' IW CW

续表

教学目标	教学活动与步骤	设计意图	效果评价	时间与互动模式
	Activity 2 Ss read the paragraphs in Activity 1 on page 64 and answer the questions. 1. What's the meaning of the sentences? 2. What was the main purpose of the speech? Ss are then introduced some background and basic information of the speech with the use of map. During the process, T introduces unfamiliar words of the text.	体会文章大意，领会作者的写作意图，为看视频做铺垫。	学生能够领会作者的写作意图。	5’ IW CW
分析、总结演讲的特点(包括语言特点和表演特点)。	Activity 3 Ss watch the video and answer the following questions: 1. What did you observe in the video? 2. How do you feel after watching thespeech?	观看视频，对演讲内容有浅层理解。	学生能够大概了解演讲的内容。	6’ IW CW
	Activity 4 Ss watch the video again and discuss in groups, then answer the question: What are the features of the speech? (both the words and body languages of the speaker)	观看视频，对演讲内容有深层理解。	学生能够对演讲内容有较深入的理解。	6’ IW GW CW
熟练朗诵演讲片段。	Activity 5 Ss read the original text of the speech and tried to give a speech with it.	朗读演讲原文，尝试模仿 Martin Luther King 的演讲特点。	学生能够朗读演讲原文，并抓住其中的特点进行模仿。	5’ IW GW CW

续表

教学目标	教学活动与步骤	设计意图	效果评价	时间与互动模式
结合总结出的特点，从本单元人物中任选其一，以他的视角发表题为 I Have a Dream 的演讲。	Activity 6 Ss are required to give a speech themselves in the role of the celebrities in this unit, talking about their dreams.	运用所学，结合整个单元内容，撰写演讲稿并尝试演讲。	学生能够撰写演讲初稿。	15' IW
	Homework Improve your speech.			
教学设计特点及说明				
1. 重视课上的生成和输出。在教学过程中引导学生多开口练习，不断在课上生成并输出。 2. 教、学、评一体化。教师在课上时刻观察学生情况，给予反馈或帮助，检测学生学习的发生。				

五、教学反思

在大观念单元整体教学设计理念的指导下，此次教学设计与此前不同。以往做教学设计，我通常只考虑各课的知识点和文章所传达的育人理念，这往往会造成单元中不同课的教学内容割裂、课文中蕴含的核心育人价值难以传递给学生等问题。基于大观念的单元整体教学设计则强调把单元内的所有课文关联起来，步步推进，共同作用于单元大观念的生成，具有更好的育人效果，也使每节课的联系更加紧密。

单元整体教学设计仍是一个较新的理念，实践起来并非易事。根据此次实践的经验，我建议教师首先应仔细阅读单元内的每篇文本，进行细致的文本分析。因为对文本的透彻理解是进行单元整体设计的基础。然后，教师需要思考各个文本之间的联系，以及它们与单元主题的关联，并绘制思维导图。思维导图通常没有标准答案，但教师在设计时仍要注意其中的逻辑性，关注最后的育人价值是如何一步步生成的。同时，教师还要学会站在学生的角度考虑问题，以他们的知识背景为前提，以他们的需求为基础，否则会出现教师的“期望”和学生的“实际表现”不符的情况。如果在实际教学中出现这种情况，教师一定要及时调整，不能“生拉硬拽”，强行把学生往自己提前设置好的路上引。在单元大观念思维导图的指导下，教师便可以对每个单元的教学进行具体的设计。在设计的时候，教师应该首先定位本课在单元中的位置，明确其在单元大观念生成过程中的作用，然后再思考具体的教学目标、教学重难点等。

总体而言，基于大观念的单元整体教学设计对于教师来说既是挑战，也是机遇。这样的教学设计对于学生高层次思维的培养、对育人价值的传递都大有裨益，作为初期的实践者，我已经体会到其优势，更期待越来越多的一线教师们能够加入我们的队伍进行探索，更好地发挥出英语学科的育人价值。

胡文静

单元整体教学设计是一件相对消耗脑力的事情，但做好这项工作会让教学更有逻辑性，教学层次也更加丰富，更利于学生理解进而内化本单元的大观念。虽然每个单元都有其统一的大观念，但单元内的每一课所表达的重点都是不同的。不同课时之间有可能是层层递进、由浅入深的关系，也有可能是互为补充、相互协同的关系。想要做好单元整体教学设计，就要先挖掘单元内不同与语篇之间的关系，而想要准确把握这种关系，就离不开对每一课语篇中心思想的精准把握。我刚开始做设计的时候总是存在一个误区，即只是略读了每个语篇就开始试图构建单元整体教学设计的框架，这样做的结果就是构建出了一个不合理的框架，并且陷入了无限的自我说服中。后来我意识到单元内每个语篇的逻辑不能只在头脑中创造发明，应该尊重语篇，于是我回过头仔细研读每一篇文章，找到文章的文眼和中心思想，再进一步分析其中的内在逻辑，这样就能够梳理出一个相对合理的单元整体教学设计。

在这个单元中，我们组讨论出的单元大观念是以一个问题的形式呈现的，即“What's the admirable?”。单元内的各个语篇都从不同的角度回答了这一问题。如 Reading Club 的两篇文章分别讲了中美宇航员和《安妮日记》的作者安妮的故事。在 Reading Club 1 中，中美宇航员最明显的不同就是美国挑战者号的宇航员们探索太空失败并壮烈牺牲了，但中国神舟五号的宇航员则探索成功并安全返航。文中引用了美国总统的演讲，其中表达了对挑战者号牺牲的宇航员们的赞美。于是这篇文章给出了本单元大观念的一个答案，即“是否值得敬佩与成败无关”。Reading Club 2 介绍了《安妮日记》的作者安妮的故事，文中用了这样一句话“Although it was written by a young girl in a terrible situation, it conveys a message of courage and hope.”，同时在文章开头写道“Throughout history, we can find examples of inspiring young people who showed courage and hope in times of extreme hardship.”。从文中两次强调“young”这个细节可见，文章作者的意图是赞美安妮虽然年龄小，却仍充满勇气和希望，是值得敬佩的人。因此，这篇文章给出了本单元大观念的另一个答案，即“是否值得敬佩与年龄无关”。

综上，认真研读语篇是找出其中心思想的前提，而单元内各个语篇的中心相互关联，才能生成完整的单元大观念。

王思宇

通过进行本次单元整体教学设计，我体会到，任何一堂课的设计都不是独立的。首先，每一课的教学目标和主题要和单元内其他课时相关联，形成一个有意义的整体。比如在本单元中，讨论的话题是“值得敬佩的人”，那么单元内的每一课都从不同角度引导学生加深对“值得敬佩的人”这一主题的认识，并从听、说、读、看、写等方面帮助学生提升语言运用能力，从而保证学生在学完本单元后，能够针对这一话题自如地进行表达和交流。其次，每一课时的教学设计都要为实现最后的单元总目标服务。按照这种逆向设计的思路，教师就能精确地设计和选择有利于达成此目标的课堂活动，提升课堂效率。同时，学生能够被单元总目标所激励，感受到每一课时所做的努力是有意义和有产出的，由此激发学习热情。

我认为，做好单元整体教学设计最重要的一点是深入分析教材，善于利用教材，并根据单元总目标对教材的内容进行适当取舍，着重突出对实现单元总目标有帮助的部分。这样才能将不同课时的内容融会贯通，形成一个相互衔接、互为补充、循序渐进的整体。同时，对于单元总目标的设定，要最终落实到笔头、口头输出上或多媒体等形式的作品上，可以是演讲、辩论，海报设计，视频制作等。这些输出应该和学生的生活息息相关，与社会现实紧密联系，从而实现学科育人目标，让学生感受到自己正在通过英语学习创造对社会和生活有意义的事物。

王雅诗

通过开展本次单元整体教学设计，我发现要做好单元整体教学设计，首先要做好单个语篇的分析，厘清语篇之间的联系，梳理出最合理的逻辑线将语篇串联起来。其中，找出合理的逻辑线非常重要。比如在本单元中，每个语篇都介绍了一位值得敬佩的人。我们首先分析出来的是每个人物的个人品质，但发现各语篇无法通过一个共同品质串联在一起，于是我们改变思路，放弃寻找“值得敬佩的人”的共同品质，而是围绕无论是影响深远的科学家屠呦呦还是普通的小女孩安妮都值得敬佩这一点，将“什么样的人值得敬佩”作为一个开放性问题放在整个单元中探究，进而形成了一条贯穿整个单元的逻辑线。同时，我发现在单元整体教学设计过程中，小组合作很重要。在寻找单元语篇逻辑以及设计各课时内容时，个人的思路往往比较局限，尤其是在寻找单元逻辑线时，需要小组讨论共同探究。因此建议教师们在进行单元整体教学设计时，要发挥集体教研的优势，共同探讨单元内各语篇的关联，从而形成有逻辑的单元整体教学设计。

殷鑫

案例五：必修三 Unit 7 Art

教师：郑津

一、单元整体教学内容分析

本单元主题 Art 属于“人与社会”主题语境中“文学、艺术与体育”主题群下的“绘画、建筑等领域的代表性作品和人物”“影视、音乐等领域的概括及其发展”“物质与非物质文化遗产”等子话题，在带领学生走进生动的画卷、聆听美妙的京剧和交响乐、赏析栩栩如生的壁画和涂鸦等艺术作品的同时，也启发学生思考这些艺术作品背后艺术家的艰辛付出，品味艺术家锲而不舍、为艺术献身的精神，从而调动学生积极的艺术体验，主动接受高雅艺术的熏陶，将艺术融于生活，并服务于生活。

本单元由日常对话、访谈、说明文、议论文、邮件等多模态语篇(见表 1)构成，教师需要在认真研读单元各语篇的基础上，客观分析语篇的类型和内容，明晰语篇的主题意义，并基于不同语篇主题意义的纵横联系，概括、梳理和提取单元的小观念和大观念，并设置相应的逐层递进的小观念输出任务和大观念输出任务，在践行教、学、评一体化的同时，也引导和促使学生逐步建构个性化的单元小观念和大观念。

表 1　单元教学内容

语篇	语篇类型(技能)	语篇内容	语篇主题
Topic Talk	日常对话 (听力)	不同的艺术形式及对话双方喜欢某种艺术形式的原因	初步认识及评价艺术形式
Lesson 1 Masterpieces	说明文 (阅读)	三幅绘画作品的内容、创作背景和客观评价	多角度介绍西方绘画作品
Lesson 2 Beijing Opera	访谈、对话 (听力)	京剧的起源、表演形式、角色、服装、特征及评价	多维度领略京剧的魅力
Lesson 3 A Musical Genius	记叙文 (阅读)	贝多芬的生平、艺术成就、创作及演奏 D 小调第九交响曲的过程	领悟艺术家身残志坚、坚忍不拔的艺术精神
Writing Workshop A Formal Email	正式邮件 (写作)	邮件咨询艺术节的活动细节	主动参与、体验身边的艺术活动
Viewing Workshop Two Famous Paintings	画作介绍 (视听)	两幅画作带给观众视觉冲击的艺术技巧	感受艺术带来的精神震撼
Reading Club 1 East Meets West	说明文 (阅读)	中西两位艺术大师的生平、作品和友谊的简介	感受艺术在跨文化交流中的魅力
Reading Club 2 Graffiti: From Vandalism to Street Art	说明文 (阅读)	涂鸦从“街头破坏”到“街头艺术”的发展过程	理智、正确地利用艺术表达情绪

在本单元中，Topic Talk 以两段听力对话的形式，谈论不同的艺术形式及对话双方喜欢某种艺术形式的原因。该听力文本在引入本单元话题的同时，也引导学生从 musicians、atmosphere、instruments、feelings 等角度初步赏析和评价各种艺术形式。

Lesson 1 是一篇说明文，主要介绍三幅著名的绘画作品，即 Vincent van Gogh 的 *The Starry Night*、Edvard Munch 的 *The Scream* 和 Rene Magritte 的 *The Empire of Light*。语篇主要从三幅绘画作品的内容、创作背景和客观评价三个维度展开，在让学生领略西方绘画艺术魅力的同时，也引导学生从多角度介绍和赏析西方绘画作品。

Lesson 2 是两段对话，在介绍京剧的起源、表演形式、角色、音调、服装、动作特征的同时，也提及对话双方观看京剧之后的感受和对京剧地位的评价。该听力语篇在带领学生赏析京剧的同时，也引导学生从多维度介绍和领略京剧的魅力。

Lesson 3 是一篇记叙文，简述了贝多芬的生平(包括他的艺术成就和身体上的缺陷)，并重点讲述贝多芬创作并演奏 D 小调第九交响曲的过程、贝多芬的感受以及观众的热烈响应等。该文本旨在让学生了解艺术家的生平，领略艺术创作的艰辛，感悟艺术家身残志坚、坚忍不拔的艺术精神，并为之震撼。

Writing Workshop 写作课呈现的是一封正式邮件，内容为学生用邮件的形式咨询艺术节的具体信息和询问一些细节。该语篇旨在让学生学会正式邮件写作的格式和语言的同时，也能调动学生主动参与和体验艺术活动的兴趣。

Viewing Workshop 是视听课，主要讲述两幅绘画作品(Vincent van Gogh 的 *The Starry Night* 和 Mary Cassatt 的 *The Cup of Tea*)如何通过高超的创作手法和技巧给观众带来强烈的艺术震撼。其中，该视频主要介绍了 Vincent van Gogh 使用强烈的色彩对比和浓墨重彩的笔触(即 Impasto 的手法)调动观众的视觉体验，Mary Cassatt 用印象派(即 Impressionism)的手法制造视觉冲击。该语篇旨在让学生领略高超的艺术技巧带给观众的视觉体验和震撼。

Reading Club 1 是一篇说明文，主要讲述张大千和毕加索两位中西方艺术大师的生平、作品和他们之间的友谊。该语篇旨在让学生感受跨文化交融的艺术魅力，领悟"艺术是人类共同的语言"这一观点。

Reading Club 2 也是一篇说明文，主要介绍涂鸦这种艺术形式从最初的"街头破坏"行为发展到"街头艺术"的过程。该语篇旨在让学生走进涂鸦艺术的发展史，同时也学会正确利用艺术表达心声，传递情感，从而树立正确的艺术价值观，践行文明艺术。

基于对本单元语篇的类型、内容和承载的主题意义的梳理和分析，教师发现并明晰了不同语篇之间的隐性联系。其中，Topic Talk 作为单元话题的导入，承载着引导学生初步赏析和评析艺术形式和艺术家的意义。Lesson 1 和 Lesson 2 都从多角度介绍了不同的艺术形式，让学生领略了中西方艺术的魅力，并学会介绍和赏析中西方艺术。Lesson 3 和 Reading Club 1 从艺术家的创作经历、艺术的创造技巧、中西方艺术交融等角度展示艺术魅力，为学生带来精神震撼。Writing Workshop 和 Reading Club 2 旨在让学生科学、理性地参与和体验身边的艺术创作，树立科学文明的艺术观，让艺术走进生活、服务生活、美化生活。

基于单元不同语篇之间的纵横联系，教师拟定了单元的三个小观念，即赏析古今中外的艺术盛宴、评析穿越时空的艺术精神、参与近在咫尺的艺术活动，用这三个小观念统领并指导相应语篇的教学设计和实践。同时，教师设置了与三个小观念对应的三个小任务，即梳理并绘制多维度介绍一种艺术形式或一位艺术家的语言导图；写一个小文段，阐释一种艺术形式或一位艺术家给予你的精神震撼；给你负责接待的留学生 Jim 写一封邮件，介绍学校即将开展的艺术节活动，并邀请他参加。这三个小任务旨在引导学生梳理、内化和应用语篇的语言、内容和主题意义，逐步建构个性化的单元小观念，也是教师践行教、学、评一体化的方法和实践。

基于三个单元小观念逐层递进的联系，教师拟定了单元的大观念，即赏析艺术盛宴，感受艺术魅力，体验艺术人生，并设置了单元大观念输出任务：在学校艺术节期间，利用英语课前五分钟进行演讲，介绍一种艺术形式或一位艺术家。这一真实情境，要求学生从多维度介绍该艺术形式或艺术家，评析其地位、意义或价值，并呼吁身边的同学积极参与艺术活动。学生通过本单元的学习，通过层层递进、环环相扣的小任务，最终完成单元的大任务，不断提高自己介绍和赏析艺术的能力，也主动接受艺术的熏陶，树立科学理性的艺术观，主动践行艺术人生。

二、基于大观念的单元内容结构图

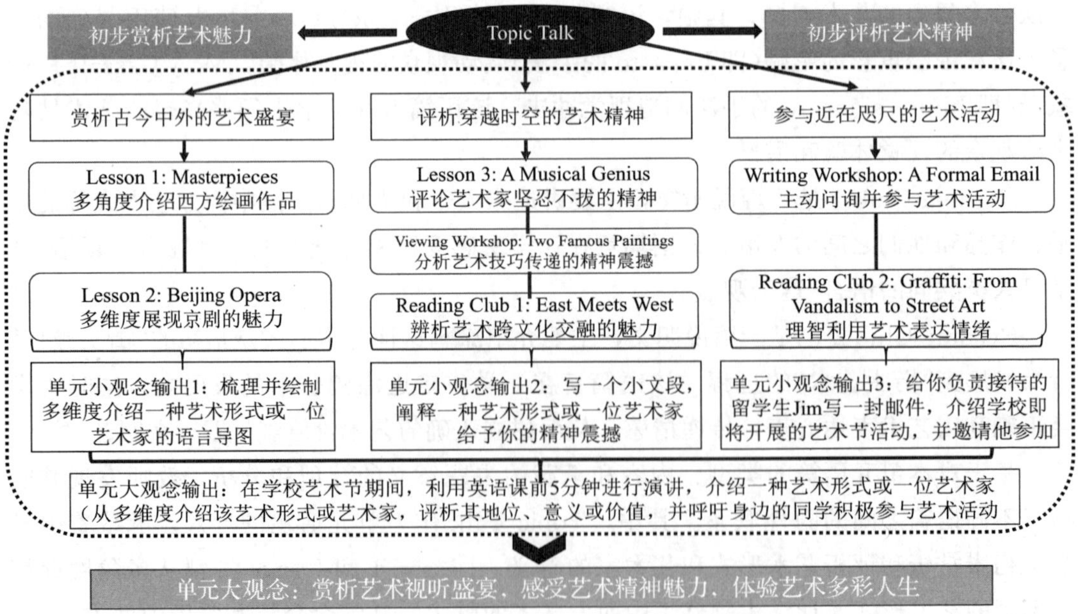

语言大观念

整合性学习介绍和评析艺术的表达方式，并用邮件问询和参加艺术活动

观念1：围绕语义整合性学习介绍和评析艺术的表达方式

介绍和评析绘画

1. Description
painted massive circles of white and yellow; the moon hang bright in the night sky; see a sleeping village and a dark, lonely tree; shows a thin figure with an expression of fear; is set on a bridge above a dark, stormy sea, and against a burning orange-red sky; shows a beautiful house lit by lights;
2. Inspiraton
may have affected …; inspired by …
3. Evaluation
a failure; one of the world's most famous paintings; What makes it striking is that …; look dark and troubling; find them calming

介绍和评析京剧

1. Definition
a form of Chinese opera which combines acting, talking, singing, music, dancing and acrobatics
2. Origin
started in the last 18th century
3. Roles
four roles: *sheng*, male roles; *dan*, female roles; *jing*, male roles with brightly painted masks; *chou*, clown roles
4. Sound
a very unique sound; sing with high voices; in order to be heard over the crowds
5. Costumes
have bright and colourful patterns; to attract the audience's attention
6. Evaluation
one of China's national treasures
absolutely amazing

介绍和评析艺术家

1. Achievements
produced amazing pieces, including …; proceeded with the composition until his death; created an average of …; moved between many diverse styles
2. Performances
to applaud loudly; walked out onto the stage; took charge of the orchestra, waving his arms wildly in the air, and madly turning the pages of his score; jumped to their feet, clapping, cheering and waving their hats
3. Evaluation
is regarded as one of the greatest composers in the history of music; one of the most brilliant/popular/influential artists; was extremely productive;
Some think it is …, while others see it as …

观念2：书写邮件问询和参加艺术活动

篇章结构

Inquiring Email
Greeting
|
Stating purposes
|
Introducing yourself
|
Asking questions
|
Appreciating the help
|
Signature

表述方式

1. Greeting
Dear Sir/Madam
2. Stating purposes
I am writing to ask about …
3. Introducing yourself
I am … years old and I am a student from…;
I am very fond of…
4. Asking questions
I would like to ask about …;
Could you tell me if…;
I wonder if you could give me …;
Would it be possible to tell me about…
5. Appreciating the help
I appreciate your help and look forward to hearing from you.
6. Signature
Yours faithfully

三、基于大观念的单元总体教学目标

通过本单元的学习，学生能够：

1. 介绍古今中外的艺术盛宴

· 多角度描述中外艺术作品，如西方绘画、京剧、涂鸦等；

· 多维度展示中外艺术家的生平、成就、艺术创作过程等，如贝多芬、张大千、毕加索、梵高等。

2. 评析穿越时空的艺术魅力

· 评价艺术作品如绘画、京剧等的成就和意义；

· 分析阐释贝多芬、梵高等艺术家身残志坚、坚忍不拔的艺术精神带给自身的激励；

· 分析描述高超的艺术技巧所传递的精神；

· 辩证评价艺术在跨文化交流中的魅力。

3. 询问或参与身边的艺术活动

· 通过写邮件，得体询问身边的艺术节活动的细节信息；

· 理智参与艺术活动，合理抒发内心情感；

· 多维度介绍一种艺术形式或一位艺术家。

四、教学反思

基于大观念的单元整体教学设计是指教师基于课程标准，围绕特定主题，深入解读、分析、重组教材等教学资源后，结合学习主题的需求，搭建起的一个由单元大主题统领、各语篇子主题相互关联、逻辑清晰的完整教学单元，使教学能够围绕一个完整的单元主题设定目标，引导学生通过对不同单一语篇小观念的学习和提炼并建立关联，生成基于该单元主题的大观念。这个梳理、建构单元小观念和大观念的过程，对教师的“教”和学生的“学”都具有全新的指导意义，也提出了全新的挑战。

1. 基于大观念的单元整体教学设计对教师的促进和挑战

大观念是落实核心素养的重要抓手，它既帮助教师解脱碎片化教学的束缚，指导教师高屋建瓴、统筹规划、整体设计单元的内容，为教师的“教”指明了新方向，提供了新方法。但同时，基于大观念的单元整体教学设计也对教师的“教”提出了全新的挑战。经过 Unit 7 Art 的单元整体教学设计，我个人认为这种挑战主要体现在以下三个方面。

认真研读，建立联系。基于大观念的单元整体教学设计，前提是有大观念的提炼。这就要求教师认真研读、分析和明晰单元内多语篇的类型和内容，透过这些语篇解读、梳理、归纳各个语篇的主题意义，进而透析和建立各个语篇之间的纵横联系，为单元小观念和大观念的建立奠定基础。这一透过客观语篇提取联系的过程，要求教师用心解读文本、细心归纳意义、耐心建构联结、静心提取观念、精心设计教学。相对于传统的碎片化教学，基于大观念的单元整体教学设计无疑是对教师的专业能力提出的巨大挑战。

层层铺垫，促进内化。在研读语篇，建立联系，提炼大、小观念之后，教师的“教”才真正进入实操阶段。如何将语篇的纵横联系在教学设计中体现出来，引导学生发现和领悟语篇的主题意义，促进学生语言的内化、认知和态度的转变，是教师面临的下一个巨大挑战。在课堂教学中，教师要始终牢记单元大观念和小观念的引导，始终复盘各语篇间的纵横联系，始终牢记语篇的内容和结构，并设计层层铺垫的活动，引导学生发现、梳理、归纳语篇的内容，建构个性化的语篇和结构化知识，并设计内化活动，让学生将隐性的结构化知识和框架显性化，逐步建构自己个性化的单元小观念和大观念。

激发思考，正向引导。在建构结构化知识和内化主题语言的基础上，教师还需要设计相应的活动，激发学生对语篇主题意义的思考，并对学生有正向和及时的引导。这一促使学生与语篇主动对话的过程，既是学生培养批判性思维的过程，也是学生对于单元主题的思考不断深入、趋于理智的过程，同时也是学生逐步建构个性化的单元大观念不可或缺的过程。

2. 基于大观念的单元整体教学设计对学生的指引和帮助

学生是课堂活动的主体，基于大观念的单元整体教学设计能否顺利进行、是否有成效，主要在于学生的“学”是否真正发生和改变。在经过 Unit 7 Art 的单元整体教学设计后，通过对比学生在学习本单元前后对单元话题的认知、态度和行为的表现，我发现基于大观念的单元整体教学设计对学生的认知和成长具有很明显的指引和帮助作用，具体体现在以下三个方面。

促进学生完善基于单元话题的认知。基于大观念的单元整体教学设计，在促进教师统筹规划、促进内化、正向引导学生的同时，也为学生提供了很多自主空间去梳理、建构语篇的结构化知识，并内化语篇的语言和内容，辩证思考语篇的主题意义。学完本单元内容后，有学生说：“我今后在介绍艺术作品时会加入更多与创作者有关的个人经历与背景，让介绍显得更加有层次。”有学生说：“我现在学会了如何用英语来表达更多(艺术)专业领域的语言。”也有学生说：“学完这个单元后，我对早有耳闻的名家名作和艺术形式有了更详细的了解，激发了我想知道更多的兴趣。比如，我读完贝多芬创作和第一次指挥第九交响曲时的情景，就想再去听一遍《欢乐颂》，听的时候更能感受到贝多芬创作它时那种昂扬奋发、不服输的精神。又如，读完介绍那三幅国外画作的文章，我挺好奇精神病和艺术创作之间的关系，就上网去读了一些文献。还有，有一次我去 798 艺术园区看到满墙的涂鸦，感到很震撼，但我对涂鸦的发展一无所知，通过课本上的文章我才有了一些了解。在完成这个单元的作品前(指的是单元大观念输出任务)，我还上网查阅了更详细的资料。”

推动学生树立基于单元主题的态度。在学生逐步建构语篇的结构化认知、内化语篇的语言和内容的同时，基于大观念的单元整体教学也要求教师不断引导学生树立基于单元主题的正确、科学、理智的价值观念。例如，经过本单元的学习，学生对艺术的价值超越了功利的态度，能更理智、客观地评析艺术带给我们的精神震撼和艺术对于我们生活的意义。正如学生所说："学习了 Unit 7 之后，我了解了许多之前不知道的艺术形式并学会了如何用英文表达，对著名的艺术家的创作经历有了了解，拓宽了知识面，增加了对他们的敬佩之情。对我国的国粹有了进一步了解，自豪之情也加深了。通过学习我也对艺术的作用有了新的认识，平时会更多选择通过欣赏艺术(如听音乐，听音乐剧)来放松身心、陶冶情操。英语课文的价值不仅在于学习语言，对其他各方面的学习都很有益处。"也有学生说："在阅读课文之前，我对贝多芬的生平就有所了解，但当我读到课文中对贝多芬在舞台上激情而忘我的状态的描写时，还是被他对音乐的热爱与对艺术追求的执着所打动。在我们的日常生活中，艺术可能只是一部分，是在我们感到孤独、空虚时抚慰内心，带给我们继续前行力量的源泉。然而艺术又是不可或缺的一部分，它来源于生活而高于生活，就像书中毕加索说过的那句话：'The purpose of art is washing the dust of daily life off our souls.'追求艺术就是与自己的内心对话，拨开生活中那些我们不得不面对的庸俗、困顿与琐碎，去追求一种精神上的纯粹与高贵。我从贝多芬等艺术家身上看到的，就是这样一种精神。"

激发学生践行基于单元主题的大观念。基于大观念的单元整体教学是为了促进核心素养落地课堂，是让学生将建构的单元结构化内容和形成的新的价值观迁移到新情境中去解决新问题，最终实现知识向能力、能力向素养的转变。换言之，大观念不是停留在学生认知和态度范畴的"理念"，而是瞄准学生在新认知和新态度转变后的行为取向。在本单元的单元整体教学之后，有学生说："我觉得艺术对于我的生活还是很有帮助的，听音乐有的时候也能带给我震撼心灵的力量；绘画由于是对生活的一种记录，所以每次看画展的时候，都能拓宽我对世界的认知。"也有学生说："艺术作品对于我更多的是一种情感上的共鸣，一些积极向上的艺术作品会点燃我的情绪，众多色彩的运用也会让我在现实生活中去尝试看到更多的美好。"可见，学生对艺术可以融入生活、艺术是生活的一部分有了更深刻的认识。

3. 基于大观念的单元整体教学设计促进了教与学的过程性评价

基于语篇之间的联系建构的单元小观念输出任务是对教与学有效性进行过程性评价的有效途径，也是促进学生逐步建构单元大观念的必经路径。在本单元的单元整体教学设计中，我设计了三个与单元小观念对应的环环相扣，层层递进的输出任务(见基于大观念的单元内容结构图)。以下是三个单元小观念和单元大观念输出任务的学生作品举例。从这些作品可以看出，基于大观念的单元整体教学设计，能够保障学生对基于单元话题的新认知、新语言的内化，也能对学生应用和迁移单元话题、解决基于单元话题的新问题进行过程性评价。

五、学生作品展示

单元小观念输出 1 举例：学生 A 的作品

Ⅱ. Beijing Opera

1. definition

a form of Chinese opera which combines acting, talking singing, music, singing and acrobatics together

2. origin

dates back to the late 18th century.

3. specialty

sing with high pitch: performed on open-air stages, in order to be heard over the crowds

costumes have bright and colorful patterns: performed on stages that were lit only by oil lamps, to attract the audience's attention

simple movements represent more complex actions

4. evaluation

one of China's national treasures

energetic performance

talented

单元小观念输出 2 举例：学生 B 的作品

Since I was born, art has been played an important role in my life, but to be honest, when I am looking at a great painting, such as *Guernica*, I can only feel that I can not breathe. *Guernica* tried to associate war with the real world, which let me seem to see the disaster brought by the war. As Edgar Degas said "Art is not what you see, but what you make others see". Anyway, I can just feel it, but cannot understand the reason why art can challenge my sense of reality. By reading the process of the artists painting, and what have inspired them, I know art is made up with details, and every detail has been carefully considered. That is what this unit told me. I am sure my attitude to art has changed. Now I will not only appreciate art, but also try to understand the process of artistic creation. In my opinion, art is useful. It can relax our body and mind. The real world is sometimes painful and uncontrollable, but in art, everything is up to you and everyone can make artistic creation. Just like Picasso said: "Art is for everyone, the purpose of art is washing the dust of daily life off our souls."

单元小观念输出 3 举例：学生 C 的作品

Dear Jim,

As you may know, the Art Festival is around the corner. Some performances of Beijing Opera will be put on this year. I am writing to see if you would like to enjoy one of this traditional art with me.

Beijing Opera is a traditional Chinese art which combines acting, talking, singing, music, and acrobatics together. It started in the late eighteenth century. As you can see, Beijing Opera has a long and complex history so if you want to enjoy a performance, I would recommend that you should learn the story of the show and some brief information first. I'm sure they could help you understand this kind of art better. So let me introduce some basic information of Beijing Opera.

In Beijing Opera, there are four kinds of roles, including *sheng*, which is common male roles with brightly painted masks; and *chou*, which are is clown roles. Each role has its own singing and acting styles. Not only do roles have different meanings, but so do colours. In Beijing Opera, white means treacherous, green means fiery, red means loyal and black means integrated. I think you will also be curious about the unique sound of Beijing Opera. That's because in the early days, Beijing Opera was usually performed on open-air stages. In order to be heard over the crowd, the music had to be loud and performers had to sing in very high voices.

I hope you might have a deeper understanding of Beijing Opera now. Feels interested? Can't wait to enjoy the performance with you. Write back soon.

Yours sincerely,

C

单元大观念输出任务举例：学生 D 的作品

Hello, everyone. As the Art Festival is coming, I'd like to introduce a famous artist, Ludwig van Beethoven. As we all know, Beethoven is a musical genius, but few of us might know much about the ups and downs of his life and how he created Symphony No. 9 in D minor, which is popular all around the world.

Beethoven was a German composer. In his early years, he had been very famous for his skills on the piano. He used to travel to many places and play for royalty. These experiences let him win the heart of many people as well as gaining a rich knowledge of music. However, he began to lose his hearing at 26. It was like a nightmare to him. Beethoven thought about giving up, but in the end, he continued to write music. Inspired by his struggles with deafness, he produced many amazing pieces, including Symphony No. 9 in D minor.

It took several years for Beethoven to complete this wonderful symphony. During its first show, this musical genius jumped about in front of the orchestra, waving his arms wildly in the air, and madly turning the pages of his score. At that moment, he seemed like the king of music. At the end of the symphony, the audience jumped to their feet, clapping and cheering. But Beethoven continued conducting without hearing anything. It was not until one of the singers took his arm and turned him to face the audience that the great man realised his symphony was a success.

In my opinion, what we should learn from an artist like Beethoven is the enthusiasm for life. It is the love for art and life that led Beethoven to create such a strong and joyous symphony while he was in the throes of his life. He tried to show us the true beauty of art and bring us strength to go forward. This is a kind of spirit that people need through all time.

That's all for my speech. Thank you for listening.

六、案例点评

就设计理念而言，Art这一单元的整体教学设计很好地体现了《课标》的理念，教师首先对单元内各语篇进行了细致的研读，确立了各语篇之间的纵横联系，提炼出单元大、小观念，并借助单元内容结构图呈现出来，帮助学生通过多语篇的学习深入思考各语篇的深层含义并建立关联，从而生成单元大观念，即赏析艺术视听盛宴，感受艺术精神魅力，体验艺术多彩人生。该设计有机融合了英语课程的工具性与人文性特征，将语言学习与学生艺术品位的提升和鉴赏能力相结合，不仅促进了学生的语言学习，还帮助学生实现了新知识的建构和思维品质的发展，促进得意与得语同步发生，有效避免了碎片化教学。教师还特别注重在教学中促进学生举一反三、融会贯通，加强英语学科与文学艺术类学科知识的内在关联，引导学生将所学知识结构化。

从单元教学目标上看，教师从“介绍贯穿中外的艺术视听盛宴”“评析穿越时空的艺术精神魅力”与“展示或参与身边的艺术活动”三个维度制订了本单元的总体教学目标，与该单元整体教学的大、小观念相吻合，同时教师还提出了更具体的学生外显化的行为表现，对三个维度的目标进行了一定程度的细化，从而能够帮助教师判断学生是否生成单元大、小观念，以实现教、学、评的一致性。

该案例注重收集学生学习发生的证据，呈现了部分学生作品和丰富的学生反思，可以看到学生在学习本单元后，对艺术这一主题的认识更加深刻，即建构并生成了自己的认识，从而能够运用单元所学表达自己的认识，如“艺术是生活的一部分”“艺术可以融入生活”等。可以看到，这一单元的学习为学生未来进一步学习和赏析艺术作品，学习艺术家精神，树立正确的价值判断，做出正确的行为选择打下了重要基础。

总而言之，该教学设计以大观念为抓手，注重单元内容与学生经验的关联，加强了单元内容的内在联系，突出单元内容的结构化，能够很好地帮助学生生成概念性理解，走向深度学习，发展核心素养。

案例六：必修三 Unit 8 Green Living

团队成员(按姓氏拼音排序)：蔡铭珂　贾真慧　王文玲　谢子君

一、单元整体教学内容分析

本单元的单元主题为绿色生活，主题语境属于“人与自然”中的“环境保护”。Topic Talk 中谈论理解绿色生活和践行绿色生活的话题，激活学生关于绿色生活的已有知识，为单元学习的展开奠定基础。Lesson 1 从绿色生活中的个体角度出发，介绍了“根与芽”这一环保组织，教育年轻人重视环保，强调个体的力量，呼吁个人行动。基于 Lesson 1，Lesson 2、Lesson 3 和 Writing Workshop 分别从组织和社区的角度探讨践行绿色生活、为环保作贡献的具体举措。基于此，又可以进一步划分为治理现存环保问题、探索绿色生活的新方式和关注环保现状及问题。Lesson 2 讲述了易解放克服丧子悲痛创立公益组织、投身绿化荒漠的故事；Lesson 3 回顾了共享单车的发展历程，并引发读者思考如何促进其向好发展、推动绿色出行；Writing Workshop 要求学生根据调查数据写一篇调查报告，引导学生关注社区环境保护的现状。Reading Club 1 与 Lesson 2 相呼应，介绍垃圾回收、循环利用；Viewing Workshop 与 Lesson 3 呼应，讲解太阳能及其在生产生活中的重要作用；Reading Club 2 与 Writing Workshop 相呼应，上升到人类共同面临的环境问题。基于以上课程的学习，学生能够形成对“绿色生活是什么”“为什么”和“怎样做”的认识，完成单元 Project，实现单元主题意义的探究：增强环保意识，了解环保现状，践行环保措施，开启绿色生活。

Topic Talk 就对绿色生活的理解和如何推动、践行绿色生活进行讨论，听力文章介绍了环保面临的问题和解决措施，以及个人在不同生活方式中可以为环保作出的贡献。

Lesson 1 介绍了“Just-me-ism”(个人的浪费行为无足轻重)导致漠视环保现象，并通过对“根与芽”这一环保组织的介绍，着重突出了个人在环保、节能方面的努力等内容，号召个人为节能减排贡献力量。

Lesson 2 主要介绍了非营利慈善组织 Greenlife 的相关信息，组织绿化沙漠的过程以及克服的困难，表达了对组织创始人易解放“突破小我，奉献社会”的钦佩之情。演讲结束后，学生们就演讲内容提问，与演讲嘉宾展开交流。

Lesson 3 讲述了阿姆斯特丹“白色自行车”项目自 20 世纪 60 年代至今的发展历程，从项目发起到遇到问题停滞，再到调整后重新风靡，及其对世界(尤其是中国)产生的巨大影响，并指出共享单车的未来掌握在我们每个人手里。

Writing Workshop 提供的范文为关于居民保护环境意识与行为的调查报告。报告中指出绝大多数居民有环保意识，能采取行动保护环境，但应更加关注节约用水和节约资源。在调查报告写作中应注重准确描述调查结果，并关注环保现状。

Viewing Workshop 较为系统全面地介绍了太阳能的含义，指出地球上多种形式的能源都源自太阳能，如风能和化学能，并以地球水循环为例阐释了太阳能让地球上的许多事物都发生了改变。该清洁能源的利用对开启绿色生活有很大价值。

二、基于大观念的单元内容结构图

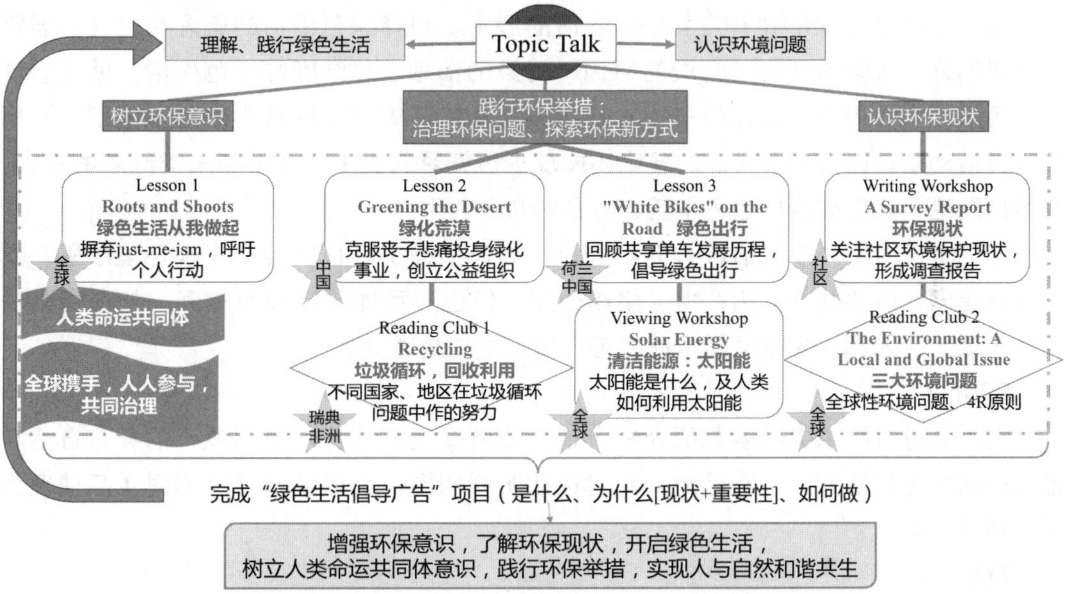

三、基于大观念的单元总体教学目标

通过本单元的学习，学生能够：

1. 树立环保意识：

• 描述环境问题及解决措施，谈论自己能为绿色生活做出的努力；

• 梳理并描述“根与芽”组织的信息（创始人、目的、名称内涵、意义等），阐释个人在环保中发挥作用的必要性，说服他人加入环保行动。

2. 加入环保行动：

• 介绍易解放及她创立的公益组织，评价易解放的行为；

• 谈论共享单车的发展历程与现状，提出促进共享单车良性发展的措施；

• 介绍太阳能并阐释人类利用其进行生产生活的方式，论述该清洁能源的环保价值。

3. 关注环保现状：完成关于共享单车使用情况的调查报告。

4. 开启绿色生活：合作完成“绿色生活倡导广告”，以人类命运共同体理念践行环保举措。

四、各课教学设计

(一)Topic Talk

文本分析

【What】

第一个听力文段介绍了关于绿色生活的展览，阐释绿色生活的概念和含义。展览包含四部分：污染的种类、污染的原因、污染的治理、总结呼吁绿色生活。展览展现了水污染、空气污染、海洋污染、土地污染、噪声污染等不同种类的环境问题，并指出人类活动是污染的主要来源。展览还展现了污染对人类生存环境和人类健康的危害，并得出结论，我们应该过绿色生活，与自然和谐共生。

第二个听力是一段对话，对话双方讨论如何根据实际情况帮助实现环境改善。女士喜欢花园，能够贴近自然；男士住在公寓，但也尽可能创造绿色空间，如在窗前种花和蔬菜。两人都认为绿地能帮助改善环境，抵抗全球变暖。

【Why】

文段通过对绿色生活展览的介绍，旨在使听众关注环境污染问题，倡导与自然和谐相处的绿色生活方式。通过两人的对话使听众明白，可以结合自身不同实际情况为保护环境作贡献。

【How】

第一个文段采用总—分结构，开篇点明展览主题为绿色生活，并指出展览分为四个部分。接着依次介绍了四个部分的具体展出内容，使用 the first section introduces、the second section explains、the third section presents、finally、the exhibition ends with 等连接展览各部分的内容。在介绍污染种类和治理方式时使用 for instance 和 for example 举例，并使用 end with 呈现展览的总结。最后，作者以 to me 引出自己对绿色生活的认识：要与自然和谐共生。

听力对话使用一般现在时陈述现状、表达观点，女士使用 prefer to 表达自己的居住喜好，男士以转折词 but 表明自己尽管 live in a flat，也可以 help the environment，并通过 for example 举例说明。两人都对对方的话进行礼貌回应，如 what a beautiful garden、indeed、absolutely 等，表示对对方创造的绿色空间观点的肯定，同时推动对话继续进行。

教学目标

在本课结束时，学生能够：

1. 获取践行绿色生活过程中面临的问题及解决措施的相关信息；

2. 基于 Text Builder 描述环保问题及解决措施，阐释对绿色生活概念的理解；
3. 结合本节课所学和生活实际，谈论自己可以为实现绿色生活做出的努力。

教学重难点

【教学重点】
1. 获取践行绿色生活过程中面临的问题及解决措施的相关信息；
2. 描述环保问题及解决措施。

【教学难点】
阐释对绿色生活概念的理解，结合生活实际谈论自己可以为实现绿色生活做出的努力。

教学过程

教学目标	教学活动与步骤	设计意图	效果评价	时间与互动模式
获取践行绿色生活过程中面临的问题及解决措施的相关信息。	Activity 1 Ss share what they think of when talking about “green”. Then T shows why green is the symbol of environmental protection. Ss talk about what they think green living is, e. g. not using plastic bags.	通过问题激活学生关于绿色生活的已知与相关词汇表达，补充背景知识，引出本单元主题。	学生能够谈论自己对绿色生活的理解，并能够列举三个以上践行绿色生活的实例，相关语言被激活。	5’ IW
	Activity 2 Work in pairs to list behaviors of promoting green living. Then share in class.			5’ PW CW
	Activity 3 Ss talk about: If you are going to an exhibition on green living, what do you expect to see? Listen to the introduction at a Green Living Exhibition and answer: 1. What is the speaker’s job? 2. What aspects are included in the exhibition?	引导学生预测听力内容，激发学生好奇心，使听力目的更明确。关注标志性语言，基于听力内容推测说话人身份，合理推断。	学生能够对内容进行预测，并在听力过程中记录展览的内容，推测说话人身份。	5’ IW CW

续表

教学目标	教学活动与步骤	设计意图	效果评价	时间与互动模式
	Activity 4 Listen again and complete the Text Builder on the textbook. Then read the Text Builder in class.	获取绿色生活展览中的细节信息，并概括、整合信息，体现学习自主性。	大多数学生能够获取细节信息，如绿色生活中的问题和解决方式，以及说话人对绿色生活的理解。	4' IW CW
基于 Text Builder 描述环保问题及解决措施，阐释对绿色生活概念的理解。	Activity 5 Ss talk about more environmental problems and solutions. Then Ss work in pairs to use the Text Builder to talk about green living, including problems, solutions and personal understanding.	学生描述、阐释环保问题及解决措施，头脑风暴补充问题和解决措施，并通过同伴交流充分内化语言。	学生能够完成对问题和解决方案的描述；并基于 Text Builder 谈论自己对绿色生活的理解。	10' IW PW
结合本节课所学和生活实际，谈论自己可以为实现绿色生活做出的努力。	Acitvity 6 Listen to the dialogue and answer: What are they talking about? Then listen again and answer: 1. Why doesn't the woman like living in a flat? 2. Where does the man live and what does he do to help the environment? 3. What do they think is important to fight against global warming?	获取对话中两人为环保做出的努力，并结合实际谈论自己如何践行环保理念；引导学生思考表达自己能做出的实际努力，运用课堂所学进行表达，知行结合。	学生能够概括对话大意，获取对话中两人为环保付出的努力。	6' IW CW
	Activity 7 Ss discuss in groups to use what they have learnt to talk about what they can do to promote green living. Then share in class. e. g. Green spaces are very important to fight against global warming.		学生能够运用恰当的语言表达自己能为环保所做的事情。	10' GW CW

续表

教学目标	教学活动与步骤	设计意图	效果评价	时间与互动模式
	Homework Use what have learnt to write a short passage (100 words) about green living, including the following aspects: 1. What is green living? 2. What can we do to promote green living? 3. What types of pollution are we faced with? 4. How can we solve the environmental problems?			

教学设计特点及说明
1. 把握英语课程内容，以主题为引领，关注单元主题和本课话题，引导学生进行意义探究； 2. 体现教师基于 What、Why、How 三个角度对文本的深度解读，并将文本学习转化、呈现为有逻辑层次的课堂学习活动； 3. 践行英语学习活动观，在活动中体现学生自主学习、合作探究； 4. 实施教、学、评一体化，课堂评价活动贯穿教学全过程，为检测教学目标服务，发现学生的问题，及时反馈并提供帮助，促进学生更有效地开展学习，保证教学效果。

(二)Lesson 1

文本分析

【What】

文章主要是对“根与芽”这一组织的介绍，包括该组织成立的背景、原因、时间、创始人、命名内涵及重要价值。围绕这一主题，文章着重突出了个人在环保、节能方面的努力等内容，强调个人为节能减排贡献力量的重要性。

在日常生活中，人们浪费点滴水电的行为看似微不足道，但如果千万人都这样做，最终将汇集成巨大的资源、能源损耗。所谓“个人的浪费行为无足轻重”(Just-me-ism)这样的思想不是当代人把肆意铺张当作理所应当的理由。在此背景下，Jane Goodall 创立了“根与芽”组织，鼓励我们每一个人都像破土而出、扎根而入的根与芽一样，用顽强的毅力保护环境，并把爱护自然的观念深入到每一件小事中，用行动改变浪费的现状。文末作者还对读者发出了号召，希望我们每个人都加入这场保护环境的行动中去，为实现人与自然的和谐相处贡献力量。

【Why】

通过本课的学习，希望学生了解到，保护环境并不是一件遥不可及的事情。相反，它需要我们每个人在日常生活中做一些力所能及的事情，如不浪费一滴水、一度电，践行绿色生活、低碳生活，共同创造美好未来。文章也希望读者能够意识到，虽然每个人的力量是微小的，但如果千万人都加入到环保的行动中去，汇聚而成的力量能为节能减排作出很大贡献。同时，我们都应该响应 Jane Goodall 的号召，在实际生活中真正做到爱护环境，节能减排，为维护人类和动植物的生存环境贡献自己的力量。

【How】

本文是一篇说明文，主要是对"根与芽"这一组织的介绍，四个段落分别从以下角度展开写作：

第一部分(第一段)：组织成立的背景：即"Just-me-ism"思想的流行；

第二部分(第二段)：组织成立的时间、创始人、目的；

第三部分(第三段)：组织命名的内涵；

第四部分(第四段)：强调组织的核心价值：个人的力量；呼吁人们响应"根与芽"这一组织的号召，用行动切实保护环境。

为使文章的表达更连贯紧密，作者多处采用排比句式或结构相近的短语增加语势，如"One cheered-up person, one happy dog, one flowering plant and you.""Do you want to use your life…? Do you want to make *Roots & Shoots* rooted…? Do you want to be a part of a community…?"等，并通过举例子、做诠释、引用等手法增加说明文语言的逻辑性和说服力。如第一段对浪费水、电、乱丢垃圾的描写"Well, say you leave the tap running while you brush your teeth, leave a light on when you go out or you drop a piece of litter and can't be bothered to pick it up."；第三段中对组织命名内涵的阐释"The organisation is called *Roots & Shoots* because…"，以及文章结尾插入的 Jane Goodall 的一段话"Every individual matters."。

为使文章的表达更生动形象，文章第三段采用了隐喻修辞。在"The roots and shoots are you, your friends and young people all around the world."中，使用隐喻表达了我们每一个年轻人都像绿树新芽一样，把环保的理念深入自己的内心，而根据上下文，在这个过程中，教育就像破土而出、扎根而入的根一样，在每个人心中埋下了环保的种子，指引我们深入全球的环保行动中去，用顽强的毅力保护环境，用行动改变浪费的现状。组织不断发展，环保理念也逐渐深入到每个年轻人的内心，推动着全球环保局面不断向好。

同时，文章还用了一系列动词短语来描述日常生活中的一些场景，如 brush your teeth、drop a piece of litter、pick it up，其中也使用了动词-ing 和-ed 形式充当宾语补足语或定语，如 leave the tap running、best-known expert、one cheered-up person、one flowering plant 等。在第二段的描述中使用了被动语态表达组织的创立，如 *Roots & Shoots* was established、the institute was set up、the organisation is called 等。

教学目标

在本课结束时，学生能够：

1. 通过阅读获取梳理"Just-me-ism"的相关细节信息，如"是什么""为什么有害"等；

2. 提取并概括"根与芽"的基本信息，介绍其成立的背景、原因、时间、创始人，推断其命名的内涵；

3. 分析、评价 Jane Goodall 的话及"根与芽"的标识，深入思考并阐释成立的意义和个体发挥作用的价值；

4. 阐释个人在环保中发挥作用的必要性，从自身做起，保护环境，并学习运用文章中的语言表达，号召他人保护环境。

教学重难点

【教学重点】

1. 通过阅读获取梳理"Just-me-ism"的相关细节信息，如"是什么""为什么有害"等；

2. 提取并概括"根与芽"的基本信息，介绍其成立的背景、原因、时间、创始人，推断其命名的内涵。

【教学难点】

1. 分析、评价 Jane Goodall 的话及"根与芽"的标识，深入思考并阐释成立的意义和个体发挥作用的价值；

2. 阐释个人在环保中发挥作用的必要性，从自身做起，保护环境，并学习运用文章中的语言表达，号召他人保护环境。

教学过程

教学目标	教学活动与步骤	设计意图	效果评价	时间与互动模式
第一课时				
通过阅读获取梳理"Just-me-ism"的相关细节信息，如"是什么""为什么有害"等。	Activity 1 Ss look at the pictures on page 30 about resource waste and environmental pollution, and think about their own behaviour. 1. What is happening in each picture? 2. Have you ever seen such behaviour? 3. What would happen if everybody does the same thing?	利用三幅图片引出环保主题，学生通过对图片的描述激活已知，反思自己或身边的人是否做过类似的事情，并思考其后果，为后续厘清文章大意，学习环保主题做铺垫。	学生对环保的认知、态度以及相关语言被激活；并能积极思考问题，对环保的重要意义做初步阐释。	8' PW

续表

教学目标	教学活动与步骤	设计意图	效果评价	时间与互动模式
	Activity 2 Individual work: 1. What is "Just-me-ism"? 2. Is it a positive or negative factor to environmental protection? Why?	初读文章，找出与"Just-me-ism"这一现象相关的例子及细节信息，理解其含义及不良后果，并给出原因解释。	学生能梳理概括出"Just-me-ism"的含义，并基于课文中给出的例子说明其不良后果；并发散思维，列举其他案例阐明自己的观点。	7' IW
提取并概括"根与芽"的基本信息，介绍其成立的背景、原因、时间、创始人，推断其命名的内涵。同时，分析、评价 Jane Goodall 的话及"根与芽"的标识。	Activity 3 1. Read and use your own mind map (or graphic organiser) to illustrate what you have found about *Roots & Shoots*. Question: How do you understand the symbolic meaning of its name? What are roots? What are shoots? 2. Show the logo of *Roots & Shoots*. What can you see in this picture? Try to figure out the meaning of it. 3. Based on your understanding of this organisation, do you think *Roots & Shoots* can help solve the problem of "Just-me-ism"? Give your reasons. Activity 4 Prepare a presentation to introduce *Roots & Shoots* based on your mind map and the discussion above.	阅读文章，整合"根与芽"这一组织的相关信息，建立自己的思维导图；结合文章及教师展示的组织标识推断其命名的表层和深层内涵，深入分析该环保组织的意义和价值，并运用所学完成对该组织的介绍，加强知识内化。	学生能构建思维导图梳理该组织的基本信息，并能根据原文在小组活动中推断其命名的表层含义；同时能在文章中获取"根与芽"旨在教育年轻人环保的深层内涵，并基于此对问题 3 给出合理有逻辑的解释。最后，学生能基于思维导图和本节课所学组织语言完整介绍"根与芽"。	30' IW GW

续表

教学目标	教学活动与步骤	设计意图	效果评价	时间与互动模式
第二课时				
分析、评价 Jane Goodall 的话及“根与芽”的标识，深入思考并阐释成立的意义和个体发挥作用的价值。	Activity 1 Review the first period of the lesson, read again and answer: 1. What makes Dr. Jane Goodall think *Roots & Shoots* can help solve the problem of “Just-me-ism”? 2. How do you understand the following quotes from Dr. Jane Goodall? (1) Every individual matters. Every individual has a role to play. Every individual makes a difference. (2) It is by acting together, in this exciting way, that we can involve thousands—millions—of people, and this is what is going to change the world.	回顾第一课时所学内容，再读课文，深入挖掘文本，探讨组织创始人 Jane Goodall 的环保精神，并分析文章中引用的句子，体会个体对环保的重要作用。	学生能找出文章中的句子对问题 1 作出回应，并结合已知和自身经验对引用的话作出分析和阐述。	15’ IW CW
阐释个人在环保中发挥作用的必要性，从自身做起，保护环境。	Activity 2 Further discussion 1. What contributions does *Roots & Shoots* make to society? 2. Do you agree with her idea “individuals are roots and shoots”? What role does individual play in environmental protection in your opinion?	进一步思考“根与芽”组织对社会作出的贡献，并对其提出批判与评价，整合所学内容阐释个人在环保中发挥作用的必要性。	学生能理解并阐述“根与芽”成立的意义和价值，并进一步就其局限性作出批判性评价，意识到个体环保的重要性，并从自身做起，保护环境。	12’ GW CW

续表

教学目标	教学活动与步骤	设计意图	效果评价	时间与互动模式
学习运用文章中的语言表达，号召他人保护环境。	Activity 3 1. Create a situation: Imagine you are a volunteer of *Roots & Shoots*. Use what you have learnt to persuade people to take action. Read the text again and find the parallel structures or phrases to help you.	创设情境，鼓励学生基于本课所学号召他人加入环保行动，同时引导学生学习文中排比句式的使用，在自己的表达中加以运用，加强说服力。	学生能找出文中的排比句式，体会其中的意义和作用，模仿并组织简单的语言进行表达。同时，结合经验，组织连贯有逻辑的话语号召他人行动，有理有据地说服他人在实际生活中保护环境，做到语言和内容的双重内化。	18' IW CW
	Homework Here are the reasons why people waste. Try to refute one of them and illustrate the importance of individuals in environmental protection. Write down your words with parallel structures or phrases (no less than 100 words). Reason 1: I'm just a student. When I become a powerful person I can do more. Reason 2: I know it's important, but I'm too busy and I don't have time for small things like this. Reason 3: I don't know how to make my friends take action to protect environment, so I do the same thing with them.			

续表

教学设计特点及说明
1. 体现教师基于 What、Why、How 三个角度对文本的深度解读，并将文本学习转化、呈现为有逻辑层次的课堂学习活动； 2. 践行英语学习活动观，以主题意义为引领，设计活动培养学生的学习理解、应用实践、迁移创新能力，三个层次逐级递进，培养学生思维的逻辑性和创造性不断进阶； 3. 体现教、学、评一体化，确保课堂教学的效果，使教师能在教学过程中及时发现问题，及时反馈或提供必要的帮助，促进学生的高效学习。

(三)Lesson 2

文本分析

【What】

第一篇听力主要介绍了非营利组织 Greenlife 的相关信息，包括其创始人、创设原因和目的，接着介绍了该组织绿化沙漠的过程以及克服的困难，最后讲座嘉宾分享了自己的感想。Greenlife 创始人易解放为了完成已故儿子未竟的心愿，通过植树改善中国北部的沙尘暴和沙漠，创立了 Greenlife 这一组织。于是易解放和她的团队开始在内蒙古植树造林，但是由于初期经验不足，树苗会被大风吹走，不断尝试之后，树苗存活率达到了 85%，最后讲座嘉宾分享了易解放儿子的墓志铭，并表达了对易解放的钦佩之情。

第二篇听力主要介绍讲座结束后，学生们提出问题并和讲座嘉宾进行交流，分别关注了易解放是如何克服悲痛投身荒漠绿化、荒漠过去和现在的差别以及易解放的近况等问题。

【Why】

第一篇听力向读者讲述了易解放为了完成儿子未竟的心愿，创立环保组织奉献自我在荒漠植树的感人事迹，让读者感受到亲情的力量、奉献的无私、心系荒漠的大爱和克服困难坚持在荒漠种树的毅力，并学习这些优秀品质。

第二篇听力主要让学生了解更多相关内容，学习如何礼貌提问。

【How】

第一篇听力是一篇短小精炼的演讲，共三部分组成，分别为创设组织的原因和目的、绿化沙漠的过程以及克服的困难、墓志铭分享和演讲者的感悟。第一部分是对 Greenlife 这一组织的介绍，讲座嘉宾首先用一个设问句点明今天演讲的内容“Why did she set up such an organisation and what is it for? These are the things I'm going to talk about in my presentation.”。在后面的演讲中，讲座嘉宾讲述了创设组织的原因和目的，总体上使用了过去时态，包括一般过去时和过去完成时，如 had a contented life、died in a road accident、she remembered how concerned her son had been about、he had said that 等，此外，演讲者还使用了连接词、表示逻辑关系的短语等让叙事娓娓道来。如 until 表现出儿子去世的突然及其给易解放带来的巨大悲痛，再如 despite her sadness 体现出易解放克服悲痛致力于完成儿子未竟心愿的决心。

第二部分讲述了 Greenlife 在内蒙古绿化荒漠的曲折过程，讲座嘉宾开篇点明 the early days of *NPO Greenlife* were not easy，整体也是使用过去时态。讲座嘉宾用 vast areas of dry lands with little agriculture 说明当地沙漠化的严重程度，用 however、although、now 等连接词体现出成功过程的一波三折。

最后一部分讲座嘉宾分享了两段易解放儿子的墓志铭，并用 complete respect、admire her strength、a huge difference 等表达抒发了自己的敬佩之情。

第二篇听力主要关注学生提问时的用语。在提问部分，学生们礼貌地提出了自己的问题，首先讲座嘉宾表示感谢 Thanks for your presentation。同时，使用 My question is、I'm interested in、Can you say something about、Could you tell us more 等比较正式的提问用语。

教学目标

在本课结束时，学生能够：

1. 理解讲座内容，并记录关于环保公益组织 Greenlife 的事实性信息，包括其创始人、创设初衷、创设目的、做了哪些事情等；
2. 根据笔记，结合所学，讲述易解放的事迹；
3. 评价易解放的行为，表达自己的体会和感受；
4. 掌握在正式场合提问的恰当语言；
5. 两人一组，分别模拟易解放和采访者，进行问答。

教学重难点

【教学重点】

1. 理解讲座内容，并记录关于环保公益组织 Greenlife 的事实性信息，包括其创始人、创设初衷、创设目的、做了哪些事情等；
2. 根据笔记，结合所学，讲述易解放的事迹；
3. 掌握在正式场合提问的恰当语言。

【教学难点】

1. 评价易解放的行为，表达自己的体会和感受；
2. 两人一组，分别模拟易解放和采访者，进行问答。

教学过程

教学目标	教学活动与步骤	设计意图	效果评价	时间与互动模式
第一课时				
理解讲座内容，并记录关于环保公益组织 Greenlife 的事实性信息，包括其创始人、创设初衷、创设目的、做了哪些事情等。	Activity 1 T asks a question to warm up： Do you know anyone who has put great effort in protecting the environment? After a brief discussion，T shows Ss the poster of the presentation，and asks the following questions. 1. What's the name of the figure on the poster? Do you know her? 2. According to the poster，what do you think the presenter is going to talk about? 3. What does NPO stands for? What's the aim of *Greenlife*? 4. What do you think is the reason why Yi Jiefang founded *Greenlife*?	通过提问先引起学生的注意，使之进入状态。再通过观察海报，预测听力内容。	学生能够说出上节课学习的人物，并通过观察海报对即将学习的内容做出一些预测。	8' IW CW
	Activity 2 Listen to the first part of the tape with the following questions and note the answers down. 1. What was the terrible event that changed Yi Jiefang's life? 2. How did Yi Jiefang feel after the accident? 3. What made her start *NPO -Greenlife*?	分段落听录音，抓住细节信息。	听完录音，学生能进行对文本的意义探究。	20' IW CW

续表

教学目标	教学活动与步骤	设计意图	效果评价	时间与互动模式
	Activity 3 Listen to the second part of the tape and complete what Yi has done in Inner Mongolia.			
	Activity 4 Listen to the third part of the tape and complete the quotes written on the headstone of Yi Jiefang's son. Then explain the meaning.			
	Activity 5 Listen to the third part of the tape again and note down the key words of the presenter's personal comment.	关注作者评价，为自己的评价积累词汇。	学生都能记下至少两个关键词。	5' IW
	Activity 6 Listen to the tape once again and check and make complements to the notes.	再完整听一遍录音，完善笔记内容。	学生能根据录音内容认真核对自己的笔记。	3' IW
根据笔记，结合所学，讲述易解放的事迹。	Activity 7 Tell Yi's story based on the notes and practise in pairs. Then present to the class.	根据笔记讲述故事，内化所学。	学生能根据笔记讲述易解放的事迹。	9' IW PW CW
	Homework Write a short article to introduce Yi Jiefang and her deeds.			
第二课时				
评价易解放的行为，表达自己的体会和感受。	Activity 1 Review the first period of the lesson orally and check homework in pairs.	复习上节课内容，检查作业。	学生能回忆起上节课所学。	8' PW CW

续表

教学目标	教学活动与步骤	设计意图	效果评价	时间与互动模式
	Activity 2 Express the feelings of Yi and her deeds. Then work in pairs and share feelings in class.	学生表达自己对易解放事迹的观点和看法。	学生能说出自己的评价。	7' IW PW CW
掌握在正式场合提问的恰当语言。	Activity 3 Listen to the tape once again and think what questions we want to ask the presenter.	引导学生思考自己想问的问题，并在接下来的听力中寻找答案。	学生至少能提出一个自己想问的问题。	3' IW CW
	Activity 4 Listen to the Q & A part and check whether the questions were asked or somehow answered.	让学生先整体把握问答环节。	学生能听出自己的问题是否被提到。	5' IW CW
	Activity 5 Listen to the Q & A part and note down the key words of the answers to the following questions: 1. What helped Yi work through her sadness? 2. What changes has *NPO - Greenlife* brought to the desert? 3. What did Yi do in 2013?	引导学生关注问答环节的内容。	学生能记下答案中的关键词。	5' IW CW
	Activity 6 Listen to the tape once again and finish the Talk Builder on the textbook.	让学生关注提问的语言。	学生能完成填空练习。	5' IW
两人一组，分别模拟易解放和采访者，进行问答。	Activity 7 Work in pairs and play the role of Yi and an interviewer to practise a Q & A part.	对技能和内容同时进行内化与应用。	学生能两人合作模拟练习采访易解放。	12' PW

续表

教学目标	教学活动与步骤	设计意图	效果评价	时间与互动模式
	Homework Go on writing the comment on Yi and her deeds following the paragraphs we've written.			
教学设计特点及说明				
1. 把握两个语篇关注的不同重点，其中语篇一关注内容，语篇二关注功能。 2. 教学过程中分解任务。每次播放录音完成相应层次的任务，将全部任务进行分解，少量多次完成。				

(四) Lesson 3

文本分析

【What】

本文讲述了阿姆斯特丹“白色自行车”项目自 20 世纪 60 年代至今的发展历程，包括阿姆斯特丹被称为“自行车之乡”的原因(地势平坦，设施完备)、发起“白色自行车”项目的目的(节能减排、免费公共交通)、措施(多个区域放置白色自行车供人们随取随用)和出现的问题(自行车被偷)，1999 年“白色自行车”项目卷土重来面对问题采取的应对方法(电脑追踪系统、插卡使用、规定区域停放)，以及当下“白色自行车”理念对阿姆斯特丹(清新空气、便利交通)、全世界(“白色自行车”理念风靡全球)，尤其是对中国产生的巨大影响(共享单车出现，好处和问题并存)，并指出共享单车的未来掌握在我们每个人手中。

【Why】

本文详细说明了阿姆斯特丹“白色自行车”项目的发展历程、过程中遇到的问题和解决办法，以及产生的巨大影响，使读者深入了解阿姆斯特丹的自行车文化，认识到共享单车是践行绿色生活、保护环境的一种重要方式，思考在当前中国共享单车蓬勃发展但面临重重问题的背景下，个人如何正确做到绿色出行、促进共享单车事业向好发展。

【How】

本文是一篇说明文，共分为六段。第一段为“白色自行车”项目的背景信息，第二段至第四段是对项目发展过程的描述，第五段至第六段介绍了项目对世界产生的影响。在第一段中，作者从地理条件、基础设施和受欢迎程度三个方面解释了阿姆斯特丹被称为“自行车之乡”的原因，如 it's flat、plenty of place for bicycle parking and most streets in the city centre have a bicycle path、38% of all trips are made by bike。

第二段至第四段，作者按照时间顺序详细介绍了“白色自行车”项目的发展历程，包括项目发展的起始点 in the 1960s，发起人 a group of cycling fans，发起目的 help to save energy、reduce pollution、provide free public transport，措施 painted bicycles white and placed them in many areas around Amsterdam for people to use、anyone was allowed to take them and use them，结果 thieves stole them all in a matter of weeks，1999 年项目回归后采取的措施：a computer tracking system to record move、put in a special card、painted in bright colours、parked at special parking places 及其结果：clean air、easy transport。

第五段至第六段，作者阐释了“白色自行车”项目对世界产生的影响：the idea of “white bikes” has pealed its way around the world and there has been a global increase in bike-sharing，并着重描述了共享单车在中国的发展情况：more and more cities have their own “white bike” programmes，产生的益处：save energy、reduce air and noise pollution、enjoy the benefits of exercise in cities，以及存在的问题：the theft of bikes and parking issues，最后呼吁读者从自身做起，思考如何正确做到绿色出行、促进共享单车良性发展：Where will bike-sharing go in China? You decide。

文章共有两张配图，分别呈现了阿姆斯特丹的自行车道和 1999 年“白色自行车”项目回归后自行车停放在街道上的场景，使读者能够直观地感受阿姆斯特丹的自行车文化和“白色自行车”项目回归后的变化，从而更好地理解文本内容。

教学目标

在本课结束时，学生能够：

1. 通过阅读获取阿姆斯特丹被称为“自行车之乡”的原因，梳理、概括“白色自行车”项目在不同发展阶段的措施、所遇困难、克服困难的方法，以及项目产生的影响，借助思维导图呈现所形成的结构化知识；

2. 运用本课所学语言，基于结构化知识，借助思维导图描述“白色自行车”项目的发展过程。分析、判断发展共享单车的好处和面临的问题；

3. 基于对“白色自行车”项目发展历程的理解，分析、推断影响共享单车发展的因素，评价作者关于共享单车未来发展的语言，提出推动共享单车良性发展的方法。

教学重难点

【教学重点】

1. 通过阅读获取阿姆斯特丹被称为“自行车之乡”的原因，梳理、概括“白色自行车”项目在不同发展阶段的措施、所遇困难、克服困难的方法，以及项目产生的影响，借助思维导图呈现所形成的结构化知识；

2. 运用本课所学语言，基于结构化知识，借助思维导图描述“白色自行车”项目的发展过程。分析、判断发展共享单车的好处和面临的问题。

【教学难点】

基于对“白色自行车”项目发展历程的理解，分析、推断影响共享单车发展的因素，评价作者关于共享单车未来发展的语言，提出推动共享单车良性发展的方法。

教学过程

教学目标	教学活动与步骤	设计意图	效果评价	时间与互动模式
第一课时				
通过阅读获取阿姆斯特丹被称为“自行车之乡”的原因，梳理、概括“白色自行车”项目在不同发展阶段的措施、所遇困难、克服困难的方法，以及项目产生的影响，借助思维导图呈现所形成的结构化知识。	Activity 1 Ss are showed pictures of shared bikes and answer the following questions. 1. What is it in the pictures? 2. Are there any shared bikes in your neighbourhood or around our school? 3. What are the advantages and disadvantages of shared bikes?	利用图片和问题激活学生已知，铺垫语言，引出本课主题。	学生对主题的已知被激活，同时补充新知。	5’ IW CW
	Activity 2 Read paragraph 1 to find out why Amsterdam is called “the City of Bicycles”.	学生快速阅读文章第一段，获取“白色自行车”项目产生的背景信息，即阿姆斯特丹被称为“自行车之乡”的原因，满足学生求知欲，激发学习兴趣。	学生能通过快速阅读文章第一段，了解阿姆斯特丹被称为“自行车之乡”的原因。	5’ IW CW
	Activity 3 Work in pairs. Read the rest of the text and underline the key information about the development of “white bikes” with the help of the Skill Builder, then share notes with each other.	学生阅读文章剩下的部分，在 Skill Builder 的帮助下，对“白色自行车”项目发展历程中的重点信息进行标注，获取文章的基本信息和大意。	学生能基于初次阅读了解“白色自行车”项目的发展历程，标注重点信息并和同伴讨论。	6’ PW

续表

教学目标	教学活动与步骤	设计意图	效果评价	时间与互动模式
	Activity 4 Ss are asked several questions at first and the answers are written on the blackboard as an example to make a mind map: 1. When was the idea of "white bikes" first proposed? 2. Why did they propose this idea? 3. What did they do? 4. What results did they get? Read paragraphs 2-4 again and complete a mind map which illustrates the development of "white bikes" and share it with a partner. Then read paragraphs 5-6 again and find relevant information about the influence of "white bikes".	通过提问示范如何制作思维导图，学生再次阅读文章第二段至第四段，梳理、概括“白色自行车”项目的发展历程，完成思维导图。接着，再次阅读第五和第六段，获取“白色自行车”项目产生的影响。最终形成全文的结构化知识。同时，根据板书和教师阐释，了解“一词多性”。	学生可以完成“白色自行车”项目发展历程的思维导图，并概括项目产生的影响。同时，学生能了解“一词多性”。	15’ IW PW CW
运用本课所学语言，基于结构化知识，借助思维导图描述“白色自行车”项目的发展过程。	Activity 5 Work in groups of four. Suppose Ss are the guides at the Museum of Shared Bikes. Based on the mind map, use their own words to introduce the development of "white bikes" first within the group. Then, some groups are invited to do a class presentation. In the presentation, try to use different parts of speech of words.	学生借助课堂完成的思维导图复述“白色自行车”项目的发展历程，通过小组合作和班内展示实现知识与信息的复现，使学生充分内化语言，发挥学生的自主性和互助性，增强逻辑思维能力。	学生能通过小组合作、班级展示，较完整地描述“白色自行车”项目的发展历程，体现出不同程度的内化。	14’ GW CW

续表

教学目标	教学活动与步骤	设计意图	效果评价	时间与互动模式
	Homework Search online for more information about the benefits as well as problems of bike-sharing. Bring your search results to the next lesson.			
		第二课时		
回顾所学，分析、判断发展共享单车的好处和面临的问题。	Activity 1 Ss take out their search results about the benefits and problems of bike-sharing. Then share it with their partners.	学生根据调查结果分析和判断共享单车的利弊，从而体会发展共享单车的必要性和解决其存在弊端的必要性。	学生能基于文章内容和调查结果，分析和判断共享单车的利弊。	6' PW
基于对“白色自行车”项目发展历程的理解，分析、推断影响共享单车发展的因素，评价作者关于共享单车未来发展的语言，提出推动共享单车良性发展的方法。	Activity 2 Based on Activity 6，think what factors may influence the development of bike-sharing.	学生在了解共享单车利弊的基础上，发散思维、深入探究影响共享单车发展的因素，提升思维能力。	学生能基于对共享单车利弊的了解，推断影响共享单车发展的因素，并有理有据地进行论述。	8' IW CW
	Activity 3 Discuss the last sentence of the text and share the understanding about it. Questions: 1. What “you” in this sentence refers to? 2. Can the problem of shared bikes be solved by the general public alone?	学生进一步思考文中最后一句话的意图，体会个人在推动共享单车良性发展过程中扮演的重要角色，引领主流价值，塑造学生品格。	学生能有理有据地陈述个人观点，体会个人在推动共享单车良性发展过程中扮演的重要角色，体现对文本内涵和意义的把握与感悟。	10' IW CW
	Activity 4 Works in groups of four. Discuss what people can do to help bike-sharing go smoothly in China. Ss are reminded to think of this question from different angles (e. g. government officials，shared bikes companies) and write down the ideas.	学生基于上个活动的讨论结果，从不同角度思考推动共享单车良性发展的措施，提升自身解决问题的能力。	学生能从自身角度出发进行思考，并从多个角度思考推动共享单车良性发展的措施。	15' GW CW

续表

教学目标	教学活动与步骤	设计意图	效果评价	时间与互动模式
	Activity 5 Summarise and reflect on what have been learned in class. Review the text and raise questions if there is any.	通过总结、反思，了解学生仍存在的问题，及时查漏补缺。	学生在总结中表现出对文本语言知识和文化知识的内化。	6’ CW
	Homework Your pen friend Hans is asking about the bike sharing programmes in your city. Please write a letter to tell him what you know about it，you may include： 1. How to use a shared bike? 2. The benefits and problems of shared bikes. 3. Your concern and suggestions.			
教学设计特点及说明				
1. 充分体现教师多角度、深层次的文本解读，并将文本解读的结果转化为学生的课堂学习活动。 2. 体现英语学习活动观的三个层次，促进核心素养四要素整体推进、关联融合、协调发展。 3. 借助思维导图建构结构化知识，并通过多种形式的讨论推动学生思维发展的不断进阶。 4. 板书设计体现了主题意义的探究和思维进阶的过程。				

（五）Writing Workshop

文本分析

【写作主题】

本单元 Lesson 1～3 从多个角度阐释了环保的重要性，并呼吁践行绿色生活。本课的写作任务为关于共享单车的调查报告。范文为关于居民保护环境意识与行为的调查报告。报告中指出绝大多数居民有环保意识；大多数居民通过回收利用、减少一次性用品使用、自行车或步行出行等行动参与到环境保护中。然而，居民在节约用水、节约能源方面行动较少。最后，报告总结，居民普遍理解保护环境的重要性，且大多数居民能采取行动，但应更加关注节约水资源和其他资源。

【写作目的】

调查报告以数据清晰呈现人们的环保意识和环保行为，使读者了解并关注环境保护现状，明确环保行动中的不足，呼吁读者为环境保护贡献自己的力量。

【语篇结构】

全文共四段。第一段介绍调查报告的时间、调查者、主题和调查对象；第二和第三段呈现调查结果，其中第二段为积极的结果，第三段为消极的结果；第四段为总结，对调查报告的结果进行总结，并指出市民应该重点关注的地方。报告全篇采用总—分—总的结构，同时以饼状图和条形图呈现调查结果：饼状图呈现居民选择的占比，条形图上可以看出各个活动的参与人数。

【语言特点】

调查报告通篇采用第三人称，体现报告的客观性。在介绍报告内容时作者使用一般过去时，以 to do 不定式表明调查主要内容，以 here are the results 引出调查结果，统领全文。在介绍图表内容时多处数量词表达，如 as high as、most of、more than、the majority of 等描述较多数量，just under、just over、not as many、very few 等描述较少数量；使用一般过去时描述数据结果，使用过去完成时呈现市民在接受调查之前的行为。在总结中，作者使用一般现在时概括结论，以一般过去时呈现市民行为。除此之外，作者使用连接词实现段落之间的过渡，如描述结果时用 as the diagram shows，用 unfortunately 和 however 表示转折引出消极结果，用 to sum up 引出结论，用 this indicates 阐明调查报告带来的启示。

教学目标

在本课结束时，学生能够：

1. 列举调查报告应该涵盖的信息，获取、梳理范文的内容和结构，分析、总结呈现数据时的语言(数量表达)与句式特点；

2. 写出共享单车调查报告大纲，模仿原文表达仿写句子描述调查数据，并完成初稿；

3. 在自评、同伴互评和班级展示后进一步完善共享单车调查报告，包括内容、结构、语言表达。

教学重难点

【教学重点】

列举调查报告应该涵盖的信息，获取、梳理范文的内容和结构，分析、总结呈现数据时的语言(数量表达)与句式特点。

【教学难点】

清晰描述调查问题；明确调查报告大纲，运用恰当的数量表达描述调查数据。

教学过程

教学目标	教学活动与步骤	设计意图	效果评价	时间与互动模式
第一课时				
列举调查报告应该涵盖的信息，获取、梳理范文的内容和结构，分析、总结呈现数据时的语言(数量表达)与句式特点。	Activity 1 We are going to write a survey report on environmental protection for the residents in our city. What should be included in a survey report? Discuss in pairs and list the information. Then share the opinions in class.	创设情境，唤起学生的生活经验，组织学生进行头脑风暴，引出写作内容，设定写作对象，明确写作任务。	学生的写作意图被激发，写作对象和写作任务明确，并能初步头脑风暴一些写作内容的关键词，如调查主题、调查对象等。但对调查报告应包含的其他内容不熟悉。	3' PW CW
	Activity 2 Read the sample quickly and answer: What is included in this survey report?	学生通过阅读获取调查报告应该涵盖的内容，基于上一活动已有的知识进行补充，形成框架。	学生能够基本准确地梳理该调查报告包含的内容，补充完善自己在上一活动中列举的内容。	4' IW
	Activity 3 Read the sample again and find out: 1. What questions are asked? 2. What are the findings? Underline the questions of the survey report and describe the findings. Then try to explain the pie chart and bar chart and find out what data are shown in the two charts.	梳理范文写作内容，在范例阅读(包括图表)中找出调查问题和调查结果，关注调查问题在报告中的呈现方式，以及调查结果的描述。同时关注文中两个图表的运用。	学生能够从第一段和图表中找出并描述调查问题和数据。	6' IW CW

续表

教学目标	教学活动与步骤	设计意图	效果评价	时间与互动模式
	Activity 4 Read the sample again and answer: What are the quantity expressions in the survey report? Categorise them and write them down on the worksheet. If possible, try to give more quantity expressions. Finish above questions and then share in groups.	引导学生关注语言特点，梳理表示数量的语言表达并运用到自己的写作中，实现语言的内化。	学生能够整理出具体的语言表达，确定正确的时态、语态。	10' IW GW CW
写出共享单车调查报告大纲，模仿原文表达仿写句子描述调查数据，并完成初稿。	Activity 5 Read the data on page 41 and work out the outline of the survey report of shared bikes. Write two sentences to describe the major findings and supporting figures. Then exchange the sentences with partners.	通过学习范文，学生构建形成自己的调查报告提纲。交流如何在调查报告中呈现调查问题，并仿写描述调查结果的句子，及时内化语言。	学生能够形成调查报告大纲。并正确将数据进行分类并细化写作内容。同时，能够正确进行单句的仿写。	12' IW PW
	Activity 6 Finish the first draft using the outline and Writing Help.	当堂完成初稿，巩固所学，实现知识的内化与迁移，参考“写作帮助”中的要求辅助写作。	学生能够完成初稿。	10' IW
第二课时				
在自评、同伴互评和班级展示后进一步完善共享单车调查报告，包括内容、结构、语言表达。	Activity 1 Discuss what makes a good survey report. Do self-assessment, and then peer assessment based on the editing sheet in pairs. Make necessary improvement according to others comments.	学生进行自评与互评，提出修改建议，取长补短，完善自己的写作。	学生能够在教师的引导下对照标准进行自评和互评，并对他人的写作提出建议。同时，能够根据他人的建议做出修改和完善。	20' IW PW

续表

教学目标	教学活动与步骤	设计意图	效果评价	时间与互动模式
	Activity 2 Ss share some sentences of their survey report on the blackboard. Then read and make comments on others' writing.	学生进行课堂展示，师生进行课堂互评，进一步内化语言。	学生能够结合评价标准评价他人的写作，并对比自己的写作取长补短。	20' CW
	Activity 3 Make a summary about survey report，including structure，quantity expressions，common problems.	总结所学，形成关于调查报告完整的结构化知识。	学生能够形成完整的结构化知识，教师在学生的总结中探查学生知识的内化程度。	5' IW CW
	Homework 1. Finish the second draft. 2.（Optional）Pair work：conduct a survey about an environmental issue and write a survey report. You have one week to finish it.（Issues to choose：green power，recycling，living a low-carbon life，waste management，reducing pollution）			

教学设计特点及说明

1. 以《课标》为纲，结合要求，在单元主题语境下把握六要素整合的英语课程内容，提高学生分析问题和解决问题的能力。
2. 体现教师对范文的深度解读，并依据写作主题、写作目的、语篇结构、语言特点四个角度进行解读。
3. 设计体现了英语学习活动观的学习理解、应用实践、迁移创新三类活动的关联与递进，落实核心素养四个方面的要求，整体推进，整合融入。
4. 采取自评、互评等多样化的评价方式，为检测教学目标服务，运用学生自我评价表和同伴互评表发现学生的问题，及时反馈并提供帮助，促进学生更有效地开展学习，保证教学效果。

(六)Viewing Workshop

文本分析

【What】

视频文本较为系统全面地介绍了什么是太阳能，给出其定义并通过通俗的实例解释了太阳能存在于我们日常生活的多个方面，指出地球上多种形式的能源(如风能、电能和化学能)都源自太阳能，以地球水循环为例阐释太阳能让地球上的许多事物都发生了改变，如化冰成水、化水为汽。太阳能不仅为地球带来了光亮和温暖，还为所有生物都提供了能量。

【Why】

本文说明了何为太阳能，介绍了太阳能是地球上多种能源的能量来源，以及太阳能为地球上的事物带来的改变，使读者深入了解太阳能，认识到太阳能在供应能源方面的重要性以及在地球水循环中扮演的重要角色，从而进一步思考如何合理利用太阳能等清洁能源推动绿色生活的发展。

【How】

本文是一篇说明文，共四段。第一段简单介绍了视频的内容，即了解什么是太阳能，同时给出了定义：Solar energy is energy that comes from the Sun。第二段结合实例：what makes you feel hot when you lie on the beach in the summer、what causes solar panels to turn sunlight into electricity、what sets a piece of paper on fire under a magnifying glass，具体阐释了我们在日常生活中如何感受到太阳能。第三段介绍了太阳能为地球上多种形式的能源提供了能量来源，比如风能：the Sun heats the Earth's air in an uneven way … causes winds to form … wind has mechanical energy … can be collected and put to work for people。自古以来，人们利用风 power windmills、grind grains and pump water、move sailboats、generate electricity。比如化学能：all plants use the Sun's energy to make their own food … food contains chemical energy … to grow。当动物食用植物的时候，植物中蕴含的化学能会转移到动物身上从而给它们提供能量。第四段指出太阳能使地球上的许多事物发生了改变，并以地球水循环为例，介绍了太阳能可以 melt ice and change it to liquid water、cause liquid water to change into water vapour that becomes part of the air which eventually turns into clouds … clouds get heavy … water falls back to the Earth，从而间接地产生了 rain、sleet、hail、snow 等气象。最后，总结太阳能 lights and heats the Earth and provides energy for all living things。

视频内容根据文本内容变化，使读者能够直观地了解什么是太阳能以及太阳能的应用，从而更好地理解文本内容。

教学目标

在本课结束时，学生能够：

1. 预测视频内容，并通过观看视频获取、梳理第一部分有关太阳能的概念信息，如是什么、如何转换为其他能源、其表现形式等；

2. 提取、概括第二、三部分的基本信息，梳理太阳能转化成风能、化学能的流程，以及参与水循环的过程；

3. 基于创设的情境，运用所学语言和知识介绍太阳能及其应用；

4. 评价、判断太阳能的利用在环保方面发挥的作用，并完成课后资料搜集，思考该清洁能源其他可能的利用方式。

教学重难点

【教学重点】

1. 预测视频内容，并通过观看视频获取、梳理第一部分有关太阳能的概念信息，如是什么、如何转换为其他能源、其表现形式等；

2. 提取、概括第二、三部分的基本信息，梳理太阳能转化成风能、化学能的流程，以及参与水循环的过程；

3. 基于创设的情境，运用所学语言和知识介绍太阳能及其应用。

【教学难点】

评价、判断太阳能的利用在环保方面发挥的作用，并完成课后资料搜集，思考该清洁能源其他可能的利用方式。

教学过程

教学目标	教学活动与步骤	设计意图	效果评价	时间与互动模式
预测视频内容，并通过观看视频获取、梳理第一部分有关太阳能的概念信息，如是什么、如何转换为其他能源、其表现形式等。	Activity 1 Look at the picture of solar energy and discuss with a partner. 1. What kind of energy is it in the picture? What do we use it for? 2. What do you think the video will tell you?	回顾所学，把握环保主题和环保的意义，激活已知，并利用图片引出太阳能这一清洁能源，思考太阳能的用途和功能，预测视频内容，为之后观看视频了解相关信息做铺垫。	学生对本单元前几课环保主题的认知、态度以及相关语言被激活。能积极思考图片中太阳能电池板的用途，并积极预测，对该视频中可能出现的内容做初步阐释。	5’ PW

续表

教学目标	教学活动与步骤	设计意图	效果评价	时间与互动模式
	Activity 2 Watch the video for the first time and check the prediction.	观看完整视频，对比预测结果，概括视频中三部分的主要信息。	学生能梳理概括出视频中的三部分内容。	3' IW CW
	Activity 3 Watch part 1 of the video and finish Activity 2 on page 42. Then watch again and check the answer.	观看视频第一部分内容，找出与太阳能相关的概念及基本信息，理解其含义及表现形式。	学生能够基于视频中给出的图片说明其概念和含义；同时能发散思维，运用其他方式说明太阳能的定义并解释自己的观点。	5' IW
提取、概括第二、三部分的基本信息，梳理太阳能转化成风能、化学能的流程，以及参与水循环的过程。	Activity 4 Watch part 2 of the video and answer the question. What other forms of energy do you see in the video? Complete the diagram. Use the information on the textbook to help you. Then watch part 2 again and check the answer.	观看视频第二部分和第三部分，整合并梳理其形成风能、化学能以及参与水循环的相关信息。	学生能够整合风能、化学能两种转化形式的相关信息，并完成水循环流程图。同时能基于此进一步思考太阳能与其他能源之间的转化关系。	14' IW PW
	Activity 5 Watch part 3 of the video and answer the question. How does solar energy cause matter to water? Complete the flow chart on page 42. Then watch part 3 again and check the answer.			

续表

教学目标	教学活动与步骤	设计意图	效果评价	时间与互动模式
基于创设的情境，运用所学语言和知识介绍太阳能及其应用。	Activity 6 1. You are going to make a speech to introduce solar energy at School Science Festival. What content should be included in your speech? Discuss with a partner. 2. Based on your discussion, please prepare your speech and practise it with a partner. Then share in class.	运用所学内容完成对太阳能的介绍，加强知识内化。	学生能够整合信息，在小组活动中完成对所学内容的描述，并结合已知，阐释说明太阳能及风能的利用方式及成效，并运用实例说明其价值；同时，拓展思维，讨论化学能和水能可能的用途。	13' PW CW
评价、判断太阳能的利用在环保方面发挥的作用，并完成课后资料搜集，思考该清洁能源其他可能的利用方式。	Activity 7 Discuss in groups. Based on what you have learned from the video, think about how solar energy can be used by human society to promote green living.	进一步思考太阳能在环保方面发挥的作用。	学生能结合本单元所学对问题做出回应，并结合已知和经验对问题作出分析阐述，给出合理、有逻辑的解释。	5' GW
	Homework Search online and find more ways we can use solar energy to promote green living. Prepare a brief presentation for next class.			
教学设计特点及说明				
1. 充分体现教师多角度、深层次的文本解读，教师依据主题意义进行 What、Why、How 三个角度的分析，将文本转化为一系列有逻辑层次的课堂学习活动。 2. 践行英语学习活动观，以主题意义为引领，设计活动培养学生在学习理解、应用实践、迁移创新方面的能力，三个层次逐级递进，培养学生思维的逻辑性和创造性，使之不断进阶。 3. 体现教、学、评一体化，确保课堂教学的效果，使教师能在教学过程中及时发现问题，及时反馈或提供必要的帮助，促进学生的高效学习。				

五、教学反思

单元教学设计的过程是“烧脑”的，我们小组成员经过研读、讨论、推翻、重构、完善等过程，最终完成了整个单元的教学设计。回顾整个过程，有以下几点心得体会。

一是要认真研读语篇，提炼主题意义。在单元大观念的引领下，每个语篇都承载着与之密切相关的文化内涵和育人价值，因此，深入研读语篇内容是进行单元整体设计的基础。

二是通过多维度的分析和关联，实现整合重构。这是进行单元整体设计的关键，是从教材单元走向教学单元的重要环节。在这一过程中，可以将各语篇的主题意义放在一起横向分析，从不同维度或视角切入，建构语篇与语篇之间、语篇与单元之间的关联，从而将看似散落的语篇重组，形成逻辑清晰、内容相关联的教学单元。

三是单元目标设计要指向核心素养的落实。相比于课时目标，单元整体目标更关注学生外显的素养表现，体现学生对主题认识的不断进阶，并且与单元内容结构相呼应。

此外，在进行写作课的教学设计时，我也加深了对教、学、评一体化的理解。一方面，在设计教学过程的同时也要同步思考评价过程，即要通过学生的外显行为表现或成果来判断学生的学习效果，便于在教学实施的过程中观测学生的学习状况，从而及时调整教学进度与策略；另一方面，学生也可以作为评价主体，通过设计自评、互评表，进行自我反思和彼此学习，共同进步。

蔡铭珂

在设计和改进教学设计的过程中，我意识到教学设计要符合单元整体的主题语境，文本分析要注重发掘育人内涵，活动之间要有一定的内在逻辑。首先，基于本单元的主题，我们希望学生学完本单元后，不仅能知道有“根与芽”这个环保组织，能掌握文中生动的排比句式，更能记住这种环保精神，意识到个人力量虽小，但千万人汇聚而成的力量能为节能减排作出很大贡献。这就需要我们不应停留在文本表面，而是思考其背后的意义，层层推进，引导学生在学习理解层次厘清文章大意和结构；在应用实践环节分析评价 Jane Goodall 的话并推测组织标识的含义；在迁移创新环节讲述环保的价值，鼓励学生用行动保护环境，并号召他人改变现状。这样，教学活动由易入难，由浅入深，无形中先为学生提供了大量的语言支撑，为之后的知识内化和输出铺垫台阶，活动之间有内在逻辑，并切实融入了单元的环保主题，让学生的学习有连贯性，达到良好的学习效果。希望在之后的教学实践中，我们能进一步完善和改进活动设计，如在单元结束时，鼓励学生串联所学完成 Project，或基于学生的兴趣点，联系校园实际展开活动，设计海报呼吁环保等，以达到培养学生语言能力，落实学科育人价值的目标。

贾真慧

单元整体备课及改进之后，我最大的收获是，备课时一定要做到对单元主题的宏观把控，以其为线索和指导，贯穿在教学设计中。本单元为“人与自然”主题语境下的“环境保护”主题群，单元中的每一课都是该主题不同角度的聚焦与延伸。以 Lesson 2 为例：横向上聚焦“环境问题治理”，讲述了 *Greenlife* 这一环保公益组织克服困难，绿化荒漠的感人事迹；纵向上深入挖掘创始人易解放化悲痛为大爱、无私奉献的人性光辉。每一课所展示的不同侧面互为补充且互相支撑，引导学生探究主题意义，让学生“增强环保意识，了解环保现状，践行环保措施，开启绿色生活”。

此外，本课的教学设计也给我带来两点启示：一是要注意教学活动的逻辑性与关联性，二是主题意义探究时要先基于语篇理解内容，再超越语篇深入挖掘。例如，本课包含两个语篇，分别侧重内容理解和语言功能，因此在设计教学活动时，两个语篇要紧密衔接，自然过渡。我的设计是学生在语篇学习结束后，引导学生基于语篇思考想问易解放的问题，这样就在完成内容理解后，自然引入访谈语篇，同时顺利过渡到主题意义的探究，再辅以模拟访谈活动，使学生完成超越语篇的思考与表达。

王文玲

在研讨和改进教学设计的过程中，我意识到在备课时要关注单元的主题意义，认真分析单元的教学内容，确立单元整体教学目标。具体落实到每一课时的教学时，要深入研读语篇，挖掘其主题和内容，分析文体结构和语言特点；再根据学生的实际水平和需求确定教学重难点，在精心设计的教学活动中实现主题意义的探索和学习。此外，要梳理概括每个课时和整个单元之间的联系，把握单元的内在逻辑，使每个课时的目标都要为实现单元整体教学目标服务。

本单元的单元主题为“Green Living”，其中 Lesson 3 介绍的阿姆斯特丹“白色自行车”项目显然是绿色生活的一种方式。在制订教学目标时，首先希望学生通过阅读课文，获取、梳理、概括“白色自行车”项目在不同阶段的发展情况，并借助思维导图呈现形成的结构化知识。其次，在应用实践层面，希望学生能够运用本课所学语言，借助思维导图描述“白色自行车”项目的发展过程，充分内化语言，实现知识与信息的复现。最后，希望学生能够分析、判断发展共享单车的好处和问题，以及影响其发展的因素，并提出推动共享单车良性发展的措施。活动设计层层递进、由浅入深，紧密围绕语篇主题意义的探索展开，同时为单元主题意义服务。

谢子君

案例七：必修三 Unit 9 Learning

团队教师(按姓氏拼音排序)：敖杏元　黄琳　李群慧　梁怡然　卢冠廷
邱宝芹　王坤　肖波强　叶汉中　叶欲潇
曾霞　周文文

团队负责人：廖明生

一、单元整体教学内容分析

本单元的主题为“人与自我”，所涉及的各课内容为“生活与学习”主题群下的“乐于学习，善于学习，终身学习”，单元各语篇与主题语境的内容要求契合。各课具体内容如下：

在 Topic Talk 中，要求学生谈论学习，其中包含谈论自己喜欢的科目、学习中的收获、学习目标，以及为了实现目标需要做的事情，即学习方式。此外，在引言部分的学习中，学生还需要理解各种与学习有关的名言，反思自己的学习方法，明白学习的意义，并开始了解和接触终身学习的理念。

Lesson 1 是阅读语篇，主要介绍了主动学习的定义和五种主动学习的方法：听取外部的声音、和内心的声音争论、提出问题、寻找真相以及关注信息本身，并分析了这五种学习方法的行为表现、原因及效果。通过本语篇的学习，学生能够获取达成学习目标的具体路径，了解高效的学习方法，辨识不同方法的行为表现、原因及效果，知道自己可以通过训练成为主动学习者这一道理。

Lesson 2 的听力语篇涉及具体的语言学习层面，以学生讨论并介绍英语学习的技巧作为导入，学生通过“听”这一输入形式了解语言学习的方法，初步学会分辨英式英语与美式英语。语篇结构清晰，使用电台采访的形式，讲述了三位听众跟史密斯博士探讨不同方面的英语学习技巧——如何有效地学习英语、如何学习词汇、如何学习语法，并听取史密斯博士的具体建议。

Lesson 3 的阅读语篇将学生带入更宏观的层面。语篇概括了记忆的四个规律，学生通过阅读了解记忆的规律，并学会科学有效的记忆和学习方法。语篇通过“问题—解答—建议”的行文逻辑，描述记忆专家 Jemima Gryaznov 针对四个关于记忆问题的回答，探讨记忆的规律以及这些规律对我们学习的启示。通过学习本语篇，学生能够了解记忆的一些规律，认识到记忆可以被改善和增强，在日常的学习和生活中遵循记忆规律，可以使学习更加科学、高效。

在 Writing Workshop 中，学生需要先阅读范文，再完成写作任务。范文讲述了对记忆中的新知、已知和基于新、旧知识开展学习的行动计划，在行文结构上为学生后续的写作提供了模板，帮助学生搭建撰写反思日志的结构。学生通过完成写作，能够利用科学的方法改进学习效率，促进终身学习。

Viewing Workshop 的语篇通过专业研究人员的解释和说明，介绍了大脑的工作机制，让学生了解了最新的关于大脑的科学研究，能够帮助学生选择更高效的学习方法，成为更好的主动学习者，使学生增加对学习的信心，并培养学生勇于探索和学习新知的兴趣。

Reading Club 1 共六篇短文，介绍了中外留学生在留学过程中遇到的各种文化冲击，让学生了解中外留学生遭遇的文化冲击及其对学习、生活等方面的影响，并引导学生结合本单元所学，思考并分享解决办法。各篇短文都通过第一人称的手法讲述了主人公亲身经历的文化冲击，真实感强，能够引发读者共鸣，有利于帮助学生在不同环境下积极调节个人的学习策略，实现快乐、高效的学习。

Reading Club 2 介绍了 PISA 测试中关于男生和女生在阅读能力、阅读习惯差异的研究，帮助学生意识到男生和女生在阅读表现上的差异及其背后的原因，引导学生反观自己的阅读状态，思考应该如何改进阅读习惯，提高阅读能力。研究对于解释女生在阅读方面优于男生的这一发现时证据稍显不足，这有利于引发学生思考其他引起男女阅读差异的可能原因，有助于培养学生的思辨能力。

二、基于大观念的单元内容结构图

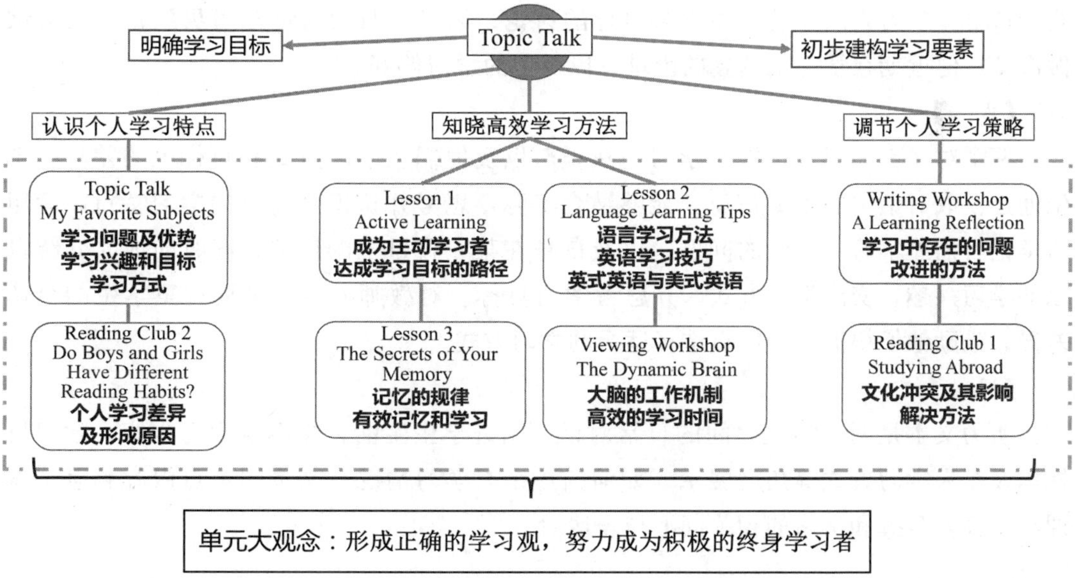

三、基于大观念的单元总体教学目标

通过本单元的学习，学生能够：

1. 认识个人学习特点：

• 描述个人学习状况，分析自己学习中的问题和优势，制订学习目标；
• 探讨、交流学习方式，分析与他人学习的差异及原因。

2. 知晓高效学习方法：
• 通过阅读语篇，获取并梳理学习的科学原理和高效的学习方法；
• 分享英语学习的技巧，并说明如何能成为主动学习者；
• 分析并概括记忆的四个秘密；
• 介绍大脑的工作机制及其对学习的影响。

3. 制订个人学习策略：
• 分析自身在学习中存在的问题，探究可能得到改进的方法；
• 讲述文化冲突对学习的影响，并分享解决方案。

四、各课教学设计

(一)Topic Talk

文本分析

【What】

本课包括两个听力文本。第一个听力文本呈现了一名男生与一名女生谈论自己喜欢的科目、学习方法以及有关学习目标的讨论；第二个听力对话描写男生正在为考试做准备、他近期在学习上遇到的困难，以及他的学习偏好。

【Why】

两个对话都体现了学生对学习的热爱，以及他们在学习方式和目标上的差异。学生通过获取对话中的主要信息，能够结合实际，思考并认识到自身的学习特点，运用所学语言描述学习中遇到的问题，以及自身在某一科目上的优势，同时向他人介绍自己的学习兴趣，交流学习方式，并思考学习目标。对教师而言，则要尊重学生的个体差异，鼓励他们根据自身特点选择适合的学习方式。

【How】

听力文本是两个学生之间的日常对话，贴近学生生活。文本从学习内容、学习目标以及个人学习方式等角度展示了如何描述个人学习情况。文本的重点内容涵盖了本课学生需要掌握和学习的相关词汇与表达。

教学目标

在本课结束时，学生能够：

1. 获取并理解语篇中关于个人学习特点的关键信息；
2. 描述并与同伴交流自己的学习方式与学习目标；

3. 结合名人名言，探讨学习的内涵，发表个人对学习这一主题的认识。

教学重难点

1. 获取并理解语篇中关于个人学习特点的关键信息；
2. 描述并与同伴交流自己的学习方式与学习目标。

教学过程

教学目标	教学活动与步骤	设计意图	效果评价	时间与互动模式
描述并与同伴交流自己的学习方式与学习目标。	T asks Ss which subject they enjoy most at school. Then invite Ss to talk about their favourite subject from three perspectives.	创设情境，激活已知，引出主题，激发兴趣。	学生能够从What、How、Why三个角度描述自己最喜欢的科目。	5’ IW CW
	Activity 1 Listen to the tape. Acquire related information and the structure of personal learning experience.	提取喜爱科目、学习内容以及学习目标的关键信息。	学生能够提取喜爱科目、学习内容以及学习目标的关键信息，了解描述框架。	8’ IW CW
	Activity 2 Use the Text Builder to talk about the way you learn and your learning goals.	引导学生回顾话题相关表达并运用所学描述自己的学习方式。	学生能够说出话题相关表达，并能够使用所学进行描述。	5’ IW CW
获取并理解语篇中关于个人学习特点的关键信息。	Activity 3 Listen to the second dialogue, and then acquire key information about learning styles.	提取有关学习方式的关键信息。	学生能够提取、概括信息，并完成相关练习。	12’ IW GW CW
结合名人名言，探讨学习的内涵，发表个人对学习这一主题的认识。	Activity 4 Learn about Quote... Unquote. Read each quote out loudly and talk about the understanding of the quotes.	引导学生关注和提炼名人名言的主题，在理解其含义的基础上结合自身学习经历进行分享。	学生能够正确理解名人名言的含义，内化后分享自身学习经历。	10’ IW CW
	Homework Write a short passage about your learning and check based on the self-assessment sheet.			

(二)Lesson 1

文本分析

【What】

本文主要介绍了主动学习的定义(积极参与学习过程并反思所学)和五种主动学习的方法：听取外部的声音(对学习持开放的态度，关注信息的来源者)、和内心的声音争论(让自己的观点保持灵活)、提出问题(对每个话题提出几个相关的问题)、寻找真相(不要简单接受所学知识，尝试从观点的核心找到真相)，以及关注信息本身(不要单凭第一印象和个人感觉判断人，要把信息和信息提供者分开看待)。

【Why】

本文介绍了主动学习的定义和五种方法，旨在帮助学生意识到主动学习的重要性，以及如何通过自我训练成为主动学习者。同时，文章也鼓励学生通过批判性思维和独立思考反思自己的学习方式，为成为一名主动学习者做好准备，这也照应了本单元的主题：形成正确的学习观，努力成为积极的终身学习者。

【How】

本文是一篇典型的说明文，采用了总—分结构。首段先驳斥了很多人误认为的"大脑会自动学习"的观点，然后介绍了主动学习的概念。接下来，第二段至第六段逐一介绍了五种主动学习的方法。五种方法独立成段，分别带有小标题(listen to the outer voice、argue with your inner voice、ask questions、get to the truth、focus on the message)，使文章结构清晰，方便学生抓取主要信息。五种学习方法的行文结构相似，均包括原因、学习行为和学习效果三方面，便于学生学习和理解。同时，本文在讲述过程中使用了现在分词和过去分词形式，为第二课时的语法学习做了语言铺垫。

教学目标

在第一课时结束时，学生能够：

1. 获取、梳理主动学习的关键信息，利用思维导图形成结构化知识；
2. 描述、阐释五种主动学习方法的行为表现、原因及效果；
3. 分析、判断具体的学习行为是否属于主动学习，并说明理由。

在第二课时结束时，学生能够：

1. 分析、判断五种主动学习方法对自己的适用性，并说明理由；
2. 梳理、归纳后接 -ing 和不定式的动词并运用该类动词描述学习行为；
3. 反思自己的学习行为，改进学习方法，努力成为积极学习者。

教学重难点

反思自身学习行为并用所学知识描述如何成为主动学习者的方法。

教学过程

教学目标	教学活动与步骤	设计意图	效果评价	时间与互动模式
第一课时				
获取、梳理主动学习的关键信息，利用思维导图形成结构化知识。	Activity 1 Answer the question and share the understanding. What is active learning? Then talk about the active learners in the class by describing how they study.	创设情境，激活已知，引出主题，理解关键词汇，激发学生阅读兴趣。	学生能够理解给出的词汇并尝试使用话题词汇描述主动学习者。	5’ IW CW
	Activity 2 Extract the gist of the article. Read paragraph 1 and answer the questions in Activity 2 on page 52.	提取主动学习的定义和语篇的主旨大意，引导学生形成阅读期待。	学生能够提取主动学习的定义，了解作者的写作意图及语篇的主旨大意。	5’ IW CW
	Activity 3 Write the subheadings before the corresponding paragraphs. Read the article quickly and match the subheadings with the paragraphs. Then T summarises the structure of the passage.	引导学生理解各段落主题和文章的框架结构。	学生能够了解小标题在语篇中的功能，关注行文逻辑。	5’ IW CW
	Activity 4 Draw a mind map of the text. 1. Ss read the first suggestion and try to find out the learning action, reasons and effects. 2. T organises the answers by a mind map. 3. Ss do the same for the other four suggestions and finish the mind map. Then share the mind map in groups. 4. T checks the answers with the class.	学生在教师的引导下自主阅读，梳理、归纳文本信息，利用思维导图形成结构化知识。	学生能够提取概括信息，制作思维导图，并分享学习。	15’ IW GW CW

续表

教学目标	教学活动与步骤	设计意图	效果评价	时间与互动模式
描述、阐释五种主动学习方法的行为表现、原因及效果。	Activity 5 Introduce the active learning suggestions. Work in groups of four, choose one suggestion and introduce it based on the mind map.	学生在描述阐释的过程中实现语言和知识的内化。	学生能够基于获取梳理的信息描述阐释主动学习的方法。	5' IW GW
分析、判断具体的学习行为是否属于主动学习，并说明理由。	Activity 6 Make judgement on the ways of learning. Judge whether some activities are correct or not according to Kevin Daum and explain the reason. Then suggest an alternative way of learning for the incorrect statements.	引导学生深入理解语篇，加深对每种学习方法的理解，通过分析判断，内化语言。	学生能够基于所学，从文本中提取关键信息进行分析判断，解决问题。	5' IW PW CW
	Homework 1. Finish Activity 8 on page 55. 2. Write a short passage to introduce one suggestion on active learning.			
第二课时				
回顾所学。	Homework check and review the vocabulary.	回顾第一课时所学内容。	学生能够准确运用所给词汇替换画线部分的词组。	3' CW
分析、判断五种主动学习方法对自己的适用性，并说明理由。	Activity 1 Make judgement on the ways of learning. Talk about which ways of learning is most useful for you and explain the reason.	引导学生结合实际，思考五种学习方法对自己的适用性，并说明原因，进一步加深对学习方法的理解。	学生能够结合实际，反思自身学习方法，从文本中提取关键信息进行分析判断。	5' IW PW CW

续表

教学目标	教学活动与步骤	设计意图	效果评价	时间与互动模式
梳理、归纳后接-ing 和不定式的动词，并运用该类动词描述学习行为。	Activity 2 Observe and summarise the rules for the use of the verbs and group them. Add the verbs in the table in Activity 9 and compare the answers with partners. T helps Ss understand the difference between "regret to do" and "regret doing".	引导学生观察后接-ing 和不定式的动词，并对其进行分类归纳。	学生能够归纳后接-ing 和不定式的动词，并进行分类。	8' IW PW CW
	Activity 3 Use the verbs in the text and describe the learning behaviors. Then finish Activity 10 and answer the question: What does the writer do to become a more active learner?	在语篇中应用该类词汇，并再次描述学习行为，内化该类词汇和学习方法。	学生能够准确运用后接-ing 和不定式的动词，并用其描述学习行为。	5' IW CW
反思自己的学习行为，改进学习方法，努力成为积极学习者。	Activity 4 Think about the way you learn and explain why you use it. Then share the ideas in groups.	反思自身学习行为，找到适合自己的学习方法，并解释使用该种方法的效果。学生集思广益，挖掘更多的主动学习的方法。	学生能够结合实际，找到成为主动学习者的方法，并解释该方法的效果。	8' GW IW CW
	Activity 5 Discuss in groups to explore other effective active learning approaches. Listen and takes notes to judge which learning approach is useful and practical.	学生探究有效的主动学习方法并进行判断与评价。	学生能够提出有效的主动学习的方法。	10' GW IW CW
	Summarise what Ss have learned.			1' CW
	Homework Write a short passage to introduce a way to be a more active learner.			

(三)Lesson 2

第一课时

文本分析

【What】

本课的听力材料是一段电台采访，Dr. Smith 受邀与公众分享英语学习的有效策略。三位听众分别提出“如何有效学习英语?”“如何学习词汇?”“如何学习语法?”三个问题。Dr. Smith 针对这三个问题给出了具体的建议：英语学习应多读多听，不应把学习局限在课堂上；对于词汇的学习，应注重上下文的语境，并以语块为单位进行记忆；而对于语法的学习，应更多地把它渗透到平时的口语和写作练习中。通过收听 Dr. Smith 的分享，听众对英语学习技巧有了更深刻的认识。

【Why】

听力材料分别探讨了三个不同的话题，从有效学习英语的建议谈起，而后具体讨论了词汇、语法两方面的学习方法，解答了学习者在英语学习中一些常见的问题，纠正了部分学习者直接背诵单词表、简单记忆语法规则、采取题海战术等错误做法，并通过切实可行的例子，展示了高效的英语学习策略，为英语学习者提供了明确的指导方向，引导学习者自主探索适合自己的学习方法。

【How】

本段材料结构清晰，共分为三部分，分别是 Dr. Smith 关于有效学习英语、有效学习词汇以及有效学习语法的学习策略分享。第一部分先由电台主持人引出访谈主题。接着，第一位听众描述其学习方法和结果(spend a lot of time reading English coursebooks but made little progress)，并向 Dr. Smith 请教该如何有效学习英语。Dr. Smith 建议拓展英语学习的广度(increase your knowledge of English beyond the classroom)，通过多读多听，用足够的语言输入来保证英语学习的有效性。

第二部分，听众 Yang An 阐述其在背诵单词过程中遇到的困难和常规操作方法(just try to memorise the word list)。对此，Dr. Smith 认为单纯背诵词汇表的做法不可取，并进一步指出，单词的学习一定要有语境，对于不熟悉的词汇要大胆结合上下文去猜测词义(keep reading on even when you come across some new words)。此外，词汇的学习应以词块而不是独立的单词为单位，掌握好固定搭配。

第三部分，听众 Su Qin 表示在英语语法学习方面下了很大功夫(put so much time in memorising grammar rules and doing a lot of exercise)，但成效甚微。Dr. Smith 指出，英语语法的学习单靠简单记忆语法规则是不行的，应在熟记的基础上加强练习和使用(try to use it in speaking and writing activities)，在持续的语言输出过程中实现语法知识的内化(acquire the rules and use them without thinking)。

语言方面，涉及表达观点和提出建议的基本句型，如 My advice is to/that、I would recommend that、is the best way to、such as、for example 等，为学生的口语输出提供了参考。

教学目标

在本课结束时，学生能够：

1. 从听力材料中提取英语学习技巧的关键信息，获悉有效学习方法，包括多读多听、在语境中学习单词等方法；

2. 利用思维导图梳理听力材料中的关键信息，并基于思维导图对英语学习的话题展开描述；

3. 分享自身具体的英语学习技巧，使用细节支撑自己的观点；

4. 辩证看待不同的学习方法，思考其对于自身的适用性，形成积极探索适合自己学习方法的意识。

教学重难点

运用具体细节支撑自己的观点。

教学过程

教学目标	教学活动与步骤	设计意图	效果评价	时间与互动模式
从听力材料中提取英语学习技巧的关键信息，获悉有效学习方法，包括多读多听、在语境中学习单词等方法。	Ask Ss what the five ways to learn English and Ss write down the one they are good at.	激活学生已知，为后面的口语输出活动做好准备。	学生能够快速答出听、说、读、看、写五种方式，并写下自己擅长的方式。	1’ IW CW
	If you had a chance to meet Dr. Smith, what questions would you like to ask him on the difficulties in English learning?	设置情境，过渡到第一个听力任务。	学生能够结合日常学习经验提出问题。	3’ IW CW
	Activity 1 Listen to 9. 3 for the first time and make out the three topics covered in the interview.	听材料，概括文段大意，为后续听力任务做铺垫。	学生能够根据听到的内容概括文段大意。	5’ IW CW

续表

教学目标	教学活动与步骤	设计意图	效果评价	时间与互动模式
	Activity 2 Listen to 9. 3 again for details and finish the mind map, complete the table and answer the question.	以不同任务为导向，提升学生从听力材料中提取关键信息的能力。	学生能够从所听材料中获取关键信息。	7’ IW CW
利用思维导图梳理听力材料中的关键信息，并基于思维导图对英语学习的话题展开描述。	Activity 3 Talk about Dr. Smith's English learning tips with the help of the mind map.	引导学生利用思维导图对听力材料进行复述的能力。	学生能够基于思维导图中的关键信息，复述听力内容。	4’ IW CW
	Activity 4 Find out the useful expressions for giving advice.	从听力材料中找出表达观点和提出建议的常用句型，为口语输出做准备。	学生能够找出表达观点和提出建议的常用句型。	2’ IW CW
	Activity 5 Watch the video: *Five Tips to Improve Your Writing* and take notes.	播放《普通高中教科书 英语 选择性必修 第三册》中的视频，补充提出建议的相关表达。	学生能够根据教师指导和视频内容记录提出建议的相关表达。	6’ IW CW
分享自身具体的英语学习技巧，使用细节支撑自己的观点。	Activity 6 Share your own learning tips in groups first and then in class.	引导学生用细节信息支撑观点，提高口语表达能力。	学生能够尝试用细节信息支撑观点，例如通过举例阐释自己的观点。	10’ IW GW
	Encourage Ss to keep trying and exploring the most suitable way for themselves.	鼓励学生积极探索最适合自己的英语学习方法。	学生能够结合自身实际，选择适合自己的英语学习方法。	2’ CW
	Homework Search on the Internet for more tips on oneway of English learning and write down what you find out in English.			

第二课时

文本分析

【What】

听力材料是讨论英式英语与美式英语区别的采访。受访嘉宾分别是来自美国的 Pam 和来自英国的 Robert，两人用举例子和讲趣闻的方式阐释了两种英语在发音和词汇上的不同。

【Why】

本文旨在让学生获取、梳理听力材料中有关英式英语和美式英语发音和词汇的区别及对应的例子，分析并应用听力材料中表现说话者对话题感兴趣的表达，形成包容的英语学习观，努力成为积极的语言学习者。

【How】

本文采用总—分—总的结构。首先，节目主持人提出讨论话题：不同的英语国家和地区在英语使用上存在差异。随后，特邀嘉宾 Robert 和 Pam 先后从发音和词汇两个方面举例说明英式英语和美式英语的差异。最后得出结论：Smiling is a worldwide language。主持人和嘉宾之间的话轮转换自然得体，说话者得体地表达出对谈话内容感兴趣，具体采用了简短的感叹词、正面评论和进一步询问三种表达方式。

【教学目标】

在本课结束时，学生能够：

1. 梳理听力材料中英式英语和美式英语在拼写、发音和词汇上的区别，并举例说明，获取听力材料中表现听话者对话题感兴趣的表达；

2. 运用举例子的方式进一步补充说明英式英语和美式英语的区别；

3. 分析听力材料中说话人之间是如何进行转换的，以及如何适时得体地表达对谈话内容的兴趣；

4. 迁移听力材料中举例说明的表达和说话人之间转换的方式，开展关于提升英语学习技巧的讨论和训练。

教学过程

教学目标	教学活动与步骤	设计意图	效果评价	时间与互动模式
梳理听力材料中英式英语和美式英语在拼写、发音和词汇上的区别，并举例说明，获取听力材料中表现听话者对话题感兴趣的表达。	Brainstorm the differences between British English and American English, and give some examples.	进行关于英式英语和美式英语区别的头脑风暴，在讨论中激活学生兴趣和相关背景知识。	学生能够说出一些英式英语和美式英语的区别。	3’ CW
	Watch a video of the difference in spelling between British English and American English and take down the examples. Then share the notes in class. T shows the differences between British English and American English in spelling.	观看英式英语和美式英语在拼写上区别的短视频，并记录其中的例子，对听力材料进行有效补充，帮助学生形成更加完整、全面的认知。	学生能够通过观看短视频记录其中所举的例子，在班级分享。	5’ IW CW
	Activity 1 Listen to 9.4 and complete the notes about the different aspects and examples between British English and American English. Share the notes in class.	梳理听力材料中英式英语和美式英语在发音和词汇上的区别及对应例子，强化记录关键信息的能力。	学生能够根据听力内容记录英式英语和美式英语在发音和词汇上的区别及例子。	3’ IW
	Activity 2 Summarise three main differences between British English and American English.	引导学生总结英式英语和美式英语在拼写、发音和词汇上的区别，以思维导图的形式帮助学生构建结构化知识。	学生能够根据教师提供的思维导图厘清英式英语和美式英语在拼写、发音和词汇上的区别。	2’ CW

续表

教学目标	教学活动与步骤	设计意图	效果评价	时间与互动模式
分析听力材料中说话人之间是如何进行转换的，以及如何适时得体地表达对谈话内容的兴趣。	Activity 3 Listen again and fill in the blanks in the Talk Builder.	通过再次听对话，记录其中的回复表达。引导学生关注回复表达及其作用。	学生能够记录对话中的回复表达，并注意其作用。	3’ IW
	Activity 4 Read Liang Wei’s responses and analyse how he shows his interest in the conversation. Then present the categorisation of the responses, such as brief interjection, asking for more and positive evaluation.	引导学生分析归纳做主动聆听者需要学会在对话中通过感叹语、正面评价和询问等方式来表达对谈话内容的兴趣。	学生能够归纳出对谈话内容感兴趣的表达。	5’ GW
迁移听力材料中举例说明的表达和说话人之间转换的方式，开展关于提升英语学习技巧的讨论和训练。	Activity 5 T provide a situation for Ss to practise showing interest in a conversation: Your friend, Jack, is not good at Chinese and asking you for suggestions on learning Chinese. Work in pairs and get prepared to act out the dialogue between you and Jack, in which you need to give examples on how to improve Chinese and respond to the other speaker with interest.	创设情境，让学生通过实操，对所学内容进行内化与迁移。	学生能够完成对话。	9’ GW

续表

教学目标	教学活动与步骤	设计意图	效果评价	时间与互动模式
	Activity 6 Before the presentation, T provides a conversation checklist, including three questions to evaluate other's performance, then Ss comment on other pairs' conversation based on the checklist. 1. Does the speaker illustrate his/her points with examples? 2. Does the speaker show interest in the conversation? 3. What technique does he/she use to show interest?	向学生展示对话评价单，帮助学生在对话中完善对话内容和功能表达，关注举例阐述，使用技巧表现对谈话内容的兴趣。同时，有助于教师检测教学目标的达成情况。	学生能够利用对话评价单进行互评，内化并运用举例说明的表达方式以及表达对谈话内容感兴趣。	10' IW CW
	Homework 1. Search online to find more differences between British and American English. 2. Polish the conversation, adding more on responding with interest.			

(四)Lesson 3

文本分析

【What】

本课属于"人与自我"主题语境下的"生活与学习"主题群。本文旨在通过记忆专家Jemima Gryaznov对四个关于记忆问题的回答来探讨记忆的规律，以及这些规律对我们学习的启示。随着对人类大脑越来越深入的研究，人们发现了越来越多的记忆规律，利用好这些记忆规律可以帮助我们更加科学、高效地学习。

第一个问题回答了为什么我们能记得一些童年时期的事情，而不记得上周发生的事情。是因为童年时期我们经历了很多人生的第一次，而这些第一次往往是伴随着强烈情绪的。同时，因为这些有趣的故事不断重复地被讲述，所以这些体验在记忆中根深蒂固。所以Jemima建议我们记忆新东西时，如果想要记牢，可以尝试把新信息跟我们的情感联系起来，与旧信息联系在一起很重要；也可以尝试把所学内容复述给其他人听。

第二个问题回答了是否有人有摄影式记忆能力。虽然有些人的确表现出惊人的记忆力，但现在还没有人能证明有人能拥有照相式记忆。普通人可以通过一些记忆技巧记牢信息。比如，我们可以集中在重要观点上，并且对所学抱有好奇，提出问题。另一种技巧是可以把相似的观点或信息分类，让新知与已知建立联系。

第三个问题回答了为什么我会忘记昨天新学的单词。Jemima 介绍了 Ebbinghaus 提出的遗忘曲线。根据 Ebbinghaus 的说法，在学习新知后的最初阶段遗忘最明显。Jemima 建议我们要及时复习，定期复习(间隔复习)以应对遗忘规律。

第四个问题回答了十六岁的我是否记忆变得越来越差。人的记忆力峰值在二十五岁。在此之后，大脑开始变小。到中年，记忆力会远不如年轻的时候。而十六岁的年龄大脑在记忆方面的状态很好，需要好好利用。

【Why】

作者希望学生通过了解一些记忆规律，认识到记忆可以改善和增强，在日常的学习和生活中，应该遵循记忆规律，以使学习更加科学和高效。

【How】

本语篇是问答形式的科普类说明文，全文为并列结构。四个部分均由问题—解答—建议三部分构成。文本语言多为客观描述，逻辑严密，具有说服力。记忆专家 Jamima 使用了不同的表现手法使自己的观点更具说服力，如举例子，标志词有 for example；引用其他专家的观点，标志词有 according to；列数字，如 at the age of 25、up to 200、the age of 40 等。此外，作者在表达自己观点时，使用逻辑连接词，如 also、as a result、yet、for example、therefore、however、so 等；还运用 this、they、him、also、another 等衔接上下文。

教学目标

在第一课时结束时，学生能够：

1. 获取 Jemima Gryaznov 对记忆的解释，并基于语篇特点预测文本大意；
2. 写出每个回答中有关如何改善记忆的建议；
3. 总结有关记忆的科学知识，应用到学习中。

在第二课时结束时，学生能够：

1. 归纳、概括文章中使用的说明方法及其作用，对文中某些观点提出疑问；
2. 描述、阐释身边记忆力好的同学拥有的好习惯，并对其归纳总结；
3. 鉴别有助于记忆的好习惯，结合语篇内容及个人经验针对一点简要解释原因；
4. 反思并调整自己的学习习惯，使之符合记忆规律，提高记忆效果和学习效率。

教学过程

<table>
<tr><th>教学目标</th><th>教学活动与步骤</th><th>设计意图</th><th>效果评价</th><th>时间与互动模式</th></tr>
<tr><td colspan="5">第一课时</td></tr>
<tr><td rowspan="3">获取 Jemima Gryaznov 对记忆的解释，并基于语篇特点预测文本大意。</td><td>Activity 1
Finish a self-evaluation about the memory. Ss with good memory share how they cultivate such good memory. Ss then share what they want to know about memory.
Are you good at remembering ____?
<table><tr><th></th><th>5</th><th>4</th><th>3</th><th>2</th><th>1</th></tr><tr><td>childhood incidents</td><td></td><td></td><td></td><td></td><td></td></tr><tr><td>new words leant yesterday</td><td></td><td></td><td></td><td></td><td></td></tr><tr><td>names and faces</td><td></td><td></td><td></td><td></td><td></td></tr><tr><td>numbers</td><td></td><td></td><td></td><td></td><td></td></tr><tr><td>details of a picture</td><td></td><td></td><td></td><td></td><td></td></tr></table></td><td>激活学生已知，让学生总结自身经验，分享对记忆的认知，同时对即将学习的内容提出问题。</td><td>学生对自我评价表现出较大兴趣，并积极反思自己的记忆行为，分享自己的记忆方法，同时对即将学习的内容提出问题。</td><td>7'
IW</td></tr>
<tr><td>Activity 2
Skim the text and find out the main idea. Then share in class.</td><td>巩固学生的快速阅读能力和篇章理解能力。</td><td>学生能够在规定时间内完成阅读任务并获取主旨大意，为下一步阅读奠定基础。</td><td>5'
IW
CW</td></tr>
<tr><td>Activity 3
Read the whole text, find out important facts about memory and fill in the blanks. Then finish Activity 4 on page 59.</td><td>通读文本，通过练习复现语篇中的关键信息，强化学生对语篇重要内容的掌握。</td><td>学生能够快速阅读语篇，并获取关键信息，完成任务。</td><td>10'
IW</td></tr>
<tr><td rowspan="2">写出每个回答中有关如何改善记忆的建议。</td><td>Activity 4
Predict the advice based on what you have read. Then finish Activity 6 and fill in the table.</td><td>引导学生对建议进行预测，强化归纳总结的能力。</td><td>学生能够预测对应的建议，掌握语篇重要信息，并归纳全文。</td><td>8'
IW
CW</td></tr>
<tr><td>Activity 5
Work in groups. Discuss how to apply the knowledge of memory into study and daily live. List some examples.</td><td>鼓励学生科学地运用记忆知识。</td><td>学生能够积极参与小组讨论，结合自身情况，举例说明在学习和生活中如何运用记忆知识。</td><td>8'
GW
CW</td></tr>
</table>

续表

教学目标	教学活动与步骤	设计意图	效果评价	时间与互动模式
总结有关记忆的科学知识，应用到学习中。	Activity 6 Summarise what have been learnt about memory.	帮助学生回顾所学知识。	学生能够在教师的引导下回顾所学，并认为本课内容对其学习习惯有积极影响。	2' IW CW
	Homework 1. Observe the methods of exposition in the text. 2. Search for more knowledge about memory.			
第二课时				
归纳、概括文章中使用的说明方法及其作用，对文中某些观点提出疑问。	Activity 1 Read the passage again, and make notes in the table about the following questions. 1. How has Jemima Gryaznov tried to make her statements to each question convincing? 2. What methods has she used and what signal words can you find? 3. Are there any answers given by her that are not convincing to you? What are you doubts?	引导学生归纳总结文章使用的说明方法及其作用。引导学生批判性思考作者的观点。	学生能够基于上节课所学，回顾作者主要观点，判断作者使用了何种说明方法使其观点令人信服，并能够批判性地看待作者的观点，说出自己的疑问。	5' IW
描述、阐释身边记忆力好的同学拥有的好习惯，并对其归纳总结。	Activity 2 Discuss in groups based on the questions. 1. Do you know someone around you who seems to have a good memory? 2. What good habits do they have?	引导学生发现身边记忆力好的同伴，并向其学习有助于提高记忆力的好习惯。	学生能够说出自己身边记忆力好的同伴身上的好习惯。	10' GW CW
鉴别有助于记忆的好习惯，结合语篇内容及个人经验针对一点简要解释原因。	Activity 3 Look at a list of habits. Tick the ones that you think are helpful for your memory. Choose one item to think deeper about why it may be helpful for your memory.	引导学生鉴别有助于记忆的好习惯，并说明为什么这些习惯可能会对记忆有用。	学生能够结合实际，鉴别有助于记忆的习惯，并利用所学简要解释原因。	10' IW CW

续表

教学目标	教学活动与步骤	设计意图	效果评价	时间与互动模式
反思并调整自己的学习习惯，使之符合记忆规律，提高记忆效果和学习效率。	Activity 4 Prepare a two-minute class presentation according to the following questions. Use the mind map to help you organise. 1. What are some of the good habits for memory that I want to keep? 2. Do I have some bad habits for memory that I want to break? 3. What new habits do I want to develop in order to strengthen my memory to help me learn better? Then what am I going to do? How am I going to do it? Be specific.	引导学生反思自己已有的习惯，有哪些对记忆有益，哪些无益，以及想要培养的新习惯，对所学进行内化和迁移。	学生能够结合实际，反思自己已有的习惯是否有益于记忆，并思考今后想要培养的新习惯，并利用思维导图，写出关键词进行口语表达。	15' IW CW
	Homework Finish the crossword puzzle to consolidate the words and writethe reflections into a passage, trying to use the methods learnt in this class to make the statements convincing.			

(五)Writing Workshop

文本分析

【What】

本课范文为反思日志，共三段，结构清晰，主要呈现了对本单元 Lesson 3 语篇内容的总结和反思，并分享了如何进行改进和提升。第一段开门见山，介绍了“我”学习完 Lesson 3 后的感受，以及学之前“我”对记忆认知的不足。第二段主要讲解了“我”从语篇中学到的关于记忆的新知，并将所学与自身情况相关联。第三段阐述了自己在今后学习中的计划和行动。

范文帮助学生了解反思日志写作所包含的内容和行文结构。学生通过阅读和仿写，能够掌握反思日志中表达附加信息的连接词，培养写作意识，并掌握相关的写作技巧。

【Why】

反思性学习是学习者对自身学习活动，特别是实践类活动进行深入思考与探索的过程，这一过程包括对学习内容、学习过程，以及下一步的学习目标等的反思。反思性学习能够让学生更深入地思考与探究正在学习的内容，从而对所学内容有更深层次的理解。而反思日志则是实现这一效果的有效学习活动，值得学生学习并应用到自己的学习实践中。

【How】

1. 文本结构

范文结构清晰，三个段落分别论述了学习 Lesson 3 之前的认知、学习过程中的感受与收获，以及学习后的计划与实践。从过去、现在到将来，从时间上体现了学习的延续性。此外，反思日志的内容主次分明，详略得当，重点聚焦学习过程中的收获和未来的学习计划。

2. 语言修辞

范文按照过去、现在和将来的时间顺序展开，有明显的时间标志词，如 before reading、now、after learning 等。此外，在时态的选择上也充分体现了这一点。第一段主要以现在完成时和一般过去时为主，使用 has helped、didn't know 等表达；第二段以一般现在时为主，使用 understand、can remember、means 等表达；第三段以一般将来时为主，使用 will follow、will try、will help 等表达。

在第二段中，作者谈及所学、所感，并用自己的语言进行解释。在此过程中，作者使用了一系列同义词，如使用 understand、learnt、know 等表达所学；使用 amazing、better、good、surprising 等表达学习的感受；使用 for me、that is to say、this means 等将所学与自身建立关联。

同时，文中使用了大量的连接词，如在学习收获一段中，作者使用了 also、what's more 等；在表述今后的计划时，使用了 moreover、not only…but also、in addition 等，这些连接词的使用都使文段语意更加连贯。

教学目标

在第一课时结束时，学生能够：

1. 回顾、反思个人学习特点、高效学习方法、自我学习策略的新旧知识结构图；
2. 阅读范文，学习反思日志的基本结构和内容，绘制反思日志的思维导图；
3. 学习运用文本相关的情感表达及采取行动的语言；
4. 仿照范文，列出自己的写作提纲。

在第二课时结束时，学生能够：

1. 通过自评、互评，从内容、结构、语言等方面改进自己的写作；
2. 通过小组反思及班级展示，取长补短，将反思性学习学以致用；
3. 通过分享反思日志和总结，认识到反思性学习对终身学习的意义。

教学重难点

学习反思日志的结构和语言。

教学过程

教学目标	教学活动与步骤	设计意图	效果评价	时间与互动模式
第一课时				
回顾、反思个人学习特点、高效学习方法、自我学习策略的新旧知识结构图。	Activity 1 1. Show Ss a quote by Michael Jordan on failure and success and his coach's observation of Jordan after each game and ask Ss: Do we automatically shift from failure to success? 2. Have Ss discuss how they reflect and say after an important exam, and conclude the important elements based on their reflection and Jordan's reflection.	引出“反思”这一话题，通过故事展示其重要性；引导学生思考如何反思。	学生能够根据教师提示思考如何反思，并基本了解反思日志的构成要素。	4' IW CW
	Activity 2 Based on what have learned in this unit, discuss which subtopic impresses you most, explain why and try to reflect on it.	结合所学展开讨论，帮助学生确定反思对象，强化反思目标。	学生能够基于所学进行讨论。	7' PW CW
阅读范文，学习反思日志的基本结构和内容，绘制反思日志的思维导图。	Activity 3 Read the writing sample. Discuss in groups and confirm the structure of a reflection.	通过阅读范文确定反思日志的结构。	学生能够基于范文总结反思日志的结构。	6' GW CW
	Activity 4 Read the sample again and work in groups of four to draw a detailed mind map based on the given structure. Show some of the mind maps and offer a more logical one for reference.	通过思维导图分析反思日志的具体内容，为学生撰写反思初稿提供思路，同时进一步教授思维导图的呈现方式。	学生能够明确如何绘制思维导图。	5' CW

续表

教学目标	教学活动与步骤	设计意图	效果评价	时间与互动模式
	Activity 5 Allow Ss to choose their favourite topic and draw a mind map for their reflection.	引导学生结合单元中自己喜欢的语篇主题，画出反思日志的思维导图。	学生能够画出反思日志文本结构的思维导图。	5’ IW
学习运用文本相关的情感表达及采取行动的语言。	Activity 6 1. Have Ss recall their emotions when they first came across “The Secrets of Your Memory” and flash back to U7 when they learned about expressing different emotions. 2. Have Ss identify expressions used by the author in learning new knowledge and ask them to come up with more before grouping the new expressions for better memorisation. 3. Have Ss identify expressions used by the author to express his will to take action. 4. Have Ss upgrade the original expressions in the textbook showing action-taking. 5. Review and emphasise the importance of linking words.	引导学生结合所学，归纳总结有关情感和采取行动的表达，以便运用到之后的写作中。同时，强调连接词的使用。	通过回顾，学生能够归纳总结出有关情感和采取行动的表达。	10’ IW
仿照范文，列出自己的写作提纲。	Activity 7 Conclude the writing structure, language learned and emphasise the writing criteria before allowing Ss to work on their own reflection.	总结所学，强化写作要点，指导学生拟定写作提纲。	学生能够结合所学，拟定写作提纲。	3’ CW
	Homework Compose your reflection.			

续表

教学目标	教学活动与步骤	设计意图	效果评价	时间与互动模式
第二课时				
回顾所学。	Review & Self-reflection Review Jordan's words to activate past knowledge about practice and reflection, then move on to writing and reflection.	回顾所学，激活已知。	通过回顾所学，学生能够快速进入学习状态。	3' IW
通过自评、互评，从内容、结构、语言等方面改进自己的写作。	Activity 1 Read and edit the reflection by yourself according to the Writing Help.	学生通过自我反思，进一步熟悉自己的反思日志。	学生能够根据写作标准对自己的学习反思进行评价和修改。	
	Activity 2 Work in pairs. Edit the other's reflection according to peer editing sheet and give suggestions to improve if possible. Then polish your own writing.	组织学生进行同伴互评，学习他人的反思日志，取长补短，改进自己的写作。	学生能够根据评价表对同伴的反思日志进行评价，并结合同伴的建议改进自己的内容。	6' PW
通过小组反思及班级展示，取长补短，将反思性学习学以致用。	Activity 3 Work in groups. Ss who choose the same subtopic are in the same group. Make a poster to reflect different learning reflections of all group members.	学生通过小组共同反思，总结相同主题下不同的反思内容、亮点及不足，通过反思促进日常学习。	学生能够通过阅读组内不同的反思日志整合与思考，将自己的作品与其他人的进行对比，在对比中学习与反思。	8' GW
	Activity 4 Present posters and writings to reflect different aspects of reflections.	组织学生进行班级展示，分享并学习同伴作品，体验自我反思与同伴共同反思的收获。	学生能够通过小组海报展示清晰地呈现反思内容和亮点。	20' GW CW
通过分享反思日志和总结，认识到反思性学习对终身学习的意义。	T evaluates and summarises Ss' reflections and posters.	教师总结，并强化反思性学习对终身学习的重要性。	学生通过教师总结能够加深反思性学习对终身学习意义的理解。	3' CW
	Homework Polish the group poster.			

（六）Viewing Workshop

文本分析

【What】

视频主要讲述了人类大脑的学习机制，传统观点认为人类大脑在发育过程中会有不同的阶段，在这些阶段学习一些特定的知识或技能会更高效；而研究表明大脑具有可塑性，这种可塑性让人们不管在多大年纪都能够学习新知识。

【Why】

让学生了解最新关于大脑的科学研究，以便对自己的学习方式有更透彻的理解；增加对学习的信心，并培养学生勇于探索和学习新知识的兴趣。

【How】

本视频通过专业研究人员的说明和阐释，提升了大脑学习机制理论的权威性。视频中通过图像和解说配合的形式进行阐释，有助于学生对内容的理解。语言上既有较复杂的从句和长句，也有偏口语化的表达。

教学目标

在本课结束时，学生能够：

1. 获取、梳理大脑发育的不同阶段是如何影响人们的学习能力的；

2. 根据视频中的观点，描述、解释 Experience Expectant Learning 和 Experience Dependent Development；

3. 通过视频中对大脑不同理论间的对比，阐释 brain plasticity 的概念；

4. 借助视频末尾的例子说明大脑在任何年龄段都具有可塑性，即人无论年龄多大都能够学习新东西；

5. 结合所学，对给定的两个情境提出建议并进行解释。

教学重难点

【教学重点】

1. 获取视频中的关键信息，并概括主要观点，解释大脑发育过程中的两种模式和大脑可塑性的含义；

2. 针对视频中的观点进行思考，举例支持或反对其中的观点。

【教学难点】

1. 通过大脑发育理论之间的对比，解释视频中的观点；

2. 结合实际，支持或反对视频中的观点。

教学过程

教学目标	教学活动与步骤	设计意图	效果评价	时间与互动模式
获取、梳理大脑发育的不同阶段是如何影响人们的学习能力的。	Activity 1 Talk about the saying: You can never teach an old dog new tricks. Look at a picture of a brain and discuss the following questions: 1. What do you know about human brain? 2. What role does it play?	创设情境，激发学生兴趣，导入主题。	学生能够结合相关图片进行预测，并基于已知，简要说出大脑的重要性和作用。	4' IW CW
	Activity 2 Discuss about the title. Then watch the video for the first time and talk about what it is mainly about.	培养学生掌握视频大意的能力，甄别主要信息和次要信息。	学生能够根据视频内容了解视频主要谈论了什么，以及哪些是重要信息。	6' IW
根据视频中的观点，描述、解释 Experience Expectant Learning 和 Experience Dependent Development；并通过视频中对大脑不同理论间的对比，阐释 brain plasticity 的概念。	Activity 3 Watch the video again and finish the mind map. Explain the concepts proposed in the video.	引导学生获取细节信息，并解释 Experience Expectant Learning、Experience Dependent Development 和 brain plasticity。	学生能够处理视频中出现的长难句并理解意思，同时对三个重要概念加以解释。	12' IW
借助视频末尾的例子说明大脑在任何年龄段都具有可塑性，即人无论年龄多大都能够学习新东西。	Activity 4 Watch for the third time and answer the question: What abilities or actions are best learnt or done in the two sensitive stages? Finish the mind map and then give more examples.	引导学生开动脑筋，结合实际进行思考，用生活中的例子对视频中提出的概念补充说明。	学生能够基于自己对于大脑发育阶段的理解进行联想，根据活动内容进行口语上的输出，再针对 brain plasticity 进行思考，结合实际，说明即使是他们不感兴趣的东西也是可以学会的。	12' PW CW

续表

教学目标	教学活动与步骤	设计意图	效果评价	时间与互动模式
结合所学，对给定的两个情境提出建议并进行解释。	Activity 5 Discuss in groups and talk about the following scenarios: 1. Grandpa Don is 80 years old but he wants to learn French, how would you suggest? 2. Mrs Wang wants to send her son to a football club besides the five other extracurricular clubs, saying it's the best time for her kid to learn skills, what's your suggestion for her?	引导学生基于对视频内容的理解进行深入思考，并以批判性思维考量视频的观点。	学生能够开动脑筋，辩证地看待视频中提出的观点。能够表达出自己对于大脑功能和发育的理解，结合相应情境表达自己的观点。	6' GW CW
	Homework Do you think we should only learn what we are interested in or we should force ourselves to learn the things that we hate? For example, everyone is saying programming is important these days but if you hate it, will you still learn it? Write a short passage to illustrate.			

（七）Reading Club 1

文本分析

【主题意义】

本课介绍了中外留学生在留学过程中遇到的各种文化冲击，属于“人与社会”主题语境。其主题意义在于让学生了解中外留学生遭遇的文化冲击及其影响，结合本单元所学，思考并分享解决方法。

【主要内容】

本文包含六个短文，由两部分构成。第一部分是三位中国留学生讲述在国外遇到的关于兴趣爱好、饮食习惯，以及学习风格方面的问题。第二部分是三位外国留学生讲述在中国遇到的关于语言学习、聚餐传统，以及长辈对晚辈的关爱方面的困惑。两部分均体现了留学生初到异国他乡所经历的文化冲击。

【作者意图】

六篇短文均以第一人称视角，自述亲身经历的文化冲击，感情真挚，能够引起读者共鸣。本课的主题是文化冲击，编者希望学生通过了解文化冲击在异国求学过程中可能产生的影响，在将来遇到类似情况时能主动面对，积极调节个人的学习策略，从而快乐高效地学习。

【教学目标】

在本课结束时，学生能够：

1. 理解文化冲击的内涵，并举例说明自己知道的关于文化冲击的现象；
2. 了解六个中外留学生求学时遇到的文化冲击及其影响；
3. 讨论留学过程中可能遇到的其他文化冲击，并提出相应解决办法。

教学过程

教学目标	教学活动与步骤	设计意图	效果评价	时间与互动模式
理解文化冲击的内涵，并举例说明自己知道的有关文化冲击的现象。	Activity 1 Get to know what is"culture shock" by watching a video and answer two questions: 1. How does the man feel when watching the woman cooking? 2. What makes him feel so? Then think about possible culture shocks they may experience when studying abroad. If you are going to study abroad, what culture shocks may you experience?	创设情境，激发学生兴趣，激活已知，并引入本课话题。	学生能够理解文化冲击的内涵，并基于已知说出一些文化冲击的例子。	5' CW
了解六个中外留学生求学时遇到的文化冲击及其影响。	Activity 2 Read the text to find out the culture shocks exchange Ss experienced. Then discuss in groups and give advice.	阅读文章，获取六个留学生遇到文化冲击的事实性信息，复述并给出建议，内化语言和文化认知。	学生能够获取六个留学生遇到文化冲击的具体信息，并与小组成员讨论，给出合理的建议。	12' IW GW CW
回忆并分享自己(或朋友)遇到的文化冲击及解决办法。	Activity 3 Think about the culture shock you or your friend experienced and how you deal with it at that time. Share it in class.	引导学生思考并分享自己(或朋友)所经历的文化冲击及解决办法，深化对话题的理解与思考，为接下来的活动做准备。	学生能够口头描述自己(或朋友)遇到的文化冲击及解决办法。	8' IW CW

续表

教学目标	教学活动与步骤	设计意图	效果评价	时间与互动模式
讨论留学过程中可能遇到的其他文化冲击，并提出相应解决办法。	Activity 4 Work in groups to make a poster to give advice and share it with the whole class. Choice 1：Give advice to foreign students coming to China for study. Choice 2：Give advice to Chinese students going to foreign countries for study.	学生对留学过程中可能遇到的文化冲击给出相应的解决办法，培养学生解决问题的能力。	学生能够通过小组合作制作海报，运用所学，针对文化冲击的问题提出建议。	14’ GW CW
	Activity 5 Summarise what have learned in this lesson.	巩固所学，强化主题认知。	学生能够归纳总结本课所学内容，并拓展文化冲击相关知识。	1’ CW
	Homework Read a given passage to learn more about culture shocks；and improve the poster.			

（七）Reading Club 2

文本分析

【主题意义】

本课属于“人与自我”主题语境。其主题意义在于通过阅读国际学生评估项目（以下简称 PISA）关于男生和女生在阅读能力、阅读习惯等方面差异的研究，让学生意识到男生和女生在阅读表现上的差异，及其背后的原因。同时，引导学生反观自己的阅读状态，思考应该如何改进阅读习惯，提高阅读能力。此外，由于研究对于解释女生在阅读方面优于男生的这一发现，证据稍显不足，这有利于引发学生思考引起男生和女生在阅读上存在差异的其他原因，有助于培养学生的思辨能力。

本课与本单元 Topic Talk 都有助于引导学生认识个人的学习特点，属于学生对个人学习方面的讨论。这两个课时的内容相互协作，帮助学生完善对“认识个人学习特点”这一小观念的理解。此外，学生在反观自身阅读习惯的同时，也能够进一步思考提高自身阅读水平的方法。在思考过程中，也可以服务于本单元大观念的达成，即形成正确的学习观。

【主要内容】

本课主要介绍了 PISA 关于男生和女生在阅读表现上存在差异的研究。该研究发现，女生比男生更擅长阅读，而这一现象的原因与女生更享受阅读乐趣有关。

语篇共有七个段落，可分为三部分。第一部分（第一段）介绍研究背景和主要发现）。第二部分（第二段至第五段）呈现研究数据和分析过程，介绍了女生表现出比男生更擅长阅读与两个方面有关，一是女生更享受阅读的乐趣，二是男生仅对某些读物类型（如杂志和报纸）表现出阅读兴趣。第三部分（第六、七段）总结研究发现并提出建议：如何激发男生的阅读兴趣与如何使他们接触更多不同种类的读物等问题应得到重视；强调了阅读兴趣的重要性，呼吁社会重视学生阅读能力的培养。

【文体与修辞】

本文是一篇说明文，语言具有客观性。文中用到很多专业化的表述来呈现和分析数据，如 at an almost identical level、significant difference、a 30% gap 等。同时，文本中心内容鲜明突出，段落层次明显，逻辑清晰。段落主题句大多分布在句首和句末，且衔接词汇丰富，如 such as、however、while、given that、for this reason 等，有助于学生把握文章结构和大意。

【作者意图】

作者希望通过介绍 PISA 的研究发现，呼吁社会关注研究结果所揭示的问题，强调阅读兴趣对学生未来发展的重要性，引发读者思考关于提高阅读能力的措施。

教学目标

在本课结束时，学生能够：

1. 通过阅读文本，获取关于男生和女生阅读表现差异研究的事实性信息；
2. 借助可视化图形呈现研究数据，并梳理文章结构；
3. 分析文体特点，推断作者的写作意图；
4. 总结造成男生和女生阅读差异的因素，反观自身阅读习惯并思考如何提高自身阅读水平；
5. 辩证看待研究结果，探讨并表达造成男生和女生阅读差异的其他因素。

教学重难点

【教学重点】

1. 通过阅读文本，获取关于男生和女生阅读表现差异研究的事实性信息；
2. 借助可视化图形呈现研究数据，并梳理文章结构；
3. 分析文体特点，推断作者的写作意图；
4. 总结造成男生和女生阅读差异的因素，反观自身阅读习惯并思考如何提高自身阅读水平。

【教学难点】

1. 分析文体特点，推断作者的写作意图；
2. 辩证看待研究结果，探讨并表达造成男生和女生阅读差异的其他因素。

教学过程

教学目标	教学活动与步骤	设计意图	效果评价	时间与互动模式
通过阅读文本，获取关于男生和女生阅读表现差异研究的事实性信息。	Activity 1 Look at a picture of some boys and girls who are concentrating on reading, and answer questions. 1. What are they doing in the picture? Do you enjoy reading? 2. What types of literature do you enjoy reading? 3. Do you think boys and girls have differences in reading? What are the differences? Further questions: It seems that boys and girls have different reading habits in terms of the types of literature they enjoyed. What about reading performance? Do boys perform better or girls?	通过图片创设与语篇主题相关的语境，引导学生基于男生和女生在阅读上表现出的差异进行讨论。	学生能够对图片进行简单描述，并对男生和女生在阅读上表现出的差异说出自己的观点。	5' IW CW
	Activity 2 Read the article and answer questions. 1. What is the interesting fact found from the PISA reading test? What is the reason? 2. How did PISA find the relation between reading performance and enjoyment of reading? What kind of evidence is given?	引导学生阅读并提取 PISA 关于男生和女生阅读表现差异及其背后原因的事实性信息，并进一步思考和分析文本特点。	学生能够获取文本中 PISA 研究发现的事实性信息。同时，观察到文本中出现的大量数据信息。	7' IW
借助可视化图形呈现研究数据。	Activity 3 Read paragraphs 2-5 and use bar charts to show the data about gender difference in enjoyment of reading.	学生阅读数据信息，内化理解，并用条形图呈现男生和女生在阅读上的差异。总结概括，并阐述数据是否能支撑 PISA 提出的阅读习惯与阅读表现之间的联系。	学生能够绘制图表，分析数据背后的意义，对比分析出阅读乐趣与阅读表现之间的关系。	7' GW

续表

教学目标	教学活动与步骤	设计意图	效果评价	时间与互动模式
分析文体特点，推断作者的写作意图。	Activity 4 Read the last two paragraphs and share the opinions on author's intention. Work in groups and answer questions. 1. Why does the author provide PISA's data information in such detail? 2. What's the function of data information? 3. What the author wants us to believe? Why?	通过分析文本特点，引导学生思考作者的写作意图。	在问题链的引导下，学生能够根据自己的思考和小组讨论，阐述作者的写作意图。	8' IW GW
梳理文章结构。	Activity 5 Read the text again and choose the best tree map for the text structure. Share the reasons.	引导学生关注文本结构，利用树状图呈现文章结构及每个段落的主旨大意。	学生能够说出自己选择树状图的理由。	4' IW
总结造成男生和女生阅读差异的因素，反观自身阅读习惯并思考如何提高自身阅读水平。	Activity 6 Based on the article, what can we do to improve our reading proficiency?	引导学生反观自身阅读习惯，思考提高阅读能力的方法。	学生能够说出自己的阅读习惯，以及如何提高自己的阅读水平。	5' IW
辩证看待研究结果，探讨并表达造成男生和女生阅读差异的其他因素。	Activity 7 Are there any other possible reasons which can explain the finding that girls outperform boys in reading?	引导学生思考并分析除了文中提到的影响阅读表现的因素外，还有哪些其他阅读习惯也会影响阅读表现。	学生能够思考有可能造成男生阅读表现低于女生的其他可能因素。	4' IW
	Homework Do a survey on one of the possible reasons you are interested in. Prepare to give a presentation in class. Try to use figures to help you.			

五、教学反思

(一)Topic Talk

完成单元整体教学设计后，我对教材的内容有了更深刻的认识，以前忽视了某一课的内容和教材其他板块、其他课之间在主题意义上的有机联系，于是在教学设计和实施中，孤立地进行单个语篇的教学活动。

对于教材中提供的一些活动，以前总是忽略或随意更改活动要求，可能自己整合的步骤也不够科学，导致学生对主题意义的建构不完整。现在新教材的教学活动设计非常合理，以学生的语言实践活动为主线设计，体现了主题意义从理解到表达的渐进过程，并且在理解和表达主题意义的过程中去发展学生的技能、学习策略等。现在自己的课堂就是按照新教材的活动步骤，更加注重遵循语言学习“输入—内化—输出”的规律，在每个小的教学活动后，以前没有给学生充分的时间进行语言的内化，现在我会在这个方面花更多时间，每完成一个小活动，就会让学生有一点产出，不断实现小步子内化，大步子循环。

此外，在开展一个新的单元之前，教师必须对整个单元的设计有整体性的意识和计划，特别是在教授 Topic Talk 这种导入课的时候，应该有意识地引导学生去关注这个单元即将涉及的小的语篇主题意义、小的观念，引导学生在没有学习前先有一些思考，并激发学生的学习兴趣。例如，可以利用好 Quote…Unquote 这个板块，引发学生对后面语篇主题意义的期待。

大观念下的单元整体教学就是教师基于单个板块的语篇主题意义，提炼小观念，再将这些小观念整合成一个大观念，作为单元的主题意义，我觉得这样一个完整的思维过程应该跟学生一起用可视化的思维导图、主题内容关联图进行总结，让学生边学边厘清单元整体框架，明确一个单元的主题意义是如何构建的。最后，学完一个单元之后，学生可以围绕整个单元的主题内容关系图再次进行复习，内化语言，积累词汇、语法等。

梁怡然

(二)Lesson 1(第一课时)

完成此次单元整体教学设计，我有以下较深的几点体会。

首先，对大观念视角下的单元整体教学设计有了更具体和直观的认识。大观念是理念，从教师层面来说，是要体现英语学科的工具性——英语学科的育人作用；从学生层面来说，是帮助他们形成具有持续性的价值观念、认知态度和指引行为的方法准则。单元整体教学设计则是实现途径和具体的操作方法。学习了这些基本概念后有助于更深刻地理解《课标》对于英语学科核心素养的要求并指导日常的教学设计。现在我能从一个更上位的角度看待日常教学和落实学生核心素养之间的关系。

其次，在学习大观念之前的教学设计基本只会关注本课内容，很少会结合整个单元的话题去考虑，更忽略了单元内各课之间的逻辑关系，以及本课在单元内的位置和功能。从而导致单元内各课时教学设计的脱节，无法基于单元主题进行系统、深入的探讨以及未能真正在大观念的理念下发挥英语学科的育人功能。经过学习，我懂得了要先对教学单元进行深入解读、分析、整合和重组，提取每个单元的大观念和小观念，厘清各语篇之间的关联和逻辑后再进行具体课时的教学设计。

最后，之前的教学设计，尤其是公开课，我更看重展示性，展示教师的个人素养、教学思路以及学生的能力。但现在的课堂强调的是实效性，让学生的学习真正发生在课堂上。教师应遵循学生的认知规律，充分考虑学生的学习难点，设计有层次、有逻辑、有足够引导的教学活动。不为完成任务而刻意拔高学生的能力，讲究的是教学过程的水到渠成。每个教学环节都应该为教学目标服务，而且环节间要有严谨的逻辑。任何教学活动哪怕看起来再“精妙”，但如果和本课的逻辑不一致也应果断舍弃。例如，在本课最初的构想里，有一个让学生概括学习者品质的环节。但多次磨课发现学习者品质和本课的话题“学习方法”不契合，不利于学生最后生成的对学习方法的反思，最终删掉了该环节。此外，在磨课过程中，专家们还对教师的课堂用语、课堂指令、教学活动的组织方法、课件的展示等都给予了深入、细致的指导，让我明白了何为一节实实在在的好课。

邱宝芹

（三）Lesson 1（第二课时）

在参与这次基于大观念的单元整体教学设计和课堂教学实践之前，我参加了许多有关教材的培训，听了不少专家的讲座，观摩过很多同行的优秀课例，能够理解新教材的设计理念，并能按照新教材所设计的教学步骤进行教学，教学效果也不错。但我并没有非常关注一个单元内各课之间内在的联系，每一课只关注实现每一课的教学目标，而每一课的教学目标没有一个统领的目标，因此，设计每一课的活动时，单元内各课的教学目标都是独立的，上完一个单元也没有最终的产出目标。

我们首先根据整个单元内容提炼出单元大观念和总的教学目标，其次在单元总目标的统领下安排每一课的教学目标，而后根据每一课的教学目标设计每一课的教学步骤，再到课堂实施，发现问题再反复打磨，最后形成了比较成熟的单元整体教学设计。几个月下来，我对于什么是单元整体设计教学，为什么要进行单元整体设计教学以及如何进行单元整体设计教学都有了更深的认识。

现在，在教每个单元之前，我都能有意识地考虑本单元要体现的大观念与总目标，能更清晰地看到单元内各课之间的内在联系，并能在实施教学步骤的过程中做到“既见树木，又见森林”。最后，无论是结束一课还是一个单元，我都能反思自己的教学是否达到了本课的小目标和本单元的总目标，促进自己不断地改进教学。

李群慧

(四)Lesson 2(第一课时)

在对 Lesson 2 的第一个听力文本进行了备课、打磨，到最后的几次课堂实践之后，我在这里做一个小的总结与反思，主要从本课在大单元设计中的位置，课堂呈现中的几次较大的改进，以及自身对课堂教学的新感悟等方面展开。

本单元的话题是"学习"。细读本单元的各个语篇，首先确定了单元整体教学思路。Topic Talk 初步引出话题，接下来从认识个人学习特点、知晓高效学习方法和调节个人学习策略三个方向展开。"个人学习特点"包含对个人优势、学习兴趣和目标（Topic Talk），以及学习差异和形成原因的讨论（Reading Club 2）。"知晓高效学习方法"则从成为主动学习者入手（Lesson 1），涉及语言学习方法和英语学习技巧（Lesson 2）、记忆的规律和有效记忆的方法（Lesson 3），以及大脑的工作机制（Viewing Workshop）。"调节个人学习策略"则引导学生找到自己学习中存在的问题（Writing Workshop）、正确认识文化冲突（Reading Club 1）并找到改进或解决的方法。Lesson 2 的话题是英语学习的方法和技巧，很有现实意义。

在本课的几次课堂呈现过程中，较大的改进主要有两次：一是让学生从听、说、读、看、写这五项技能中选择自己最擅长或最薄弱的一项，并分组的过程；二是思维导图在课堂上的呈现方式。听说课堂上分组讨论是一个不错的活跃气氛的环节，我让学生选择自身最薄弱的一项，而后进行分组讨论。但一开始的设计是让学生在班内自由抱团，判断对方是否是组员的方式只能靠口头询问，这在分组过程中就产生了一定的混乱，也占用了课上的宝贵时间。后来，经过磨课，受其他老师的启发，决定课前给每位同学都分发五种颜色的便利贴，分别代表五项技能。学生选择自己最薄弱的一项，并在相应颜色的便利贴上写下，到了分组环节，只需凭借便利贴的颜色即可轻松完成分组，这样极大地提高了课堂效率。对于思维导图的呈现，一开始是直接呈现完整的思维导图（挖空），这样一来，学生对于思维导图所呈现的思路比较清晰，但同时也限制了学生自身的分析过程。为了提供给学生更好地梳理语篇结构的机会，我通过分级的形式，依次呈现思维导图的每一级，提高了学生的自主性。

本堂听说课的教学，将课堂的交互性提高到了一个新的高度。听说课也应该结合各项技术，设法提高学生的参与度。本次课堂是一次不错的尝试，在今后的教学中我也会尝试更多的方法，不断提升课堂的生动性和学生的参与度。

王坤

(五)Lesson 2(第二课时)

经过本次集体合作的单元整体教学，我对自身的英语课堂教学的诸多方面都产生了新感悟。首先是关于教材语篇的理解和处理：在使用新教材前我个人会根据单元语篇的逻辑意义进行语篇课时顺序的调整。而如今面对新教材，我们整个团队对 Unit 9 Learning 的单元内容进行了更加有深度的梳理和整合，构成了层次分明、关联紧密的单元框架图。这有助于我们在分课时教学中定位所授课语篇在单元中的位置，有效提炼单元大观念和所教课时的小观念。

其次，本次单元整体教学也更新了我对单元整体目标和具体课时目标的理解。单元整体教学目标的制订要围绕大观念和小观念的建构展开，遵循可操作、可检测的原则，反映学生完成某一课时学习后所形成的素养。为此，教师应从课程实施的角度出发，围绕具体语篇，梳理结构化知识和语言学习的重点，确定课时教学目标。

此外，本次单元整体教学也促使我对英语学习活动观下的教学活动和评价活动的设计有了更加深入的理解。《课标》指出英语学习活动观是落实英语学科核心素养的主要途径。基于具体语言的教学，教师要以帮助学生建构语篇小观念以服务单元大观念的建构为目标，从学生已有的主题知识和经验出发，设计从学习理解到应用实践，再到迁移创新的主题意义探究活动，引导学生梳理结构化知识，把握语言重点，将逐步生成的语篇小观念整合到单元大观念的体系中，使学生从广度到深度上探究单元大观念成为可能。

在前后几稿的教学设计中，我曾对本课语言输出部分的活动设计出现误区，设计“迁移听力材料中举例说明和话轮转换方式，向外国友人介绍中文学习技巧”的任务。经过集体备课和打磨，我发现这样的设计脱离了本课的小观念(知晓英式英语与美式英语的区别，做开放包容的英语学习者)，语言和知识的输入与后期的输出任务之间缺乏内在的逻辑和关联。最后，我将本课的输出任务调整为：“Your friend, Jack, is not good at Chinese and is asking you for suggestions on learning Chinese. Work in pairs and get prepared to act out the dialogue between you and Jack, in which you need to give examples on how to improve Chinese and respond to the other speaker with interest.”

综上，本次单元整体教学的经历提升了我对教材处理、目标设定和活动设计的理解和感悟。在今后的教学中，我将继续基于单元大观念设计有层次、有逻辑和有内在关联的学习活动和评价活动，在主题意义探究和语言实践活动中促进学生语言能力、文化意识、思维品质和学习能力的融合发展。

叶汉中

(六)Lesson 3(第一课时)

在本次教学设计和课堂实践中，我对教材有了更深刻的认识。

在初次备课中，我首先运用了《课标》中提到的篇章分析方法，就 What、Why、How 三个维度对语篇的主要内容、写作目的和写作手法和结构做了详细分析，并根据文章的主线设计了阅读任务和输出任务。

经过团队的几轮讨论后，团队基本确定了单元大观念(形成正确的学习观，努力成为积极的终身学习者)，以及本单元的整体教学目标(知晓如何成为高效的主动学习者—了解高效学习的科学原理—践行高效的学习方法)。我所负责的 Lesson 3 的第一课时，服务于本单元教学目标的第二个子目标，即“了解高效学习的科学原理”。

在单元大观念、单元整体目标和子目标的引领下，我调整了本课的教学目标和重难点。由此，我认识到，教师所设计的每一节课，都应该是完整且相对独立的，但是它也应该与本单元的其他内容相互契合。正是单元内每一课之间的互联、互补、互通，促成了学生在学习整个单元过程中的美好体验，得以“完整”地学习一个单元(“完整”指的是学生能全面掌握单元的语言知识、篇章知识、语言技能，同时培养了学习技能、正向的价值观和积极的态度等)。

因此，教师应该养成集体教研的习惯，以单元整体为研究对象，群策群力，先研读教材内容，提炼本单元大观念，进而制订单元整体教学目标。在设计每一课的过程中，也需要贯彻大单元观念，合理制订教学目标和重难点，体现本课在大单元中的作用。在实际教学中，教师应该落实教学环节，以实现设定的教学目标。

卢冠廷

(七)Lesson 3(第二课时)

完成此次单元整体教学后，我对于什么是单元整体教学设计，为什么要进行单元整体教学设计，以及如何进行单元整体教学设计都有了更深的认识。

传统的阅读课设计与基于单元整体的阅读课设计有很大区别。第一，前者更多针对的是单一语篇，注重单一语篇的意义，后者针对的是相同主题下的多个语篇，注重多个语篇之间的逻辑关系与单元主题意义；第二，前者语篇之间相对独立，不重视单元整体观念的形成，后者每个语篇之间联系紧密，每个语篇形成一个小观念，共同服务于单元大观念。第三，在备课上，前者只需要单独备好一个语篇即可，后者在备课过程中，也要同时对单元内其他语篇进行分析，因此后者对教学设计提出了更高的要求。

我们可以通过“理—提—搭—定—促”五步法来进行单元整体教学设计，即理解单元主要语篇，提炼子主题，搭建完整教学单元，设定单元教学目标、课时目标以及课时产出活动，用教学活动促进课时目标的达成。每个课时教学活动的设计均需要以课时子目标为导向，并共同服务于单元整体教学目标，以此由点及面，由浅入深地促进学生单元知识结构以及单元大观念的形成，同时促进学生语言能力、文化意识、思维品质以及学习能力的有效提升，实现学科育人价值。

周文文

(八)Writing Workshop(第一课时)

完成单元整体教学后，我的总体感觉有以下两点。

其一，我对单元整体设计的理解更加透彻。本单元与其他单元不同的一点是，该单元的写作课是完全基于对整个单元各课主题的总结和分析。由此，在本课设计之初，我就一直思考如何在学到最后一节课的时候，学生仍能快速回顾每一课的内容。因为处理稍有不慎，该课就会变成复习课。与团队探讨后，我们最终确定在单元开始就使用“单元记录表”。在每一节课结束后将该课的课前已知、课中新知和课后反思作为作业布置给学生。因此在上写作课前，学生能够对本单元的内容一目了然。所以，通过对本单元写作课的研究，我感受到“单元记录表”也不失为一个提升单元各课间关联性和总结的好工具。

其二，我对课程功能性和内容性的平衡更加熟练。在第一次试课时，我的教学设计主要集中在如何提升学生对反思日志的结构、语言和产出评价上，缺乏对内容的思考和主题的升华。学生很僵硬地执行任务，目的性不强，兴趣不高，课堂沉闷。经过反复研讨，我发现了问题所在，即只关注功能性，缺乏对内容的理解和深化。因此在第二次课的设计中，我平衡了内容的输入和产出，让学生学而不倦，积极参与到课堂活动中。

总而言之，此次教学实践让我受益匪浅，我会继续努力，带来更高效的课堂。

黄琳

(九)Writing Workshop(第二课时)

通过本次学习实践，我对单元整体教学设计和实践有了更加深刻的理解和认识。

在教学设计和实践过程中，我们从研读单元各课内容入手，以 Learning 为出发点，提炼与之相关的大、小观念并建立紧密联系，搭建单元内容整体结构图，对单元整体目标、课时目标，以及课堂活动目标进行分析。比如在磨课过程中，我们思考单元整体目标是什么？课型与整个单元大观念和其他课型的小观念之间有什么样的联系？为此在设计该课之前，我们对整个单元进行了研读和设计，用单元整体设计思维导图和单元整体学习任务单将整个单元内容串联在一起。

在设计写作课两个课时的过程中，我们从整个单元出发，落脚于教授学生如何撰写反思日志，进一步引导学生思考反思与学习之间的关系，进而利用反思性学习促进终身学习。在大观念的指引下，我通过本次教学设计和教学实践，初步实现了系统化、结构化的课程教学。当然课程在设计和实践过程中还有许多不足，希望在以后的教学实践中能更深刻理解“大观念”这一核心概念，以学促教，以教促学。

叶欲潇

(十)Viewing Workshop

从整个单元来看，Viewing Workshop 属于从生物学角度分析人类的学习机制，所以它是对前面内容的补充。而这个视频本身有一定难度，所以刚开始的时候虽然很清楚这一课在整个单元中的位置，而且通过线上说课感觉自己也能够较好地讲授，但是实际上课又是另外一回事。在录制课之前我已经试讲过，也有专家给我提出了宝贵意见。对于此类有陌生知识的视频，首先要给学生搭好脚手架，让他们提前熟悉视频中的一些陌生概念，所以在之后上课时，我设计了导学案，用思维导图呈现整个视频的内容，然后将其做成了填空题，让学生在观看视频的同时了解其内容，并完成思维导图。除此之外，我还将一些长难句直接以文字的形式做成活页分发给学生。经过这样的调整，学生能够在资料的辅助下充分学习视频内容，同时也能够利用学到的知识参与课堂活动，表达自己的观点。

当然，教材中这一板块的内容不一定都需要做到这么详细。有的模块是为了让学生了解某一话题，起到拓展的功能。所以在进行单元整体设计时，教师要对每一个板块的重要性及其相互之间的衔接充分了解，这样才能突出单元重点，该着重详细解释的地方多花时间，而作为补充拓展的内容则可以适当删减。

肖波强

（十一）Reading Club 1

通过这次实践，我不仅把之前所学的关于单元整体设计的理论应用到实践中，而且对大观念下的单元整体设计有了更深入的理解和更真切的感悟。

"大观念"是深层次的、有意义的、可迁移的核心观念，指向学科具体知识背后更为本质的内容，体现学科的思维方式和核心观点。在大观念理念下进行单元教学设计，能够更有效地整合和迁移学科的核心知识结构，使相对零散的知识点结构化、体系化、可迁移，这些是教师组织教学过程的核心，为教师设计教学过程提供依据和思路，使单元教学过程相互联系，互为补充。对于学生而言，大观念是他们完成学习后生成的认知结构，解决问题的思想和方法，以及价值观，这与英语学科核心素养高度一致。

此次单元整体设计团队通过对单元中各语篇的分析得出每个语篇的小观念，梳理形成"认识个人学习特点""知晓高效学习方法和科学原理""调节个人学习策略"等三个单元教学目标，并最终确定本单元的大观念为"形成正确的学习观，努力成为积极的终身学习者"。同时根据科学的认知过程，对各语篇进行重新整合，组成有机的更合逻辑的单元教学安排。我负责的 Reading Club 1 是单元整体设计中的第十一课时，此语篇小观念是"了解文化冲突及其影响，讨论在国外学习可能面临的具体问题，分享解决方法"，服务于单元整体教学目标中的"调节个人学习策略"。

经过多次单元设计团队集体研讨，本课时小团队内部多次研磨，以及文本分析、初步设计、试讲、打磨、修改等多次循环后形成最终的设计版本。每次研磨我都会对单元整体设计有更深入的理解，更明白其科学性和必要性。我将继续学习大观念下的单元整体设计理念，并在今后的教学中努力践行。

敖杏元

（十二）Reading Club 2

完成该单元整体教学设计后，在对自身课堂教学的前后对比中发现：在此之前，课堂教学关注的内容相对片面，没有宏观概念和"中心思想"，着眼点过小，未能从更上位的角度关注整个教学设计，整合教学内容，规划教学活动。教学的实施只是机械地一个语篇连着一个语篇，属于浅层被动的教授教材，被教材牵着走；这样单元主题下的各语篇是孤立的，过于关注语言本身而未思考其背后的育人理念和核心观念。

在参与单元整体教学设计和完成其中一个课时的设计后，我对厘清单元各课之间的关联、整体教学目标的设定、教学过程的设计等方面有所提升。从教教材变成了用教材；能够从更加上位的角度去思考“学完整个单元，学生能学到什么整体的、系统的，能内化于心、外化于行，真正影响到他们的，除语言之外的东西”。我会在整个单元开始之前，对教材进行深度研读，利用好教材中的语篇，对其进行整合和重组，使学生形成某种大观念的认识，或者丰富对某一大观念的认识。有必要的话，我还会进行相应的语篇补充。总而言之，我会思考主题语境下各语篇背后的育人理念，会尝试带领学生深度投入到主题的思考中，让学习变得有深度，让思维变得更活跃。帮助学生形成正确的价值观，以指导其未来的行为。

参与完单元整体教学设计，我获得两点启示。一是认识大观念的必要性与重要性；大观念下的语言学习，让语言学习变得有深度、有思考、有育人导向。关于某个主题的大观念建立也并非是“完成时”，而是“进行时”，是学生在今后学习和生活中还会补充的。在大观念的统领下，能更好地让教师清楚要带学生到哪里去。二是形成更加开放、主动和积极的教材观，是用教材而非教教材；正确的教材观绝对不是照本宣科，而是通过研读教材，分析教材，利用好教材，更好地进行单元内容的整合关联，帮助学生形成大观念。

曾霞

六、案例点评

本单元标题为“Learning”，属于主题语境“人与自我”中“乐于学习，善于学习，终身学习”这一具体内容。教师在教学设计中有很多可以引导学生做好主题意义探究的机会。本单元的主要学习目标是要学生明确个人学习目标，知晓高效的学习方法与相关原理，恰当调节个人学习策略，最终形成正确的学习观，努力成为积极的终身学习者。

Topic Talk 中学生对学习的讨论，以及 Reading Club 2 中谈到的男生和女生在阅读上的差异及形成原因，可以指导学生认识个人的学习特点，明确学习目标并初步了解终身学习的理念。

Lesson 1 和 Lesson 3 的两个阅读语篇、Lesson 2 中的听力语篇以及 Viewing Workshop 中的视频内容分别从宏观和具体的微观层面引导学生了解高效的学习方法，以及相关的科学原理，使学生形成正确的学习观，为做积极的终身学习者创造条件。

Writing Workshop 和 Reading Club 1 通过学生撰写学习反思日志，利用科学方法提高学习效率，以及思考在异国他乡如何解决文化冲击带给学习的影响，使学习能够学会适时调节个人的学习策略，从而提高学习效率，成为积极的学习者。

本单元的学习内容符合学生的认知水平，内容的安排从谈论学生的学习开始，再从微观到宏观，符合学习的认知规律和学习逻辑，学习内容能够帮助学生反思自己的学习方法是否合适，有利于学生形成正确的学习观。

团队在进行单元整体设计的过程中，做到了以下几点：1. 熟读各个语篇，分析语篇的主要内容并了解语篇的写作目的，明确各语篇之间的逻辑关系。2. 多次集体讨论并在专家的指导下明确单元探究的主题意义，确定单元的学习主目标，梳理单元大观念。3. 围绕大观念和单元学习目标，根据具体内容分解课时学习目标，厘清各课时目标的逻辑递进关系，以及课时目标与单元总目标的主从关系，设计并确定课堂学习活动；通过活动实现语言知识、语言技能、思维提升等小目标，并以此推动单元总目标的实现。4. 经过多轮讨论与专家指导，充分发挥了团队协作、相互学习、专家指引对教师专业成长的促进作用。5. 通过课堂试教及团队观课了解学情等因素对教学设计执行情况的影响，课后进行反思和改进，并举一反三做好其他课时教学设计的修改。

通过对本单元各语篇的阅读与分析，团队认为本单元中的 Reading Club 2 语篇与 Topic Talk 的内容更接近，均讨论个人的学习特点，适合作为连续的课时，而 Viewing Workshop 的内容与阅读语篇 Lesson 1 和 Lesson 3，以及听力语篇 Lesson 2 均与高效学习方法和相关科学原理有关，所以也适当作为连续的课时来学习。在实际教学中，这有助于厘清语篇的逻辑关系，帮助学生更清晰地把握单元主题，进行更有意义的探究。此外，因为 Viewing Workshop 的视频内容有一定难度，所以在实际的教学过程中可以考虑作为补充材料，这样有利于减轻学生的学习负担。

通过本单元的教学设计，团队成员在之后的单元教学设计中更加关注对文本的理解与分析。他们对语篇的阅读次数更多，与各自备课组之间的整体协作也更紧密。他们能够从更高的角度把握单元各语篇之间、各课教学目标之间的关联，将单元内容看作一个整体，明确学生需要探讨的主题，了解如何分解单元总目标，以及如何通过六要素整合的学习活动实现知识、技能、思维等层面的细分目标，更有效地发展学生的英语学科核心素养。同时，通过本单元的整体教学设计，让教师们有机会在专家的指导下参与整个设计过程，了解如何落实单元整体教学设计的各个环节，并带动更多教师加入到单元整体教学设计中来，有助于更好地通过教材和教学践行课标理念。

基于大观念的高中英语单元整体教学设计

理论与实践探索

（下册）

王 蔷 主编

北京师范大学出版集团
BEIJING NORMAL UNIVERSITY PUBLISHING GROUP
北京师范大学出版社

图书在版编目(CIP)数据

基于大观念的高中英语单元整体教学设计:理论与实践探索 / 王蔷主编. — 北京 : 北京师范大学出版社, 2023.12

ISBN 978-7-303-29740-5

Ⅰ.①基… Ⅱ.①王… Ⅲ.①英语课-教学设计-高中 Ⅳ.①G633.412

中国国家版本馆 CIP 数据核字(2024)第 010702 号

JIYU DAGUANNIAN DE GAOZHONG YINGYU DANYUAN ZHENGTI JIAOXUE SHEJI——LILUN YU SHIJIAN TANSUO

出版发行:北京师范大学出版社 www.bnupg.com
　　　　　北京市西城区新街口外大街 12-3 号
　　　　　邮政编码:100088

印　　刷:天津中印联印务有限公司
经　　销:全国新华书店
开　　本:787mm×1092mm　1/16
印　　张:29.5
字　　数:615 千字
版　　次:2024 年 1 月第 1 版
印　　次:2024 年 1 月第 1 次印刷
定　　价:98.00 元(上、下)

策划编辑:王翠萍　　　　　　责任编辑:王翠萍
美术编辑:王　蕊　胡美慧　　装帧设计:胡美慧
责任校对:段立超　包冀萌　张亚丽　　责任印制:孙文凯

目 录

(下 册)

第五章　选择性必修部分单元整体教学设计案例

案例一：选择性必修一 Unit 3 Conservation

教师：丁雪莹

一、单元整体教学内容分析

本单元由对话、说明文、议论文、演讲、景点介绍等多模态语篇（见表 1）构成，需要在教学设计中关注单元内各文本之间的逻辑关系，在主题引领下设计层层递进的学习活动，使学生在知识的建构中形成对 Conservation 的深层认知、正确态度，并指引学生的行为取向，实现育人价值。

表 1　“Conservation”单元教学内容

语篇	语篇类型（技能）	语篇内容	语篇主题
Topic Talk	对话（听力）	环境问题、人类的破坏行为及应采取的措施	保护自然环境的必要性
Lesson 1: The Sixth Extinction	说明文（阅读）	物种灭绝的史实、原因和应采取的行动	物种灭绝引发人们思考保护生态环境的迫切性
Lesson 2: War on Plastic Packets	对话（听力）	塑料包装的危害	生活中的环保行为：减少塑料包装的使用
Lesson 3: The Road to Destruction	说明文（阅读）	车辆使用带来的问题、解决办法和现实困境	生活中的环保行为：理性用车
Writing Workshop: A “For” and “Against” Essay	议论文（写作）	工业化养殖的利弊分析	工业化养殖对动物及环境的危害
Viewing Workshop: Crazy Bridges For Animals	演讲（视听）	人造设施对动物生活的影响和解决办法	人类活动对野生动物造成的影响
Reading Club 1: World Heritage Sites in China	景点介绍（阅读）	中国的三处世界文化遗产	对文化遗产的保护
Reading Club 2: Nature Is Turning on Us	说明文（阅读）	自然灾害加剧的事实与原因	环境破坏导致自然灾害的加剧

在本单元中，Topic Talk 引发学生关注环境问题，激活学生对于 Conservation 这一话题的已有知识，学生带着对之前所学的 Unit 8 Green Living 的认知再次思考 Conservation 这一话题。Lesson 1 和 Reading Club 2 两个说明文语篇，通过数据呈现出自然环境问题的严重性，由此引发学生思考保护的迫切性，并通过本单元 Project 进一步认识濒危物种的现状，思考如果人类持续失去这些动植物并毁坏自然，会有什么后果。Viewing 和 Reading Club 1 从不同侧面解读人类活动对动物和人类文化遗产的影响。Lesson 2 和 Lesson 3 以日常生活中的行为为例，引发学生探讨享受便利与环保的冲突和矛盾，由此思考生活中如何采取可行的保护行动。通过 Writing Workshop，引导学生思考工业化养殖对动物及环境的破坏并发表我们对使用动物产品的观点：支持与反对，由此辩证地思考人类发展和环境保护的关系。

学生从因人类没有做到自然保护而出现的问题(如物种灭绝、自然灾害加剧、濒危物种增多等)入手，了解问题出现的原因是人类发展对自然的影响及破坏，最后结合日常生活形成解决方案：理性使用资源，增强保护意识。由此推动学生对保护这一主题的深层认知，形成单元大观念：辩证地认识人类生存发展和环境保护的复杂关系，结合自身反思如何采取有效的保护措施。

本单元旨在帮助学生在价值观念和行为选择上对 Conservation 形成新的、结构化的认知，并落实到实际行动中。价值观层面包括认识自然环境问题的严重性，辩证地认识、思考社会发展、人类发展与自然环境保护之间的平衡关系，从而在行为选择层面真正采取可行的行动。

二、基于大观念的单元内容结构图

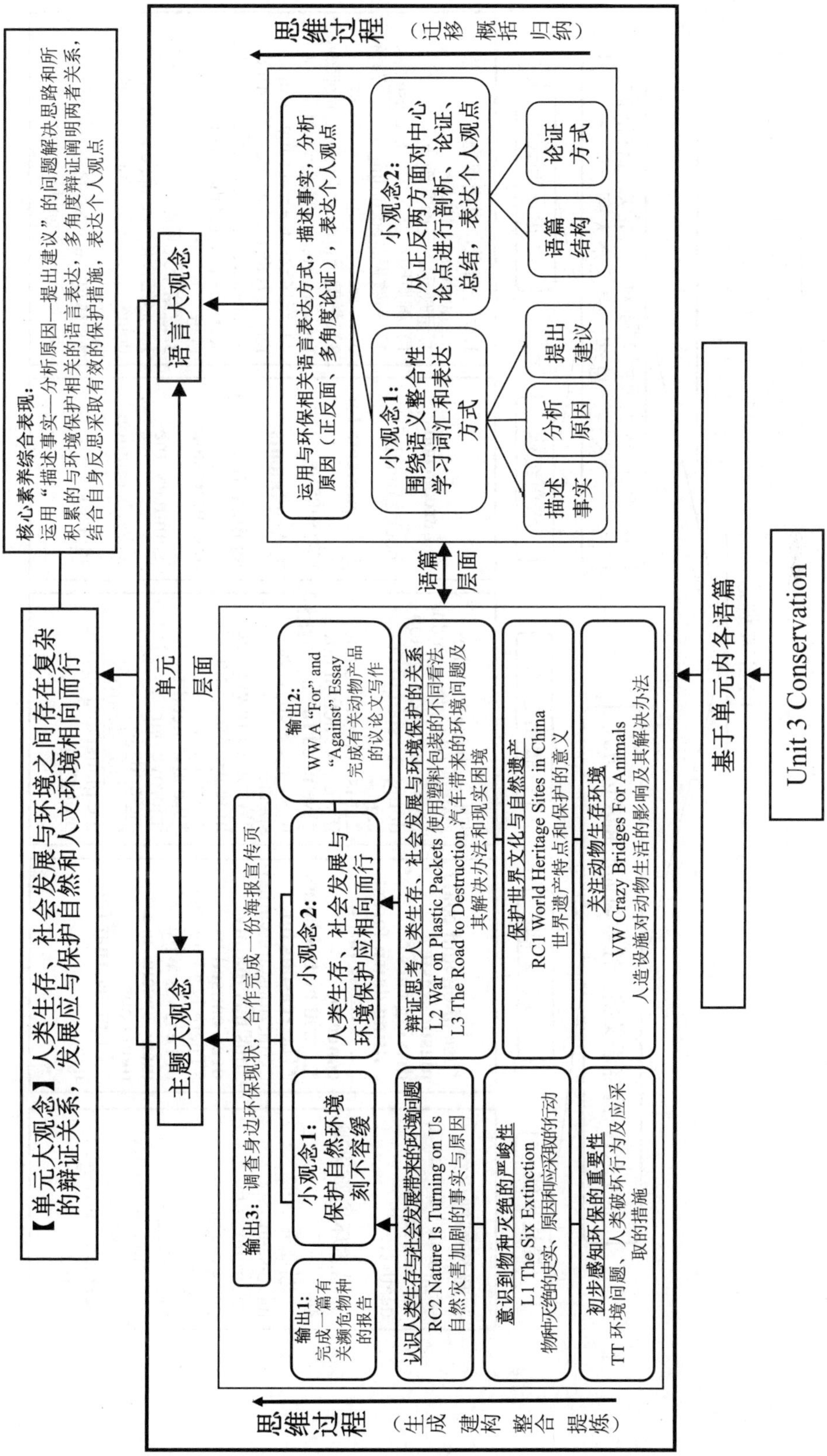

核心素养综合表现：
运用"描述事实—分析原因—提出建议"的问题解决思路和所积累的与环境保护相关的语言表达，多角度辩证阐明两者关系，结合自身反思采取有效的保护措施，表达个人观点
【单元大观念】人类生存、社会发展与环境之间存在复杂的辩证关系，发展应与保护自然和人文环境相向而行
主题大观念
语言大观念
单元层面
语篇层面
思维过程（生成 建构 整合 提炼）
思维过程（迁移 概括 归纳）
输出3：调查身边环保现状，合作完成一份海报宣传页
输出1：完成一篇有关濒危物种的报告
小观念1：保护自然环境刻不容缓
小观念2：人类生存、社会发展与环境保护应相向而行
输出2：WW A "For" and "Against" Essay 完成有关动物产品的议论文写作
认识人类生存与社会发展带来的环境问题
RC2 Nature Is Turning on Us
自然灾害加剧的事实与原因
辩证思考人类生存、社会发展与环境保护的关系
L2 War on Plastic Packets 使用塑料包装的不同看法
L3 The Road to Destruction 汽车带来的环境问题及其解决办法和现实困境
意识到物种灭绝的严峻性
L1 The Six Extinction
物种灭绝的史实、原因和应采取的行动
保护世界文化与自然遗产
RC1 World Heritage Sites in China
世界遗产特点和保护的意义
初步感知环保的重要性
TT 环境问题、人类破坏行为及应采取的措施
关注动物生存环境
VW Crazy Bridges For Animals
人造设施对动物生活的影响及其解决办法
运用与环保相关语言表达方式，描述事实，分析原因（正反面、多角度论证），表达个人观点
小观念1：围绕语义整合性学习词汇和表达方式
描述事实
分析原因
提出建议
小观念2：从正反两方面对中心论点进行剖析、论证、总结，表达个人观点
语篇结构
论证方式
基于单元内各语篇
Unit 3 Conservation

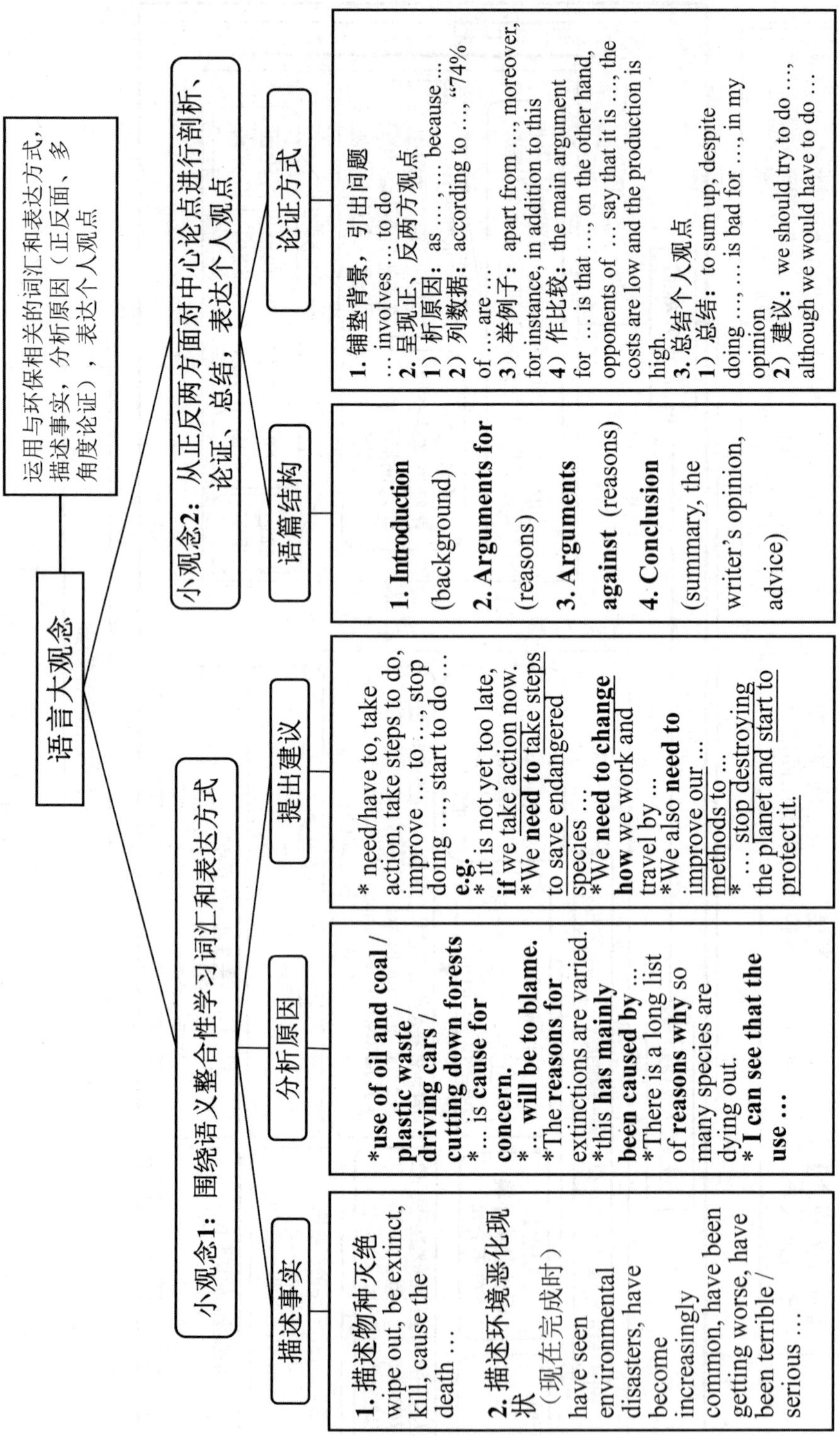
语言大观念
运用与环保相关的词汇和表达方式，描述事实，分析原因（正反面、多角度论证），表达个人观点
小观念1：围绕语义整合性学习词汇和表达方式
描述事实
1. 描述物种灭绝 wipe out, be extinct, kill, cause the death …
2. 描述环境恶化现状（现在完成时） have seen environmental disasters, have become increasingly common, have been getting worse, have been terrible / serious …
分析原因
*use of oil and coal / plastic waste / driving cars / cutting down forests
* … is cause for concern.
* … will be to blame.
*The reasons for extinctions are varied.
*this has mainly been caused by …
*There is a long list of reasons why so many species are dying out.
* I can see that the use …
提出建议
* need/have to, take action, take steps to do, improve … to …, stop doing …, start to do …
e.g.
* it is not yet too late, if we take action now.
*We need to take steps to save endangered species …
*We need to change how we work and travel by …
*We also need to improve our … methods to …
* … stop destroying the planet and start to protect it.
小观念2：从正反两方面对中心论点进行剖析、论证、总结，表达个人观点
语篇结构
1. Introduction (background)
2. Arguments for (reasons)
3. Arguments against (reasons)
4. Conclusion (summary, the writer's opinion, advice)
论证方式
1. 铺垫背景，引出问题
… involves … to do
2. 呈现正、反两方观点
1）析原因：as …, … because …
2）列数据：according to …, "74% of … are …
3）举例子：apart from …, moreover, for instance, in addition to this
4）作比较：the main argument for … is that …, on the other hand, opponents of … say that it is …, the costs are low and the production is high.
3. 总结个人观点
1）总结：to sum up, despite doing …, … is bad for …, in my opinion
2）建议：we should try to do …, although we would have to do …

三、单元总体教学目标

(一)由主题意义引领的单元学习目标

1. 认识自然环境问题的严重性;
2. 思考人类发展和环境保护的关系;
3. 采取保护行动。

(二)针对学科核心素养发展的单元学习目标

伴随着对单元主题理解的不断深化,学生发展了语言能力,建构起对自然环境问题的严重性及人类发展与环境保护之间关系的认知,同时还对生活中存在的环境破坏行为进行审视和反思,为形成正确的价值判断和作出正确的行为选择奠定了基础,从而同步提升了思维品质。此外,学生还通过多种互动合作的学习方式,促进了学习能力的发展。

(三)按学科核心素养划分的单元学习目标

语言能力

1. 语言知识

(1)语音:根据语境的需要正确使用语音、语调来表达观点(同意或反对)。

(2)词汇:正确使用与 Conservation 相关的单词和词块描述与阐释自然保护和文化遗产保护问题、人类的破坏行为及应采取的措施。

小单元 (课时)	内容	语言
小单元 1: Lesson 1 The Sixth Extinction 物种灭绝的史实、原因和应采取的行动+ Reading Club 2 Nature Is Turning on Us 自然灾害加剧的事实与原因 + Project: Making a Report on Endangered Animals	濒危物种的状态	* entire species are wiped out * 90% of all species that ever lived are now extinct * ... killed 90% of all species * ... caused the death * In the last few years, we have seen environmental disasters ... * ... have become increasingly common * There have been terrible/serious ... in ... * ... have been getting worse * ... have always been a threat

续表

小单元 (课时)	内容	语言
	原因	* The reasons for extinctions are varied. * ...is cause for concern * ...will be to blame * There is a long list of reasons why so many species are dying out. * It is clear that human activity has negatively affected all other species on Earth. * Why is nature beginning to turn on us? One answer is ... * This has mainly been caused by ... * ...plays a part, too. * As a result, ...
	解决方案	* Experts say that it is not yet too late, if we take action now. * We have to significantly change the way we live. * We need to take steps to save endangered species, including ... * We need to change how we work and travel by ... * We also need to improve our ... methods to ... * In short, if we want to survive, we need to stop destroying the planet that we live on and start to protect it.
小单元 2: Lesson 2 生活中的环境保护行为：合理使用塑料包装 ＋ Lesson 3 生活中的环境保护行为：合理用车 ＋ Reading Club 1 ：保护文化遗产 ＋ Writing 工业化养殖的利弊分析	问题/现象	* I was amazed that each coconut was wrapped in clear, thin plastic. * It took me ... to go ... * How often do we get stuck in traffic jams? * How often do we arrive at work or school, stressed out, tired and angry? * In the last 20 years, the number of cars on the road has gone up by ... * Over the last decade, an average of ... people died every year in vehicle accidents. * This site is located in ..., is a memorial to ... * Surrounded by ..., ... looks like a jade ink stone in spring and summer. * According to an institute, 74% of the ... are produced in this way.

续表

小单元（课时）	内容		语言
	原因		* Supermarkets want to make sure that coconuts reach the consumer in the best condition. * The packaging helps to keep the product fresh. * The product will last longer. * It already had hits own natural packaging. * Traffic is one of the major causes of global warming and climate change, as … * … are caused by … * … are related to traffic pollution * Each year, many foreign tourists visit …/visitors from all overthe world come to admire … * This area, north of …, is a unique natural wonder. * For instance, many farm animals are kept in … * because it creates a lot of waste products , and …
	建议/解决方案		* The packaging should be changed so that it's recyclable. * We need to use the right kind of packaging. * I really believe we should do away with packaging completely. * Use your legs. Instead of … we could … * … cut the risk of heart disease by 50% * Use public transport * Think before you go. What about …? * Before you …, think about whether … * Share cars. It is much… and kinder to the environment. * Take action. Don't just sit around and complain. * In my opinion, we should try to reduce …
	观点	支持	* But the plastic wrapping also has other uses. For example, it stops … from doing … And it keeps … clean * All quite simple, isn't it? * The main argument for … is that … * apart from doing, it provides … for … * As …, the costs are low and the production is high. * Moreover, … suffer from fewer … than …

续表

小单元 (课时)	内容		语言
	观点	反对	* I understand that, but in this case it's completely wasteful and unnecessary. * Is anyone really worried about…? * What about the environment? * A lot of the plastic used in packaging never recycles. * It is terrible for the environment. * Our oceans are full of plastic waste * Animals and birds end up swallowing the plastic and dying as a result. * But what can I do? * On the other hand, opponents of… say that it is cruel … * People who fight for animal rights claim that … * In addition to this, … has a negative impact on the environment because …

(3)语法和句式：使用定语从句(补充这种濒危动物的事实)、提建议的句型、表达支持或反对的句式描述保护环境的迫切性及人类的行为、建议等。

(4)语篇知识：

·使用 Lesson 1、Reading Club 2 的文章结构 facts、reason、solution 在小单元1的输出活动中。

·使用 Lesson 2、Lesson 3 、Writing Workshop 的 for & against 在小单元 2 的输出活动中。

2. 语言技能

(1)理解性技能

·区分、分析和概括语篇中的主要观点和事实；

·识别语篇中的内容要点和相应的支撑论据；

·依据说话人表述的内容及其语音、语调，分辨其态度(同意或反对)。

(2)表达性技能

·以口头或书面形式传递信息、论证观点；

·根据表达的需要，设计合理的语篇结构。

学习能力

通过教师在听说课、阅读课、写作课上创设的任务开展自主学习、合作学习和探究式学习。例如，学生在写作课前查找动物产品的相关信息并通过小组合作与探究，筛选出合适的材料运用到写作中；听说课的同伴互评活动、阅读课的自我评价活动等。学生通过这些活动，学习自我选择、评判和监控，提高学习能力。

文化意识

了解我国和英美等国家的地理概况、旅游资源（自然及人文景观、代表性动植物、世界文化遗产等），加深对人与自然关系的理解。

通过本单元的学习，期待学生能够对人类、对生命持有谦卑的心态（我们并不是最高级的动物），从而形成正确的世界观、人生观、价值观，对未来能有更多思考。

思维品质

客观分析我们为什么要保护自然生态环境和人类文化遗产，全面地思考建筑人造设施破坏生态环境将会产生的结果和影响，客观、理性地辩证看待人类发展与环境保护之间的关系，进而对人与自然有更加深入的思考和理解。

基于以上分析，总述本单元的学习目标：

1. 通过对自然环境问题、物种灭绝的分析和讨论，运用事实、原因、解决方案的文章逻辑和环境破坏的相关语言表达自然环境问题的严重性。

2. 通过对人造设施、工业化养殖与动物生活的关联进行分析，形成从多角度思考实际问题的思路；运用表达支持或反对的句式分析、表述对平衡人类发展与环境保护之间关系的思考。

3. 通过开展调查，报告身边同学参与日常环保行为的数据结果，运用本单元所学语言呼吁更多人参与保护。

四、写作课 A “For” and “Against” Essay 案例展示

（一）语篇研读

本课是第二个小单元思考人类发展和环境保护之间的关系的最后一节课。学生学习了人造设施对动物的影响和中国的三处世界文化遗产后，阅读工业化养殖对动植物产生危害的范文；表达对我们是否应该使用动物产品的思考。这一学习从话题的接近度和语言上都为学生在本课的输出起到了重要作用。同时，是否使用动物产品的思考与后续的生活中的环保行为关系密切，为后面的听说、阅读内容提供了话题和背景的铺垫。本写作任务旨在引导学生通过表达自己心里对动物产品的利弊分析，探讨社会发展过程中的人所面临的不同选择和可能的结果，并思考人类社会发展与保护环境之间的关系，提升辩证思维能力，最终能够更加全面、客观地看待保护与发展的关系，理性地思考问题。

【What】

写作范文是一篇议论文。介绍了工业化养殖，分别陈述了支持和反对工业化养殖的原因。最后，作者客观总结工业化养殖的利弊，并表达自己的观点。

【Why】

写作文本呈现了工业化养殖的优点，同时陈述了工业化养殖对动物和环境造成的影响和危害，启发学生全面、客观地分析人类发展与环境保护的关系。同时，学生通过阐释关于是否使用动物产品的思考(认知)，联系日常生活，思考如何在生活中做到保护环境(行动)。

【How】

语篇结构：

本文是一篇议论文，文章共四段，结构清晰：文章第一段总体介绍了工业化养殖，并用数据说明人们为什么要工业化养殖；第二段表明了支持工业化养殖的原因，包括便宜、提供更多食物供养世界人口、雇佣的工人少产量高、动物生病少等；第三段介绍了反对工业化养殖的主要原因是对动物的伤害，并举例说明动物活动空间小、压力大。作者还介绍了工业化养殖对环境的影响；第四段作者客观总结工业化养殖弊大于利，并表达自己观点：我们应该减少工业化养殖。

语言特点：

1. 人称：范文全文都使用第三人称来介绍。最后表达作者观点时使用了第一人称。

2. 时态：作为一篇客观陈述的议论文，范文全文使用一般现在时。

3. 描述对工业化养殖观点的语言

首先作者以 Factory farming involves…和 According to an institute，…are produced in this way 作为全文的统领句。

在表达支持的观点时使用 The main argument is that…，考虑到表支持的不同内容，作者使用了不同的主语。

在介绍反对的观点时，作者有层次、有理有据地表达了不同类的人提出的反对原因。例如，作者使用 Opponents say that it is cruel to the animals… 引出反对的第一点——对动物不好，同时马上使用 for instance 和 people claim that… 追加细节原因来解读该观点。用 In addition to this… 引出反对的第二个内容，并引用报纸上的报道举例证明。

讲述作者的观点时使用 in my opinion，we should …作为全文的总结和号召。

4. 文中使用了很多有关引用的语言证明内容的客观性，如 According to an institute、according to the United Nations、(*UK Farming Today*，2013)

5. 表达过渡的合理连接

文章中使用递进词承接各句之间的关系，如 apart from、moreover、in addition to this，表达转折时使用 on the other hand，表述总结的观点时使用 to sum up。

(二)教学目标

单元教学目标	课时教学目标
通过对人造设施、工业化养殖与动物生活的关联分析，形成从多角度思考实际问题的思路；运用表达支持或反对的句式分析、表述对平衡人类发展和环境保护之间关系的思考。	1. 梳理并提炼表达支持和反对的议论文基本框架，并分析作者组织素材的意图；总结议论文的语言特点及常用表达； 2. 根据框架介绍工业化养殖并总结如何有逻辑地表达自己的观点； 3. 列出议论文的写作提纲；使用例文中学到的表达观点、举例、总结等结构和语言完成初稿； 4. 开展自评、互评并进一步完善议论文。

(三)教学过程

教学目标	教学活动与步骤(时间)	设计意图	效果评价	深度学习特征
第一课时				
梳理并提炼表达支持和反对的议论文基本框架，并分析作者组织素材的意图；总结议论文的语言特点及常用表达。	Activity 1 1. Ss talk about what have been learned in Unit 3. 2. T shows the task: Animal Protection Association is carrying out a survey about animal products. Could you write a "For" And "Against" Essay about animal products to express your idea? 3. Ss talk about the ideas on animal products. 4. Ss are invited to think about how to write an argumentative writing. Q: How can we write a "For and Against" essay?	首先通过复习，唤起学生对本单元所学话题的回顾。通过情境化任务，让学生明确本课的写作任务的同时，有意愿表达自己的观点。	学生能够说出本单元所学，并说出对于动物产品的一些想法。	活动与体验：通过让学生回顾所学内容，凸显学生作为学习主体的价值，强调学生要主动参与学习活动，积极体验学习过程。
	5. T writes down the structure according to Ss' answer. (7 mins)	通过思考教师的问题，激活已知，激发学习的兴趣。	学生能够说出自己心中议论文的大概框架。	联想与结构：学生通过调动以往学习的经验来思考议论文的框架结构。

续表

教学目标	教学活动与步骤(时间)	设计意图	效果评价	深度学习特征
	Activity 2 1. Ss look at the pictures and read paragragh 1 to understand the factory farming. 2. Ss read the essay, find the structure. Structure: Para. 1: intruduction Para. 2: arguments for the topic Para. 3: arguments against the topic Para. 4: conclusion (your opinion) (5 mins)	引导学生理解 factory farming 的概念，为读写做好铺垫。让学生快速阅读全文，获取文章的主体结构，并对接自己刚才预想的议论文结构，补充齐全。	学生能够说出 factory farming 的含义，并找出文章每段的标题，标在每段前面。	活动与体验：通过让学生阅读文章，自己总结主要内容，积极体验学习过程。 联想与结构：学生通过调动以往获取文章框架的经验来参与本篇文章的总结，并使阅读的文章结构化。
	3. Ss read the essay and find the supporting details in each paragraph, then share their ideas in pair. Q1: What is the attitude of the writer? How do you know it? Q2: What are the supporting details used by the writer to express his idea?	引导学生关注作者从哪些角度呈现支持、反对观点及如何用语言表述。从而梳理议论文范文内容。	学生能够通过作者的观点，关注到重点段落。	活动与体验：通过设置一系列问题，引导学生自主思考，主动探究文章内容及主题意义，凸显学生作为学习主体的价值。 本质与变式：学生对范文内容深入思考，总结、归纳出每段主旨。接下来，学生继续深入文本，分析文本信息之间的内在关联，找出段落之间的逻辑关系，并分析出重点段落如何展开。
	4. T takes paragraph 3 as an example to show how to find the supporting details. 5. Ss are invited to find the supporting details in each paragragh. 6. Ss discuss their ideas in pairs, then T shows one of the Ss' note and correct it together. (17 mins)		学生能够找出每段的详细内容并归纳出可以从什么角度表达观点。	
	7. T takes paragraph 3 as an example to show how to find the useful expression. Q: How does the writer express his idea? Can you underline the useful expression?	引导学生关注作者如何使用相关语言表述自己的观点，并思考如何迁移到新的语境中。	学生能够画出作者使用什么样的语言。	

续表

教学目标	教学活动与步骤(时间)	设计意图	效果评价	深度学习特征
	8. Ss underline the useful expressions in other paragraphs.	引导学生关注文章如何呈现观点及如何用语言表述。	学生能够找出表达观点时可以从哪些角度思考，并找出作者使用了什么样的语言。	活动与体验：通过设置任务，帮助学生自主总结，主动反思本课所学语言，凸显学生作为学习主体的价值。
	9. Ss sum up the useful expression and sentence pattern. (10 mins)	引导学生调动已知，思考其他可以用于议论文的相关语言。	学生能够说出一些表示递进、转折等的关联词。	联想与结构：学生通过调动以往写作中连接词的经验学习本篇文章的语言。
根据框架介绍工业化养殖并总结如何有逻辑地表达自己的观点。	Activity 3 1. Ss retell each paragraph according to the notes. (3 mins)	引导学生通过描述，巩固本节课所学内容和语言。	学生能够根据笔记说出范文内容。	活动与体验：通过设置任务，帮助学生自主内化复习，凸显学生作为学习主体的价值。 内化与交流：学生通过描述内化活动，以巩固新的知识结构。
	2. Ss sum up how to write a "for" and "against" essay. (3 mins)	引导学生总结如何有逻辑地表达支持和反对的观点。	学生能够说出表达观点的论说文的基本框架和思路。	价值与评判：学生通过反思和批判评价范文，总结如何才能清楚表达。
第二课时				
列出议论文的写作提纲；使用例文中学到的表达观点、举例、总结等结构和语言完成初稿。	Activity 1 Ss write the passage. (15 mins)	引导学生巩固本课所学内容，迁移创新到新的语境中。	学生能够根据提纲，完成写作任务。	活动与体验：学生作为学习主体，积极体验学习过程。 迁移与创造：学生通过自主写作将上节课所学迁移到新的情境中，综合运用上节课所学的内容和语言。

续表

教学目标	教学活动与步骤(时间)	设计意图	效果评价	深度学习特征
开展自评、互评并进一步完善议论文。	Activity 2 1. Ss discuss how to evaluate a good "for and against" essay. 2. Ss and T build up the evaluation form together. (5 mins)	引导学生思考如何根据所学评价一篇表达观点的论说文，与教师共建评价表。	学生能够说出至少两个维度的评价内容。	联想与结构：学生通过回忆上节课所学内容，思考根据所学如何评价表达观点的论说文，将旧知和新知建立起关联。 本质与变式：通过让学生参与设计评价表，引导学生进一步挖掘什么是好的议论文，对文本进行深入思考。 价值与评判：学生通过反思上节课所学的范文内容并进行反馈和评价，建构起对所学内容主题的认知结构、态度和价值观。
	3. T shows one of the writing on the screen, and evaulate it together. 4. Ss do self-assessment and peer assessment based on the evaluation sheet, then make necessary improvement according to others' comments. (10 mins)	引导学生基于共同设计的评价表，自评、互评反思。	学生能够对照评价标准，自评、互评反思并给出改进建议。	活动与体验：学生根据自己制订的评价标准，积极评价，并为同伴评价，体验学习过程。

续表

教学目标	教学活动与步骤(时间)	设计意图	效果评价	深度学习特征
	5. Ss are invited to share their passage in class. Then learn from others and take notes to improve their writing. 6. T gives feedback. 7. Ss are invited to give advice to the whole class about how to improve the passage. (10 mins)	引导学生学习他人的写作，反思、改进自己的作文。	学生能够反思并改进自己的作文。	活动与体验：学生根据同伴给出的建议，反思总结，再分享给更多的人，体验主动学习的过程。 内化与交流：学生分享、描述出自己修改的内容，并解读为什么采纳同伴的建议，以巩固新的知识结构。
	Summary 1. Ss share ideas about some questions. Q1：What is your attitude towards factory farming and animal products? Q2：Why do people have different opinions about factory farming and animal products? 2. Ss make summary about what they know about the relationship between human development and environment. (5 mins)	引导学生总结所学，为落实保护行动做准备。	学生能够说出自己对工业化养殖和动物产品的理解。同时，说出至少两条有关人类发展与保护环境的关系。	活动与体验：学生根据教师提出的问题，积极思考人类活动与保护的关系，体验积极学习的过程。 价值与评判：学生回顾所学，反思和批判评价人类发展与保护环境之间的关系，建构起对两者关系的正确态度和价值观。

课时作业设计

完成每课时后的内容、语言总结表。

	Writing
What is the problem?	
What caused the problem?	
What can we do to solve the problem?	

(四)学生成果展示

1. 小单元1输出任务

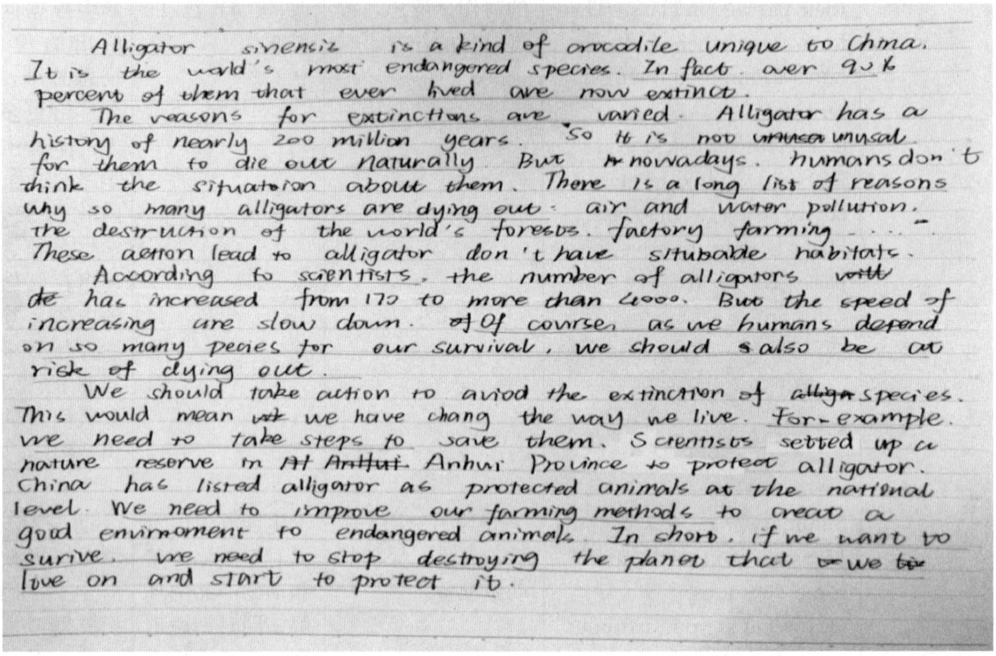

Alligator sinensis is a kind of crocodile unique to China. It is the world's most endangered species. In fact over 90% percent of them that ever lived are now extinct.

The reasons for extinctions are varied. Alligator has a history of nearly 200 million years. So it is not unusal for them to die out naturally. But nowadays, humans don't think the situation about them. There is a long list of reasons why so many alligators are dying out: air and water pollution, the destruction of the world's forests, factory farming.... These action lead to alligator don't have situbable habitats.

According to scientists, the number of alligators has increased from 170 to more than 4000. But the speed of increasing are slow down. Of course, as we humans depend on so many pecies for our survival, we should also be at risk of dying out.

We should take action to aviod the extinction of species. This would mean we have chang the way we live. For example, we need to take steps to save them. Scientists setted up a nature reserve in Anhui Province to protect alligator. China has listed alligator as protected animals at the national level. We need to improve our farming methods to creat a good envirnoment to endangered animals. In short, if we want to surive, we need to stop destroying the planet that we live on and start to protect it.

2. 小单元2输出任务(写作)

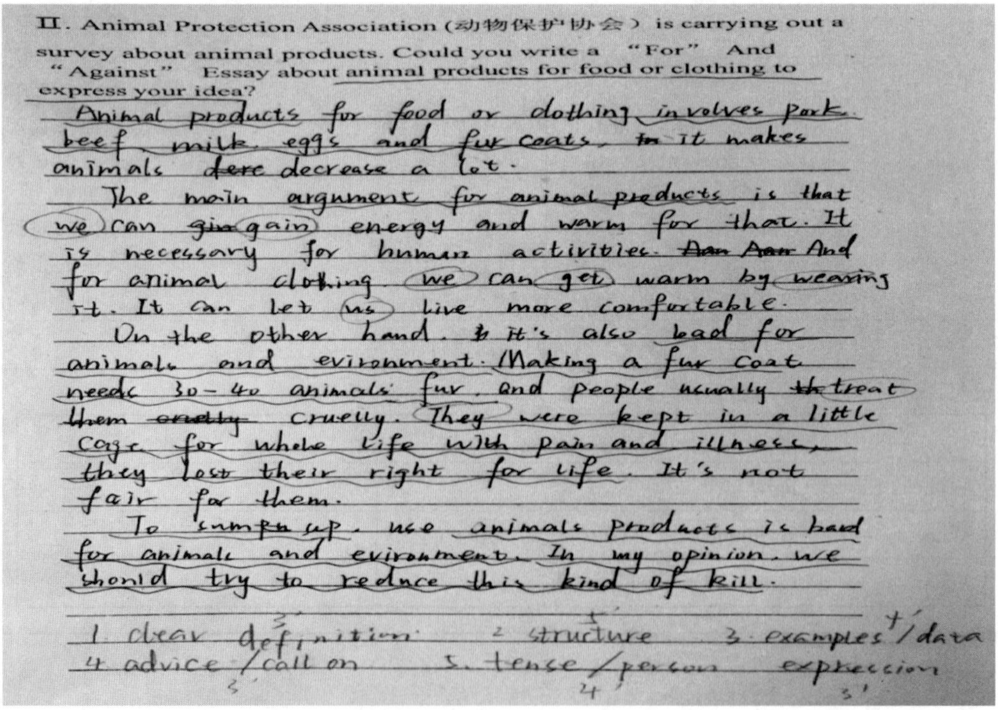

Ⅱ. Animal Protection Association (动物保护协会) is carrying out a survey about animal products. Could you write a "For" And "Against" Essay about animal products for food or clothing to express your idea?

Animal products for food or clothing involves pork, beef, milk, eggs and fur coats. It makes animals decrease a lot.

The main argument for animal products is that we can gain energy and warm for that. It is necessary for human activities. And for animal clothing we can get warm by wearing it. It can let us live more comfortable.

On the other hand, it's also bad for animals and evironment. Making a fur coat needs 30-40 animals' fur, and people usually treat them cruelly. They were kept in a little cage for whole life with pain and illness, they lost their right for life. It's not fair for them.

To sum up, use animals products is bad for animals and evironment. In my opinion, we should try to reduce this kind of kill.

1. clear definition 3′ 2. structure 5′ 3. examples 4′/data
4. advice/call on 3′ 5. tense/person 4′ expression 3′

3. 小单元 3 输出任务

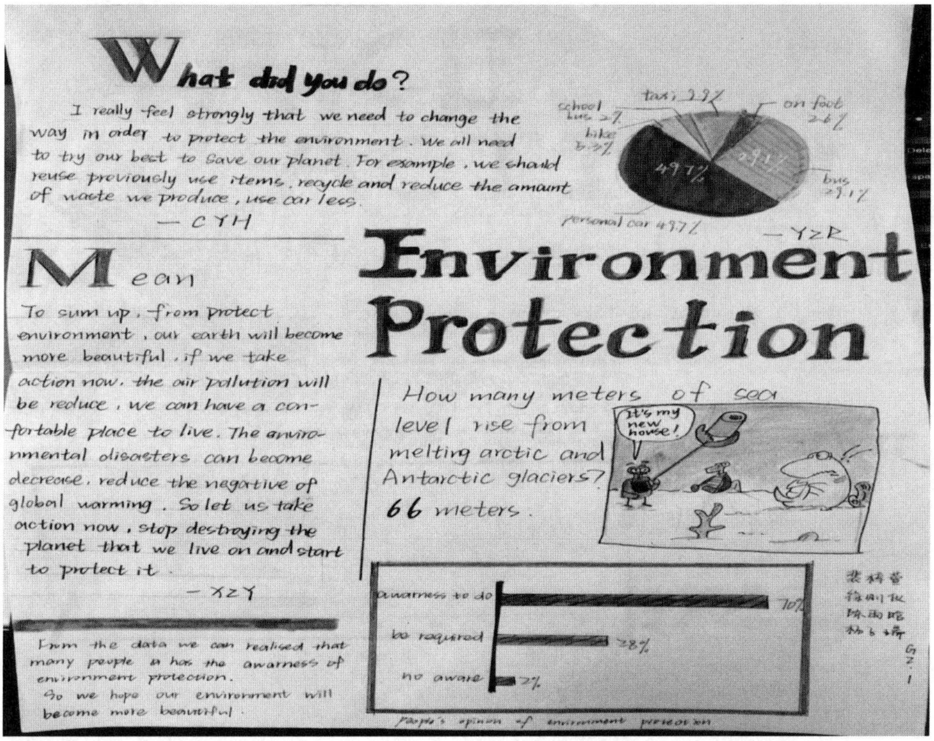

4. 学生词汇学习作业

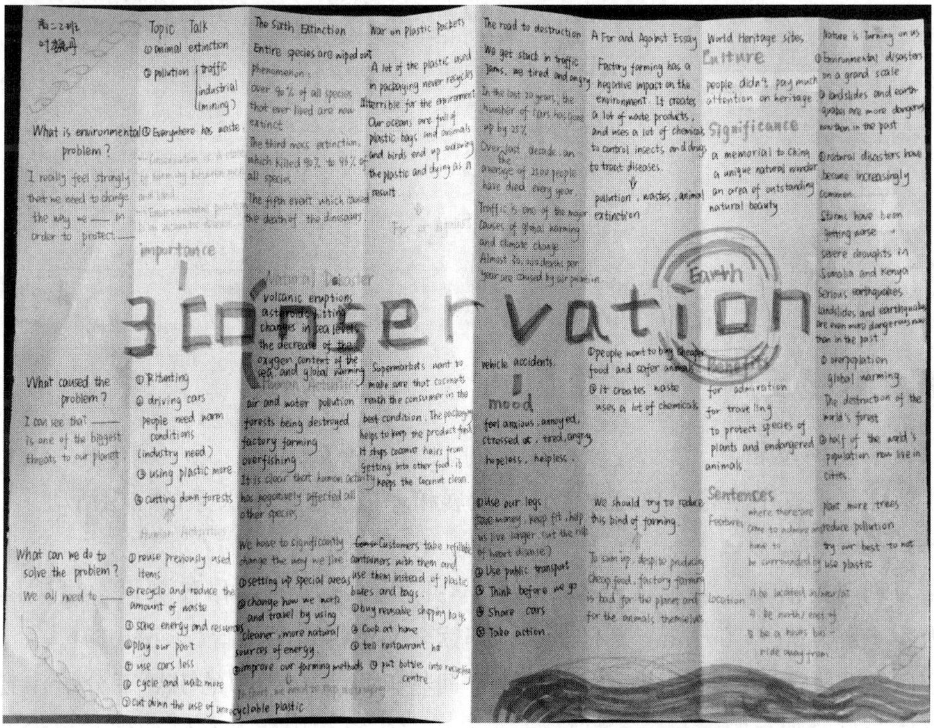

5. 单元学习效果(学生对 Conservation 的理解)

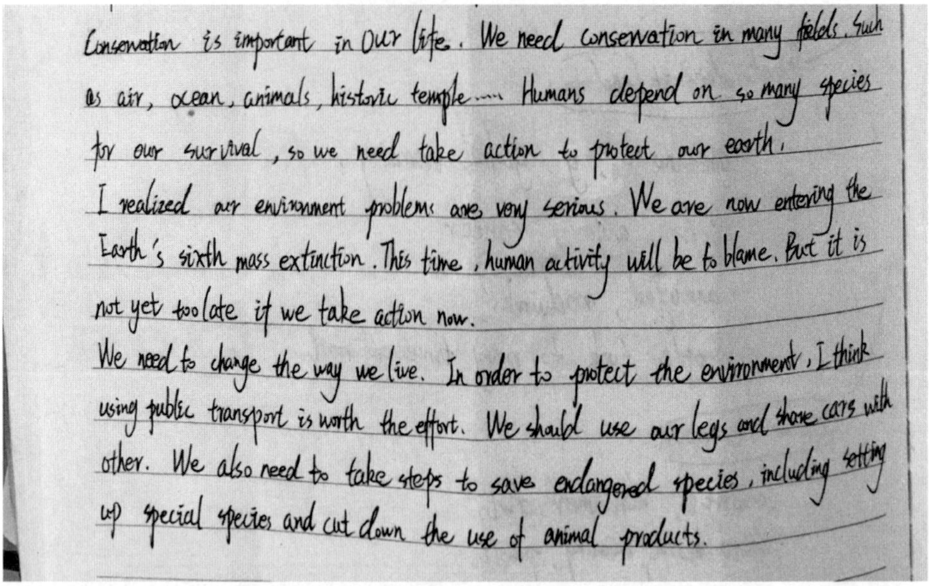

Conservation is important in our life. We need conservation in many fields. Such as air, ocean, animals, historic temple..... Humans depend on so many species for our survival, so we need take action to protect our earth.
I realized our environment problems are very serious. We are now entering the Earth's sixth mass extinction. This time, human activity will be to blame. But it is not yet too late if we take action now.
We need to change the way we live. In order to protect the environment, I think using public transport is worth the effort. We should use our legs and share cars with other. We also need to take steps to save endangered species, including setting up special species and cut down the use of animal products.

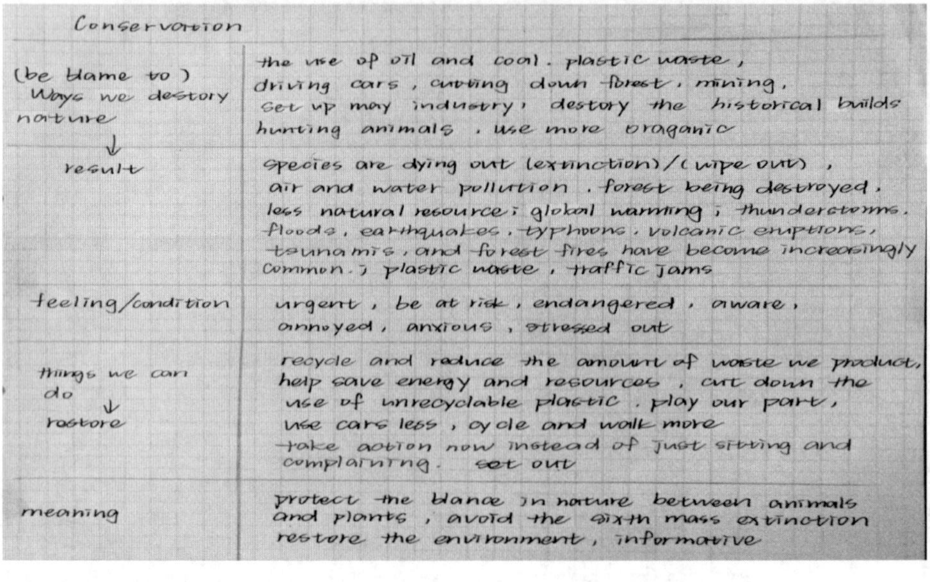

Conservation

(be blame to) Ways we destory nature	the use of oil and coal. plastic waste, driving cars, cutting down forest, mining, set up may industry, destory the historical builds hunting animals, use more oraganic
↓ result	species are dying out (extinction)/(wipe out), air and water pollution. forest being destroyed. less natural resource; global warming; thunderstorms. floods, earthquakes, typhoons, volcanic eruptions, tsunamis, and forest fires have become increasingly common.; plastic waste, traffic jams
feeling/condition	urgent, be at risk, endangered, aware, annoyed, anxious, stressed out
things we can do ↓ restore	recycle and reduce the amount of waste we product, help save energy and resources, cut down the use of unrecyclable plastic. play our part, use cars less, cycle and walk more take action now instead of just sitting and complaining. set out
meaning	protect the blance in nature between animals and plants, avoid the sixth mass extinction restore the environment, informative

五、教学反思

1. 写作课时反思

本节课是第二个学习小单元思考人类发展和环境保护之间关系的输出活动。

【第一次试讲】

学习理解类活动：学生谈论本单元所学并了解本课的写作任务。学生读图和第一段内容了解 factory farming 是什么后，阅读全文掌握每段主旨(structure)。

应用实践类活动：学生再次阅读范文，回答问题并在教师的引导下分析作者是如何写支持与反对观点的(content 和 language)。学生复述内化并总结如何写议论文。学生分享查找的有关动物产品的信息。学生写提纲和作文。

迁移创新类活动：学生与教师共建评价表。

【评析】

在第一次试讲结束后，专家指出在落实学生深度学习层面存在以下问题：

(1)感知与注意环节没有成功地激活学生已知，建立已知与未知的关联，为学生想要达成学习目标一步步搭建支架。

我在与学生就单元话题互动后，直接展示写作任务，没有情境设计，学生只是单纯知道本节课的目标。接下来我设计的环节中，学生阅读了动物和人对待 factory farming 的态度，了解了工业化养殖是什么。然而本环节应该激活学生有关 animal products 的已知并思考如何写关于 animal products 的议论文，我却把时间用在了激活学生阅读 factory farming 的兴趣上了，显然感知与环节的教学目标不能达成。

(2)本节课教学重点有偏颇，不是 reading for understanding。

本节课我设计了阅读全文找主旨、阅读重点段落学习内容和语言，但是这些活动的设计更偏重阅读学习，同时语言学习没有和主题意义相结合。本节课阅读的主要目的是读写结合。例如，感知与注意环节让学生阅读动物和人对待 factory farming 的态度；阅读中让学生回答了有关理解层面的四个问题：Q1：What is the content of each paragraph? Q2：What is the writer's opinion about factory farming? How do you know that? Q3：Can we find someone support the factory farming? How does the writer express it? Q4：Which paragraph does the writer want to emphasise? How does the writer express his idea? 学生在这样的活动导向下就会更关注文章的阅读理解层面。这对于学生能够迁移到写作中的运用方面就会造成一些障碍。

(3)以学生为主体的意识不足，教学活动并未凸显学生的学习主体。

本节课我主导了教学的全部环节，几乎都是我个人对全班的互动。这样的互动会忽视学生之间的学习和学生个体学习。在学习如何写每段的具体内容时，我在板书上带领学生分析，虽然很细致，但这不是学生自己学习的过程，而是教师教给他的。我带着学生一起复述、内化语言等活动没有充分留给学生学习、生成的空间。

【解决方案】

(1)多维度激活学生写作的已知和经验，调动学生参与学习的兴趣

《课标》指出，教师要围绕主题创设情境，激活学生已有的知识和经验，铺垫必要的语言和文化背景知识，引出要解决的问题。在此基础上，以解决问题为目的，鼓励学生从语篇中获得新知。

基于此，本节课感知与注意环节，我要先为学生创设写作任务的情境：动物协会正在调研市民对动物产品的想法，作为一名中学生，请客观地从支持与反对两个角度分析人们对动物产品的想法并表明你的态度。接下来，需要思考学生在学习之前对这个写作话题、写作框架的了解是什么？与我们的教学计划和目标有什么差距？我们如何合理地、一步步调整教学为学生达成学习目标搭建支架？因此，可以激活学生对于

这个写作任务的已有知识和经验：让学生分享课前查找的动物产品信息，建立本节课写作信息方面的已知；让学生预测议论文有几段，分别写的是什么，建立本节课写作结构方面的已知。

(2)明晰教学主线，建立读写之间的关联

本节课是读写结合课，要以读促写。本节课的教学应以引导学生为写出一篇支持与反对的议论文而阅读为主线，围绕此主线让学生学习有关动物与人类的辩证关系的主题及相关的语言知识。因此写作前让学生从写作内容和写作结构上调动已知后，第一遍阅读就要解决议论文的文章结构是什么的问题，第二遍阅读获取作者从哪些角度分析人们的观点，第三遍阅读找出可迁移到下一篇议论文中的语言，并分析如何使用。

(3)创设同伴学习场景，改变教师主导

在本节课的多个教学活动中创造同伴之间学习的机会。例如，增加各个教学活动中让同伴讨论分享的机会；学生提取了每段的细节信息后，让学生拿着自己的笔记与全班分享。学生找出每段可迁移的语言后写在黑板上，并与全班同学分享何时、如何使用这些语言。

【修改后的正式授课】

学习理解类活动：学生谈论本单元所学并了解本课写作任务(情境)。学生分享查找的有关动物产品的信息。学生讨论议论文的框架结构并阅读范文获取议论文框架。

应用实践类活动：学生在教师的带领下，分析第三段作者从哪些角度表述反对观点。学生写出并分享其他段落的支持性信息。学生找出每段可迁移的语言，写在黑板上并分享何时使用这些语言。学生内化并总结如何写议论文。学生写作文。

迁移创新类活动：学生与教师共建评价表。学生对照评价表自评并向全班分享。学生自评、修改作文。

【改进后的效果】

(1)激活学生的知识储备，为写作搭好支架

正式讲课时学生通过讨论后分享了自己对动物产品的想法，学生之间相互补充了有关本次写作的已知信息。学生在讨论后分享了自己想到的议论文写作框架，然后通过阅读范文，对比自己的框架，进行适当调整，为本课情境式写作做了铺垫。改进后的感知与注意环节激活了学生已知，建立已知与未知的关联，为学生想要达成的学习目标(写好一篇议论文)搭建支架。如情境设计的合理性，就很好地把学生带入了情境，激活了已知，学生能够从文本学习中弥补与范文之间的差距，最后达成目标。

(2)以读促写，不断感知、理解并运用所学

学生阅读范文时不再更多关注对工业化养殖的理解，转而通过教师的引导关注框架、支撑点和语言，在两节课的读写结合课中，更是围绕写作主题层层推进，聚焦所学内容。内化活动也从内化语言开始到总结文章结构和支撑点，再到时态、人称等与写作相关的语言，逐层深入。

(3)建构生生互动、生本互动和师生互动的多种课堂学习氛围

学生面对较难的问题时(如分析第三段主要内容、总结所学等)有机会与同伴互助学习，得到鼓励与信心。在其他同学分享笔记(如提取有用的语言)时，能对照自己的笔记，思考分析如何优化。在优秀生分享自己的学习过程时，有机会了解、学习他人的学习方法，并调整、改进自己的学习策略，这样的学习氛围能够有效促进学生的深度学习发生。

学生与文本之间的互动也通过教师的提问指向了为达成写作的挑战任务而发生的积极互动。同时，学生能够认真思考并回答教师的问题。

2. 单元反思

在设计本单元之前，我认真研读了关于深度学习的文献，其中郭华(2020)指出深度学习的界定里提到学生要在教师引领下，“围绕着具有挑战性的学习主题”全身心积极参与、体验成功、获得发展。想让学生达成这样的目标，教师要从教学设计开始。反思本单元我多次调整的教学设计，从单元持续性评价活动角度来说，主要聚焦在以下几个方面：

(1)设计学习任务，为有挑战的学习主题搭建支架

① 围绕有挑战的学习任务，设计有关联的学习小单元

为调研周边人的保护态度和行为，号召更多人参与环保的单元输出活动，结合学生的学情，我拆分为两个小单元，小单元 1 是认识自然环境问题的严重性，包括 Topic Talk、Lesson 1、Reading Club 2 和 Project。小单元 2 是辩证思考人类发展与践行环境保护之间的关系，包括 Viewing 对动物生存环境的保护，Reading Club 1 对世界遗产的保护及 Lesson 2 和 Lesson 3 对人类生活方式的思考和写作。两个小单元之间的关联是从意识到行为，即期待学生从建立意识到辩证地思考人类发展与环境保护之间的关系再到落实到行动上。

② 围绕学习主题，设计单元教学目标

根据《课标》、教材和学生的学情，我制订了以下三个单元教学目标：

1)通过对自然环境问题、物种灭绝的分析和讨论，运用问题、原因、解决方案的逻辑和环境破坏的相关语言表达自然环境问题的严重性。

2)通过对人造设施、工业化养殖与动物生活之间的关联进行分析，形成从多角度思考实际问题的思路；运用表达支持或反对的句式分析、表述对平衡人类发展和环境保护之间关系的思考。

3)通过对联系生活实际的环保问题的讨论，建立愿意采取保护行动的意识，并运用本单元所学语言呼吁更多人参与环保。

③ 利用进阶式的单元评价活动，检测学生是否落实所学

小单元 1 的输出任务是有关濒危动物的报告。Topic Talk、Lesson 1 和 Reading Club 2 都是关于物种灭绝的史实、原因和应采取的行动，学生在学习了话题和语言高度相似的几个语篇后，通过介绍濒危物种检验学生是否真的意识到了自然环境问题的严重性，是否能使用这几个语篇中的一些语言进行表达。小单元 2 的输出任务是本单

元的写作。学生在 Viewing、Reading Club 1、Lesson 2 和 Lesson 3 中从话题角度学习了有关动物保护的知识，从文体角度学习了支持与反对双方观点的辩证表述，从语言角度学习了问题、原因、解决方案、支持与反对的相关语言表述，因此通过写一篇有关动物产品的议论文来检验学生是否能够辩证地看待人类发展与动物之间的关系，是否愿意采取保护行动，是否能够使用语篇中的框架和语言进行表达。

小单元 1 和小单元 2 的输出任务也是层层递进，有较大关联度的：两个输出都是学生查找信息，通过学习语篇，借鉴结构和语言，把查到的信息表达出来。学生在小单元 1 的输出任务报告中暴露出运用网络查找信息、加工信息时出现的问题，因此，小单元 2 的写作任务，结构并不是难点，如何运用表达支持和反对的语言来表达自己查找的信息才是写作的难点。通过本课的学习，学生思考阅读语篇的学习不仅是为了读懂，更重要的是运用。此外，学生通过查找濒危物种，对动物保护有了更多的认识，也对小单元 2 中动物产品的支持与反对的相关输出大有帮助。

学生在学习整个单元后，通过单元大观念的输出活动呈现学生对本单元学习后话题拓展度、对待环境保护的态度和是否有思辨的态度看待发展与环境保护的关系等内容。同时，也是对学生学完这一话题语言的落实情况的检查。

(2)为达成有挑战的学习任务，营造深度学习氛围

① 激活已知，建立已知与新知的关联

修改后的写作课，充分达成了感知与注意的效果。学生在上课之初分享查找的有关写作任务的资料(动物产品的信息)；通过预测议论文的结构，调动已知，再学习范文中的结构，建立已知与新知的关联，为后续开展写作做铺垫。

② 通过小组活动，促进积极学习

1)同伴两人一组讨论，降低任务难度

在本单元的学习中，每节课都多次设计了两人一组的讨论活动。例如，有时看到学生不回答问题时，我会让学生两人一组讨论后回答。有时需要同伴互助落实所学时，我也会让学生先讨论。

2)小组讨论，代表分享汇报

在单元输出调查报告中，学生四人一组，集体讨论调查什么问题，呈现什么数据。最后访谈后，各自分工制作海报，并让其中一名组员代表在全班分享汇报。同学们在有挑战的任务驱动下，各自贡献智慧，积极参与学习。

在 Reading Club 1 的学习中，学生以小组为单位，讨论如何对文化遗产开展保护活动，并设计了口号。每组派一名同学在黑板上写出小组设计的口号，另一名同学向全班分享自己组的口号和设计这个口号的原因。

3)在全班范围内找对自己有帮助的人讨论，改进自己的学习内容

在学完 Lesson 2 后，学生开展了关于是否应该使用塑料包装的讨论。全班同学根据自己的想法分成支持塑料包装队、反对塑料包装队、中立队三组，讨论后每组在黑板上写出自己组的想法，小组成员相互启发和补充。最后在小组展示环节，学生自然

而然地展开了辩论。当支持方提出想法后，反对方有同学站起来根据这一点进行反驳，中立方解读双方观点。每个同学都积极参与到学习中，努力用英语表达自己的想法。

(3)通过评估学生的学习，落实教、学、评一体化

① 通过学生作业反馈，调整教学，反思教学活动设计的有效性

在小单元1输出任务介绍濒危物种的报告中，我发现学生能够按照 Lesson 1 和 Reading Club 2 的文章结构：fact、reason、opinon/prediction、solution 来写，但是较多地使用了网上查到的语言或已知语言，极少会用书中所学语言。

面对这一问题，我对教学内容进行了调整。

课上我让学生口头翻译几句话：超过 90% 的金丝猴已经灭绝。学生回答：90 percent of golden monkeys died. 我让学生翻开书看看里面的语言，学生说 Over 90 percent of golden monkeys that ever lived are now extinct. 我问学生有区别吗？大家觉得书上的语言地道。接下来，我们共同在书上找出可迁移使用的语言，我要求学生一边对照自己写的报告一边找，同时思考这句话或短语用在哪里合适。学生找到了很多表达。比如，学生讨论原因的段落，开头可以用 The reasons for extinctions are varied. 或 Although it is not unusual for species to die out naturally, … is cause for concern. 找到所有可用的语言后，学生口头分类总结：第一段陈述事实可以使用哪些表达；第二段说明原因可以使用哪些，第三段他人的推测或想法可以使用哪些等。内化后学生修改报告，并根据上节课的评价表自评。

面对学生作业中暴露的问题，我反思自己的教学：我期待学生语言和思维同步发展，就要带着学生学习可迁移的语言。同时课后我了解到，学生上 Lesson 1 阅读课时只想着读懂文章的意思，没有过多思考要把文中学到的语言表达运用到新的文章中。同理，写新的文章时只想着文章的结构，忘了运用学过的语言表达。那么这种语言的输入没有进入学生的意识就是由于我缺乏对于学生语言运用的引导和让学生进行内化而导致的。

② 通过学生的自评与互评，促进学生学习能力的发展

学生评价的另一层重要意义还包括学生互学、同伴促学。学生在本单元的小单元输出活动和单元整体输出活动中都开展了自评和互评。通过他人的评价和看他人的文章，学生反思自己的文章，并用其他颜色的笔标出修改的地方。这样有助于促进学生自主学习能力的发展。

六、案例点评

深度学习首先要围绕挑战性任务展开，因此授课教师要先告诉学生这两节课的挑战任务是通过读写结合的方式写一篇议论文。学生围绕这一任务全身心地参与其中，学生作为主体得到了充分尊重，也可以看到学生通过两个课时的学习，体验到成功：在教师的引导下，学生一点一点地去发现，从写作的角度去认识主题，然后再进一步

关注结构，在关注结构的基础上结合语言学习进一步内化。学生全身心参与，逐步体验。这当然也和授课教师前面的三个小单元教学有关。这个单元的课时环环相扣，每个课时之间都建立了紧密的联系。我们可以看到学生的学习真正发生，可以看到学生一步一步发展，建构大、小观念，看到学生整体认知结构的形成过程，以及对环境保护的态度、价值判断和个人的行为选择。

本节课作为读写结合的写作课，建立了读和写之间的多层次关联，从主题、内容，到语篇结构和语言。从评价角度看，教师的提问和反馈发挥了重要作用。首先，教师通过提问让学生建立了单元之间的关联。通过提问，让学生说出查找的信息和对议论文框架的思考，激活了学生的已知。通过对比，启发学生发现已知和新知之间的关联。教师的反馈起到了以评促学的作用。

两节写作课中可以看到学生在教师的带动下充分调动起了学习的积极性。本节课并不是教师直接告诉学生，也不是教师讲、学生练的形式，而是让学生做，看到学生的问题后，教师和学生一起解决问题的学习方式。通过教师导、教师启，学生思考、学生尝试，把学习的过程还给了学生。本节课的板书和评价表都是教师和学生共建的。总结环节也是由学生完成的。学生作为学习主体，借助教师一步步搭建的台阶，全身心地主动体验学习。这才是真正发生的深度学习。

案例二：选择性必修二 Unit 4 Humour

团队教师(按姓氏拼音排序)：李佳亮　刘威　秦唯　尹然
团队负责人：刘桂章

一、单元整体教学内容分析

本单元围绕"幽默"这一主题展开，属于"人与社会"主题。本单元共八个语篇，单元各课时通过听、说、读、看、写等活动，侧重不同的语言技能，兼顾对其他语言技能的培养和应用，围绕同一主题从不同角度引导学生探究单元主题意义。本单元所包括的教学内容如下。

语篇	语篇类型	语篇内容	主题意义
Topic Talk 听力	对话(介绍) 对话(故事)	幽默的形式、原因和作用； 拳击比赛的个人趣事	关注生活中的幽默及其必要性； 倡导健康快乐的生活方式。
Lesson 1 阅读	记叙文	三则幽默小故事	赏析幽默故事； 探究幽默内涵。
Lesson 2 听力	演讲 对话	幽默对身心带来的积极影响； 幽默如何化解尴尬	理解幽默益处； 学会利用幽默巧妙化解生活中的尴尬。
Lesson 3 阅读	人物介绍	憨豆先生的表演； 喜剧表演者的生平	欣赏英式幽默； 了解喜剧演员的人生历程。
Writing Workshop	记叙文	发生在机场的一则幽默故事	创作幽默故事； 分享有趣经历。
Viewing Workshop	对话(视听)	咨询极限运动的幽默表演片段	学会欣赏幽默表演。
Reading Club 1	人物介绍	喜剧表演家卓别林的生平及其表演特点	了解喜剧演员的成功之路和幕后艰辛。
Reading Club 2	说明文	英式幽默的特点	学会欣赏英式幽默，比较文化异同。

本单元围绕"幽默"这一主题展开，涵盖阅读、听说、视听、写作等多种课型，语篇类型涉及记叙文、传记、演讲、说明文等多种体裁。Topic Talk 初步介绍了幽默的形式、原因和作用，并讲述了一场拳击比赛的趣事；Lesson 1 为阅读语篇，呈现了三则幽默故事；Lesson 2 提供了两个听力文本，介绍了幽默的积极影响；Lesson 3 包含两个阅读文本，分别介绍了经典的喜剧角色憨豆先生及其扮演者；Writing Workshop 要求学生创作自己的幽默故事；Viewing Workshop 呈现了一段幽默表演；

Reading Club 进一步拓展了单元主题，分别介绍了喜剧表演家卓别林的生平和英式幽默的特点。本单元从不同角度引导学生探究主题意义，学生在学习中理解幽默的定义，探究幽默背后的故事和人物，知晓幽默的益处，学会赏析和创作幽默故事，层层递进，深化对单元主题的认知。

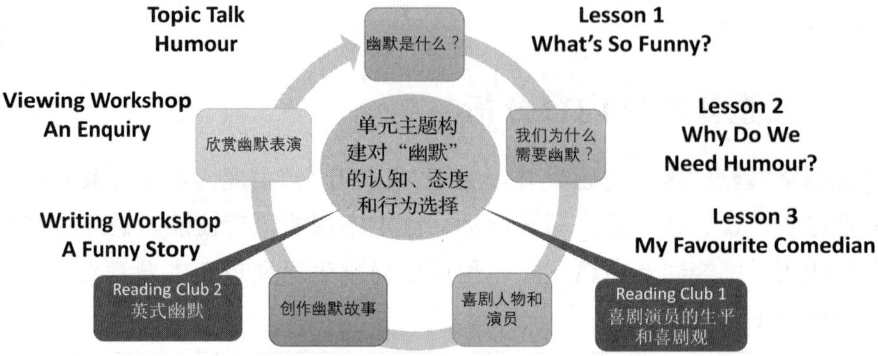

单元各语篇主题图

二、基于大观念的单元内容结构图

通过进一步研读本单元语篇，我们可以挖掘语篇的共同联系，并相应调整语篇授课顺序。通过提炼各语篇的小观念，可以建构起“了解幽默—欣赏幽默—倡导幽默”的单元大观念。学生通过阅读幽默故事和有关英式幽默的介绍，明确幽默概念、把握幽默内涵；在明确定义后体验、赏析幽默表演，探究幽默背后的故事和人物，进一步探究幽默的真谛；在此基础上总结幽默的种种益处，并结合所学和个人经历创造幽默故事；最后小组合作完成单元评价任务，推选“校园幽默之星”并制作海报，引导学生关注身边的幽默，学习幽默这一宝贵品质，倡导积极乐观的人生态度。基于单元内容的梳理和整合，教师能够在开展单元教学之前，形成对单元内容的整体认知，把握单元逻辑，形成完整的单元内容结构图，构建小的学习单元，指导学生循序渐进，不断深化对单元主题的认知，逐步构建单元大观念。

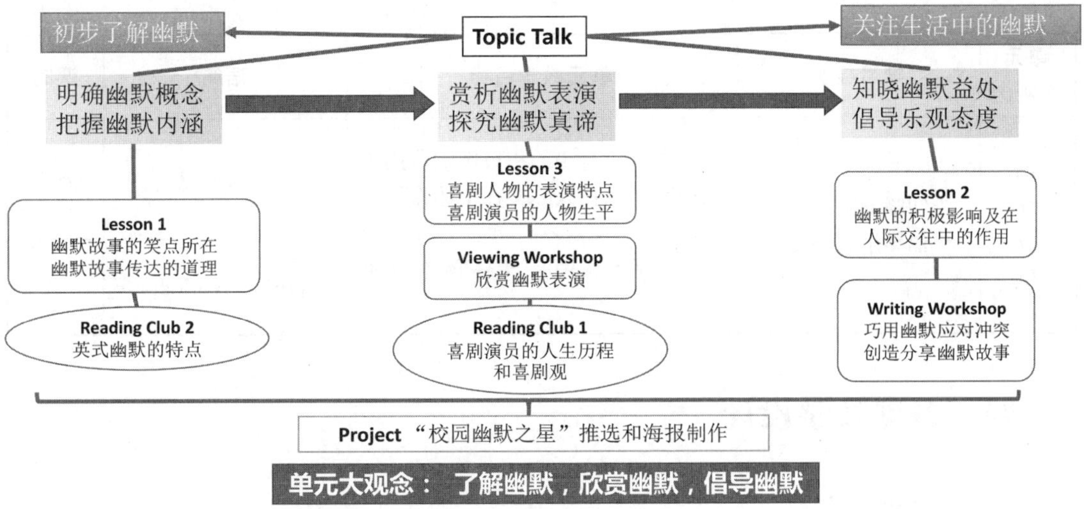

三、基于大观念的单元总体教学目标

基于“了解幽默—欣赏幽默—倡导幽默”这一单元大观念，可以分为三个学习层次：第一层次，明确幽默概念、把握幽默内涵；第二层次，赏析幽默表演、探究幽默真谛；第三层次，知晓幽默益处、倡导乐观态度。单元目标和课时目标涵盖语言能力、文化意识、思维品质和学习能力四个方面的培养内容，具体目标与课时安排见下表。

单元大观念	学习层次	单元教学目标	语篇	课时
了解幽默	明确幽默概念 把握幽默内涵	介绍幽默的形式、原因和作用。	Topic Talk	1
		以举例的方式阐释幽默效果如何达成，说明幽默故事的讽刺效果与现实意义。	Lesson 1	2～3
		解释英式幽默的特点，比较中西幽默的异同并论证说明。	Reading Club 2	4
欣赏幽默	赏析幽默表演 探究幽默真谛	介绍喜剧角色的表演特点，介绍喜剧演员生平并论证其取得成功的原因。	Lesson 3	5～6
		说明幽默效果达成的方法（言语幽默和非言语幽默）。	Viewing Workshop	7
		喜剧演员卓别林的喜剧创作观。	Reading Club 1	8

续表

单元大观念	学习层次	单元教学目标	语篇	课时
倡导幽默	知晓幽默益处 倡导乐观态度	介绍幽默对身心的积极影响，用事例说明幽默在人际交往中的作用。	Lesson 2	9～10
		结合生活经验用所学技巧创作幽默故事。	Writing Workshop	11

四、各课教学设计

(一)Topic Talk

教学目标

在本课结束时，学生能够：

1. 获取幽默的定义、主要形式和益处，分享自己喜欢的幽默形式及原因；

2. 获取幽默故事情节的关键信息，预测幽默故事结局，总结幽默在人际交往中的作用；

3. 联系个人经历，描述身边幽默的人物和事件。

教学过程

教学目标	教学活动与步骤	设计意图	效果评价	时间与互动模式
获取幽默的定义、主要形式和益处，分享自己喜欢的幽默形式及原因。	Activity 1 T presents the quote “Laughter is the best medicine”. Ss share the understanding of the quote. T introduces the topic of “humour”.	引入话题，激活已知，为听力任务做准备。	学生能够基于已知，合理分析与幽默有关的格言。	3’ CW IW
	Activity 2 Read the Text Builder. Then listen to the dialogue and complete the Text Builder.	梳理幽默的主要形式、好笑的原因和重要益处。	学生能够在Text Builder中准确记录听到的词语。	5’ CW IW

续表

教学目标	教学活动与步骤	设计意图	效果评价	时间与互动模式
	Activity 3 Ss talk about funny things they would like to watch and explain why they are funny using the expressions in the Text Builder.	引导学生关注生活中接触到的幽默形式，运用并内化语言。	学生能够基于自身经历，运用目标词汇和句式表达观点。	5' CW PW
获取幽默故事情节的关键信息，预测幽默故事结局，总结幽默在人际交往中的作用。	Activity 4 Listen to part of the dialogue (without the ending) and complete part of the diagram on page 7 accordingly.	引导学生听取关键信息，关注幽默故事发展过程，为预测结局做好铺垫。	学生能够准确记录所听到的关键信息。	5' CW IW
	Activity 5 Discuss with each other and create a possible ending for the story.	学生基于自己对情节的把握和对幽默定义的理解，编写创意故事结局。	学生能够根据情节变化预测合理的幽默故事结局。	6' CW GW
	Activity 6 Listen to the whole dialogue, check the prediction, and discuss the questions: 1. How do you think Mr Zhao might feel? Why did he say that in the end? 2. How do you think David might feel at the end of the story? Why?	通过解读幽默故事中主人公的行为意图和心理活动，关注幽默在人际交往中的益处。	学生能够说出是裁判的幽默应对缓解了拳击事故导致的尴尬。	6' CW GW
联系个人经历，描述身边幽默的人物和事件。	Activity 7 Talk about a humourous person or incident based on your personal experience.	通过讨论身边的幽默人物和逸事，引导学生关注生活中的幽默。	学生能够结合个人经历和所学知识，分享个人趣事。	10' CW GW
	Homework Write about a humourous person or a humourous incident in real life. T informs Ss of the unit project: The poster "Star of Humour".			

(二)Lesson 1

文本分析

【主题意义】

本课由三则幽默故事组成，属于“人与社会”主题。其主题意义在于让学生通过阅读幽默故事，探索发现幽默的要素，体会遣词造句如何为笑点做铺垫，并感悟幽默故事传达的道理。

【文体结构】

本课的三个语篇均为短小的幽默故事，均由两部分组成。第一部分的叙述给出故事基本信息，并逐步激发读者的期待，使其沿着常见的思维模式发展；第二部分为结尾包袱，以短小的句子瞬间反转或推翻读者的期待，使期待和结果之间产生不一致，从而在惊讶中产生幽默效果。

【语言修辞】

三则幽默故事在前面叙述部分通过地道的选词造句激发读者和人物的期待，为结尾处的反转做铺垫。

第一则故事运用精彩的形容词和副词来铺垫收藏家和读者的期待。收藏家企图以买猫为借口低价收购珍贵的古董碟子，因此在店主面前摆出一副云淡风轻的态度，文中使用了 casually、innocently 等副词凸显这种姿态；为免引起店主的猜疑，收藏家又轻描淡写地提出 throw in that old saucer。这些词汇让读者认为收藏家一步步接近了自己的期待，从而在结尾处当店主以 lucky saucer 为由拒绝时，幽默效果凸显出来。

第二则故事通过句型重复和长短句变化增添幽默效果。Holmes 用 deduce 这一较为正式、带有科学推理色彩的词引出了 Watson 的一番长篇大论，从天文、星象谈到计时法和大气状况，仿佛在进行严谨的探案推理。因而，当 Holmes 用显而易见的简单结论推翻 Watson 的推理时，读者和 Watson 的期待被同时反转，幽默效果瞬间显现。Watson 的推理使用了同样的句型，且句子较长，用词正式且带有学术色彩；结尾 Holmes 的结论则十分短小，口语化强，与之前的大段长句形成鲜明对比，增强了幽默效果。

第三则故事大量使用进行时态，烘托了焦虑、疲惫、烦躁的人物情绪和故事基调。过去完成进行时和现在完成进行时突出了男人正深陷中年危机；过去进行时则刻画出医院纷乱嘈杂的环境，更增添了男人的烦躁；将来进行时则预见了他在接下来的日子里繁忙的工作，令他更期待通过就医摆脱这种困境。而这种期待却在结尾被无情反转，原来能使他人开心的小丑却无法让自己快乐，讽刺意味爆发出来。

【作者意图】

作者希望学生通过学习本课，能够亲自阅读、体会幽默，了解幽默故事的要素，能够思考、反思幽默故事的讽刺效果和现实意义。

教学目标

在第一课时结束时，学生能够：

1. 获取幽默小故事的主要情节；

2. 分析故事的笑点所在；关注遣词造句对营造幽默效果的作用；

3. 分析幽默故事的现实意义；根据三则小故事总结幽默的要素以及幽默故事的效果如何达成。

在第二课时结束时，学生能够：

1. 发现、总结三种进行时态的形式；

2. 分析三种进行时态在功能上的差异以及对达成幽默效果的作用，探究语言形式与文本意义之间的联系；

3. 在不同语境中正确并得体地使用三种进行时态。

教学过程

教学目标	教学活动与步骤	设计意图	效果评价	时间与互动模式
第一课时				
获取并梳理第一则故事的主要内容。	Activity 1 T shows a short story without the ending for Ss to create one. T then presents the original ending and asks what makes the story funny.	创设情境，引入主题，激发学生兴趣，并引导其基于生活经验思考幽默是如何达成的。	学生能够基于经验给出一些对幽默笑点的思考。	4’ IW CW
	Activity 2 Read Story A and find out: 1. who are in the story. 2. where they are. 3. what each person expects. 4. how their expectations turn out.	学生梳理第一则故事的基本内容。	学生能够回答有关第一则故事的人物、地点、人物期待、结果等问题。	4’ IW
分析第一则故事的笑点；探究故事的遣词造句对营造幽默效果的作用。	Activity 3 Ss discuss the following questions: 1. Why is the story funny? 2. What expressions are used to make the story funny? Analyse their functions.	学生得出故事引人发笑的原因，体会遣词造句对铺垫、堆积幽默效果的作用，发掘语言形式与文本意义的联系。	学生能够分析出幽默故事的笑点；能够找到相应的表达并说出其达成的效果。	8’ PW
	Activity 4 Ss discuss what they learn from the story.	引导学生对故事背后的道理进行分析。	学生能够深度思考幽默故事传达的道理。	3’ PW

续表

教学目标	教学活动与步骤	设计意图	效果评价	时间与互动模式
自主梳理第二、三则故事的具体信息，并阐述其笑点所在；分析遣词造句对幽默效果达成的作用。	Activity 5 Read stories B and C, and complete the notes on the worksheet about the characters, setting, expectations and result.	学生自主获取第二和第三则故事的基本信息。	学生能够获取有关第二、三则故事的人物、地点、期待、结果等信息。	8' IW
	Activity 6 Discuss in pairs about the questions: 1. Why are the storis funny? 2. What expressions, sentence patterns and verb tenses are used to make the stories funny?	引导学生运用所学，分析故事笑点如何达成；关注词汇选择、句型和动词时态对幽默效果达成的作用。	学生能够说明两则故事的笑点；学生能够找到相应的措辞、句型、时态并说出其达成的效果。	8' PW
分析幽默故事的现实意义；总结幽默的要素以及幽默故事的效果如何达成。	Activity 7 Reflect on two questions: 1. What can you learn from the two stories? 2. How are the three stories similar in their development of the plot?	引导学生体会幽默故事背后的道理，总结幽默故事情节发展的特点，认识讽刺这一写作手法。	学生能够通过比较三则故事，总结幽默故事的要素。	5' CW
	Homework Read Reading Club 2 of the unit to learn more about British humour.			
第二课时				
回顾三个故事的情节。	Activity 1 Ss do a quick review of the three stories by completing three summaries.	回顾三个故事。	学生能够使用上节课所学的表达填空，完成故事总结。	3' IW
辨识故事中的三种进行时态：现在完成进行时、过去完成进行时、将来进行时；讨论其功能。	Activity 2 T draws Ss' attention to the recurrence of continuous tenses in Story C. Ss identify what continuous tense is used in each of the four sentences and work out their forms and functions.	指导学生在语境中辨识三种进行时态，并发现其基本形式和功能意义。	学生能够辨别不同进行时态并发现其基本形式和功能意义。	12' IW

续表

教学目标	教学活动与步骤	设计意图	效果评价	时间与互动模式
	1. I've been having a bit of a crisis. Q1. When did he start to have the crisis? Any exact point? Q2. Is it still in progress when he talks? Q3. Will it end soon? 2. After he had been feeling down for over a month, he decided to go to the doctor. Q1. When did he start to feel down? Q2. Did it last for a while? Q3. Was it still in progress when he decided to go to the doctor? 3. I will be working in the United States for three months. 4. This time next week, I'll be arriving in New York. Q1. Will his work in the United States last for a while? Q2. When will he arrive in New York? Any exact point?			
	Activity 3 Ss summarise the form and functions of the three continuous tenses, and find more examples from the story.	帮助学生总结归纳三种进行时态的形式和功能。	学生总结三种进行时态的形式和功能。	5' IW
学生体会不同进行时态如何烘托人物情绪和故事氛围。	Activity 4 Ss think about the question: What effects are created by the use of the three continuous tenses plus the past continuous tenses? Give examples.	引导学生体会进行时态营造的效果，体会语言形式和意义的联系。	学生能够从四种进行时态的语法功能迁移到意义功能，体会其烘托的情绪和氛围，并理解这种氛围如何突出最后的讽刺和幽默效果。	5' IW PW

续表

教学目标	教学活动与步骤	设计意图	效果评价	时间与互动模式
在不同语境中正确并得体使用三种进行时态实现交际目的。	Activity 5 Ss put what they learned in use and finish three exercises: 1. Ss complete sentences using the three continuous tenses. 2. In pairs and in turn, A talks about something he/she has been doing for the past week/month/year/ten years; B reports what A says with *A said he/she had been* …. 3. In pairs and in turn, make predictions about each other in the next week/month/year/ten years with *you will be* …	学生学习在不同语境中运用三种进行时态。	学生能够在不同语境中正确并得体使用三种进行时态。	15' IW PW
	Homework Prepare a funny story of the "Star of Humour" that you have chosen to tell to the class. You should: 1. first set up the character's and the readers' expectation; 2. twist the expectation at the end of the story; 3. choose proper words, sentence patterns and verb tenses to help build up the expectation.			

(三) Lesson 2

教学目标

在第一课时结束时，学生能够：

1. 获取演讲的关键信息，说出人们需要幽默的原因；
2. 了解运用修辞疑问句吸引观众注意力的演讲策略；
3. 借助思维导图和演讲者的问题来复述演讲主要内容；
4. 发表对演讲者观点的看法，并归纳幽默的其他益处。

在第二课时结束时，学生能够：

1. 借助思维导图复述上节课所学有关幽默益处的演讲内容；

2. 掌握常见的举例方式并在句子中正确使用；
3. 举例讲述自己或他人用幽默摆脱尴尬的经历；
4. 理解幽默的真谛，形成积极的人生态度。

教学过程

教学目标	教学活动与步骤	设计意图	效果评价	时间与互动模式
第一课时				
获取演讲的关键信息，说出人们需要幽默的原因。	Activity 1 Ss recall why the three stories in Lesson 1 are humorous, then discuss the meaning of humour and what benefits it has.	复习上一课内容，激活学生已有知识储备，输入背景知识。	学生能够说出一些对幽默的理解和幽默的益处。	5' IW GW
	Activity 2 Match the new expressions listed in Activity 1 with their meanings.	帮助学生了解目标词汇，扫除听力障碍。	学生能够正确匹配词汇及其含义。	2' IW CW
	Activity 3 1. Listen to part 1 and answer questions by taking notes. (1) What question does the speaker try to answer in his speech? (2) From what aspects will he further discuss the question? 2. Listen to part 2 & 3 and fill in blanks with key words.	训练学生通过记笔记从听力文本中抓取关键信息、预测和概括主要内容的技能。	学生能够独立或通过同伴互助完成有关演讲主题和细节填写的听力任务。	15' IW PW CW
了解运用修辞疑问句吸引观众注意力的策略。	Activity 4 1. Listen to the speech again and write down the questions in it. 2. Answer these questions and think about the reasons why the speaker uses questions in his speech and what kind of questions they are.	帮助学生体会演讲中使用问题或修辞疑问句来吸引观众注意力、提示意图的技巧。	学生能够通过合作写下演讲者使用的问题并解释其作用。	5' IW GW CW

续表

教学目标	教学活动与步骤	设计意图	效果评价	时间与互动模式
借助思维导图和演讲者的问题复述演讲的主要内容。	Activity 5 Draw a mind map of the speech and tell what genre of text the speech is.	帮助学生学会利用思维导图理解文章的结构和复述演讲主要内容。	学生能够画出文章的结构图，在此基础上复述演讲主要内容。	3’ CW
发表对演讲者观点的看法，并归纳幽默的其他益处。	Activity 6 Discuss in groups and express opinions. 1. Do you agree with the speaker's view (we need humour)? Why or why not? 2. And if yes, can you find more benefits of having a sense of humour?	培养学生的批判性思维，加深对幽默益处的理解。	学生能够表达自己的看法，并通过小组合作总结出幽默的更多益处。	10’ IW GW
	Homework Interview your “Star of Humour” in our school about his favourite quote about humour and the reason as well as his opinion of humour. 1. Write down his favourite quote about humour and the reason; 2. Summarise his opinion of humour.			
第二课时				
借助思维导图复述上节课所学有关幽默益处的演讲内容。	Activity 1 Retell the main points of the speech in Lesson 1 with the help of the mind map and key words.	复习第一课时所学，巩固目标词汇和逻辑连接词。	学生能够在思维导图和关键词的帮助下复述第一课时的演讲内容。	5’ PW

续表

教学目标	教学活动与步骤	设计意图	效果评价	时间与互动模式
	Activity 2 Read a short summary of Mike's story and try to guess the meaning of the underlined new words. *Mike got himself in a very <u>awkward</u> situation when he attended a party. He was so <u>embarrassed</u> that his face <u>blushed</u>. However, he managed to find a very clever way to handle it and saved his face eventually.*	学习目标词汇，为听力扫除词汇障碍。	学生能够通过合作学习猜出画线词汇的大意。	3' IW GW CW
学习常见举例方式并在句子中正确使用。	Activity 3 1. Listen to dialogue 4.7 and complete the part about Mike's embarrassing situation and his way to handle it. Take notes with key information. 2. Listen again, and answer the following two questions: (1) Where did Mike get the idea of using humour to solve the embarrassments? (2) According to Mike, why is humour a great way to deal with an awkward situation?	训练学生记笔记，听取关键信息和细节信息的能力。	学生能够边听边记笔记，并准确记录关键信息和具体细节。	12' IW GW
	Activity 4 1. Listen and imitate. Complete the Talk Builder by writing down the expressions of giving examples in the dialogue. 2. Learn more ways of giving examples. List as many similar expressions as possible.	帮助学生学会常见的英语举例表达，并补充更多类似举例方式。	学生能够听出常见的举例表达方式，并正确运用，完成句子。	5' IW

续表

教学目标	教学活动与步骤	设计意图	效果评价	时间与互动模式
举例讲述自己或他人用幽默摆脱尴尬的经历。	Activity 5 Talk about how to use humour to handle awkward situations based on the Ss' own or other people's experience and elaborate on them with examples.	引导学生分享自己或他人受益于幽默的经历。	学生能够利用自己或他人的经历来说明幽默的益处，并能够正确使用举例用语。	10' IW GW
讨论幽默名言的含义，加深对幽默本质的理解，形成幽默乐观的人生态度。	Activity 6 Read a quote about humour and share one's understandings of it.	帮助学生加深对幽默本质的理解。	学生能够通过讨论说出幽默名言的人生启示。	5' IW GW
	Homework 1. Interview your "Star of Humour" about his experience of using humour to deal with embarrassing situations. 2. Write about his influence on you and other Ss in terms of his sense of humour.			

(四)Lesson 3

教学目标

在第一课时结束时，学生能够：

1. 获取有关喜剧角色憨豆先生的基本信息，口头介绍憨豆先生；

2. 阅读并提取关键动词和动词短语，描述并表演憨豆先生餐厅用餐片段；

3. 根据文本内容推断文本隐含信息(如憨豆先生的具体行为动机和作者对憨豆先生的态度)；

4. 分析憨豆先生表演所体现的英式幽默的特点。

在第二课时结束时，学生能够：

1. 获取演员 Rowan Atkinson 的基本信息(包括个人信息、教育背景、演艺生涯等)并做笔记，基于笔记口头向同伴介绍演员 Rowan Atkinson；

2. 评价演员 Rowan Atkinson，分析其取得成功的原因，总结论证其优秀品质；

3. 说出课文中副词的功能，将其根据意义分类(时间副词、方式副词、程度副词和频度副词)，在新的语境中正确使用相关副词。

教学过程

教学目标	教学活动与步骤	设计意图	效果评价	时间与互动模式
第一课时				
获取有关喜剧角色憨豆先生的基本信息和表演特点，口头介绍憨豆先生。	Activity 1 Look at the photo. Answer the questions. 1. Who is he? 2. What's he famous for? 3. What's his nationality? 4. What TV series and films has he acted in? 5. What do you think of his performance?	激活学生背景知识，引入主题。	学生能够基于已知，说出喜剧角色憨豆先生的相关信息。	3' CW GW
	Activity 2 Read paragraph 1 of Text 1. Tell each other who Mr Bean is and what is so special about him.	基于主题，引导学生获取人物基本信息，为下一步体会人物表演风格做好准备。	学生能够简单口头介绍憨豆先生的基本信息和表演风格。	3' CW PW
阅读并提取关键动词和动词短语，描述并表演憨豆先生餐厅用餐片段。	Activity 3 Read the rest of Text 1 and focus on the two scenes of Mr Bean at the fancy restaurant. Tell what happens to Mr Bean in the restaurant in a few sentences.	引导学生关注文本中所描述片段的故事情节，为后面的推断活动做铺垫。	学生能够大致说出表演片段所涉及的情节。	5' CW IW
	Activity 4 1. Underline all the verbs or verb phrases that are used to describe Mr Bean's actions. Then take notes using the diagrams below. 2. Describe what Mr Bean does at the fancy restaurant based on your notes. 3. Act out the two scenes of Mr Bean at the fancy restaurant with one student being the narrator.	培养学生筛选并提取描述故事情节的关键动词和动词短语的能力。通过描述和表演，运用、内化语言，加深对人物表演风格的理解。	学生能够用准确的语言描述故事经过，小组合作角色扮演，用肢体语言配合表达故事情节。	15' CW IW GW

续表

教学目标	教学活动与步骤	设计意图	效果评价	时间与互动模式
根据文本内容推断文本隐含信息(如憨豆先生的具体行为动机和作者对憨豆先生的态度),推断总结人物特点并说明理由。	Activity 5 Read Text 1. Make inferences about Mr Bean and the author. Offer clues from the text. 1. Why does Mr Bean go to a fancy restaurant on this particular day? 2. Does Mr Bean have many friends? How do you know? 3. Why does Mr Bean choose the "steak tartare"? 4. Why does Mr Bean pretend to like the food when the waiters ask him? 5. Why does the author say that he wouldn't want to meet someone like Mr Bean in real life?	通过回答问题,检查学生是否理解憨豆先生的表演内容,是否能够基于文本描写,推断出文本的隐含信息。	学生能够根据文本信息进行合理的推断和解释。	7' CW IW
分析憨豆先生表演所体现的英式幽默的特点。	Activity 6 Based on your reading of Reading Club 2, analyse how Mr Bean's performance reflects the features of British humour.	通过分析憨豆先生表演所体现的英式幽默的特点,检测学生对英式幽默的理解。	学生能够结合第二篇拓展阅读,合理分析憨豆先生表演所体现的英式幽默特点。	7' IW
	Homework Watch an episode of Mr Bean. Decide your favourite scene and write an article about it. Your article should: 1. describe Mr Bean's actions in detail; 2. explain what makes his performance humorous.			

续表

教学目标	教学活动与步骤	设计意图	效果评价	时间与互动模式
第二课时				
获取演员 Rowan Atkinson 的基本信息(包括个人信息、教育背景、演艺生涯等)并做笔记，基于笔记口头向同伴介绍演员 Rowan Atkinson。	Activity 1 Look at the two pictures. 1. Who are they? What's the difference? 2. Do you think there is any similarity between the actor and the character he created?	通过两张照片的对比，引导学生关注喜剧演员 Rowan Atkinson 本人与其所创造角色的不同之处。	学生能够说出喜剧角色和演员本人在照片上呈现的主要不同。	3' CW IW
	Activity 2 Read paragraph 1 and check your prediction about Rowan Atkinson.	检测读前预测，激发阅读动机。	学生能够指出演员和角色截然不同。	3' CW IW
	Activity 3 Read Text 2. Complete the table about Rowan Atkinson. Then introduce him to your partner.	引导学生获取人物的基本信息，并基于所填表格介绍人物，内化和运用语言。	学生能够独立填写表格，准确介绍人物主要信息和经历。	10' CW IW PW
评价演员 Rowan Atkinson，分析其取得成功的原因，总结论证其优秀品质。	Activity 4 What do you think makes Rowan Atkinson successful as a comedian? Provide evidence to support your opinion.	基于文本评价人物，总结其成功原因。	学生能够对人物做出有逻辑、有依据的评价。	5' CW GW
说出课文中副词的功能，将其根据意义分类(时间副词、方式副词、程度副词和频度副词)，在新的语境中正确使用相关副词。	Activity 5 Complete the following sentences with the missing words, and think about their functions. 1. *He has a reputation for <u>constantly</u> encountering awkward situations, which <u>greatly</u> amuses audiences of all nationalities and cultures.* *(adverb of frequency, adverb of degree)* 2. *When he looks at the menu, an astonished look <u>quickly</u>*	引导学生关注副词在语境中的功能。	学生能够说出副词在语境中的意义和作用，准确将副词分类。	7' CW IW

续表

教学目标	教学活动与步骤	设计意图	效果评价	时间与互动模式
	appears on his face. (*adverb of manner*) 3. *Later*, *he studied at Newcastle University where he attained the highest marks in his year.* (*adverb of time*)			
	Activity 6 Watch the second part of Mr Bean at the fancy restaurant. Write a few lines to describe Mr Bean's action. Use adverbs properly to make it more vivid.	引导学生在新的语境中进行创造性的表达。	学生能够创造性地使用副词描述视频中呈现的内容。	12' CW GW
	Homework 1. Complete Activity 3 on page 25. 2. Improve your writing about your favourite scene. Make it more vivid by adding proper adverbs. 3. Search online and find more information about Rowan Atkinson. Write about how his story inspires you (his life story, his successful career etc.).			

(五) Writing Workshop

教学目标

在第一课时结束时，学生能够：

1. 通过阅读文章，获取故事主要内容，讲述故事引人发笑的原因；
2. 掌握创造幽默故事中反差效果的基本方法；
3. 运用创造反差的方法创作细节丰富的幽默故事。

在第二课时结束时，学生能够：

1. 完善评价幽默故事的具体标准；
2. 依据评价幽默故事的具体标准，评价同伴的作品；
3. 整理并总结自己和同伴作品的问题，修改幽默故事。

教学过程

教学目标	教学活动与步骤	设计意图	效果评价	时间与互动模式
第一课时				
通过阅读文章，获取故事的主要内容，讲述故事引人发笑的原因。	Activity 1 T shows Ss a picture of a busy airport terminal. Ss answer the questions. 1. Have you ever had an experience of flight delays? 2. How do you feel when your flight is delayed?	引入主题，激发学生兴趣。	学生能够说出自己在等候晚点航班时的感受。	3' CW
	Activity 2 1. Ss read the funny story and answer the questions. (1) When and where did the story take place? (2) What happened to the main characters in the story? (3) What makes the story funny?	通过第一遍阅读，帮助学生获取故事的主要信息。	学生能够回答出两个问题，能够说出故事原文引人发笑的原因。	7' IW CW
掌握创造幽默故事中反差效果的基本方法。	Activity 3 T explains what a punchline is and how to write a punchline: There are three kinds of punchlines: unexpected, silly or a play on words.	通过讲解帮助学生了解 punchline 的定义和创作方法。	学生能够找出幽默故事的 punchline，并选出文中 punchline 的类型。	10' PW CW
	Activity 4 Ss read the first part of the story again and underline descriptive sentences or expressions. Then Ss answer the questions. 1. Are the descriptions necessary? 2. What is the function of the descriptions? After Ss share their opinions, T draws a conclusion.	通过对原文细节描写的再次品读，帮助学生认识到，要想创造故事反差效果，不仅要在最后写出让人意想不到的结果，而且要从故事开头就通过环境和人物描写进行铺垫，二者一起构成反差，使故事达到幽默效果。	学生通过讨论，能够发现故事前文描写起到了铺垫作用，有助于造成故事结尾的反差，使故事达到幽默效果。	

续表

教学目标	教学活动与步骤	设计意图	效果评价	时间与互动模式
运用创造反差的方法创作细节丰富的幽默故事。	Activity 5 T invites Ss to think about the funny story that has happened to the "Star of Humour" and get ready to write a funny story. Ss complete the outline and write their first draft with the help of Writing Help.	通过表格帮助学生厘清写作思路，引导学生创作幽默故事，逐步完成提纲和初稿。	学生能够从"幽默之星"中选取一件趣事进行描写。	20' PW CW
	Homework Finish the second draft of the funny story.			
第二课时				
完善评价幽默故事的具体标准。	Activity 1 Ss recall the key elements of humorous stories and answer the question: What elements should be included in a funny story?	帮助学生回忆好的幽默故事的要素，为梳理评价标准做准备。	学生能够讨论并给出评价幽默故事的几个标准。	5' CW
	Activity 2 T shows Ss the evaluation sheet of "A Funny Story" and ask the following questions: 1. Does the writer's opening sentence capture the readers' attention? 2. Does the writer use short, clear sentences to create the situation? 3. Does the writer use linking words to develop the situation? 4. Does the writer finish with a punchline? 5. Does the writer deliver the punchline/funny ending clearly and briefly? 6. Is the story funny? Ss read the criteria and answer the questions. 1. Do you share the same idea? 2. Do you have anything to add to the criteria?	引导学生阅读评价标准的具体内容，并思考是否有不同意见，培养批判性思维。	学生能明确幽默故事的评价标准。	5' CW

续表

教学目标	教学活动与步骤	设计意图	效果评价	时间与互动模式
依据评价幽默故事的具体标准，评价同伴的作品。	Activity 3 Ss evaluate each other's works in groups of four. (Each student should read at least three funny stories; note down information worth sharing; write down a comment on the works.)	引导学生运用评价标准进行互评与交流。	学生能够根据互评表在小组内评价同伴作品。	15' GW CW
整理并总结自己和同伴作品的问题，修改幽默故事。	Activity 4 Ss figure out the problems of their own writing. Each group chooses one representative to share his/her work with the class. Other Ss listen to the story and focus on whether the aspects in the evaluation sheet are covered.	引导学生依据同伴评价和讨论结果，明确自己的问题，自行修改并在全班分享。	学生能够依据评价标准和同伴点评，修改自己的故事。	15' IW GW CW
	Homework Polish the story.			

(六)Viewing Workshop

教学目标

在本课结束时，学生能够：

1. 提取视频中的关键信息，说出视频的主要内容和目的；

2. 从对话发生的场所、人物关系、语言正式程度等语用角度赏析视频对话中的“言语幽默”和“非言语幽默”(情境)，并进行阐释说明；

3. 根据所学内容评价卓别林的幽默表演。

教学过程

教学目标	教学活动与步骤	设计意图	效果评价	时间与互动模式
提取视频中的关键信息，说出视频的主要内容和目的。	Activity 1 T shows Ss some pictures of extreme sports. Ss answer the questions. 1. What kinds of sports are they? What do you do in each sport?	创设情境，激活与话题相关的背景知识。	学生能够说出极限运动的内容和所需具备的身体条件，并表达自己的观点。	5' CW IW

续表

教学目标	教学活动与步骤	设计意图	效果评价	时间与互动模式
	2. What physical qualities does one need to have to do extreme sports? 3. Would you want to try them? Why or why not?			
	Activity 2 Ss look at the picture of the man and predict what the video is about. Then answer the questions. 1. Where is the man? 2. What may the man enquire about? 3. Which sports do you think he would enjoy? Why?	帮助学生结合图片预测视频内容。	学生能够根据图片说出自己的推测。	5' CW IW
	Activity 3 1. Ss watch the video and answer the questions. (1) Where does the dialogue take place? (2) What does the man enquire about? (3) What sports are mentioned? (4) What sports is the man interested in? 2. Ss watch the video again and finish Activity 4 in the textbook. Then discuss the answers.	学生通过观看，了解视频内容，理解人物的对话。	学生能够提取关键信息，概括视频的主要内容，补全对话文本。	12' CW PW
从对话发生的场所、人物关系、语言正式程度等语用角度赏析视频对话中的“言语幽默”和“非言语幽默”(情境)，并进行阐释说明。	Activity 4 1. Ss answer the question. Which part of the video do you think funny? Why? 2. T explains what “verbal humour” and “non-verbal humour” are. Ss find verbal humour and non-verbal humour in the video.	通过学生分享，引导学生体会“言语幽默”和“非言语幽默”(情境)。	能够根据老师的引导从视频中找出两种幽默形式的例子。	8' GW

续表

教学目标	教学活动与步骤	设计意图	效果评价	时间与互动模式
根据所学内容评价卓别林的幽默表演。	Activity 5 T shows Ss a video clip from "*Modern Times*". Ss tell why it is funny from the perspectives of non-verbal humour.	应用本课所学内容评价幽默表演。	学生能够举例说明卓别林表演中的"非言语幽默"。	10' PW
	Homework Read "*The Little Tramp Who Conquered the World of Comedy*" and finish Activities 1 and 2.			

五、教学反思

(一)

参与本次单元整体教学设计的实践让我更加清楚地理解了《课标》中提出的单元整体教学建议的目的和重要性，尤其是明确了单元整体教学具体的实践路径，为在其他单元教学中开展单元整体教学指明了方向，提供了借鉴。

对比现在和过去的教学思路，我清楚地感受到了一些实实在在的变化。首先，因为有了单元整体的教学设计，我在讲授单元每一课时的内容时逻辑思路更加清晰，内容的取舍和顺序的安排也都有理有据。课时的安排是按照对主题意义逐层深入地剖析展开的，实现从概念理解和认知，到鉴赏和评析，再到态度、价值观和行为的改变，遵循学生的认知规律，由浅入深地渐进式学习。设计学习任务时，我能够明确地告知学生这些活动的目的和与整个单元的联系，从而帮助学生逐步构建对整个单元核心育人价值和主题意义的深入理解。其次，此次实践中尤其尝试了设计单元整体的输出活动，一改原来的每一课时一个任务，各个课时之间的任务缺少衔接和关联，通过整合整个单元的学习内容，设计一个能够尽量覆盖整个单元学习重点，全面考查各个课时学生应具备的素养的综合性输出活动，让学生通过小组合作学习的方式，回顾单元所学，完成单元项目，实现从知识向能力和素养的转变。再次，此次的单元整体教学实践落实了《课标》提出的教、学、评一体化的要求，教学活动和评价活动的设计同时进行，确保教学目标的落实有据可查，根据学生的学习任务完成情况设计具体可量化的评价标准，方便教师根据学生的反馈及时发现教学目标的落实情况，并相应地进行反思，做出调整和改变。这次实践让我认识到，教师在教学设计上要同时考虑如何教与如何评，根据教学目标制订评价标准，根据评价活动如课堂反馈、学生表现、课后作业等调整教学策略和下一节课的内容与教学活动，以便取得最好的效果。最后，单元整体教学让我明确了教授整个单元后的目标，尤其是希望在学生身上看到的变化，即整个单元的核心育人价值，带着这样的信念，我在教学过程中能思路明确，并将单元整体教学目标分解成具体的、可实施的课时目标，将单元整体输出项目拆解成每个课时完成一部分的任务模块，最终实现单元教学目标。单元整体教学的设计能够让学生自然地、深入地、有逻辑地学习一个话题，并在学习中通过完成各种形式的任务实践和内化这一概念，从而促成态度和行为的改变，培养学生的核心素养。

李佳亮

(二)

基于单元大观念进行单元整体教学设计，要求教师在备课前充分思考整个单元各课时之间的关系，以便更有方向和针对性地思考整体与部分的关系，基于单元整体目标设计每一课时的目标，让所有教学步骤有据可依，每一个教学活动的设计都有一定的指向性和规划性。

在 Topic Talk 这堂课的最后，我向学生介绍了本单元的单元任务——以小组为单位，推选身边的“幽默之星”并制作人物介绍海报。在该任务的指导下，学生能够在学习的过程中有针对性地获取与输出有关的内容，明确每一课时教学目标。而后面的每一课也都围绕着完成这一单元任务展开。

例如，在讲授 Lesson 3 第 1 课时时，我最初的设计是在最后让学生分析憨豆先生的性格特点；而在进行单元整体教学设计时，考虑到单元任务要求学生能够解释所推选的“幽默之星”的幽默风格和特点，而在 Lesson 3 的教学中需要让学生不仅能够感受幽默，还要进一步基于所学分析憨豆先生表演的幽默效果是如何达成的。因此，我将读后提问改成“Why is Mr Bean funny? What makes his performance humorous?”。通过分析憨豆先生表演好笑的原因，不仅可以有效检测学生对课文内容的掌握，也能够较好地考查学生对幽默这一概念的理解。课堂上，学生积极踊跃地发表观点，提出了包括憨豆先生夸张的面部表情、丰富的肢体语言、不同寻常的行为模式、出人意料的结果等常见的幽默元素，更进一步分析了 punchline 这一概念在表演中的呈现，也指出了情节的冲突、人物形象的对比反差等表达方式。另一方面，也有学生结合 Reading Club 2 中有关英式幽默的介绍，指出憨豆先生滑稽的应对举措，以及行为方式在一定程度上也体现了英式幽默有关社会阶层的讽刺幽默。第 2 课时的设计同样做出了相应的调整。最初的设计中，我仅将教学目标设定为学生能够说出副词在语境中的意义和作用，准确将副词分类并完成课文的句子填空。考虑到单元整体目标，我将任务调整为观看憨豆先生表演视频，改进目标写作。这一活动旨在引导学生在新的语境中运用副词进行创造性的表达，从而为完成单元任务做好充分铺垫。

教师基于大观念进行高中英语单元整体教学，并将大观念贯穿始终，渗透于每一课时的教学，可以引导学生从多角度理解单元大观念，建构结构化的知识，深化对主题的认知，发展核心素养。

刘威

（三）

经过对教材单元主题意义的梳理和对课时的整合、重组，我更加清楚地理解了实践单元整体教学的思路、方法和意义，这为我今后开展单元整体教学提供了借鉴。经过这次实践，我的单元教学发生了以下变化。

第一，单元教学思路具有更强的内在逻辑。过去，我跟着单元的课时顺序进行教学，对每一课的处理都是零散的、孤立的。这次实践后，在开始新单元之前，我会先研读每一课的文本，深入解读、分析，从中找出内在逻辑，整合各课时内容，在需要时重组课时顺序，以层层递进地展开主题意义探究，帮助学生通过对每个语篇小观念的学习，从多角度建构相关主题知识，挖掘单元内不同语篇之间的联系，生成基于该单元的大观念，形成对单元主题从认识、价值判断到积极、正确的行为取向的过程。

第二，单元输出活动设计更加具有过程性和生成性。在之前的教学中，我在每一课时结束后都会设计一项作业，这些作业都是零散的。这次实践中，我们设计了一个涵盖整个单元内容的大项目，并根据每一课时的内容设计小任务。最终，在单元结束时，一个个小任务构成了单元输出项目。这样的输出任务具有综合性、过程性和生成性。

第三，单课时设计更加注重语言知识、技能学习和主题意义学习的结合。在进行主题单元教学设计时，我亦没有忽视对语言知识的处理，因为学生仍然需要相应的语言知识和技能来表达他们对单元主题的观点和拓展思维。例如，在第一课的教学设计中，我关注了幽默故事的选词、句式和时态对达成幽默效果的作用，设计了相关的发现、归纳、分析、输出任务，并在课后子任务中增加了语言维度，引导学生落实所学的语言知识，以帮助他们更好地表达对主题的认识。

秦唯

（四）

我负责本单元的 Writing Workshop 和 Viewing Workshop 两部分内容。其中 Viewing Workshop 的教学目标是让学生感知语言和非语言形式的幽默，从而为欣赏卓别林的表演打下基础，也为学生观察身边同学的幽默举止提供了思路，让学生意识到幽默不仅限于语言表达，很多时候一个简单的动作也可能引发幽默的效果。这一课也为最后同学评选和描写“幽默之星”提供了语言素材和参考依据。

Writing Workshop 则是整个单元的最后一个教学环节。学生在本课学习撰写“幽默之星”的故事。在第一课时学生通过阅读了解故事的基本创作方法，并写出故事的草稿。在第二课时，学生通过同伴互评等方式修改自己的草稿并完成终稿，作为“幽默之星”海报的一部分。

在教学过程中，有两点引发了我的思考。

1. 在视听说课教学中，学生对视频内容的理解到位、表达清楚，在教师的启发下，能够说出视频中的语言幽默与非语言幽默形式的区别。在观看卓别林的表演时，学生也表现出了浓厚的兴趣。学生所接触的网络媒体形式正从文字向视频转换。因此选取合适的视频素材进行教学将是教师在未来几年面临的一个新挑战。

2. 在写作教学过程中，我发现学生感到最困难的一步，其实并不在于缺乏语言素材或者没有掌握写作方法，而是缺乏平时生活素材的积累，找不到合适的写作内容。我觉得这个现象给了我两点启示：第一，学生在平时的学习生活中，应该注重观察积累，这样在进行写作时可以信手拈来，无须为没有素材而苦恼。第二，这个问题也让我体会到了单元整体教学时单元任务设计的重要性。在进行本单元教学设计时，老师们开动脑筋、头脑风暴，寻找既贴近教材内容又贴近学生生活，且符合课标要求的单元任务。而本单元的任务——为身边的"幽默之星"制作海报，则是单元教学内容与英语学习活动观的完美结合。

虽然问题还有很多，但是本次基于大观念进行的单元整体教学是一次成功的尝试，让我意识到如何引导学生从多角度理解单元大观念，如何将单元内容进行解构并建构结构化知识，也帮助学生深化了对主题的认知，最重要的是在课标理念的指导下多方位发展了学生的核心素养。

尹然

六、案例点评

《课标》指出，高中英语教学要重视以学科大观念为核心，使课程内容结构化，以主题为引领，使课程内容情境化，促进学科核心素养的落实。在新课程改革背景下，大观念为单元整体教学提供了重要依据和思路，能够改变脱离语境教授零散知识点的教学方式，转向以学科大观念为核心，以主题为引领，以语篇为依托，以活动为途径的整合性教学模式。以大观念为引领开展单元教学，能够指导教师关注单元的整体性、单元内容之间的关联和单元目标的整合，为具体单元教学规划提供依据和思路，有助于教师确定教学目标、统筹教学内容、组织教学流程、设计教学任务和制订评价标准。

本单元的话题为"幽默"，包含阅读、听说、视听、写作等多种课型，语篇类型涉及记叙文、传记、演讲、说明文等多种体裁，从不同的角度引导学生探究主题意义。学生在学习中理解幽默的定义，探究幽默背后的故事和人物，知晓幽默的益处，学会赏析和创作幽默，层层递进，深化对单元主题的认知。为达到这一目的，教师们从整体的角度审视和挖掘单元内容的学科育人价值，聚焦主题意义的建构，寻找同一单元多个不同类型语篇之间的关联性和系统性，统筹安排教学内容，对教学内容、教学目标、课时安排、教学活动、学习任务和教学效果评价等进行单元整体化设计，通过有效组织和实施教学活动，在具体的语言学习和实践活动中达成学科育人的目标。

在这一过程中，教师们基于大观念开展单元整体教学，首先明确单元的主题意义、核心理念和育人价值，思考教材编写的意图及教学内容编排的逻辑，认真研读所有语篇，深入理解整体与部分的关系，探究单元内各语篇之间的关联。在大观念的引导下，教师能够从整体基于大观念进行单元整体教学，并将大观念贯穿始终，渗透在每一课时的教学中，引导学生从多角度理解单元大观念，建构结构化知识，深化对主题的认知，形成全面的价值判断和行为取向，发展核心素养，实现育人目标。

在具体的教学过程中，教师在基于大观念进行单元整体教学设计时，可以根据需要，灵活调整教学内容的顺序、删减或补充相关内容，以期更好地挖掘教材语篇的育人价值，促进大观念的建构。在本单元教学中，教师没有按照教材的既定顺序教授，而是根据需要，将 Lesson 2 放在了最后，将 Reading Club 穿插在主课文之间。

单元评价任务的提出也是亮点。教师在本单元第一课时就明确单元评价任务，以任务为驱动，引导学生在学习过程中对输入的语言材料有选择性地学习、加工、内化和应用，获取完成单元评价任务所需要的语言、内容、逻辑和观念。同时，教师遵循教、学、评一致性，制订明确的评价标准或量表，引导学生通过自评、互评等多种方式评价作品，检测单元整体教学效果。当然，教师还可以结合具体的教学实践，将评价标准进一步细化，海报的制作如果能够给出相应的范例，也许可以达到更好的效果。

案例三：选择性必修二 Unit 5 Education

团队成员(按姓氏拼音排序)：刘颀　张琳　钟权　朱佩琦

一、单元整体教学内容分析

本单元的单元主题为“教育”，属于“人与自我”“人与社会”主题，包含八个语篇和两个评价模块。

Topic Talk 为听力文本，该文本的主题为认识教育，介绍了教育家对教育的理解(内涵、意义、目的)以及学习的方式(将知识教授给别人可以最大化内化知识)和学习步骤(记忆—理解—应用—分析—评价—创造)。

Lesson 1 讲述了美国著名残疾作家 Helen Keller 儿时在家庭教师 Anne Sullivan 的帮助下，克服身体缺陷学习知识、接受教育，并最终获得成长的故事。

Lesson 2 的主题为认识教育，是一个介绍教育的来源、含义(教育是一个促进学习或获得知识、技能、价值、态度和习惯的过程)、三个主要目的(获得知识、为全面生活做好准备、确立价值观)和师生做法的讲座。

Lesson 3 通过对比今昔人们对于获取知识和理解世界的不同观念，论述了人们对于世界的理解和认识总是不断发展变化的，因此我们要保持开放的态度不断求知，并用科学的方法证明我们的观点，而不能只是一味地相信权威。

Writing Workshop 是看图写作，目标写作图片 A 展现了两个男孩同时面对倒了的水瓶的不同反应。范文描述了图 B 的内容，对图中人物及其行为进行了描写和分析，并对图片蕴含的深层含义进行了分析和论证。

Viewing Workshop 中的视听活动的内容为采访一位蒙氏教育的教师，采访中老师描述了他从事蒙氏教育的理由并介绍了蒙氏教育与传统教育在看待教育、老师、学生和课程上的不同。

Reading Club 1 介绍了过去、现在、未来的语言学习的变迁。在过去，学习的重点是拉丁文法，学生的学习工具是石板，男女受教育情况也有所不同。现在，英语成了许多人的学习对象，并且科技也在语言学习中发挥着重要作用。未来，平板电脑和智能手机可能会代替纸和笔，英语也可能不像现在这样流行，然而可以确定的是，科技将会是语言教育的中心。

Reading Club 2 介绍了意大利教育家玛利娅·蒙特梭利以及她创建的蒙氏教育法。这种教学方法尊重孩子的个性，因材施教，鼓励学生解放思想，自主学习，重视合作和独立成长。但这种教学方式因为比较不正式且弱化了教师影响而被质疑。语篇还介绍了玛利娅为教育和世界和平作出的巨大贡献。

二、基于大观念的单元内容结构图

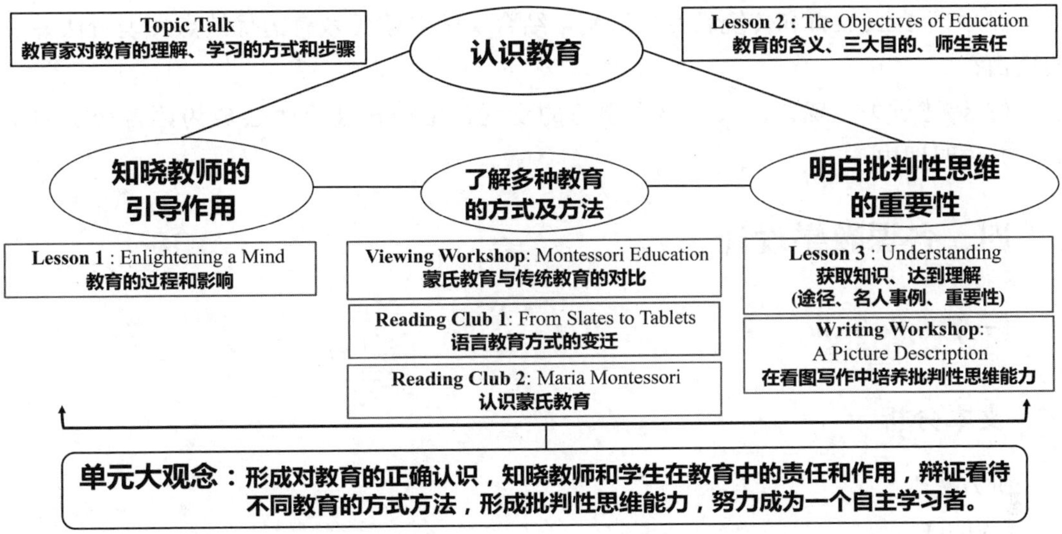

三、基于大观念的单元总体教学目标

本单元共包括四个总体教学目标：

1. 认识教育(对应 Topic Talk 和 Lesson 2)

(1)基于信息结构图，阐释教育的词源、内涵、三个主要目标以及师生为达到目标的做法，结合教育家对教育的理解和自身经历或所学知识，提出自己对教育内涵及目标的理解；

(2)担当采访者、教师和学生进行角色扮演，谈谈自己为达到教育目的的具体做法。

2. 知晓教师在教育中的角色(对应 Lesson 1)

(1)向他人介绍 Helen Keller 的学习历程，分析总结 Helen 在学习中产生的变化(知识、情感、态度、行为)，结合自身经历，谈谈教育给你带来了哪些影响或改变；

(2)分析总结 Sullivan 老师的教学特点和个人品质，谈谈如果你是 Sullivan 老师会做些什么帮助 Helen。

3. 明白学生在教育中扮演的角色(对应 Lesson 3 和 Writing Workshop)

(1)阐释、交流 17 世纪和 21 世纪的人们获取知识和理解世界的方式，表达自己是否同意文中作者的观点，并说明理由；

(2)联系自身实际，谈谈与权威观点相悖时会怎么做；

(3)使用现在时描述、分析图片，阐释图片带来的启示，并给出相应的理由进行论证；

(4)运用看图写作的写作大纲和语言表达进行写作，并基于评价标准对写作进行自评、互评并进行修改。

4. 了解教育的方式及方法(对应 Reading Club)

(1)列举蒙氏教育和传统教育的区别，结合实际对蒙氏教育的优缺点发表看法并说明理由；

(2)讲述过去、现在、未来语言学习的变迁；论证科技是否会成为语言教学的中心，并说明理由。

四、各课教学设计

(一)Topic Talk

文本分析

听力文本 5.1

【What】

本文是一篇采访形式的听力文本，以教育为主题。采访者首先询问 Wilson 教授对教育的理解，教授认为教育对于人自身和社会都有重要影响，有很多教育家和哲学家都对教育有深刻思考。采访者接着对先贤的教育思想进行询问，教授介绍了夸美纽斯和杜威的教育思想，分别是“学习内容应该符合学生兴趣且教学方法应适合学生的思维发展水平”和“教育不是仅传授知识，而是应该用这些知识解决实际问题”。最后采访者对本次采访进行了总结，表明现代教育更强调创造性思维培养、探索真理和人文情怀等。

【How】

本文以访谈者与被访谈者一问一答的方式展开。在展开方式方面，采访者通过询问三个问题：Wilson 教授对于教育的理解是什么？先贤们的教育思想是什么？可以进一步解释杜威的教育思想吗？串起了本次访谈的主线。在语言方面，本文主要使用一般现在时和一般过去时，一般现在时主要用于两人之间的对话，一般过去时主要用于引用先贤的名言和表达委婉请求，如…said 和 Would you please…等。同时，本文使用了较多连接词和过渡词串起了对话内容，如 for example、so、well 等。

【Why】

本听力文本通过介绍 Wilson 教授及先贤们对于教育的理解，可以让听众了解到教育学家们对教育的深刻理解，从而引发思考，明白教育不是单一知识的传授而是应适应学生的发展水平，培养思维、解决问题等多种能力。

听力文本 5.2

【What】

本文是一篇对话形式的听力文本，以学习方法为主题。Yang Ping 以近期在网上看到的关于学习方法的表格切入话题，说明我们只能记住 10%我们听到的，20%我们读到的，30%我们看到的，50%我们看和听到的，70%我们和别人讨论的，80%我们所做的和 95%我们教给别人的。双方对这一内容达成了共识，表明教给别人知识是我们掌握知识的最好方式。最后，双方共同回顾了前几天课上老师讲授知识的顺序，即记住、理解、应用、分析、评价和创造。

【How】

本文以两位谈话者 Yang Ping 和 Jason 一问一答的方式展开。在展开方式方面，以 Yang Ping 的两个问题为主导，首先，Yang Ping 以自己最近看过的学习方式图表引入话题，Jason 对此表示认同。其次，Yang Ping 引导 Jason 回顾课上老师讲授知识的顺序，最后两人达成共识决定尝试。在语言运用方面，对话主要采用一般现在时和一般过去时，分别用于两人间的对话和回顾知识内容，如 I saw…、It showed…等。

【Why】

本听力文本通过两位学生对于学习方法和顺序的介绍，可以让学生掌握科学的学习方法和学习步骤，从而启发他们采用多种方式进行学习，积极向他人讲解自己学过的知识。此外，学习要循序渐进，不可急于求成。

教学目标

在本课时结束时，学生能够：

1. 根据笔记和关键词说出教育的意义、含义和目的；
2. 根据书中图表，以“学习方法和步骤”为主题进行两分钟的演讲展示；
3. 根据两段听力材料，谈谈自己对教育和科学学习方法及步骤的理解。

教学重难点

【教学重点】

1. 正确理解文本内容，完成书中习题；
2. 根据笔记和关键词，说出教育的意义、含义和目的，以及学习方式和步骤；
3. 根据书中图表，以“学习方法和步骤”为主题进行两分钟的演讲展示。

【教学难点】

根据两段听力材料，谈谈自己对教育和科学学习方法及步骤的理解。

教学过程

教学目标	教学活动与步骤	设计意图	效果评价	时间与互动模式
根据笔记和关键词说出教育的意义、含义和目的。	Think about and answer the questions: 1. Do you know any educator? What are their thoughts about education? T then shows Ss three pictures of great educators as well as their thoughts about education.	通过让学生思考自己认识的教育学家来激活学生对于"教育"这一话题的已有认知。	学生能够说出自己知道的教育学家及其相关思想。	3' IW CW
	T introduces the two educators in listening 5. 1.	通过介绍听力中提到的两位教育学家，激发学生的学习兴趣，为后面活动做铺垫。	学生能够表现出对教师提到的两位教育学家的兴趣。	2' CW
	Activity 1 Read the Text Builder first. Then listen to the tape and underline the key words that fill in the blanks. T checks the answers and analysed the detailed information of the listening.	引导学生关注细节；最后教师讲解听力文本中需要注意的细节，落实语言知识。	学生能够找出听力中的关键信息。	10' IW
	Activity 2 Work in group of four. Do a short interview about education based on the listening.	引导学生实际运用知识，以访谈为形式、关键词为支架，自主表达对教育意义、内涵和目的的理解。	学生能够参与小组互动，并运用听力中所学内容。	8' GW CW

续表

教学目标	教学活动与步骤	设计意图	效果评价	时间与互动模式
根据书中图表，以“学习方法和步骤”为主题进行两分钟的演讲展示。	Activity 3 Predict learning methods and procedures according to the table on page 29. Then listen to the tape to check the predictions and finish Activity 4. Share answers in groups. T shares answers in class and analysed the detailed of the listening.	首先询问学生对于最好学习方法的了解，引发学生兴趣；再播放听力，引导学生关注细节；最后讲解听力文本中需要注意的细节，落实语言知识。	学生能够对听力内容作出预测，并完成相关活动。	10’ IW GW CW
	Activity 4 Work in pairs to make a 2-minute speech about the “learning methods and procedures”. One student talks about the learning methods and the other one talks about the learning procedures. Then, give a speech in front of the class.	引导学生实际运用知识，以演讲为形式、书中图表为支架，进一步内化对科学学习方法和步骤的了解、锻炼口语表达能力。	学生能够与同伴合作，结合所学，完成演讲内容。	6’ PW CW
根据两段听力材料，谈谈自己对教育和科学学习方法及步骤的理解。	Activity 5 Work in groups to talk about the understanding of “education” and “learning methods and procedures”, and then share opinions in class.	学完本课内容让学生再次思考自己对“教育”及科学学习方法及途径的理解。	学生能够表达自己对“教育”和“学习方法与步骤”的观点和看法。	6’ GW CW
	Homework Write a short paragraph about your thoughts on education based on the quotes and what you learned in class.			
教学设计特点及说明				
本课教学设计遵循英语教学活动观，通过问题激发学生兴趣、推动课堂教学。本课共有两小节听力，分别遵循问题导入、多次播放、教师讲解、学生输出的逻辑，循序渐进地进行课堂引入。本课是本单元的第一课，主要是引导学生对于教育有一个初步的理解，侧重理论与实践相结合。				

（二）Lesson 1

文本分析

【What】

本课的题目是“启迪思想”，主题语境是“人与自我”，是本单元话题“教育”的一个子话题。语篇介绍了美国著名作家 Helen Keller 在家庭教师 Anne Sullivan 的帮助下接受启蒙教育的故事。Helen 自小因病失去了听力和视力，所以她无法像正常人一样交流、学习和成长，她的性格也因此乖戾、固执。七岁那年，Helen 遇到了改变自己一生的家庭教师 Anne Sullivan。因为 Sullivan 也曾患有眼疾，所以她十分理解 Helen。她用在手上拼写字母这样最直白的方式教 Helen 识字，为 Helen 打开了知识的大门，Helen 的性格也因此发生了积极的转变。在这个过程中，Helen 的身心都获得了巨大的成长。

【Why】

通过 Helen Keller 儿时在家庭教师 Anne Sullivan 的帮助下，克服身体缺陷学习知识、接受教育，并最终获得成长的故事，学生可以了解 Anne Sullivan 作为师者耐心细心、善于启发的品质，并学习 Helen Keller 积极好学、坚强勇敢、不向命运屈服的精神。通过学习，学生会对教育的育人价值和教师的引导作用有更加深刻的思考，树立正确的教育观念。

【How】

本语篇是一篇记叙文，共十四段。语篇表面讲述了 Helen Keller 从一无所知、性格怪异转变为积极好学、不向命运屈服的故事，同时从侧面刻画了 Sullivan 作为师者耐心细心、善于启发的形象，展现了教育对人产生的巨大影响。

第一、二段，简洁地交代了 Helen Keller 失去视力和听力，无法正常接受教育的基本情况，用 troublesome、stubborn、angry 等词描述 Helen Keller 最初的性格；介绍了 Anne Sullivan 的基本信息，并交代了她曾在盲校学习的背景，因为她也曾患有眼疾，所以她十分理解 Helen。

第三段至第六段具体讲述了 Helen 学习具象词语“娃娃”和“水”的过程。Sullivan 用在手上拼写字母这样最直白的方式教 Helen 识字，让 Helen 在玩娃娃的时候学会了人生中的第一个单词“洋娃娃”，在井边洗手的时候学会了单词“水”。掌握了语言学习的方法后，Helen 对学习产生兴趣，迫切地想学习更多。尽管过程非常缓慢甚至痛苦，但因为 Helen 对学习抱有巨大热情，所以成果显著。

第七段至第十段讲述了 Helen 学习抽象词语“爱”时遇到的困难。随着知识的积累，Helen 越来越多地发问。这也引导她去探索更加深奥复杂的词汇，也逐渐改变了她的思维过程。比起能够用肢体感触的实物，像“爱”这样抽象的事物让她难以理解。尽管如此，Helen 还是努力尝试理解“爱”的含义。紫罗兰的芬芳、阳光的温暖都让她联想到了

"爱"，但是 Sullivan 却表示无法将这些具体的事物等同为"爱"。Helen 感到困惑和失望。

第十一段至第十四段讲述了 Helen 学习抽象词语"思考"并最终理解了"爱"的过程。有一天，Helen 在制作项链时想要修正一些错误，却不知道该怎么做，于是她停下思考。这时，Sullivan 在 Helen 的手上写下"思考"一词，Helen 突然就明白了"思考"的含义。那是她第一次理解复杂、抽象的词语。她接着又想起了"爱"这个词，再次询问 Sullivan "爱"是不是太阳。Sullivan 生动地解释道，爱无法触碰，却因为有它的存在让万物美好。最终，Helen 明白了"爱"的美妙真谛。

语篇采用过去式，并多处使用了词组 have/get sth. done（have sth. done，get a teacher recommended）。语篇主体段落的开头合理运用 when、now、as、one day、in that moment 等表示时间顺序的过渡词，标志着 Helen 不同的学习阶段，使语篇结构清晰，层层递进。文章对 Helen 的学习过程描写详细，运用了 felt puzzled，thought it was a game，felt hope and joy 等一系列词组，突出她在受教育过程中的变化。此外，语篇采用了三段直接引语，引用了 Helen 的自述，直观地体现了 Helen 的心理活动，能够让学生更加清晰地感受到她的变化和成长。语篇没有过多对 Sullivan 进行描写，而是通过对 Helen 学习过程的详尽阐释，侧面刻画出了 Sullivan 老师的教学成果，突出她作为师者能够因材施教、细心耐心地引导学生成长的可贵品质。

教学目标

在第一课时结束时，学生能够：

1. 获取、梳理 Sullivan 老师引导 Helen 学习的内容和过程信息，形成信息结构图；
2. 能够依靠信息结构图向他人介绍 Helen 的学习历程。

在第二课时结束时，学生能够：

1. 分析总结 Helen 在学习中发生的变化，并在文中找出依据；
2. 根据文章内容分析总结 Sullivan 的教学特点和个人品质，并谈谈如果你是 Sullivan 会做些什么帮助 Helen；
3. 描述对你影响最深的一位老师，结合自身经历谈谈他/她给你带来了哪些影响或改变。

教学重难点

【教学重点】

1. 获取、梳理 Sullivan 老师引导 Helen 学习的内容和过程信息，形成信息结构图；
2. 能够依靠信息结构图向他人介绍 Helen 的学习历程。

【教学难点】

1. 通过分析 Helen 在学习中发生的变化，联系自身思考教育对人的积极影响；

2. 通过总结 Sullivan 的教学特点和个人品质，能够对教师的引导作用有正确的认识；

3. 描述对你影响最深的一位老师，结合自身经历谈谈他/她给你带来了哪些影响或改变。

教学过程

<table>
<tr><th>教学目标</th><th>教学活动与步骤</th><th>设计意图</th><th>效果评价</th><th>时间与
互动模式</th></tr>
<tr><td colspan="5">第一课时</td></tr>
<tr><td rowspan="4">获取、梳理 Sullivan 老师引导 Helen 学习的内容和过程信息，形成信息结构图。</td><td>Watch an excerpt of the movie: The Miracle Worker.
Q1: Who are they?
Q2: What do you know about them?
Q3: Do you think it is easy to teach someone who is both blind and deaf?</td><td>通过电影片段引出故事主人公，激发学生兴趣，了解学生已知。</td><td rowspan="2">学生能够对本课主题产生兴趣。</td><td>3’
IW
CW</td></tr>
<tr><td>Activity 1
Ss answer the question.
What does “Enlightening a Mind” mean?</td><td>引发学生思考，更好地导入主题。</td><td>2’
IW</td></tr>
<tr><td>Activity 2
Read the paragraphs 1-2. Fill the information card.
<table><tr><th colspan="2">Information Card</th></tr><tr><td>Helen</td><td>Sullivan</td></tr><tr><td>Age:</td><td>Job:</td></tr><tr><td>Health Condition:</td><td>Education Background:</td></tr><tr><td>Characteristics:</td><td>Characteristics:</td></tr></table></td><td>梳理两位主人公的基本信息，为进一步学习语篇细节做铺垫。</td><td>学生能够梳理两位主人公的基本信息。</td><td>5’
PW</td></tr>
<tr><td>Activity 3
Read the rest of the story.
Answer the questions.
Q1: How many words were taught to Helen? What were they?
Q2: Which words were easier to learn? Which were more difficult? Explain why.</td><td>梳理语篇结构，验证学生对文章内容的把握，加深学生对课文内容的印象。</td><td>学生能够基本准确地把握语篇结构。</td><td>10’
IW
CW</td></tr>
</table>

续表

教学目标	教学活动与步骤	设计意图	效果评价	时间与互动模式
	Activity 4 Read the whole text again. Fill the first part of the diagram in Activity 4 on page 32 in a group of four.	按照意义单元进行划分，获取、梳理 Sullivan 老师引导 Helen 学习的内容和过程信息。使学生对文章细节有更深入的认识和了解。	学生能够准确掌握 Helen 学习过程的细节信息。	15' GW
能够依靠信息结构图向他人介绍 Helen 的学习历程。	Activity 5 Introduce the story of Helen's learning experience to others with the help of the diagram. Practise with your partner.	能够依靠信息结构图进行输出，检测对文章细节的把握程度。	学生能够准确把握语篇的细节信息。	10' PW
	Homework 1. Finish the second part of the handout. 2. Tell the story of Helen and Anne to your partner.			
第二课时				
回顾所学。	Activity 1 T asks volunteers to share their answers of the homework (Activity 9 on page 33).	回顾上节课所学内容，验证信息获取准确度，进一步梳理细节信息。	学生能够回顾第一课时所学内容。	5' CW
分析总结 Helen 在学习中发生的变化，并在文中找出依据。	Activity 2 Complete the diagram of Activity 5 on page 32 about the learning process affected Helen by choosing from the expressions.	回顾 Helen 的学习历程，为生成大观念做铺垫。	学生能够掌握 Helen 各阶段学习的特征。	5' IW CW
	Activity 3 Underline the signal expressions that connect the description of Helen's learning processes. Q1: Do you think Helen changed a lot during learning? Q2: What are the changes? Supplement the information in Helen's information card.	分析语言特征，为迁移创新做铺垫。让学生更加直观地感受 Helen 在学习过程中的成长和改变。	学生能够把握文章语言特征，以及正确总结出 Helen 在学习过程中的成长和改变。	5' PW CW

续表

教学目标	教学活动与步骤	设计意图	效果评价	时间与互动模式
根据文章内容分析总结 Sullivan 的教学特点和个人品质，并谈谈如果你是 Sullivan 会做些什么帮助 Helen Keller。	Activity 4 Group work. Think and share. Q1: What kind of person do you think Anne is? Find evidence to support your opinion. Q2: What would you do to help Helen if you were her teacher?	检验学生对文本所蕴含价值观的把握是否准确，以及能否应用在实际问题的解决当中，促进大观念的生成。	学生能够把握文本中蕴含的价值观，以及应用在实际问题的解决中。	10' GW CW
描述对你影响最深的一位老师，结合自身经历谈谈他/她给你带来了哪些影响或改变。	Activity 5 Q1: Which teacher impresses you the most in school life? Q2: How does she/he affect you?	联系自身，加深对文章的感悟与思考。生成大观念，实现育人价值。	学生能够掌握文章的意义。	10' IW
	Activity 6 After learning the story of Helen and Anne, try to tell a story between you and the teacher who impressed you the most.	充分发挥学生主观能动性，调动学生创造性思维，开发学生潜能，以检测学生是否对文章掌握透彻，体现迁移创新。	学生能够对所学内容进行迁移创新。	10' CW
	Homework 1. Finish Activity 11 on page 33. 2. Write a story between you and the teacher who impressed you the most.			

教学设计特点及说明

本语篇阅读教学设计以学生为中心，教师引导学生将故事情节同自身实际生活相联系。通过这样的形式，加深了学生对文章的兴趣和对文章内容的把握，促进学生独立思考。同时，在教学过程中设计了大量的小组讨论。学生通过小组研讨等形式交流、总结答案，通过这种形式启发学生各抒己见，加强团队合作解决问题的能力。文本教学结合单元背景，并不是孤立的语篇，对学生这一单元的学习起到了很好的承前启后作用。

(三)Lesson 2

文本分析

【What】

该听力文本的主题为“教育”，是一个介绍教育的内涵、接受教育三个主要目的和师生为达到此目的做法的讲座。该听力文本首先介绍了“什么是教育”，即教育是一个促进学习或获得知识、技能、价值、态度和习惯的过程及教育的拉丁语来源。讲座接着介绍了教育的三个主要目的，分别是获取知识、为个人在社会中的全面生活做好准备和确立价值观并为社会生活做准备。在讲座后的问答环节，教授回答了学生提出的“师生如何做才能实现教育的三个主要目标”这一问题，教授表示教师要协助学生学习、传递知识与技能、激发学生兴趣、引导学生批判性和创新性思考，并提供丰富的资源和帮助学生使用正确的学习策略。学生则要成为自主学习者，树立明确的学习目标，学会分析、比较和评价所学知识，对自己的信仰和行动作出判断并在评价时展示自己所学知识。

【How】

该听力文本共分为两个部分，即讲座介绍部分和后续问答部分。讲座部分共由八段构成。第一段提出了两个问题：什么是教育和教育的主要目的是什么。第二段回答了教育含义的问题。第三段是过渡段，引入教育目的的话题。第四段至第六段阐释了教育的三个主要目的。第七段对教育的内涵和作用进行总结。最后一段引出问答部分的内容。第一部分主要使用了一般现在时，主要语言特征是使用了大量的逻辑连接词。在段落开头，运用 firstly、secondly、thirdly、in conclusion 等逻辑词连接；在段落内部，运用 for example、besides、therefore 等逻辑词进行连接。后续问答部分以对话形式交替展开，首先学生就“师生如何做才能实现教育的三个主要目标”提出疑问，接着教授对其展开回答。第二部分主要使用了一般现在时，主要语言特征是使用了大量用于说服别人的句式，如 Another thing that’s important、That’s why、It’s a brilliant idea to 等。

【Why】

学生通过学习本段听力，可以了解到教育的内涵、接受教育的三个主要目的及师生做法。通过了解教育内涵，学生可以更好地了解教育本质从而更好地珍惜受教育的机会。通过了解接受教育的三个目的，学生可以更加深刻地反思自己的学习历程，认识到受教育的重要性，从而认真地对待自己的学习生活。最后，通过了解学生对于实现教育三个主要目标的做法，学生可以更好地反思自身、以更高的标准要求自己，树立自身学习目标。

教学目标

在第一课时结束时，学生能够：

1. 基于听力笔记，获取和完善关于教育含义和三个主要目标的信息结构图；
2. 基于信息结构图的两大类内容，运用逻辑连接词介绍教育的含义和三大目标；
3. 基于对教育的理解，以小组为单位讨论并阐释另一个自己认为重要的教育目标；

在第二课时结束时，学生能够：

1. 基于听力笔记，获取和完善关于师生达成教育三个主要目的做法的信息结构图；
2. 基于信息结构图，为联合国“国际教育日”展示主题为“师生责任”的两分钟讲解视频；
3. 结合自身实际，树立学习目标。

教学重难点

【教学重点】

1. 基于听力笔记，获取和完善关于教育含义、目标及师生做法的信息结构图；
2. 基于信息结构图，能够介绍教育的含义和三大目的、完成“师生责任”讲解视频录制。

【教学难点】

1. 以小组为单位讨论并阐释另一个自己认为重要的教育目标；
2. 结合自身实际，树立学习目标。

教学过程

教学目标	教学活动与步骤	设计意图	效果评价	时间与互动模式
第一课时				
基于听力笔记，获取和完善关于教育含义和三个主要目标的信息结构图。	Show a video from “What does education mean to you?” T: What does education mean to you? Ss: ... T: Education means different to different people. If you had a chance to define the word “education”, what would you say? Ss: .... T: Actually, today we have Professor James to give us a talk	通过视频引入，吸引学生注意，激发学生已有知识，有助于学习教育定义及听力文本的引入。	学生能够基于视频激活对教育的已有知识。	3’ IW CW

续表

教学目标	教学活动与步骤	设计意图	效果评价	时间与互动模式
	about education and he will introduce us the definition of education. Now, let's listen to the first part of the speech and find out what the education is.			
	Activity 1 Listen to the first part of the listening and take notes about the definition of education. 1. T plays the listening and suggests Ss to take notes about the definition of education. 2. T invites Ss to share the definition. 3. Listen again. 4. T interprets the definition of education.	通过播放听力第一部分，学生可以获取关于教育含义的基本信息，并通过询问学生看法引发其批判性思考，为后续活动做铺垫。	学生能够基于教师提问说出自己的看法。	4' IW
	Activity 2 Listen to the second part of the listening and take notes about the three objectives of education.	通过引导学生基于自身思考选出三条认为重要的教育目的，引发学生批判性思考，为后文听力做铺垫。播放听力原文，让学生记下三条目的，为后面精听做准备。	学生能够基于听力内容记录三条目的。	5' IW
	Activity 3 Listen to the first objective of education and finish the table of Activity 4 on page 34.	听教育三个主要目的中的第一个，依条精听并小组合作以捕捉具体细节信息。	学生能够捕捉关于第一个教育目的的具体信息。	4' IW
	Activity 4 Listen to the second objective of education and finish the table of Activity 4 on page 34.	听教育三个主要目的中的第二个，依条精听并小组合作以捕捉具体细节信息。	学生能够捕捉关于第二个教育目的的具体信息。	4' IW

续表

教学目标	教学活动与步骤	设计意图	效果评价	时间与互动模式
	Activity 5 Listen to the third objective of education and finish the table of Activity 4 on page 34.	听教育三个主要目的中的第三个，依条精听并小组合作以捕捉具体细节信息。	学生能够捕捉关于第三个教育目的的具体信息。	4' IW
	Activity 6 Listen for the linking words in the listening. T plays the tape again and asks Ss to takes notes for the linking word on the worksheet.	引导学生听文本中的连接词，主要引导其发现和思考引导词的作用和文章串联的方式。	学生能够发现并思考连接词的作用。	3' IW CW
基于信息结构图的两大类内容，运用逻辑连接词介绍教育的含义和三大目标。	Activity 7 Introduce the definition and three main objectives of education according to the information table in the group of four. T gives a demo of the first objective of education (adopting linking words and key information).	向同伴介绍教育的定义和三个主要目的，一方面可以内化所学的目标内容，另一方面可以实际应用逻辑连接词进行表达。	学生能够向同伴介绍教育的三个主要目的。	8' PW CW
基于对教育的理解，以小组为单位讨论并阐释另一个自己认为重要的教育目标。	Activity 8 Introduce another objective of education offering explanation and linking words to the partner. 1. T gives a demo. 2. Ss work in the group of four. 3. Invite some Ss to share in class. 4. Invite other Ss to talk about what linking words they have used.	让学生练习介绍教育目标和逻辑连接词的使用，其他学生通过听介绍总结逻辑连接词的使用。	学生能够介绍教育目标并准确使用逻辑连接词。	10' GW CW
	Homework Write a short paragraph (around 100 words) introducing the objective of education that you think is the most important.			

续表

教学目标	教学活动与步骤	设计意图	效果评价	时间与互动模式
第二课时				
基于听力笔记，获取和完善关于师生达成教育三个主要目的做法的信息结构图。	Lead-in Recall the last class.	导入环节通过帮助学生回顾上节课所学知识，旨在更好地引入本课话题，激发学生的兴趣。	学生能够对上节课内容进行回顾，并对本节课即将学习的内容产生兴趣。	3’ CW
	Activity 1 Share the responsibilities of teachers. 1. Lead Ss to think of the teacher’s responsibilities. 2. Ss share in groups. 3. Each group presents their ideas.	引导学生思考教师的职责，激发学生已有知识，为后续听力活动做铺垫。	学生能够对教师的责任进行全面表述。	5’ GW CW
	Activity 2 Listen to what teachers should do to achieve the objectives.	听为达到教育主要目的的教师做法，依条精听并小组合作以捕捉具体细节信息。	学生能够获取对教师做法的描述。	7’ PW CW
	Activity 3 Ss reflect themselves and express what they should do to achieve the objectives. 1. Ss share in group. 2. Each group presents their ideas.	通过引发学生自身思考，激发其已有知识和批判性思考，为后续听力活动做铺垫。	学生能够对自身责任进行全面表述。	4’ GW CW
	Activity 4 Listen to what Ss should do to achieve the objectives.	听为达到教育主要目的的学生做法，依条精听并小组合作以捕捉具体细节信息。	学生能够获取对学生做法的描述。	7’ PW CW
基于信息结构图，为联合国“国际教育日”展示主题为“师生责任”的两分钟讲解视频。	Activity 5 Record a 2-minute introduction video for UN “Global Education Day”.	通过视频展示活动，帮助学生内化本课所学知识，加强知识的整合和小组内部的合作。	学生能够基于所学录制视频。	10’ GW CW

续表

教学目标	教学活动与步骤	设计意图	效果评价	时间与互动模式
结合自身实际，树立学习目标。	Activity 6 Set your own goals for education.	通过观看五分钟关于“为什么要接受教育”的演讲，旨在激发学生深刻反思自身的学习历程、思考自己学习的目的与意义，明白学习目的的重要性并就“为什么学习”提出自己的观点和思考。	学生能够深入思考学习的目的和意义。	9’ CW
	Homework Write a short paragraph describing why I set sb. as my education goal.			
教学设计特点及说明				
一方面，本教学设计从学生的实际出发，遵循《课标》对于批判性思维和创新性思维培养的要求。另一方面，教学的三个目标和课堂三类活动一一对应，时刻以英语学习活动观的三个层次为引领，遵循理解、内化、迁移的逻辑。总体而言，本教学设计始终以教育的三方面内容为引领，引导学生在活动中内化、迁移和反思所学知识，紧密联系学生实际生活，符合现阶段学生的认知水平和接受能力。				

（四）Lesson 3

文本分析

【What】

本语篇是本单元话题“教育”下的第三个子话题，标题为“理解”，是一篇关于学习者如何获取知识和理解世界的阅读语篇。作者首先在开头介绍了现在人们都认同的获取知识和对世界的理解的途径，即提出问题、通过观察周围的世界搜集并研究证据、思考可能的答案、测试可能的答案直到找到真相。其次，作者笔锋一转，提到在 17 世纪人们可不是这么认为的，相反，当时的人们宁愿相信宗教神学和权威也不愿去相信被证明的事实，并且还会惩罚发现真相的人，在这里作者举了伽利略的例子，即伽利略发现地球并不是宇宙的中心，推翻了亚里士多德的地心说，然而当时的人们不但不相信他，还将他监禁起来。作者通过记叙当时的人们因为一味地相信权威而与真相失之交臂的例子，告诫读者不可一味相信权威，因为即便是亚里士多德这样的伟人也会犯错。最后，作者由上述今昔观点的鲜明对比得出结论：人们对世界的理解总是不断变化和发展的，正是因为有像伽利略这样勇于追求真理和获取知识、敢于与当时的旧思想作斗争的人，我们才会有今天的人类文明和智慧，鼓励读者也像这些伟人一样去追求真理、获取知识及理解世界。

【Why】

本文通过对比现在和 17 世纪的人们对于求知的不同看法，向读者传达了人类对于世界的认知总是处在不断发展变化之中的，而我们应该勇于探索真相、发现真理，不能只是一味地相信权威。

【How】

本文是一篇关于人们获取知识和理解世界的阅读语篇，共有五个自然段。第一段首先介绍了现在人们都认同的获取知识和理解世界的三个步骤，其中在介绍这三个步骤的时候用到了 To start with…、Then…、After that 等表达。第二段介绍了 17 世纪的人们持有的对于求知的不同看法，采用了一般过去时，并用到了“At that time, people believed more in…”“The church and many people tended to… and didn't want to…”表达过去人们对于求知的看法。第三段作者解释当时的人们为什么宁愿相信权威也不愿意相信事实，并借此告诫人们不要一味地相信权威。第四段和第五段作者总结了第三段得出的结论，即人们对于世界的理解总是在不断发展变化的，我们在感谢前人给我们留下丰富的智慧成果和人类文明的同时，也要像他们一样勇于追求真理、获取知识和理解世界。

教学目标

在第一课时结束时，学生能够：

1. 获取和梳理 17 世纪和 21 世纪的人们获取知识和理解世界的方式，以及由人们获取知识方式的变化得出的结论和启示，形成信息结构图；

2. 两人一组进行角色扮演，一人扮演教育家，另一人扮演采访者，根据信息结构图在名为“人们获取知识方式的转变——从 17 世纪到 21 世纪”的论坛上对教育家进行采访。

在第二课时结束时，学生能够：

1. 表达自己是否同意文中作者的观点(获取知识与理解世界的三步骤)，并说明理由；

2. 联系自身实际，谈论与权威观点相悖时的做法，并举例说明。

教学重难点

【教学重点】

学生能够获取梳理文中介绍的 17 世纪和 21 世纪的人们获取知识和理解世界的方式，并能够根据信息结构图进行关于“人们获取知识方式的转变——从 17 世纪到 21 世纪”的采访。

【教学难点】

学生表达自己是否同意文中作者的观点并给出理由以及表达当自己的观点与权威的观点相悖时会怎么做，并给出例子。

教学过程

教学目标	教学活动与步骤	设计意图	效果评价	时间与互动模式
第一课时				
获取和梳理17世纪和21世纪的人们获取知识和理解世界的方式，以及由人们获取知识方式的变化得出的结论和启示，形成信息结构图。	Activity 1 Ss think about and answer the question "What will you do when you don't know or understand something?"	以问题的形式引入本课主题，激活学生已有的认知，激发学生的兴趣。	学生能够运用已知回答问题。	2' CW
	Activity 2 Ss think about and answer the question "What will scientists do when they don't know or understand something?"	学生由自身遇到不懂的问题时会怎么办引申思考当科学家遇到不懂的问题时会怎么办，调动学生已知，铺垫必要的语言知识。	学生能够结合自身进行思考。	3' CW
	Activity 3 T tells Ss that the writer also mentions how we and scientists do when we don't know or understand something, then Ss read paragraph 1 to find out the main idea.	学生阅读课文，获取本文信息。	学生能够通过阅读第一段获取段落大意。	4' IW CW
	Activity 4 Ss think about the two questions "Did the people in the 17th century agree with this type of thinking? If not, what was their view towards acquiring knowledge?" and read paragraph 2 to find out the answers.		学生能够通过阅读第二段找到答案。	4' PW CW

续表

教学目标	教学活动与步骤	设计意图	效果评价	时间与互动模式
	Activity 5 Ss read paragraph 2 again to find out how the writer supports his opinion.	引导学生聚焦细节，关注作者如何用论据支撑论点。	学生能够找出支撑论点的论据。	5' PW CW
	Activity 6 Ss analyse the reason why the people in the 17th century chose to believe the wrong views rather than the facts, and then read paragraph 3 to find out the reason as well as talk about the implications.	通过让学生分析17世纪的人们宁愿继续相信错误信仰也不愿相信事实的原因，引导学生思考行为背后更深层的动机，并从第三段找到原因。	学生能够思考行为背后的深层动机。	7' PW CW
	Activity 7 Ss think about the question "What conclusion can we get from the changes of people's view of acquiring knowledge from 17th century to 21st century?"Then read paragraph 4 to find out the answer.	学生总结由过去到现在人们对于获取知识的观点的转变所得出的结论，并通过阅读第四段找到结论。	学生能够通过阅读得出结论。	5' IW CW
	Activity 8 Ss discuss the implication of the change of people's view of acquiring knowledge, and then read the last paragraph to find out the implication.	学生讨论由文章的结论可以得出的启示，并从第五段找出文本给出的启示。	学生能够通过阅读得出启示。	5' PW CW

续表

教学目标	教学活动与步骤	设计意图	效果评价	时间与互动模式
两人一组进行角色扮演，一人扮演教育家，另一人扮演采访者，在名为“人们获取知识方式的转变——从17世纪到21世纪”的论坛上对教育家进行采访。	Activity 9 Ss work in pairs, with one being an educationist, the other being an interviewer, and imagine joining a forum, and the interviewer is interviewing the educationist based on the following questions. Ss first practise in pairs, then demonstrate the interview in class. 1. What is people's view of acquiring knowledge in the 17th century, and give some examples? 2. What is people's view of acquiring knowledge now? 3. Why people's view of acquiring knowledge has changed from 17th century to 21st century? 4. What implications can we get from the changes?	学生围绕主题和所形成的新的知识结构图进行描述、阐释，进而内化信息结构图。	学生能够通过角色扮演迁移所学。	10' PW CW
第二课时				
回顾所学。	Activity 1 Ss think about and discuss the following questions: 1. Why did the writer write this passage? 2. How do I know what I'm reading is true? 3. What did you learn from this passage?	引导学生思考作者的写作意图、从语篇中学到的知识或得到的启示。	学生能够基于教师的提问回顾所学。	15' CW
表达自己是否同意文中作者的观点（获取知识与理解世界的三步骤），并说明理由。	Activity 2 Ss first think about whether they agree with the writer's view of the way we acquire knowledge and understanding or not and give reasons, and then discuss in pairs and finally share views with class.	锻炼学生的批评性思维与论证能力，学生表达自己是否同意文中作者的观点并说明理由。	学生能够表达自己的观点。	15' IW CW

续表

教学目标	教学活动与步骤	设计意图	效果评价	时间与互动模式
联系自身实际，谈论与权威观点相悖时的做法，并给出例子。	Activity 3 Ss talk about what they will do when their views are against the authorities' and give examples. They first talk to themselves, then in groups, and finally in class.	创设新情境让学生迁移课上所学，即当自己的观点与权威的观点相悖时，自己会怎么做，并举例说明。	学生能够对所学内容进行迁移。	15' IW GW CW
	Homework Ss write a passage to illustrate whether they have used the way of acquiring knowledge and understanding mentioned by the writer. Besides, write down their own ways of acquiring knowledge and understanding.			
教学设计特点及说明				
本课教学设计以问题为导向，每一项活动都给学生留下了相关的、一环扣一环的、由浅入深的问题，逐步带领学生由文本浅层解读到深入解读，引发学生思考，且整个教学过程是一个一步步生成知识的过程，每一步的生成都是基于前一步的基础进行的。				

(五) Writing Workshop

文本分析

【What】

目标写作图片 A 展示了两个男生对一瓶洒了的水的不同态度。图片底部，一个没有盖子的水瓶倒在地上，大约一半的水洒到了外面。图片左侧穿蓝绿色 T 恤衫的男生弓着背，半蜷缩着身体，右手半掩着右脸，神情沮丧地说："糟糕！什么都不剩了。"图片右侧穿着橙色 T 恤衫的男生迈着步子，将右手伸向地上的瓶子，神情轻松，略带微笑地说："哇，还剩一些。"

例文围绕图片 B 展开描写，包括基本介绍、对图片的描述、对图片中人物的分析、从图片中得出的启发四个部分。对图片的描述包括图中人物的衣着、行为、天气、所处地点，以及图片的标题"浇花时间到了"。接下来对图片中的人物的行为进行分析，他的行为是一种不经思考的惯例，没有基于实际情况。从图片中我们能得到的启发是，虽然形成惯例能够帮助我们保持条理性，但有时惯例会控制我们，让我们无视眼前的实际情况。我们需要灵活适应变化。

【Why】

通过观察、描述图 A，探索其深层含义，使我们明白面对同样的情况，不同的人会产生不同的看法，进而导致不同的行为，使读者认识到从什么样的角度看待问题取决于我们自己，以及在思考判断的基础上采取行动的重要性。

通过揭示图 B 给我们的启发，使读者明白要辩证地看待问题，要根据实际情况灵活变通。通过论述惯例的重要性以及只顾遵守惯例的后果，使读者明白如何表达自己的观点，并为观点提供论据进行论证。

【How】

全文共四个段落，包括基本介绍、对图片的描述、对图片或人物的分析、从图片中得出的启发四个部分。第一段首先进行介绍，说明第一次看到图片的感受(it seems to be just)以及再次仔细地观察后(when looking at it more closely)的感受，使用一般现在时和 when 引导的时间状语从句 when I first look at、when looking at it。

第二段对图片的内容进行描述，包括图中的人物、人物的衣着和行为、地点、环境和天气，主要使用现在进行时描述图中人物的衣着(is wearing)和动作(is carrying、is watering)，以及天气(is raining heavily)，使用一般现在时描写通过观察看到的东西(he has his back turned to us、we can see)。

第三段对图片及图中人物进行分析，首先根据图片呈现的内容，推测出结论（this implies that、probably)，再用转折词 however 连接前后分析，引出对图中人物行为的深层次分析。主要使用一般现在时描写对图片的分析和推论(this implies that、loves routines、waters his flowers、don't need extra water)，使用现在进行时描写图片中的内容(he is doing this、it is raining、he is providing、he is not seeing、is just going through)。

第四段描写了图片带来的启发，使用一般现在时(the overall message we can take from this picture is that)，使用 it is important to 和 it is important not to 两个表意相反的词组，对遵循惯例和过度遵循惯例发表看法，并使用表原因的连词 as、because 对提出的看法进行论证。使用表示否定的介词短语 rather than 以及表示否定的动词词组 make us blind to 解释说明过分遵循惯例的后果。最后一句对启发作出总结，对实际行为给出建议 we need to。

教学目标

在第一课时结束时，学生能够：

1. 提取图片中的要素，并使用现在时对图片进行描述；基于图片内容，挖掘图片的深层含义，并给出相应的理由进行论证；

2. 基于对范文的结构分析，归纳、概括出看图写作的写作大纲；

3. 辨认并归纳出范文中适用于看图写作、用于分析论证的句式和表达。

在第二课时结束时，学生能够：

1. 基于对范文结构的梳理、语言表达的归纳，列出自己的写作草稿；

2. 补充完善自评、互评表；通过自评和互评，改进自己的写作结构、内容和语言表达。

教学重难点

【教学重点】

1. 提取图片中的要素，并使用现在时对图片进行描述；基于图片内容，挖掘图片的深层含义，并给出相应的理由进行论证；

2. 基于对范文的结构分析，归纳、概括出看图写作的写作大纲；

3. 辨认并归纳出范文中适用于看图写作、用于分析论证的句式和表达。

【教学难点】

1. 通过自评和互评，改进自己的写作结构、内容和语言表达；

2. 在学习和生活中培养批判性思维，在思考和价值判断的基础上做出正确的行为选择。

教学过程

教学目标	教学活动与步骤	设计意图	效果评价	时间与互动模式
第一课时				
提取图片中的要素，并使用现在时对图片进行描述；基于图片内容，挖掘图片的深层含义，并给出相应的理由进行论证。	Activity 1 Ss look at part of the picture A, and describe what they see in the picture; then share their opinions on what the picture is trying to convey. 1. What happen to the bottle of water? How do these two boys feel? 2. What would they say about this? 3. What will they do next? 4. What lesson is this picture try to teach us?	展示目标写作图片的一部分，引发学生思考，激发学生的学习兴趣。	学生能够描述出图片的内容，能够根据图中人物的神情和动作对人物的言语和接下来的行为进行推测；并对图片蕴含的意义表达自己的观点。	5’ GW CW

续表

教学目标	教学活动与步骤	设计意图	效果评价	时间与互动模式
	Activity 2 Ss look at picture B, and describe what they see in the picture; then share their opinions on what the picture is trying to convey. 1. Where is the man? What is he doing? How's the weather? 2. What lesson do you think it tries to teach us?	学生观察并获取图B中的要素，思考图片背后的含义，为阅读范文做准备。	学生能够描述出图片的内容，并对图片蕴含的意义表达自己的观点。	3' GW CW
基于对范文的结构分析，归纳、概括出看图写作的写作大纲。	Activity 3 Ss read the sample text, and: 1. compare and contrast their understandings towards the picture and the text. 2. work out the outline of the sample text.	学生阅读范文，落实写作提纲。	学生通过阅读范文，比较自己与文章对图B的理解的异同，并梳理、整合出看图写作的提纲。	6' CW
辨认并归纳出范文中适用于看图写作、用于分析论证的句式和表达(表原因的连词)。	Activity 4 Ss read the sample article again and underline the sentence patterns and expressions of each part. 1. What sentence patterns and expressions are used in the text? 2. What tense is used to describe and comment on the picture? Can you find some examples in the text? 3. How does the writer provide reasons for the lesson he/she learns from the picture? (Using linking words: for, because, as) 4. Do you know other linking words that are helpful to enhance the coherence in the text? Can you give some examples?	学生梳理范文各部分的语言，为描述和分析图A做铺垫。	学生能够根据看图写作的不同组成部分整理出具体的语言表达方式，能够找出表示原因的连接词，并列出其他连接词。	10' PW CW

续表

教学目标	教学活动与步骤	设计意图	效果评价	时间与互动模式
根据写作提纲和梳理出的语言表达，进行单句仿写。	Activity 5 Ss based on the outline and useful description, choose the sentence patterns and expressions to write their own description about picture A.	学生基于提纲和梳理出的实用表达完成对图片 A 的简单描述和分析。	学生能够基于梳理出的实用句型和语言对图 A 进行简单描述。	6' IW
根据写作提纲和整理出的语言表达，写出写作草稿。	Activity 6 1. Ss refer to Writing Help to decide how to write their first draft. 2. Ss use the outline and the Writing Help to compose the first draft.	学生基于提纲和梳理出的实用表达，完成初稿。	学生能够进行单句仿写，并完成初稿。	15' IW
第二课时				
与教师一起拟定自评、互评表中的标准，并进行自评和互评活动。	Activity 1 1. Ss are invited to construct the assessment chart with T and learn how to do assessment with the guidance of T. 2. Ss do self and peer assessment with the help of the assessment sheets.	师生共同拟定自评、互评表，学生进一步知晓看图写作的注意事项，恰当地运用评价表，批判性地看待自己和他人的作文。	学生能够与教师一起拟定针对该写作活动的自评、互评表，并对照互评表进行评价。	15' CW
基于评价表，通过自评、同伴互评改进自己初稿的结构、内容和语言表达。	Activity 2 Ss revise the first draft based on the self-assessment and peer assessment.	学生基于自评和互评的反馈，修改写作初稿。	学生能够基于自评和互评，对初稿进行相应的修改。	15' IW
基于初稿的修改，学生完成第二稿。	Activity 3 Ss write the second draft based on the revise of the first draft.	基于对初稿结构、内容和语言的修改，学生完成第二稿写作。	学生能够基于初稿，完成第二稿写作。	15' IW
	Homework 1. Ss complete and revise their second draft. 2. Ss do the self and peer assessment of the second draft.			

续表

教学设计特点及说明
师生共建自评、互评表，充分调动学生的积极性和参与度，旨在改变教师评而学生忽视评价的局面，让学生真正成为写作的“主人”。同时，学生参与评价标准的制订，能够让学生在写作过程中更加注意写作要点，以严格的标准要求自己，促进写作在内容和形式上更加规范。

（六）Viewing Workshop

文本分析

【What】

本视频总共分为四个部分，由蒙氏向导 Rob Gueterbock 介绍了自己的从教历程和蒙氏教育的特点。Rob 是一所蒙氏学校的创始人，他表示能够让孩子们遵循兴趣学习、在实践中学习，是蒙氏教育的两个关键特点。蒙氏教育和传统教育存在一些差别，蒙氏教育中有宽泛的和详细的两套课程体系，学生能够根据自己的速度和时间规划进行学习。其次，蒙氏课堂一般都由个人或小组组成，而不是整个班级。最重要的一点是，蒙氏课堂中的学生们不是按年龄划分的，这也鼓励了学生们的合作精神而不是竞争精神。蒙氏教育倾向将“教师”称为“向导”，引导学生按照兴趣自我发展。许多具有创造力的人都曾接受过蒙氏教育。蒙氏教育可以覆盖从出生到成人的各个阶段，可以给孩子们提供真实的经历，让学生成为主动创造者。

【Why】

视频通过蒙氏向导 Rob Gueterbock 的从教历程向我们介绍了蒙氏教育的特点，并体现了蒙氏教育的优势。在观看本视频后，学生们可以将蒙氏教育与传统的教学模式进行对比，深入思考两者的异同，辩证看待不同的教育方式，促进学生形成对教育的多元理解。

【How】

本视频是一段人物采访，通过蒙氏向导 Rob Gueterbock 向我们介绍了蒙氏教育。

在第一部分，Rob 表示自己已经从事教育行业七年，并于去年和同事一起在布莱顿海边创办了一所蒙氏学校——蒙氏小镇（The Montessori Place）。促使他成为一名蒙氏向导的原因有两个：首先，他对人的成长之旅（complex、walking、talking）感到着迷(is fascinated by)；其次，看着孩子们独立实践（working）、团队合作(functioning as a community)是一件美好的事情。通过 Rob 对自身经历的介绍，我们可以了解到一位蒙氏教育工作者真实的心声和感受，更直观地了解蒙氏教育。

在第二部分，Rob 介绍了 Maria 的教学理念。孩子们天生具有求知欲(they want to learn)，他们想要探索周围的世界(they want to explore the world around them)。他们不总想学习我们告知他们的东西(they don’t always want to learn what we want to tell them)。当孩子们遵循自己的兴趣时，他们学得最好(Children learn best when they’re following their own interests.)。不是通过听和说来学习，而是通过实践进行学习(We learn by doing, not by listening, not so much by talking.)；能够让孩子们遵循兴趣学习、在实践中学习，是蒙氏教育的两个关键特点。

第三部分介绍了蒙氏教育和传统教学的区别。蒙氏教育中有宽泛的和详细的两套课程体系，学生能够根据自己的速度和时间规划进行学习(Children experience learning at their own pace.)。其次，蒙氏课堂一般都由个人或小组组成(Lessons tend to be individual or in small groups.)，而不是整个班级。最重要的一点，蒙氏课堂中的学生们不是按年龄划分的(children learn in mixed-age communities)，这也鼓励了学生们的合作精神(value cooperation)而不是竞争精神。蒙氏教育倾向将“教师”(teacher)称为“向导”(guide)，引导学生按照兴趣自我发展。通过二者的异同比较，可以引发人们对于不同教育方法的思考。

最后一部分表示，许多具有创造力的人都是接受过蒙氏教育的，比如谷歌、亚马逊的创建者，他们认为自己成功的一大部分原因来自早期的这种学习经历。蒙氏教育可以覆盖从出生到成人的各个阶段，可以给孩子提供真实的经历，让学生成为主动创造者。运用实例，证明蒙氏教育的优势，具有说服力。

视频中多次使用 first、secondly 等表示顺序的词，结构鲜明、条理清晰地表达了被采访者的观点，也很好地证实了蒙氏教育的优势。

教学目标

在本课结束时，学生能够：

1. 根据访谈内容总结出蒙氏教育的特点；
2. 分析总结蒙氏教育和传统教育的异同并在访谈中找出依据；
3. 获取、梳理访谈内容的主要信息，形成信息结构图，并能够依靠信息结构图和顺序词条理清晰地向他人介绍蒙氏教育；
4. 思考：你愿意接受蒙氏教育吗？结合所学内容表达观点。

教学重难点

【教学重点】

1. 掌握访谈的大概内容，能够运用视频中出现的关键词，理解长难句含义；
2. 根据访谈内容总结出蒙氏教育的特点；
3. 分析总结蒙氏教育和传统教育的异同并在访谈中找出依据。

【教学难点】

1. 获取、梳理访谈内容的主要信息，形成信息结构图；
2. 能够依靠信息结构图向他人介绍蒙氏教育；
3. 思考：你愿意接受蒙氏教育吗？结合所学内容表达观点。

教学过程

教学目标	教学活动与步骤	设计意图	效果评价	时间与互动模式
根据访谈内容总结出蒙氏教育的特点。	Lead-in Look at the pictures taken in two different schools: 1. What are the differences? 2. Which one do you like? Why? T writes Ss' answers on the blackboard.	引入视听课话题，激发学生兴趣，引起学生的主动思考，更好地导入主题。	学生能够通过观察图片激活已知。	3' IW
	Activity 1 Ss watch part 1 of the video and conclude the main idea. Complete the information of Activity 2 on page 42. Ss share the answers with their partner.	分段赏析视听内容，让学生对视听主题有直观体验，以意义单元展开学习，减轻学生压力。检验学生对于关键信息的获取程度。	学生能够通过观看视频抓取其中关键信息。	5' PW
分析总结蒙氏教育和传统教育的异同并在访谈中找出依据。	Activity 2 Watch part 2 of the video and conclude the main idea. Write T (true) or F (false) to finish Activity 3. T adds more information about Maria Montessori from Reading Club 2.	介绍蒙氏教育的特点，检验学生对于视听内容的掌握程度。补充 Reading Club 2 中关于 Maria Montessori 的介绍，拓宽学生的背景知识。	学生能够获取视频第二部分的主要信息。	5' IW
	Activity 3 Discuss in a group of four. 1. What do the Ss and teachers do in a Montessori classroom? 2. What about in the traditional classroom?	通过前两段的学习预测接下来的内容，激发学生兴趣，引导学生主动思考，锻炼团队协作能力。	学生能够基于前面观看的视频预测接下来的内容。	5' GW
	Activity 4 Ss watch part 3 of the video and conclude the main idea. Finish Activity 4 on page 42. T checks the results with Ss' answers on the blackboard and adds more information about the drawback of Montessori Education.	检验预测，对蒙氏教育的特点进行更加深入的介绍。	学生能够掌握视频中呈现的关键信息。	10' IW

续表

教学目标	教学活动与步骤	设计意图	效果评价	时间与互动模式
	Activity 5 Ss watch part 4 of the video and conclude the main idea. Then have a group discussion: 1. What stages of education can the Montessori Method be applied on? 2. What does Rob mean by "If we give children active toys, then we end up with passive children"?	观看视频第四部分内容，获取主要信息。	学生能够掌握第四部分视频内容的语言表达。	5' GW
梳理访谈内容的主要信息，形成信息结构图，并能够依靠信息结构图和顺序词条理清晰地向他人介绍蒙氏教育。	Activity 6 Ss write the outline of the video and discuss in a group of four. T writes the outline of the video on the blackboard. Ss use the outline to introduce Montessori Education to others.	回顾视听内容，梳理、划分结构，让学生对视听内容有更加清晰的理解。	学生能够通过表达传递视频中的主要信息并灵活运用相关表达。	5' GW CW
结合所学内容表达观点。	Activity 7 Ss think about the following questions and discuss in a group of four. *Would you like to be educated with the Montessori Method? Why or why not?*	充分发挥学生主观能动性，调动学生的批判性思维，体现迁移创新。	学生能够基于所学表达自己的观点。	7' GW CW
	Homework Write a short passage on the following topic: Would you like to be educated with the Montessori Method? Why or why not?			

教学设计特点及说明
本节视听教学以学生为中心，教师引导学生将视听内容同自身实际生活相联系。通过这样的形式，加深了学生对教育方法的多元理解，促进学生批判性思考。同时，在教学过程中设计了大量的小组讨论。学生通过小组研讨等形式交流、总结答案，通过这种形式启发学生各抒己见，加强团队合作解决问题的能力。教学结合单元背景，并不孤立，对学生学习整个单元起到了承前启后的作用。

五、教学反思

（一）

在对“Enlightening a Mind”一课进行说课和微格教学展示后，我对这一课的教学设计有了更多思考。

说课时，老师指出我的文本分析存在问题。“what”部分应当简要概括文章内容，详略得当，而不是详尽翻译。应当抓住语篇重点的故事情节描述阐释，总结主旨。文本分析的“how”部分应当注重语篇细节的梳理，在梳理语篇意义的同时，也要关注语言特征，思考两者之间的联系。

教学目标应当更贴近学生的实际生活，原教学设计计划让学生以角色扮演的形式对 Sullivan 老师进行采访，但实际意义并不大，于是改为让学生“描述对你影响最深的一位老师，结合自身经历谈谈他/她给你带来的影响或改变”。

微格教学展示后，老师指出，对文章标题的解读不一定要放在最前面，可以先让学生对文章内容有了初步的体验后再去探究题目意义，从经验导入，加深理解。在处理文章标题中的生词时，可以从词根词缀的角度展开讲解，但最好不要把意义单元拆分，变成孤立的词汇。要一边创设情境一边开展语言知识的教学。

归纳信息填写表格的阅读活动过于理性，不利于学生对文章情感态度的直观感受，可以在开头播放简短的电影片段，促进学生对内容的理解。

设置的问题偏向概念化，学生不易于直接带入经验。比如问题“What qualities do you think Helen showed in the story? ”可以改变为“What kind of girl is she?”这样就更加直接，利于学生直观感受和思考。

课后作业中语言知识点的要求为学生的迁移创新设限，应当侧重内容，用更加自然的方式关联语言知识和内容。语法功能要探索，但是应该更加深入，与文本相结合，而不是单纯以练习的方式呈现。

刘颀

（二）

由我进行说课的内容是 Lesson 4，看图写作。乍一看，这一课的主题意义似乎和整个单元的主题联系不太密切，甚至范文和目标写作图片之间也没有必然联系。范文所描写的图片 B 启发人们不要拘泥于固定思维，目标写作图片 A 则是积极想法与消极想法的对比。对本课主题的提炼还是采取“先总后分”的方式，即先分析其他语篇主题并提炼出单元主题，再将本课置于整个单元的主题和大观念中，思考本课在单元中的地位和作用。通过这样“由大见小”的方式，分析得出该写作课的主题是：强调批判性思维在学习中的重要作用。在认识教育、知晓教师的引导作用后，让学生进一步明白批判性思维在学习中的重要性。

在提炼出本课的主题后，下一步要紧扣主题进行备课。看图写作课首先要对示例图片及范文进行分析，即图片的内容、图片蕴含的意义，以及范文的结构和内容。在进行课堂活动设计时，我认为这样的写作课比较常规，只需要按步骤进行处理。但在进行微格教学后，有老师给我提出了宝贵的建议。她指出，这类看图写作课，在呈现图片让学生进行观察时，可以分步、分重点进行展示，并设计层层递进的问题引导学生思考，例如本课中的目标写作图 A，可以先遮住图中的对话框，让学生把注意力集中于对图片细节的观察：1. 发生了什么事情？两个男孩对此有什么反应和态度？2. 猜一猜两个男生会说些什么？3. 根据图片信息，推测两个男孩下一步会有什么行动？4. 该图片给了我们什么启发？比起直接呈现完整的图片，这样部分遮盖后的图片更能吸引学生的注意力，引发学生进行深层思考。

张琳

（三）

我讲解的是第二个阅读语篇。在进行这一课的教学设计时，我首先从学生自身的经验入手，询问他们平时遇到不理解的事情会怎么做，以及科学家们遇到不理解的事情会怎么做，以这两个问题导入。之后我采取分段阅读教学的方式，在学生阅读每一个段落前都留了问题或填表的任务，让学生带着任务阅读，以梳理与获取文中的关键信息，这些问题环环相扣、由浅入深，逐步带领学生生成完整的信息结构图。之后设计采访活动让学生内化本文的信息结构。

接着在第二课时，我让学生思考并讨论作者的写作意图，总结从语篇中学到的知识或得到的启示，之后学生思考并表达自己是否同意文中作者的观点并说明理由，锻炼学生的批判性思维与论证能力，最后学生联系自身实际，谈论与权威观点相悖时的做法，并举例说明，内化和迁移课上所学。作业是写下自己是否有用过文中描述的获取知识的方法，并举例说明，同时写下自己获取知识的方法，通过学生的写作情况来判断他们是否已经可以迁移课上所学。

钟权

（四）

我负责第二课的内容。拿到文本后，我首先对文本进行分析，从 what、how、why 三个方面对材料进行解读。基于文本分析，我开始设计具体的教学目标和教学步骤，这是课堂中最为主要的环节。总体来说，本课按照两课时设计，每一课时设定了三个切实可行的小目标，并在英语学习活动观的指引下设计了层次分明的教学活动。在终稿前，听力课教学设计经历了初稿、说课和微格等过程的反复修改和打磨。在这一过程中，我不断思考和精进，在反思中打磨课程。

1. 在时间管理方面，作为老师要让每一分钟都过得值得，教学设计初稿中存在大量视频内容，占用了大量课堂时间，需要重新考虑是否必要。基于此，我对初稿中的视频进行了删减，只保留真正必要的内容。

2. 在课堂主体方面，课堂是学生展示的空间而非教师发挥的舞台。在前几次教学中，我在课堂上占据了主导，忽略了学生才是课堂的主体。在修改教学过程中，我逐渐学会放手，预留出更多学生发言的空间，让学生真正参与进来。

3. 在课堂引入方面，引入方式要充分激发学生的已有知识。初稿的引入活动是通过视频等方式间接引入，且提出的问题并不直接，这不仅没有激发学生的已有知识，也没有引起学生的兴趣。基于此，我增加了引入环节的趣味性，在课程伊始就激发学生对这一话题的已有知识，这使得后面的课堂能够让学生带着兴趣在已有知识上继续建构。

4. 在课堂活动方面，活动的设计要考虑学生是否需要此活动。初稿的活动设计有很多是围绕视频方式展开以期引发学生思考，而其他不占用太多课堂时间的活动也能达到同样效果。经过修改，我秉持着更加贴合学生实际生活、学生真正需要的原则和理念，将旧有的“表达阐述”等活动移到了新的真实生活场景中，如演讲展示、“国际教育日”视频录制、“自己想要成为的人”等，让学生在更加真实的场景中应用实践和迁移创新。

5. 在听力铺垫方面，学生在学习听力过程中会遇到一些困难，如听完后面就忘记前面提到的内容，或者根本无法通过听去识别已知词汇等。针对这些困难，首先最基本的就是要在听力之前先铺垫好词汇，再让学生去听。

6. 在听力方法方面，对于较长文本，要分段听，带着问题听，然后通过问听力材料中的主人公是谁、遇到了什么困难、如果是自己会如何做等问题，自然地引入本篇听力文本，勾起学生不断探索的兴趣和欲望，也能降低听力难度。

最后我想谈谈经过学习，我对于英语教学的感悟。

1. 英语教学无固定之法，从学生出发便是最好的。我曾想要找到一种偏于固定的模式，希望这种模式学生能够长久喜欢、适应，但是在实际教学过程中，并没有找到一个固定的模式套用在每一节课上。起初我以为是自己探索和实践的时间不够多，但通过这次实践，我发现是我之前的错误理念让我陷入这样无谓的探索中。教授语言没有一个最好的方式，如果一定有一个固定的教学方法，那一定是从学生的实际情况出发，结合他们的学习水平和学习风格设计课堂。

2. 英语课堂的设计不是一劳永逸的过程，而是一个不断向前探索的过程。或许没有哪一节英语课可以成为完美的典范，但是每一节课都有它可圈可点之处，这也是英语教学设计的魅力所在。作为英语教师，每一次对课程的打磨都在向极致迈出。面对每一届不同的学生，我们需要对自己的课堂进行重新打磨和设计，所以语言教学课程应该是常上常新的。

3.“成功的教学取决于教师的不断学习、探索、思考和理解，而不存在于某种特定的教学方法。"课上老师的这句话让我深有感触，一名好老师的评价标准有很多，我们可以成为那名对学生和自己负责、不断学习和思考的老师。在学习的路上，我们有亲密的战友和先进理念的指引，相信我们会不断进步，不给自己和学生留下遗憾。

朱佩琦

案例四：选择性必修二 Unit 6 The Media

团队成员(按姓氏拼音排序)：李闵君　孟金萱　邵浩博　苏杭

一、单元整体教学内容分析

围绕单元主题“媒体”，本单元共有九个组成部分。

在 Topic Talk 中，学生将讨论媒体的类型、功能和优缺点，由此构建对媒体的基本认知。

在 Lesson 1 阅读语篇 From Page to Screen 中，学生将会读到影视改编所面临的挑战，具体表现为作品原著和改编电影两者之间的差异，以及改编过程当中会出现的种种问题。

在 Lesson 2 中，学生将会了解到媒体的发展变迁及其社会影响，重点体现在互联网对传统媒体的影响及其对语言使用的影响上。

在 Lesson 3 中，学生将会了解到广告的类别以及广告业的发展历程，重点探讨广告行业发展的推动力，认识到广告行业的发展不仅要注重经济效益，同时也要注重社会效益。

在 Writing Workshop 中，学生将阅读电影《美女与野兽》的影评，其内容包括电影基本信息介绍、情节梳理、优点与不足、整体评价等。

在 Viewing Workshop 中，学生将通过访谈了解到数字广告在亚洲崛起的原因及其具体发展情况，学习程序化广告的概念及其运作机制。

在 Reading Club 1 中，学生将了解到新旧媒体发展的事实与数据。

在 Reading Club 2 中，学生通过阅读一对母子间的信件往来，讨论线上社交带来的问题。

在单元 Project 中，学生将制作一部影视改编作品的剪贴簿，需要学生在各种媒介上搜索改编电影的相关信息，整合收集到的信息，丰富剪贴簿的内容。

二、基于大观念的单元内容结构图

基于本单元的具体内容，可以概括出以下三个小观念：

1. Lesson 2、Reading Club 1 和 Reading Club 2 主要探讨媒体对个人及社会的影响，三者一起构成“认识媒体发展历程、媒体对个人和社会的影响”的小观念；

2. Lesson 3 和 Viewing Workshop 以广告为例，告诉学生们要“批判地看待媒体所传递的信息”；

3. Lesson 1 和 Writing Workshop 都围绕主题“电影”展开，两者以电影为例，希望学生“探究媒体所承载的具体信息”。

综合上述三个小观念，本单元的大观念可以提炼为“客观看待各种媒体的优点和局限性，正确处理人与媒体之间的关系，在各类媒体的不断更迭中保持清醒的头脑”。

三、基于大观念的单元总体教学目标

通过本单元的学习，学生能够：

1. 认识媒体的发展历程、媒体对个人和社会的影响
- 描述媒体的种类和功能，谈论媒体的优缺点；
- 介绍近年来媒体的发展与变迁、阐释网络媒体对传统媒体和大众交流的影响，论证不同媒体的优缺点；
- 批判性评价媒体的更迭，论述手机社交对亲子沟通的负面影响并提出解决方案。

2. 以广告为例，批判性看待媒体传递的信息
- 描述商业广告和公益广告的特点和目的，介绍广告业的发展历程，批判性评价广告传递的信息；
- 分析数字广告的运作机制，总结其在亚洲崛起的原因，推断其带来的好处和存在的弊端。

3. 以电影为例，探究媒体所承载的具体信息
- 总结并阐释影视改编面临的挑战，以此为依据评价一部影视改编作品；
- 分析、总结影评范本的结构和其中可借鉴的语言，撰写一篇影评，分享一部自己喜欢的电影；
- 制作关于一部影视改编作品的剪贴簿，并以小组展示、广告、访谈、影评等形式与同学分享。

综上所述，在学习完本单元后，学生能够阐释不同媒体的特点功能和影响，分析各类媒体的优点和局限性，对如何理性看待媒体传递的信息，合理利用媒体提出可行的建议。

四、各课教学设计

(一)Topic Talk

文本分析

【What】

本课的第一个语篇为 Ann 与 Mark 的对话。Ann 向 Mark 询问了他最喜欢的媒体类型，而 Mark 因为每天都大量使用各种媒体，并没有最喜欢的媒体。上午，Mark 会听电台广播，它可以帮助人们了解交通、天气、经济、政治、娱乐等方面的信息。下午，Mark 会使用网络获取最前沿的新闻，网络还提供了主题广泛的信息，从文学艺术到科技都有所囊括。到了晚上，Mark 则会和家人一起观看电视或电影享受生活。Mark 也提到，媒体有优点，也存在缺点。媒体传递的信息十分多元，人们难以判断什么信息是正确的、可以相信的。因此，对媒体传播的信息进行解读和评判对我们来说十分重要。但与此同时，媒体也让我们知道了世界上正在发生什么，我们也就可以对发现的社会问题进行改进。

本课的第二个语篇为 Anna 与 Ben 的对话。Anna 询问关于 Ben 使用互联网的情况。Ben 每天都使用互联网，可以用于辅助学习，搜索学习相关的内容、了解人们对复杂问题的不同看法，也可以用于观看体育赛事。Anna 也很喜欢使用互联网，但她更偏好报纸、杂志、广播等传统媒体。随后，Ben 向 Anna 介绍了报刊网站、电子杂志、线上广播等网络媒体，两人都对互联网的便捷发出了感叹。

【How】

第一个语篇分为三个语义群。第一个义群(1～7 行)，Mark 介绍了自己一天中使用不同媒体的情况。第二个义群(8～11 行)介绍了各种媒体的功能。第三个义群(12～22 行)介绍了媒体的优缺点，其中第 14～18 行介绍了媒体的缺点，第 19～22 行介绍了优点。三个义群的衔接通过 Ann 的发问及评价实现，Ann 先询问 Mark 最喜欢的媒体，由此引出第一部分；随后，Ann 点评 Mark 一天不同时间使用的不同媒体，引出第二部分；在了解了媒体的功能后，Ann 询问 Mark 对于媒体的看法，由此引出第三部分。

第二个语篇分为两个语义群。第一个义群(1～5 行)，Ben 介绍了自己使用互联网的情况。第二个义群(6～14 行)中，Anna 表示了自己对传统媒体的偏好，于是 Ben 向她介绍了与传统媒体功能类似的网络媒体。

【Why】

第一个语篇中，作者借助Mark的口吻，介绍了我们日常生活中会接触到的媒体及其功能，并对媒体的优缺点进行了解释，希望学生在学习完本材料后能够对媒体的类型和功能形成基本的认知，并能够认识到媒体给人类带来便利的同时，其传递的各类信息并非全部都是正确的，需要从客观批判的角度看待。

第二个语篇中，作者借助Ben的口吻，介绍了互联网给人们生活带来的便捷以及网络媒体的功能，希望学生在学习完本材料后能够对互联网的功能有更加深入的了解。

教学目标

在本课结束时，学生能够：

1. 识别生活中不同类型的媒体，讲述自己使用媒体的情况，并介绍各类媒体的功能；

2. 以网络媒体为例，谈论自己使用媒体的情况及其优缺点；

3. 以小组为单位，结合生活实例，介绍某一类媒体的优点和缺点；

4. 描写各种媒体的优缺点，并在和同伴的交流中完善写作内容。

教学重难点

【教学重点】

识别不同类型的媒体，学会讲述日常生活中媒体的使用情况及功能。

【教学难点】

谈论自己使用媒体的情况，并撰写一个段落评价媒体的优缺点。

教学过程

教学目标	教学活动与步骤	设计意图	效果评价	时间与互动模式
识别生活中不同类型的媒体，讲述自己使用媒体的情况，并介绍媒体的功能。	Activity 1 Ss talk about the questions with their partners and give examples, then share in class. 1. What kind of media do you use often? 2. What do you use each one for?	学生基于插图，借助生活经验，谈论自己使用过的媒体以及用途，激活对话题的兴趣。	学生能够谈论一些媒体及其用途。	5' PW CW

续表

教学目标	教学活动与步骤	设计意图	效果评价	时间与互动模式
	Activity 2 Ss read the Text Builder, and then listen to the tape and underline what they hear in four steps: 1. choice of information 2. functions of media 3. disadvantages 4. advantages After each step, T asks Ss about the information they heard: 1. What does Mark do with media every day? 2. What's the function of the radio? What about the Internet? 3. What does Mark say about the disadvantages of media? 4. What does Mark say about the advantages of media?	学生先分步骤阅读材料，熟悉媒体的类型、功能以及优缺点，然后听相对应的部分。	学生能够抓取听力中的关键信息，并找出四方面内容。	8' IW CW
	Activity 3 Ss use the Text Builder to talk about the media they use in life and the functions of the media with their partners.	学生运用 Text Builder 的前两部分，谈论他们使用媒体的情况及其功能。	学生能够借助 Text Builder 表达自己的观点。	6' PW CW
以网络媒体为例，谈论自己使用媒体的情况及其优缺点。	Activity 4 Ss listen to the dialogue, and note down: 1. what Ben uses the Internet for; 2. what media Anna prefers; 3. what we can do with the Internet.	在谈论自己使用媒体的情况后，学生听录音了解 Ben 和 Anna 使用互联网的情况，了解互联网的功能。	学生能够抓取对话中的关键信息。	7' GW CW
	Activity 5 Ss talk about their experiences of using online media and the advantages and disadvantages of them with their partners, then share in class.	基于听力材料，学生谈论自己使用互联网的体验及其优缺点。	学生能够谈论自己使用互联网的体验及其优缺点。	4' PW CW

续表

教学目标	教学活动与步骤	设计意图	效果评价	时间与互动模式
结合生活实例，介绍某一类媒体的优点和缺点。	Activity 6 In groups of four, Ss discuss on the advantages and disadvantages of one media mentioned in class.	学生以小组为单位讨论媒体的优缺点，为自主写作进行铺垫。	学生能够讨论媒体的优缺点。	7' GW CW
描写各种媒体的优缺点，并在和同伴的交流中完善写作的内容。	Activity 7 Ss write a short paragraph about the advantages and disadvantages of one type of media, share in groups of four and then revise their writings.	学生基于小组讨论和班内分享，结合自身感受，描写媒体的优缺点，并通过小组分享修改自己的写作。	学生能够描写媒体的优缺点。	8' IW GW CW
	Homework Finish the short passage about the advantages and disadvantages of the type of media you have talked about in class.			
教学设计特点及说明				
本课作为本单元的第一课时，需要帮助学生建立对媒体的基本认识，以及批判看待各种媒体的视角。因此，本课从学生的生活入手，先邀请学生谈论生活中使用不同媒体的情况，然后通过听力材料1补充信息，提供相关语言的输入。在分步完成听力后，学生运用 Text Builder 中给出的语言结构简要谈论自己使用媒体的情况，内化语言知识。随后，通过听力材料2了解互联网以及网络媒体的功能，基于此谈论自己对互联网及网络媒体的感受，引出对各种媒体优缺点的探讨。基于这一部分，学生在随后的小组讨论中可以迁移到对其他媒体优缺点的探讨中。最终，学生可以根据前一阶段小组讨论的成果及板书，自行描写对媒体优缺点的看法，并在小组交流中完善自己的看法。				

(二)Lesson 1

文本分析

【What】

本文介绍了文学作品原著与衍生电影之间的联系以及改编过程中会遇到的困难。和人们的想象不同，原著的质量和衍生电影的成功程度没有直接关联。一部电影可能改编自虚拟故事，例如经典小说、短篇故事、漫画书、舞台剧，也可能改编自纪实文学，例如人物传记和自传。

尽管各种蓝本都可以被改编成电影，但许多改编电影却饱受诟病，其最核心的问题在于电影的改编程度。由于电影的时长限制和编剧的二次创作，改编电影有时会给观众带来 the film is not like the book 的不良体验。另一个问题在于选角。一旦选角和读者们心中原有的形象不符，电影的改编就很可能失败。除此之外，由于技术限制，有的书也难以改编成电影，但得益于电脑生成图像技术，像 *The Life of Pi* 也被搬上了荧幕。人们或许会寄希望于作家亲自创作改编电影的剧本，但实际上作家们对原著过于熟悉，并不适合担任编剧，有的作家甚至对将自己的作品改编为电影一事感到反感，J. D. Salinger 就是一个例子。

尽管将书改编成电影困难重重，也有一些电影取得了成功，例如 *Jaws*、*Harry Potter*、*The Lord of the Rings*，以及 *James Bond* 系列电影。

【How】

本文为总—分—总结构，前两段介绍了 From Page to Screen 的背景，陈述了改编电影和其原著之间的关系，列举了改编电影的蓝本类型。基于背景信息，作者提出两个问题“Why do many adaptations and indeed remakes fail with both cinema audiences and critics?”和“Why do some adaptations get lower ratings than others?”。在随后的四段中，作者通过列举事实，从改编程度、演员选择、技术限制、剧本改编四个角度解释了改编电影的难处。在最后一段中，作者指出，尽管改编电影面临重重挑战，但也有一些电影取得了成功。本文主要使用了一般现在时表达作者的观点和对事实的论述。在论述中，作者还列举事例，帮助读者理解。

【Why】

作者希望学生在读完本文后，能够对影视改编所面临的困难有所了解，用客观的眼光看待电影和原著之间的关系以及电影存在的局限性，在观看改编影视作品时运用本文提到的不同方面对其进行鉴赏，并运用事实佐证自己的论述。

教学目标

在第一课时结束时，学生能够：

1. 获取、梳理影视改编的相关背景，包括影视改编和原著之间的关联以及影视改编有哪些蓝本；

2. 获取、梳理文中提到的四个影视改编面临的挑战，以小组为单位制作思维导图，记录作者论述的依据。运用思维导图描述影视改编的背景知识及其面临的挑战。

在第二课时结束时，学生能够：

1. 梳理、概括作者对影视改编的看法，对作者提出的四个挑战表达自己的见解，结合小说和电影实例谈论阅读和观影有何不同；

2. 和同伴分享自己带来的电影，包括基本信息以及和原著之间的不同，谈论书和电影相比各有什么优点和不足。

教学重难点

【教学重点】

学生能够梳理改编影视作品和文学作品之间的关联，解读标题含义，梳理、阐释影视改编面临的四个挑战，制作思维导图，并发表自己的看法，对挑战进行评价。

【教学难点】

学生能够和同伴分享自己带来的电影，包括基本信息以及和原著之间的不同，谈论书和电影各有什么优点和不足。

教学过程

教学目标	教学活动与步骤	设计意图	效果评价	时间与互动模式
第一课时				
获取、梳理影视改编的相关背景，包括影视改编和原著之间的关联以及影视改编有哪些蓝本。	Activity 1 T presents a picture of the little mermaid and ask Ss to think who she is and where she is from. Then Ss think about the two questions and share with classmates: 1. Have you ever watched a film that is adapted from a book? 2. Which one do you think is better, the original book or the film made from it? Why?	利用小美人鱼图片引起学生兴趣，引导学生回顾生活经验，为学习影视改编进行铺垫。	学生能够基于已知分享自己的看法。	2' IW CW
	Activity 2 Ss look at the title, guess the meaning of "page" and "screen" and share in class.	猜测标题含义，引出课文要谈论的两个主体——纸书和屏幕。	学生能够与同伴讨论自己对标题的理解。	2' IW CW
	Activity 3 Ss read paragraph 1 and find out the author's opinion about the relationship between book and film. Then, Ss watch a short cut (3 mins) of a film, and share their feelings in class.	梳理作者对书和电影之间关联的看法，通过影视片段加深对作者论述的理解。	学生能够注意到好书和好电影之间没有必然联系。	6' IW CW
	Activity 4 Ss read paragraph 2 and find out what sources of material film adaption has. Then share with their partner and then share in class. T takes notes on the blackboard.	基于影视改编的蓝本类型，完成对影视改编背景的梳理。	学生能够梳理影视改编的背景。	3' PW CW

续表

教学目标	教学活动与步骤	设计意图	效果评价	时间与互动模式
	Activity 5 Ss predict what problems film adaptation is facing. Then share in class.	基于作者提出的两个问题进行推测，与生活经验结合。	学生能够预测影视改编面临的问题。	2' IW CW
获取、梳理文中提到的四个影视改编面临的挑战，以小组为单位制作思维导图，记录作者论述的依据。运用思维导图描述影视改编的背景知识及其面临的挑战。	Activity 6 In groups of four, Ss read paragraphs 3-6, find out the challenges and provide some evidences. Use a mind map to record what they found.	学生合作，阅读、概括每个段落所提到的问题，找到证据通过小组合作互相补充、完善。	学生能够找出影视改编面临的挑战。	15' GW
	Activity 7 Ss read a few sentences and think of the meaning of "it" in each case. Then discuss with their partner.	学生学习本课的语法知识，为语言输出做铺垫。	学生能够找出 it 的含义。	3' PW
	Activity 8 Ss use the mind map to introduce film adaptation to their classmates.	基于对语言和内容两方面的学习，进行输出和表达。	学生能够结合例子介绍改编的影视作品。	7' CW
第二课时				
梳理、概括作者对影视改编的看法，对作者提出的四个挑战表达自己的见解，结合小说和电影实例谈论阅读和观影有何不同。	Activity 1 Ss talk about the four challenges in groups and predict the author's opinion towards film adaptation. Then share in class.	基于前一课时所学，推测作者对影视改编的看法，为阅读最后一段做铺垫。	学生能够基于上一课时所学推测作者的看法。	3' GW CW
	Activity 2 Ss read paragraph 7, find out the main idea and the good movies nominated by the author, and then share in class.	梳理作者提出的好电影，提炼作者对电影改编抱有积极态度。	学生能够获取段落大意。	3' IW CW
	Activity 3 Ss think of the following questions and share with their partner: 1. Have you ever watched any of the films recommended by the author? 2. How do you feel about the films and their original works? Which one do you prefer?	基于作者最终的总结，学生回顾生活经验，谈论自己的想法。	学生能够基于问题表达自己的观点。	3' PW CW

续表

教学目标	教学活动与步骤	设计意图	效果评价	时间与互动模式
	Activity 4 Ss share their opinions of the challenges mentioned in the passage: 1. Among the challenges film adaptation is facing, what challenge do you agree the most? Why? 2. What other challenges can you think of?	学生对本课所学的影视改编所面临的挑战进行评价。	学生能够对影视改编面临的挑战进行评价。	3' PW CW
	Activity 5 Ss watched a video cut from a film adapted by a novel, then discuss in pairs. T invites some Ss to share their ideas in class.	观看影片，谈论阅读小说和观看影片的不同感受。	学生能够谈论观看影片后的感受。	6' PW CW
	Activity 6 Ss read a short paragraph of the novel and then discuss with their partners about how they feel about reading the novel. Then share in class.	基于观影，阅读对应片段，讨论自己阅读小说的感想，比较异同。	学生能够基于观影和阅读的片段，比较异同。	5' PW CW
和同伴分享自己带来的电影，包括基本信息以及和原著之间的不同，谈论书和电影相比各有什么优点和不足。	Activity 7 Ss work individually to prepare their movie sharing, including the differences between the movie and the original work and their opinion about the adaptation, then share in groups, finally share in class.	学生根据本课所学，分析自己带来的电影，准备向同组同学及全班同学介绍。	学生能够从情节改编、演员选择等方面介绍自己带来的电影。	12' IW GW CW
	Activity 8 Ss discuss with their partners about in what ways books are better than films and in what ways films are better than books, then share in class.	学生结合本课所学以及自身体会，谈论书和电影各自存在的优势和不足。	学生能够谈论书和电影各自的优势和不足。	5' PW CW

教学设计特点及说明
本课主题为影视改编，是学生比较陌生的领域。学生需要从“观影者”的视角转换到“影评者”的视角，了解电影创作面临的困难。尽管作者对待影视作品的态度较为消极，但教师会引导学生批判性地思考自己是否认同作者的论述，并结合生活实例，发掘书籍和电影各自的优缺点。经过第一课时的学习，学生已经对影视改编所面临的困境有所了解，在第二课时前，教师要求学生准备一部自己看过的影视改编作品，并收集相关资料。在第二课时，教师将通过小说和电影片段的

续表

教学设计特点及说明
对比，帮助学生加深对文字和电影优缺点的感知，基于体验，学生就课文提到的几个方面和同伴分享自己带来的影视改编，最终完成本课的任务“评述一部影视改编作品的优缺点”。学生能够内化如何分析一部影视改编作品的知识，并运用到其他场合。

（三）Lesson 2

本课为听说课，属于“认识媒体的发展历程、对个人和社会的影响”这一小观念。按照调整后的教学顺序，安排在第二和第三课时。

学生在第一课时学习了 Topic Talk 的内容后，已经形成了对媒体的初步认识，掌握了相关的语言知识，能够描述媒体的种类和功能，谈论媒体的优缺点。通过本课的学习，学生可巩固运用第一节课所学知识，介绍近年来媒体的发展与变迁、阐释网络媒体对传统媒体和大众交流的影响，论证不同媒体的优缺点。

文本分析

6.3

【What】

本文是关于探讨媒体的发展变迁及其社会影响的访谈节目，主持人提出三个与媒体相关的问题，专家表达个人意见并引用不同事实支撑观点。

针对第一个问题“互联网是否影响了以新闻为代表的传统媒体?”，专家认为互联网对新闻的创作影响巨大。以前，报纸编辑决定新闻内容并报道；现在，任何人都可以用手机录制视频并上传到网上，传播到世界各地。为此，大型媒体公司不断倒闭，一些直击现场的网站崛起。

针对第二个问题“互联网如何改变人们使用语言的方式?”，专家认为互联网的发展也衍生了许多新词汇，而且使媒体更具互动性。媒体由过去的单向传播变为现在的双向对话，任何人都可以交流思想。

针对第三个问题“人们未来还会读报纸吗?”，专家表示，近年来报纸读者持续流失，而且广告公司大多转战互联网，对报纸的投资随之减少，这都让报业今后的生存举步维艰。

【Why】

通过本篇文章的学习，学生可以了解互联网如何影响传统媒体和大众沟通的方式、传统媒体的未来发展趋势，从而思考媒体变迁给自己的生活以及社会带来的影响；同时学生还可以学会辨别他人所述的事实与观点，批判性看待不同媒体的优缺点，并以事实为依据，合理论证个人观点。

【How】

本文是一篇访谈稿，语篇结构大致可分为“问题—回答(观点+事实)”。对话内容可分为三部分，分别为有关媒体的三个问题以及专家的回应。

专家针对每一个问题都提出了自己的观点并给予事实支撑。其中表明个人观点的关键词组有 I believe、in my opinion 等。在阐述事实时，专家主要采用了表示今昔对比的词组，如 in the past 和 but now、used to be a one-way process 和 now it's much more like a dialogue 等，并列举原因，如 This has occurred for several reasons…、firstly、secondly 等方式来佐证观点。

6.4

【What】

本文是关于三十年前人们如何关注新闻的对话。

长者首先为少年讲述三十年前大部分家庭都会在晚饭后围坐在电视机前一起看新闻。随着少年追问一家人都看同样的新闻节目是否因为其兴趣相同，长者进一步说明这样做是因为过去获取最新信息的渠道有限。最后两人共同表示当今电脑和网络的发展已经使人们能够随时获取新闻。

【Why】

通过本篇文章的学习，学生可以了解三十年前人们如何获取新闻以及采用该方式的原因，进而对比当下，理解主流媒体的发展变化以及不同形式媒体的利弊；同时学生还能够学会如何用英语向他人提问及阐明个人观点。

【How】

本文是一篇对话稿。对话主要有三点内容：三十年前人们关注新闻的方式，采取该方式的原因以及如今人们关注新闻的方式。

对话主要以少年的提问和追问、长者的阐释和进一步说明的方式不断发展，其中关于提问的关键表达有“So does that mean …？”“Can you tell me more about it?”“Did they all have…?”；关于解释和阐明的关键表达有“Let me put it another way.”“Did I make myself clearer?”

教学目标

在第一课时结束时，学生能够：

1. 通过听访谈，获取、梳理并概括媒体变迁及其影响的三个问题以及回答；

2. 分析并判断专家所述内容中哪些为事实性信息、哪些为其观点；

3. 结对扮演主持人与专家，提问并阐释互联网如何影响传统媒体和大众使用语言的方式，以及报业的未来发展方向；

4. 评价专家的观点是否合理，并以事实为依据论证自己的观点。

在第二课时结束时，学生能够：

1. 获取、梳理三十年前与现在人们关注新闻的方式以及采取该方式的原因；

2. 识别、归纳关于提问及阐明观点的功能句；

3. 利用功能句提问并论证不同媒体的优缺点。

教学重难点

【教学重点】

获取、梳理并整合关于媒体的三个问题以及专家的回答，区分专家回答中的观点与事实，通过角色扮演阐释媒体的发展变迁及社会影响。

【教学难点】

批判性评价专家对于三个问题的观点是否合理，利用提问及阐明观点的功能句论证不同媒体的优缺点。

教学过程

教学目标	教学活动与步骤	设计意图	效果评价	时间与互动模式
第一课时				
通过听访谈，获取、梳理并概括媒体变迁及其影响的三个问题以及回答。	Activity 1 T asks Ss to think about the question: How has the Internet influenced your life? Please give some examples. Ss discuss both positive and negative influences of the Internet. Each group shares their answers with the class.	激活学生已知，为本节课所学内容做铺垫。	学生对互联网及其影响的认知和语言知识被激活。	3' GW CW
	Activity 2 Ss listen to the programme and focus on the three questions the presenter collected for the professor. Write down the main idea of the questions and share their answer. Then T plays the recording of the three questions again so that Ss can polish their answers. During the intervals between questions, Ss also try to make notes of other parts as many as possible.	学生先通过第一遍整体听力熟悉课文，写下关于媒体的三个问题，并尽可能记下更多相关信息。	学生能够大致获取三个关键问题，并获取其他部分的相关信息。	5' IW CW
	Activity 3 Ss listen to each of the three Q & As in sequence and fill in the blanks about the professor's answers to the three questions. After listening to each part, Ss	根据意义单元将课文分成三部分，帮助学生通过记笔记和小组讨论逐步梳理关键信息。	学生能够根据上下文、提示词等提取关键信息。	15' IW GW CW

续表

教学目标	教学活动与步骤	设计意图	效果评价	时间与 互动模式
	firstly have a group discussion and then some of them are invited to share their answer with the class.			
分析并判断专家所述内容中哪些为事实性信息、哪些为其观点。	Activity 4 Ss think about the question: Do you think the expert is just stating the facts? T explains how to identify facts from opinions. Ss give some examples of facts and opinions to show their understanding. Listen to the programme again and underline the language used to indicate the opinions and determine which are facts and which are opinions. Ss have a group discussion and share their choices with the whole class.	向学生介绍判断事实与观点的方法，再通过第三遍听力找出预示观点的关键表达，辨别专家回答中的观点与事实。	学生能够辨别专家回答中的事实与观点。	7' IW GW CW
结对扮演主持人与专家，提问并阐释互联网如何影响传统媒体和大众使用语言的方式，以及报业的未来发展方向。	Activity 5 Ss work in pairs and role-play the interview. Those who play the part of the expert should present their opinions with supporting facts.	学生通过角色扮演，在描述阐释的过程中实现语言和知识的内化，以及学会如何表达观点。	学生能够正确使用所学语言表达观点。	8' PW CW
评价专家的观点是否合理，并以事实为依据论证自己的观点。	Activity 6 Ss work in groups and evaluate the expert's opinions on the first two questions: Do you agree with the expert on the impacts of the Internet? (*If so, add more facts to support the expert's opinions; If not, express your own opinion and provide some facts to back it up.*)	引导学生批判性看待专家的观点，学生对互联网的影响进行辩证思考，并用事实论证自己的观点。	学生能够批判性看待专家观点，并有理有据表达个人看法。	7' GW CW

续表

教学目标	教学活动与步骤	设计意图	效果评价	时间与互动模式
	Homework 1. Write down your opinion on the third question and prepare a short speech on "Are newspapers a thing of the past?" 2. Search online and find out more information about how the different types of media have changed in the past 100 years.			
第二课时				
获取、梳理三十年前与现在人们关注新闻的方式以及采取该方式的原因。	Activity 1 Based on the homework, Ss firstly make a speech to their group members and then some are invited to present their speech in front of the class.	引导学生批判性看待报纸的未来发展问题。	学生能够对问题进行辩证思考。	10' GW CW
	Activity 2 Ss are told that the Text 2 is a talk about how people followed the news 30 years ago. Ss look at the three questions and make a prediction. 1. How would families get the news 30 years ago? 2. Why did they do so? 3. How do we follow the news now? Ss listen to the record to check their predictions and write down the answers.	学生先通过阅读问题预测答案，再通过听录音验证预测，概括三十年前大众如何关注新闻。	学生能够提取听力文本中的关键信息。	10' IW PW CW
识别、归纳关于提问及阐明观点的功能句。	Activity 3 Ss look at the two questions: 1. How does the teenager ask the senior person for more information? (Asking Questions) 2. How does the senior make sure if the teenager understand what he said? (Clarification)	学生通过听录音，判断并写下追问及阐明观点的功能句，再通过在文稿中画出功能句以及影子跟读，二次体会这些句子在语篇中发挥的作用。	学生能够发现追问及阐明观点的功能句，并理解其在语篇中的作用。	8' IW PW CW

续表

教学目标	教学活动与步骤	设计意图	效果评价	时间与互动模式
	Ss listen to the record while writing down the key sentences. Then they discuss about the answer with their partners. Ss highlight these sentences in the tapescript and do the shadow-reading together.			
利用功能句提问并论证不同媒体的优缺点。	Activity 4 Based on the last class's homework, T firstly leads Ss to call out the different types of media used in the past century. Ss then work in groups and discuss the advantages and disadvantages of the different types of media with facts to support their opinions. Ss work in pairs and choose the media they get interested in and talk about their advantages and disadvantages using the sentences for clarifying and asking questions.	学生基于课本内容以及上节课第二个作业搜集的资料，先在小组内讨论不同媒体的优缺点，阐释个人观点。小组讨论后，两人一组选择感兴趣的媒体，通过对话练习，内化功能句的使用，加深对不同媒体的优缺点的理解。	学生能够用事实支撑自己的观点，在同伴讨论和班级展示时用功能句推进对话，语言准确。	17' PW GW CW
	Homework Write a paragraph about "My Favourite Media", introducing its advantages and disadvantages as well as its influence on your life. Give some examples or facts to back up your opinions.			

教学设计特点及说明
1. 本节课教学以学生为主体，在主题意义探究方面先让学生预测并表达见解，再通过听力课文的学习让学生不断验证已知，学习新知，由此完善自己的语言知识结构，进一步认识媒体的发展与影响；同时培养学生批判性思维，辩证看待专家观点，有理有据形成自己的主张；在口语产出部分也具有自主选择性。 2. 本课第一篇文本内容较难，因此针对学情，教师将听力部分按照意义单元划分为三段，分步骤听，先帮助学生梳理文章关键信息；再以判断的方式帮助学生进一步整合文章结构(观点＋事实)。

(四)Lesson 3

文本分析

【What】

本语篇是一篇说明文，以 The Advertising Game(广告“比赛”)为题。该语篇主要介绍了两大基本的广告类型(商业广告和公益广告)，并重点阐释了广告业的发展历程。本文的主题语境是“人与社会”，属于历史、社会与文化主题群。学习此课，有助于学生为最终进行本单元的综合语言输出奠定基础。

文章开篇提出了广告业最初的目的——推销产品。广告公司创造了一个基本的广告类型，也就是商业广告。随着社会、经济、科技的发展，商业广告经历了不断的变迁。

接着作者介绍了商业广告的发展历程。传统广告为找到某种产品提供信息，让人一看就知道这个企业卖什么、其地理位置和产品名称。但随着市场竞争逐渐激烈，广告公司意识到传统的广告不合时宜了，尤其在现代社会，广告需要吸引和保持公众注意力。因此，为了表现某个产品多么好，图片和专家话语普遍出现在广告中。还有一些广告的设计只是让人们欣赏画面。当今的广告设计者常常拥有大量的资金，他们把大笔的钱用在效果设计上，以使广告在视觉上尽可能地吸引人。然而由于广告业的繁荣，人们习惯于看到高水准的视觉设计。现代广告要想在激烈的竞争中胜出，就要进一步发展：必须把高水平的设计和产品理念相结合。比如，有些广告传达买车可以给您自由的理念。其实，他们是在用自由的理念来卖车。其他常见的理念包括幸福、财富和成功。但是，对当今很多设计者来说，重复旧的理念已不是有效的办法，现代广告需要再进一步发展。他们意识到，与产品相关联的理念多么吸引人并不重要，多数人知道广告的主要目的就是让消费者花钱。因此，广告设计者继续寻找其他方式来使人们关注他们的产品。当今的顶级广告设计者认为，在现代广告中运用幽默、出其不意和新颖独特的创意很重要。通过这样做，他们希望能使人们忘记有人正在向他们推销商品!

最后，作者提出，如今，广告不仅为了推销，还出现了另一类广告——公益广告。在过去的十年中，政府努力用公益广告教育公众防范艾滋病、节约用水、扶贫、戒烟等。这些公益广告有助于增加公众知识，使社会变得更美好。

【Why】

学生通过对本篇文章的学习，可以了解广告的分类和广告业的发展历程，基于此，学生能够意识到广告行业的发展要不断关注人们的需求变化——从关注商品本身到视觉体验到理念创新，这也是广告业发展的推动力；同时，能够运用批判性思维看待广告传递的信息，意识到广告业的发展是兼顾经济效益和社会效益的。

【How】

文章共六段，介绍了两类广告：第一段至第五段，主要介绍商业广告；第六段，介绍公益广告。整体来看，文章明线是按照时间顺序介绍广告业的发展历程；暗线是该行业不断发展背后的推动力：人们的需求变化(从仅仅关注商品，到关注视觉设计、概念、创意，再到关注社会效益)。

文章首段，作者采用一般过去时介绍广告行业初诞生时的目的。接下来用 would 句型，谈论广告公司创造了一个基本的广告类型——商业广告(这是一个从过去到现在反复发生的事情)。接下来作者用现在完成时总述商业广告在多年间经历了变迁，引出下文。

文章第二段至第五段，作者承接上文，阐释了商业广告的发展历程，即从 Classic ads 到 Modern ads，接着到 Improved modern ads，最后到 Further improved modern ads。

第二段介绍了传统广告的相关信息，运用了一般过去时，值得注意的是运用了 used to do 句型描述了传统广告的特点。文章第三段开始讲述现代广告的三个发展阶段(时间状语 particularly now 和 in modern times 作为时态转变的提示)，开始使用一般现在时。

在谈论每一阶段的广告时，作者分别介绍了该阶段广告的特点、目的和存在的问题。介绍特点时，多采用动词短语进行表述：give information about、consist of、apply、combine…with、use concepts including、use humour 等；介绍目的时，采用句型 you would know 说明人们在收看传统广告后能了解到什么，换言之，也就是传统广告的目的有哪些，并采用很多不定式的表达，如 to show people、to make ads visually attractive、to stand out、to make people believe that 等；介绍存在的问题时，采用定语从句描述商业市场的激烈竞争现状，以及 not attractive、not enough to be noticed、repeating old ideas、not effective、it does not matter how 等评价性的词句。

文章第六段用 However、not all…、some advertisements nowadays 等表达引出公益广告这一不同以往的存在，故本段也采用一般现在时，使用 aim to、help to、make our society a better place 说明公益广告的特征，encourage citizens to、educate the public on 说明公益广告的一些目的。

教学目标

在第一课时结束时，学生能够：

1. 获取并梳理有关两大类广告的基本信息(特点和目的)、完善广告业发展过程图(不同阶段广告的特点、目的和存在的问题)，形成结构化知识；

2. 内化文本信息与知识结构，能够根据此结构描述广告业的发展历程；

3. 归纳 used to 和 would 的用法，在语篇中区分它们的意义和功能，并能够恰当运用此表达描述广告业发展历程。

在第二课时结束时，学生能够：

1. 根据文本的标题、文章结构、典型语言表达等信息识别语篇体裁，辅助理解；

2. 分析并推断广告业不断发展的原因，结合具体实例，有逻辑地阐释理由；

3. 结合文本内容，分析文章标题的内涵；思考、讨论并分享什么样的广告能在未来的“比赛”中胜出，认识到广告业未来发展方向需要兼顾经济效益和社会效益；

4. 介绍一则自己欣赏的广告并说明理由，思考并在班级分享如何能将它设计得更好。

教学重难点

【教学重点】

1. 获取并梳理有关两大类广告的基本信息(特点和目的)、完善广告发展过程图(不同阶段广告的特点、目的和存在的问题)，形成结构化知识；

2. 内化文本信息与知识结构，能够根据此结构描述广告业的发展历程。

【教学难点】

1. 分析并推断广告业不断发展的原因，结合具体实例，有逻辑地阐释理由；

2. 结合文本内容，分析文章标题的内涵；思考、讨论并分享什么样的广告能在未来的“比赛”中胜出，认识到广告业未来发展方向需要兼顾经济效益和社会效益。

教学过程

教学目标	教学活动与步骤	设计意图	效果评价	时间与互动模式
第一课时				
	Activity 1 Ss are showed to the title of the passage. Predict what is going to be talked about in today's lesson. Think about the questions T raises and recall some impressive advertisements and share the answers in class. Q1：What does “advertising” mean? Q2：What typical advertisements can you remember in your daily life? T：*These are the advertisements which aim to sell something. They are commercial ads.* T shows some examples of	用标题引入本课话题，激活学生对本课话题的已知。带领学生先熟悉本课涉及的基本词汇，铺垫必要的语言知识。 文章标题中的game是本课结束后需要理解的重点，在课堂开始抛出问题，设置悬念，让学生带着任务阅读，有助于深层次思考，不断调整	学生能够借助标题预测文本的大致内容，能够联系个人生活体验，积极回应。学生能够大胆预测，带着悬念进行阅读。	6' IW CW

续表

教学目标	教学活动与步骤	设计意图	效果评价	时间与互动模式
	public ads to Ss. T: *Others are designed not for making profit, but to make a contribution to the society. They are called public ads.* Q3: Then, what does "game" mean? Keep this question in mind. Later we will come back to this.	自己先入为主的想法。		
获取并梳理有关商业广告发展历程的基本信息（特点和目的）、完善发展过程图（不同阶段广告的特点、目的和存在的问题），形成结构化知识。	Activity 2 1st reading Read quickly to get the main idea of the passage. In order to get the main idea, Ss should underline the main idea of each paragraph. T instructs Ss to underline the topic sentence in each paragraph to identify the main idea.	培养学生把握长难语篇的能力——先找出每段的主旨句，再提炼文章的主旨。	学生能够在语篇中找出主旨句，并根据其概括语篇大意。	6' IW
	Activity 3 2nd reading Ss are directed to the commercial ads part firstly. They are encouraged to use the context to understand the meaning of unfamiliar terms. While reading, they need to think about T's questions. The whole part: Q1: How many stages have commercial ads gone through? What are they? Each stage (take classic ads for example): Q2: What did advertisement use to look like in classic stage? (features) Q3: What information can you find from these ads? (purposes) Q4: Why were they replaced by	以解决问题为目的，引导学生通过梳理、概括、整合信息，建立信息间的关联，形成有关商业广告发展历程的知识结构。	学生能够在教师的指导下，发现并梳理出有关商业广告发展的事实性信息，完善流程图。	12' PW CW

续表

教学目标	教学活动与步骤	设计意图	效果评价	时间与互动模式
	modern ads? (problems) After that, Ss discuss in pairs, and finish the upper part of the diagram. For each developing stage, T presents several ad examples to make Ss understand more clearly.			
内化文本信息与知识结构，能够根据此结构描述商业广告的发展历程。	Activity 4 Ss need to use the diagram to talk about the progression. They are required to first talk to themselves, then to their partners.	给每个学生提供输出的机会，提供内化吸收信息的时间。	学生能够小步子进行知识结构的内化。	3' IW PW
获取并梳理有关公益广告的信息，完善广告业发展过程图，形成结构化知识。	Activity 5 3rd reading Ss are directed to the public ads part. Ss are encouraged to use the context to understand the meaning of unfamiliar terms. While reading, they need to think about T's questions. Q1: What are the typical features of public ads? (features) Q2: What are the various aims of public ads? (purposes) After that, Ss discuss in pairs, and finish the lower part of the diagram. T presents several public ad examples to make Ss understand more clearly.	以解决问题为目的，引导学生通过梳理、概括、整合信息，建立信息间的关联，形成有关公益广告的知识结构。	学生能够在教师的指导下，发现并梳理出有关公益广告的事实性信息，完善流程图。	7' PW CW
内化文本信息与知识结构，能够根据此结构描述广告业的发展历程。	Activity 6 Ss need to use this part of diagram to talk about the information of public ads. They are required to first talk to themselves, then to their partners.	给每个学生提供输出的机会，提供内化吸收信息的时间。	学生能够小步子进行知识结构的内化。	3' IW PW

续表

教学目标	教学活动与步骤	设计意图	效果评价	时间与互动模式
归纳 used to 和 would 的用法，在语篇中区分它们的意义和功能，并恰当运用此表达描述广告业发展历程。	Activity 7 Ss find the examples of *used to* and *would* in the passage. They are instructed to summarise the similar and different meanings and functions of these two expressions in the context. Q: Did people do these things regularly or just once? Do they still do them now?	引导学生在语境中理解语法的意义和功能，识别并运用语法结构。	学生能够对 used to 和 would 的意义、用法及功能进行识别。	8' CW
第二课时				
内化文本信息与知识结构，能够根据此结构描述广告业的发展历程。	Activity 1 Ss use the complete diagram to talk about what they have learn about advertising. Ss are given some time to prepare a talk using the diagram as a prompt. In pairs, Ss can practise their talk and review each other. Ss share what they have learnt about advertising with class.	在新的知识结构基础上，让学生进行描述，巩固新知，促进语言运用的自动化，为迁移活动做准备。	学生能够通过自述、向同伴描述和在班级展示进一步内化知识结构。	10' PW CW
根据文本的标题、文章结构、典型语言表达等信息识别语篇体裁，辅助理解。	Activity 2 After grasping the structure of the passage, Ss think about what text type this passage is and how to identify the text type.	让学生在熟悉文章内容后关注文章的语篇体裁，为后续的写作活动做准备。	学生能够养成关注语篇体裁的习惯，更深入地把握语篇结构，理解这样行文的原因。	3' IW
分析并推断广告业不断发展的原因，结合具体实例，有逻辑地阐释理由。	Activity 3 In pairs, Ss discuss the two questions. Support their answers with reasoning.	引导学生进行深层次思考，能够分析、推理、阐释文字背后的内容，加深对主题意义的理解。	学生能够运用批判性思维，在充分了解文章内容的基础上深入理解主题，有逻辑地阐释自己的观点，并提供支撑。	15' PW

续表

教学目标	教学活动与步骤	设计意图	效果评价	时间与互动模式
结合文本内容，分析文章标题的内涵；思考、讨论并分享什么样的广告能在未来的“比赛”中胜出，认识到广告业未来发展方向需要兼顾经济效益和社会效益。	Q1：What has been the driving force for the development of advertisements?（From classic ads to modern ads；from commercial ads to public ads） Q2：What does the title “The Advertising Game” mean to you? How do you understand the word “game”?	回到本课开始时的问题，解答疑惑，生成本课小观念。		
介绍一则自己欣赏的广告并说明理由，思考并在班级分享如何能将它设计得更好。	Activity 4 Share favourite advertisement. In groups，each student explains why they like the advertisement and how they would make it better. Groups can discuss the advertisements and share what makes a good advertisement with the class.	使学生在新的语境中，基于新的知识结构，综合运用所学语言技能，创造性地解决实际生活中的新问题，体现正确的价值观，实现深度学习。	学生能够畅所欲言，在了解广告业发展背后的动力和发展的方向后，结合本课学习的观点、语言和结构，在实际情境中，针对某一具体广告，创造性地提出改进意见。	17’ GW CW
	Homework Please write an essay based on the last activity. In your essay，you should： 1. explain why you like the advertisement（try to use the newly learnt expressions and grammar points to talk about the features，purposes and its problems）； 2. give advice on how to make it better.			
教学设计特点及说明				
本课导入部分快速切题，帮助学生激活有关本课话题的已知；阅读中和阅读后的活动设计翔实且易于落实：阅读中，学习理解和应用实践之间小步骤的循环，不断帮助学生建构本课的信息结构图，同时，教师搭建“支架”，帮助学生生成知识结构图，为后续笔头输出和本单元其他部分学习奠定基础。另外，教师通过问题链，一环扣一环地引导学生生成属于他们自己的小观念。				

(五)Writing Workshop

文本分析

【写作主题】

本课范文聚焦电影这一媒体形式，是一篇关于电影 *Beauty and the Beast* 的影评，其中介绍了电影的基本信息(发行年份、导演、故事来源、主要演员)、基本情节、印象深刻的场景并对影片进行了评价和推荐。

【写作目的】

通过介绍电影 *Beauty and the Beast*，向读者分享这一经典之作，推荐读者观看。

【语篇结构】

全文共四个段落，第一段介绍了该电影的基本信息，包括发行年份、导演、故事来源、主要演员等信息。第二段是影片的情节介绍，遵循开始(女主人公出场、父亲被困城堡)——发展(野兽出场、女主人公替代父亲成为人质)——高潮/结局(野兽其实是王子)的顺序。第三段对电影的优点和不足之处进行了点评，并进行了整体评价：即使有缺点，不失为一部好电影。最后一段承接第三段，升华电影主题，推荐读者观看。

【语言特点】

整篇影评作者均使用现在时。在介绍基本信息时，作者使用 directed by、is based on 等表述；在展示电影优缺点时，作者使用 in one vivid scene、the film have its faults、all things considered 等使得结构清晰；此外，作者还使用丰富的形容词，如 interesting、clever、frightening、strange、silly、beautiful、splendid、striking 等；在点明电影传递的观念时，作者使用了 conveys a message that；在推荐电影时，作者使用 it speaks to people of all ages、recommend it for 等。

教学目标

在第一课时结束时，学生能够：

1. 基于范文，梳理影评的基本结构，概括每一部分所包括的具体内容；
2. 找出范文中每一部分可以借鉴的重点表达；
3. 选择一部自己喜欢的电影，模仿范文结构和语言，起草影评。

在第二课时结束时，学生能够：

1. 通过自评和互评修改初稿的结构、内容和语言；
2. 小组内分享各自撰写的影评，并推荐一位学生上台展示。

教学重难点

【教学重点】

熟读范文，梳理影评的基本结构和主要内容，找出范文中每一部分可以借鉴的重点表达。

【教学难点】

模仿范文结构与语言，选择一部自己喜欢的电影，撰写影评，并能在自评和互评中修改初稿中的问题。

教学过程

教学目标	教学活动与步骤	设计意图	效果评价	时间与互动模式
第一课时				
	Activity 1 Ss discuss the questions: 1. Have you ever seen an impressing film? 2. If you are asked to write a film review about it, what aspects would you like to mention?	从学生已知出发，激发写作动机，引出学生这一节课的写作内容，明确写作任务。	学生对如何写影评有一些基本的想法。	3' IW
	Activity 2 Ss are asked to look at the questions in the textbook to complete their discussion: 1. What is the name of the film? 2. Who are the main characters in the film? 3. What is the film about? 4. What is your opinion about the film?		学生能够选出自己想写的电影并已经提前收集相关信息，在课堂上与同伴初步交流所选电影。	5' PW CW
基于范文，梳理影评的基本结构，概括每一部分所包括的具体内容；找出范文中每一部分可以借鉴的重点表达。	Activity 3 Ss read the sample film review of *Beauty and the Beast*, and try to find answers to questions in the last activity.	引导学生关注范文内容。	学生能够梳理出范文中电影的主要信息。	4' IW
	Activity 4 Ss read the sample for the second time, identify its structure by finishing the table on page 63.	引导学生关注范文结构。	学生能够根据课本提示正确识别出范文中的结构。	3' IW

续表

教学目标	教学活动与步骤	设计意图	效果评价	时间与互动模式
	Activity 5 Ss read the sample again, answer the following questions: 1. What expressions are used to give basic information about the film? 2. How does the writer describe the attractive scenes and drawbacks? 3. What expressions are used to point out the spirit of the film? 4. What does the writer recommend this film to?	引导学生关注范文信息组织的方法以及重点表达。	学生能够分析作者的写作方法，整理出具体的、可以借鉴的表达。	15' IW PW
选择一部自己喜欢的电影，模仿范文结构和语言，起草影评。	Activity 6 Referring to the information of the table, write down some ideas and sentences about the film they choose.	先让学生模仿重点表达写出一些句子，再开始起草文章。	学生能借用范文表达进行句子仿写并列出自己的一些想法。	5' IW
	Activity 7 Ss refer to the Writing Help and use the information in the table to compose their first draft.		学生能够借用表格中的信息撰写初稿。	10' IW
	Homework Finish the first draft.			
第二课时				
通过自评和互评修改初稿的结构、内容和语言。	Activity 1 T and Ss work out the rubric together.	师生共同制订具体的评价标准，让学生更有参与感。	学生能够在教师的引导下参与标准制订，并根据标准进行自评和互评，对自己的习作进行初步修改。	5' CW
	Activity 2 Ss do self-assessment.	通过自评与互评提高学生参与评价的意识，了解写作的目标及努力的方向，改进自己的影评。		10' IW
	Activity 3 Ss do peer assessment.			15' PW

续表

教学目标	教学活动与步骤	设计意图	效果评价	时间与互动模式
小组内分享各自撰写的影评，并推荐一位学生上台展示。	Activity 4 Ss exchange their film reviews in the group of four and each group choose one student to share in the class.	学生交换作品阅读，互相推荐电影。	学生能够在班级中分享影评。	15' GW CW
	Homework Polish the draft and write the second version based on self-assessment and peer-assessment.			
教学设计特点及说明				
1. 以读促写，充分利用范文为学生提供结构、内容和语言支持，帮助学生进行写作。 2. 强调过程性写作。 3. 通过师生共同制订评价标准、自评和互评，培养学生在写作中的主人翁意识。				

(六) Viewing Workshop

文本分析

【What】

该视频是对某互动广告公司 CEO Kevin Huang 的访谈，分为三部分。第一部分介绍了数字广告的分类及其在亚洲崛起的原因，移动手机的普及和线上视频的流行为其创造了条件；第二部分说明了程序化广告的概念和运作机制，即根据用户行为精准投放广告；第三部分介绍了该公司的主要业务，如控制广告精准投放以减少人们对广告的反感、帮助经销商理解广告规则从而使其更高效地参与到投放的过程中等。

【Why】

通过主持人和广告公司 CEO 的互动，观众可以了解数字广告的基本信息、运作原理和发展趋势，从而理性看待其优缺点及流行现状。

【How】

该视频是对广告界专业人士的访谈，主持人通过问题步步深入，引导广告公司 CEO 介绍数字广告的分类、程序化广告的概念及其运作机制，以及该公司的主要业务等。在分辨数字广告的类别时，作者使用 digital advertising、displaying advertising、mobile advertising、social media in terms of popular advertising 等表达；在谈论程序化广告时，作者提出程序化广告是基于 the more relevant the ad is to the consumer, the more they will respond to it 这一观点而产生的一种广告营销方式，通过 identify a user's interest from his online behavior, get the customer's data and go back to an advertiser, sell the advertiser an advertising space against that particular user behavior 三个步骤完成；在谈论广告公司的业务时，作者使用 to make advertising as relevant and less annoying to a particular user、to localise the product offering、to bring control and transparency back to advertisers 等表达。

教学目标

1. 获取、梳理三段访谈中的主要信息；
2. 描述、阐释程序化广告的概念和运作机制；
3. 结合自身实际，分析数字广告流行的原因，探讨数字广告的优点和缺点。

教学重难点

【教学重点】

获取三段访谈中的主要信息，描述、阐释程序化广告的概念和运作机制。

【教学难点】

结合自身实际，分析数字广告流行的原因，探讨数字广告的优点和缺点。

教学过程

教学目标	教学活动与步骤	设计意图	效果评价	时间与互动模式
	Activity 1 Ss discuss the question in pairs: *How do you feel when advertisements pop up while you are using your phone or computer?* Ss read the introduction of Kevin Huang, and predict what Huang would like to say in the interview.	联系生活实际，激发学生对该话题的兴趣。	学生能够表达出看到广告的感受，并预测视频的主要内容。	3’ PW
获取、梳理第一段视频的主要信息。	Activity 2 Look at Activity 3 in the textbook and guess what types of advertising may be considered digital.	学生通过阅读选项，预测第一部分的听力内容，做好观看视频的准备。	学生能够判断出什么广告是数字广告。	2’ IW
	Activity 3 Ss watch part 1 for the first time to check their predictions in Activity 3 and finish Activity 4 in the textbook.	学生通过第一次观看视频检查预测，获取基础信息，并为听细节信息做准备。	学生能够根据视频信息正确选择出数字广告。	2’ IW

续表

教学目标	教学活动与步骤	设计意图	效果评价	时间与互动模式
	Activity 4 Ss watch part 1 again and decide if the statements in Activity 4 are true (T) or false (F). T leads Ss to review answers as a class. Ss firstly try to correct the answers if they are wrong. Then they read the transcript to find out the exact evidence and read them aloud together.	学生通过第二次观看视频判断信息正误，并尽量通过回忆自主修正错误选项，再通过阅读文稿确认出处与证据。	学生能够正确判断选项，并在文稿中正确定位选项相关语句。	8' IW CW
获取、梳理第二段视频的主要内容。	Activity 5 Ss watch part 2 to firstly get the basic idea of programmatic advertising. Then T plays the video again while Ss complete the diagram. 1. What is the basic idea of programmatic advertising? 2. How does programmatic advertising work?	学生首先把握程序性广告的概念，再通过二次观看理解其运作机制。	学生能简要说出程序性广告的定义，在流程图的辅助下填写出运作机制。	4' PW CW
描述、阐释程序化广告的概念和运作机制。	Activity 6 Ss imagine that he/she is a CEO of an interactive media company, and makes an introduction to programmatic advertising including its definition and how it works firstly to themselves, then to their partners and finally to the class.	学生在描述、阐释程序性广告的过程中实现语言和知识的内化及运用。	学生能够向同伴条理清晰地介绍程序性广告的概念和运作过程。	6' IW PW CW
获取、梳理第三段视频的主要信息。	Activity 7 Ss read the question and the three options, and predict the answer. What is Kevin's team trying to do? Ss watch part 3 to check their predictions and choose what Kevin's team are trying to do.	学生首先根据前两段视频预测 Kevin 团队的主要业务，再通过视频确认预测。	学生能够预测并理解 Kevin 团队的主要业务。	6' IW CW

续表

教学目标	教学活动与步骤	设计意图	效果评价	时间与互动模式
	Activity 8 Ss discuss how Kevin's team's work will change advertising in the future.	学生分析判断互动媒体给广告的发展带来的影响。	学生能够理解并谈论互动媒体对广告业发展的作用。	4' CW
结合自身实际，分析数字广告流行的原因，探讨数字广告的优点和缺点。	Activity 9 Ss relate to their daily life and discuss the questions in groups: 1. Why is digital advertising popular nowadays? 2. What are the advantages and drawbacks of it?	引导学生批判性看待数字广告，并用事实和实例论证观点。	学生能够有理有据地论证数字广告崛起的原因并联系现实生活说明其优缺点。	10' GW CW
	Homework Write a passage about "My View on Digital Advertising" (no less than 80 words). You should express your opinions about its popularity as well as its advantages and drawbacks with some facts or examples in your daily life.			
教学设计特点及说明				
本课视频内容专业性较强，针对学情，教师让学生分步骤观看三段视频，先让学生预测内容，再通过问题链作为支架帮助学生梳理文章主题意义，最后基于本课内容和前面几课时所学表达见解、从正反两面批判性看待广告传递的信息，课后作业将课堂口语产出转化为笔头输出，巩固所学。				

五、教学反思

（一）

我们的初次设计经历了以下几个阶段：1. 深入研读单元内各语篇，做好语篇分析，提炼语篇主题，确定各语篇的教学目标；2. 根据语篇研读情况，把握各语篇之间的逻辑衔接，生成小观念；3. 在小观念的基础上进一步生成单元大观念；4. 基于各语篇教学目标和单元大、小观念，设计单元整体教学目标；5. 设计单元整体教学评价。

根据第一次单元整体教学设计成果展示的反馈，我们发现按照以上五个阶段进行设计确实能够有效整合单元教学内容，尤其是在单元目标设置上。经过整合后的单元目标较为清晰，且各课时的目标安排较为合理，逻辑上有所呼应。不过，我们小组在初次尝试中也遇到了一些问题，如：以自评表为主的单元评价形式较为单一；在生成“电影”这一主题的小观念时，第一版本的小观念为“以电影为例，探究如何用电影传递美”脱离了文本的核心观点，未能把握文本所强调的电影、书本这两种不同媒介的区别。

吸取初次设计中的教训，我们在后续的修改中进一步完善了“电影”小观念和单元评价方式。正如书中所呈现的最终版本，在“电影”小观念上，我们更加强调不同媒介如何呈现信息及其呈现的具体信息内容等；在单元评价上，我们丰富了学习效果评价形式，以期更全面地观测学生的学习情况，从而发挥教学评价“以评促教，以评促学”的功能。

回顾本次单元整体教学设计的经历，我深刻体会到两点：一是在对单元进行整体教学设计之前，务必要深入研读文本，尊重原文内容的表达和逻辑，切忌脱离文本；二是集体备课的形式有利于单元整体教学的开展，一方面，单元整体教学设计工作量较大，教师独立完成有一定难度，另一方面，教师在合作中可以集思广益，不断打磨完善教学设计。

李闵君

(二)

外语学科的教学观念具有主观性、生成性的特点。学生在通过某一阶段的学习后形成对这一学科深层次的、有意义的、可迁移的核心观念的认知，有助于提升终身学习的能力。然而，在当前的教学实践中，很多教学设计呈现出“碎片化”的状态，活动和指令缺乏逻辑，教学评价流于形式。诚然，课堂不是简单活动的排列，或者知识点的堆砌，而是从碎片化转向整合关联的结构化教学。分离的语篇教学难以提升学习者的价值判断能力。

为了适应中学生的认知能力发展需要，引领学生生成一个又一个观念，教师需要有意识地整合各种学习资源，精心准备结构化的、有逻辑的教学设计。因此，教师立足大观念实施单元整体教学设计的必要性不言而喻。立足大观念实施单元整体教学设计也是促进深度学习的有效教学路径。深度学习强调学习者高阶思维的培养，能够在外语学习过程中不断构建出一个又一个观念，最终实现核心素养的提升。

单元整体教学设计包括以下部分：单元内的语篇内容和主题梳理、单元结构生成、单元目标与单元评价等。大观念对于单元整体设计有很强的指导意义。比如，单元内的每个语篇教学都应当围绕单元主题切入，在每个语篇中生成小观念，进而形成单元大观念。

值得注意的是，由于学生自身认知水平、出发角度、个体经历等的不同，其生成的大观念也会存在差异。对于教师来说，大观念的形成既要强调目标设计、方法设计和评价设计三位一体，追求目标、活动和评价的统一，也要学会在适当的时机对学生“放手”。

孟金萱

(三)

通过参与大单元设计，我最直接的收获就是加深了对“大观念”的理解。在“大观念”指导下的教学从关注知识点转向关注内容和方法，从碎片化教学转向结构化教学。在“大观念”指导下的教学是深层次、有意义、可迁移的，体现了学科的思维方式和核心观点，将离散的知识点有意义地联系起来，呈现具有深层含义的重要概念，帮助学生学会如何做人、做事。

在“大观念”的指导下，我们开展了单元整体教学设计，对教学内容进行解读、分析、整合、重组，搭建起一个由单元大主题统领、各语篇子主题相互关联的完整教学单元，引导学生基于对各单独语篇小观念的学习和提炼，逐步建构基于该单元主题的大观念。

要做好单元整体设计，首先要基于语篇内容提炼育人价值和语篇小观念，然后基于语篇小观念安排教学顺序，设计单元任务，建构单元大、小观念，完成单元任务，设计单元学习效果评价。比起以课时为单位进行备课，单元整体设计对教师的要求更高，因为要考虑的东西更多，但通过对单元内容的梳理、整合、提炼，教师能够加深对具体课时的理解，更好地安排教学。

经过此次单元整体教学设计，我有以下三点心得：首先，在单元整体设计中，我们需要恰当地解读各个课时的内容和主题，并根据其提炼出大单元的教学方向；其次，也要设计好各课时的教学活动以及评价方式，设计大单元评价方式，采用形成性评价的方式调整教学计划；最后，还要注意知识的结构化，让学生在一个单元的学习结束后，不仅能够学到各课时的知识，还能形成对单元话题结构化、系统化的知识框架。

邵浩博

(四)

经过本次大单元设计，小组成员的展示讨论以及老师的意见、建议都让我受益匪浅，现将我个人感触良深的几点作如下总结。

首先，制订单元目标是一个难点。单元目标是学生素养的体现，可采用“基于、根据、概括性描述”等词，由此学生可以基于自己在每个课时建构的知识结构生成自己的理解。同时，每个课时目标都要体现单元大观念，这就需要我们做到环环相扣。

其次，形成性评价至关重要。例如，单元 Project 活动的设计需要做到“学生要有成品、教师要看到成效”，否则学完一个单元，学生脑子里却没有整体性的概念，知识也没有关联，除了考试没有其他阶段性成果来检测和总结这一段时间的学习。因此，如果不能设计出有效的自我评价活动，可能会失去“以评促教”“以评促学”的意义。

再次，在各课时的设计中，导入部分看似简单，实则不容易。我负责的是听力课，本来怕学生听不懂，想在导入部分铺垫语言，讲重点单词，但是我在微格教学过程中发现学生的反应跟我想象的完全不一样，反而为了介绍想讲的单词而说了很多铺垫的话，没有把课堂留给学生。这时，我们可以考虑两种方式：理性导入和感性导入。理性导入固然有其优点，但是感性导入可能会更直接地将学生迅速带入主题语境中，调动他们已有的语言知识和生活经验。

最后，听力教学的设计也有很多细节需要注意。我原计划让学生第一遍先听三个问题并熟悉文本，然后单独播放问题部分的音频让学生听懂问的问题是什么，第二遍听的时候专注各个问题的回答。但是学生的普遍感受是听力文本中的三个问题太长且说得较快，且第一遍只听问题的话，其他部分就有些浪费时间。这时不妨尝试：第一遍听的时候除了听问题，还要尽可能多地记录关键信息，因为程度好的学生已经可以抓住一些细节，程度差一些的学生虽然听不太懂，但也能大概理解文段大意，因此虽然让学生听懂主持人的问题很重要，但是也不能除此之外什么也不做。而且虽然表格支架很有必要，但是仅填表格，学生对文章的结构还是没有形成整体性理解，一旦设置的空格比较紧凑，就可能导致学生赶着填空而忽略意义探究。因此，听后统一带学生读听力文本进行意义探究，再内化迁移十分重要。

苏杭

案例五：选择性必修三 Unit 7 Careers

团队教师(按姓氏拼音排序)：曹向前 何明 彭博 汪菁
团队负责人：陈林林

一、单元整体教学内容分析

教师充分研读单元教学内容，分析每个文本所体现的主题意义，根据课时小观念建立文本间的关联，最终提炼单元大观念，并形成以单元大观念为统领的单元内容框架图，呈现整个单元的教学逻辑。本单元属于“人与社会”主题语境中的“做人与做事”主题群。教师首先基于单元主题，对各个语篇的主题进行分析与提炼，生成各语篇的小观念：Topic Talk 中初步探讨了职业选择与个人素养的关系；Lesson 1 讲述了情商对于成功的重要性，以及学校教育在培养学生情商方面的可能性和必要性；Lesson 2 中主要探讨了个人职业选择和未来职业发展趋势两个话题；Lesson 3 聚焦职业发展的变化以及个人应当如何应对职业变化；Writing Workshop 要求学生根据招聘启事写一封求职信；Viewing Workshop 呈现出机器人经济对未来劳动力市场的影响；Reading Club 1 旨在引导学生如何适应新环境；Reading Club 2 介绍了夜班工作的概念和特点。

在分析单元中各语篇的内容之后，进一步挖掘课时小观念之间的关联以及课时小观念与单元大观念之间的联系，将语篇进行拆分与重组，建立各语篇之间的关联，形成单元教学逻辑。如 Lesson 1 从理论层面强调了情商培养的必要性和重要性，而 Reading Club 1 则具体提出适应并融入新环境的建议，因此可将两课建立关联，使学生由抽象到具体建立对“情商”的认知；Lesson 2 旨在使学生通过听两篇听力对话了解职业发展所需的技能，学生通过对 Lesson 1 和 Lesson 2 的学习，能够了解职业发展所需的不同素养和技能，生成本单元的第一个小观念“知晓职业素养和技能”。本单元中，教师通过分析各语篇的主题，最终建构出“知晓职业素养和技能—认识职业发展变化—发展职业所需的关键能力”的显性关联，形成单元内容结构图。通过对单元中各课时的学习，学生可以逐步生成大观念，即思考未来职业选择，提升对职场及职业技能的认知，树立面向未来的职业观，为未来求职做好准备。

教师通过对单元内容进行梳理与整合，对单元内容有清晰和全面的把握，定位单元教学重点，确定每个语篇对学生生成单元大观念的作用，帮助学生形成对单元主题的深层次认知。

二、基于大观念的单元内容结构图

三、单元总体教学目标

单元整体教学目标的制订需要围绕单元大观念和课时小观念的建构展开，体现学生学完某一课时之后所形成的素养，即关于某一主题的价值判断和行为选择。此外，单元教学目标需要反映语言能力、文化意识、思维品质和学习能力的融合发展，体现学生在学习活动中的外在行为表现，从而使单元教学目标具有可操作性和可检测性。本单元教师结合单元内容和学生的实际情况，以“知晓职业素养和技能”“认识职业发展变化”和“发展职业所需的关键能力”三个单元小观念为统领，确定了七个单元小目标（见下图），各目标均指向单元大观念的生成。例如，学生在学完 Topic Talk 之后，需要“阐释自己未来的职业选择和所应具备的技能和品质”，这一活动能够有效促进学生生成“知晓职业素养和技能”的单元小观念；同时，“阐释”一词是学生的外在行为表现，具有可操作性和可检测性。

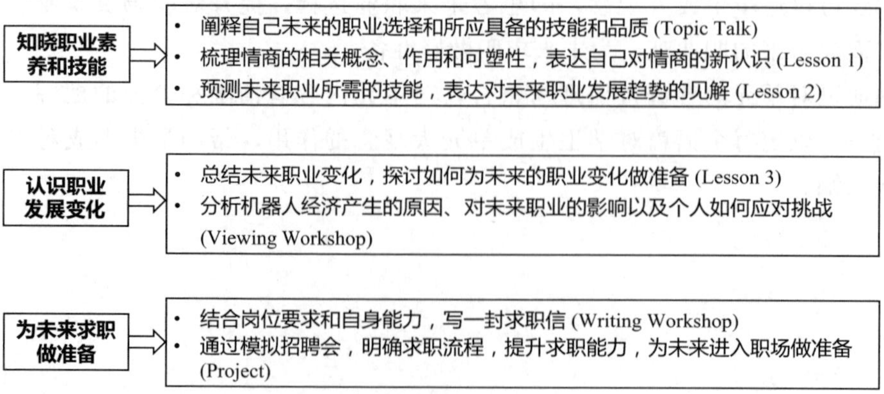

各个目标均旨在使学生从“认知”到“实践”层次逐步建构起单元大观念，为未来进入职场做好准备。

基于大观念的单元整体教学指向学生的综合素养发展，因此，教师要设计单元评价活动来检测学生是否形成了关于单元主题的结构化知识，并整合性地运用新的知识结构有逻辑地表达其对主题的价值判断，最终将所学知识运用到自己未来的职业规划和求职过程中。教师可以运用思维导图、问题回答和单元 Project 等方式，关注学生的学习状况，多维度地开展综合性评价，促进学生的学习和成长。此外，单元中语言知识的学习也不容忽视，教师可鼓励学生自主梳理单元的语言知识。例如，在学生学完整个单元后，教师可利用课本上的 Unit Diary 引导学生梳理本单元中关于描述过去和未来职业特点的词汇和表达，夯实语言基础。通过单元学习评价，学生可以进一步整合和内化本单元的学习内容，回顾本单元的核心内容和语言知识，并提高自我评价能力和学习效率，为进一步提升学习效果奠定基础。

总之，教师将单元教学内容整合化、结构化，令学科育人目标融于主题意义探究和语言实践活动中，构成逻辑清晰的单元育人蓝图，促进学生语言能力、文化意识、思维品质和学习能力的融合发展。

四、各课教学设计

(一)Topic Talk

文本分析

【What】

第一篇听力材料以一则对话的形式展开，对话中 Wendy 通过提问逐步了解 Sam 的职业发展规划。Sam 希望自己十年后可以成为大公司市场营销部的经理，领导一个团队。他对企业在市场经济中如何发展以及如何说服顾客购买产品十分感兴趣。虽然现在 Sam 只是一名学生，但他已经具有这份职业所需的某些素养，例如极好的沟通技巧、为人可靠、与他人相处融洽等。为了实现职业理想，Sam 认为自己需要努力学习，得到足够的成绩和学分，以此获得大学商科或其他相关领域的学位。

【Why】

通过对话中 Sam 对于未来职业发展的规划，启发学生思考未来职业选择，构建职业选择和个人素养之间的关系，引导学生从现在开始培养相关品质及能力，为未来进入职场做好准备。

【How】

在整个对话中，Wendy 通过问题逐步了解 Sam 的未来职业发展规划。首先，通过“Which job do you see yourself doing in ten years' time?”这个问题了解 Sam 未来的职

业选择。接下来，通过“What type of work would you and your team be doing?”以及“What type of company would you be working in?”这两个问题进一步了解 Sam 想要做什么类型的管理者，想要在哪里工作。而在回答这个问题的同时，Sam 也阐释了自己选择管理者这个职业的原因。就此 Wendy 又继续追问 Sam 是否具有职业所需的品质或技能，Sam 认为自身的某些个人素养(excellent communication skills、reliable、get on well with others)正是管理者这份工作所需的能力，但同时也意识到了自己还需要努力学习，获得相应的学位，朝着自己的职业理想进一步发展。

教学目标

在本课结束时，学生能够：

1. 获取和梳理 Sam 十年后想要从事的职业、选择原因以及如何为这份职业做准备等信息；

2. 基于 Text Builder 中的信息，复述听力材料中 Sam 的职业规划；

3. 结合自身兴趣和个人素养，初步制订并分享自己的职业规划。

教学过程

教学目标	教学活动与步骤	设计意图	效果评价	时间与互动模式
获取和梳理 Sam 十年后想要从事的职业、选择原因以及如何为这份职业做准备等信息。	Activity 1 Look at the picture and guess where the teacher went last weekend and which jobs were attractive for the applicants.	激活学生对于话题的已知内容，铺垫职业相关词汇，引出本单元话题。	学生能够基于自己已有的背景知识猜测当前顶尖的职业领域。	5’ CW
	Activity 2 Listen to the conversation and summarise what Sam and Wendy mainly talk about in the conversation.	总结听力对话中 Sam 和 Wendy 谈话的主要内容，提升在听力过程中提取大意、整合信息的能力。	学生能够总结出本段对话探讨的是 Sam 的职业发展规划。	6’ IW
	Activity 3 Listen to the conversation and fill in the Text Builder. Ss check the answers and explain the meaning of some new words in the conversation.	获取听力对话中的细节信息，学习相应的语言知识。	学生能够依据 Text Builder 正确填出听力录音中涉及的相应词汇和词组，并基于对话内容猜测部分词汇的含义。	10’ IW

续表

教学目标	教学活动与步骤	设计意图	效果评价	时间与互动模式
基于 Text Builder 中的信息，复述听力材料中 Sam 的职业规划。	Activity 4 Listen to the conversation again and retell Sam's career plan based on the instruction.	内化听力对话中的语言知识，巩固如何阐释个人职业发展规划。	学生能够根据 Text Builder 复述听力对话中大部分的内容。	8' IW PW
结合自身兴趣和个人素养，初步制订并分享自己的职业规划。	Activity 5 Ss think about their future career plan and share it with their partners. While listening to each other's career plan, Ss evaluate whether he/she is suitable for the job.	结合本课所学内容，帮助学生思考并阐释个人职业发展规划，并通过同伴互评，提升学生的活动参与感。	学生能够条理清晰地表述自己的职业规划，并基于同伴分享的职业规划提出个人建议。	8' PW CW
	Activity 6 Ss summarise and reflect upon what they have learnt about "careers" in this class.	学生总结反思本堂课的所学内容，通过自我评价，进一步提升课堂学习效果。	学生能够总结出本堂课自己对"职业"话题的学习内容，思考想要进一步了解的职业相关话题，梳理本堂课学到的职业相关的新词汇。	3' CW

(二)Lesson 1

文本分析

【What】

在校学习的学生持有一种观点：智商决定一切。然而新的研究表明，情商在获得未来成功的过程中作用可能更大。高情商的学生对生活保持积极心态，受困于心理问题的概率要小得多；而情商相对较低的学生很难与人相处和应对困境，从而导致未来生活和职场上会面临更大的困境。研究表明情商的提高尤其是理解他人和交流能力是可以通过后天的学习而获得的。情商是获得成功的必要条件。因此情商的学习是学生阶段重要的"必修课"。

【Why】

作者希望学生学习文章后能够了解情商在成功中的重要作用，并不断培养自己的情商意识，为未来职业发展提供有力保障。

【How】

第一篇文章的标题为EQ：IQ。作者在文章结构和内容上高度赞同情商(EQ)的重要性。开篇通过分析学生的智商(IQ)困境提出了成功的另一个重要因素情商，然后分别从逻辑起点——情商概念的提出者，逻辑分析——高低情商者发展可能性分类讨论和情商后天习得可能性讨论，到逻辑结论——情商提升要通过后天的不断学习和发展。

【教学目标】

在本课时结束时，学生能够：

1. 归纳文章探讨的主要内容，即情商在获得职业成功中的重要性，梳理文章结构；
2. 获取文本细节信息，阐释情商重要的原因、发展的可能性和后天习得的必要性；
3. 探讨作为中学生如何提高自己的情商，提出可以解决当前情商困惑的方法。

教学过程

教学目的	教学活动与步骤	设计意图	效果评价	时间与互动模式
获取和梳理作者给出的情商和智商的定义，情商的表象和可习得性特征。	Activity 1 Ss recall some career plans discussed in Topic Talk and answer the questions. 1. What does a career plan mainly include? 2. What do you know about EQ and IQ? 3. Which is more important to a person?	基于 Topic Talk 的输出活动，引出本课主题，在阅读前激活学生关于本课主题的认知和部分词汇。	学生能够基于自己已有的知识说出自己的职业规划并对职业素养进行基本分类。	5’ IW CW
	Activity 2 Ss predict what the passage mainly includes. Questions: 1. What may the passage *Success Comes with a High EQ* concludes? 2. What’s the writer’s opinion of EQ and IQ?	引导学生预测文本中可能谈到的内容，激发学生好奇心，明确阅读目的。	学生能够说出自己的预测，并给出相应的理由。	4’ IW CW

续表

教学目的	教学活动与步骤	设计意图	效果评价	时间与互动模式
	Activity 3 Ss read and figure out the difference between most Ss' beliefs and the new research findings. Ss discuss in pairs and share their answers in class. Questions: Does it make sense to you? (Use specific example to support your idea)	梳理文本第一段和第二段关于情商和智商的新发现，提升在阅读过程中整合信息的能力。	学生能够区分固有观点和新观点之间的区别，并用自己的例子支持自己的观点。	5' PW CW
	Activity 4 Ss read paragraphs 3-7 and answer questions: 1. What might be the reason for some smart Ss getting low grades? 2. What problems do people with low EQs have? 3. What are the characteristics of people with high EQs? 4. What are "people skills"? 5. How did Ss change in Professor Mayer's study? 6. Why is EQ important to a person?	获取文本中的细节信息，学习相应的语言知识。	学生能够依据问题准确定位，理解对应的文章内容并准确回答。	6' GW CW
基于思维导图中的信息，复述作者的观点。	Activity 5 Ss think and share their thoughts about EQ and IQ based on the graphic organiser on page 10. Question: Based on the graphic organiser, would you like to explain writer's opinion about EQ and IQ? Ss finish the summary and try to recall the details when the writer explain his argument.	内化文本中的语言知识和框架结构，习得作者的思维框架，建立自己的阅读框架。	学生能够根据思维导图复述文本结构特征和细节特征。	10' IW PW CW

续表

教学目的	教学活动与步骤	设计意图	效果评价	时间与互动模式
结合具体困境，初步规划如何高情商解决问题。	Activity 6 What would a person with a high EQ do?	结合本课所学内容，引导学生思考并解决问题，提升学生的活动参与感。	学生能够条理清晰地表述如何高情商处理问题，分享并给出个人建议。	8’ IW CW
	Activity 7 Ss summarise and reflect upon what they have learnt about "careers" in this class.	学生总结反思本堂课所学内容，通过自我评价，进一步提升课堂学习效果。	学生能够总结出自己本节课的收获。	2’ CW

（三）Reading Club 1

文本分析

【What】

从细节出发，如何与人相处，在新环境下获得他人的认可和尊重呢？首先，保持好奇心，并乐于学习新事务，因为新技巧会让你灵活处理事务，适应新的职业需求。其次，要有良好的判断力，深度思考什么是对的和长远目标。再次，与人交流应保持自信和眼神接触，这是建立良好关系的必备方法。建立清晰的目标和实施计划，明确自己的立场，清楚表达观点。最后，乐于助人。工作不分分内分外，完成自己的工作后，乐于帮助他人。

【Why】

文章从具体的方法出发，指导学生如何建立新环境下的良好人际关系，为学生入职和进入职场新环境提供可行性建议。

【How】

文章的标题为 How to Be Successful in a New Environment。标题清晰地表明了文章的内容指向——为学生提供有效的方法从而建立良好的职场人际关系。开篇通过提问的方式引出了一系列的方法，每段结构为总分模式，加粗的段落主题句清楚地说明了这一点。五种方法分别从意愿、判断力、眼神交流、目标设定和乐于助人五个方面层层推进，为学生提供了理性和感性的可行性建议。

教学目标

在本课时结束时，学生能够：

1. 归纳文章探讨的主要内容，即如何搭建良好的职场关系获得他人的认可；梳理文章结构。

2. 获取文本细节信息，阐释搭建良好的职场人际关系的可行性方法。
3. 探讨作为中学生如何为未来搭建良好的职场关系做出具体可行的准备。
4. 使用 v-ed 形式作状语阐释职场观点。

【教学过程】

教学目的	教学活动与步骤	设计意图	效果评价	时间与互动模式
获取和梳理 v-ed 形式的结构和功能特征。	Activity 1 Ss talk about what has been learned in the last lesson.	激活前一节课所学内容，引出本节课内容。	学生能够基于自己已有的知识说出自己对情商重要性的理解，并尝试写出实践过程和收获。	5' IW
	Activity 2 Ss underline *v-ed* forms and discuss the functions.	引导学生关注文本中的语法结构和语法的功能性特点，提升学生在阅读中对语法的敏感度。	学生能够结合文本从结构和内容说出自己对于 v-ed 形式的理解。	5' IW
应用并解释 v-ed 的功能性特征。	Activity 3 Ss join the sentences and explain the functions of *v-ed* forms. Ss make their own sentences with the tips about *v-ed* forms.	内化语法结构，建立自己的语法框架。	学生能够表述 v-ed 的基本功能特征并应用。	10' IW
获取和梳理文本内容：如何在新环境中取得成功。	Activity 4 Ss discuss what matters most when you work with others in group work.	引出本课主题，在阅读前激活学生关于新环境中取得成功的认知背景和部分词汇。	学生能够基于自己已有的知识说出并解释新环境中取得成功的重要因素。	5' GW
	Activity 5 Ss read the text and find the ways to achieve success in a new environment. Questions: 1. How can you be successful in a new environment? 2. What tips are offered for going to an interview?	梳理文中的细节信息，概括整合文本结构。	学生能够依据问题准确定位，理解对应的文章内容并准确回答。	5' PW CW

续表

教学目的	教学活动与步骤	设计意图	效果评价	时间与互动模式
应用并解释 v-ed 的功能性特征。	Activity 6 Ss choose a most important suggestion from the passage and explain your idea.	内化文中的语言知识和框架结构，学习作者的思维框架，建立自己的阅读框架。	学生能够根据问题整合文本内容，提出自己的理解。	8’ CW
	Activity 7 Ss summarise and reflect upon what they have learnt about “careers” in this class.	学生总结反思本课所学内容，通过自我评价，进一步提升课堂学习效果。	学生能够总结出自己本节课的收获。	2’ CW

(四)Lesson 2

文本分析

【What】

第一个听力文本是准大学生 Kristy 对咨询顾问 Mr McDougall 的采访。在采访中，针对 Kristy 提出的关于未来职业选择以及必备技能等问题，Mr McDougall 认为未来的职业发展很难预测，但如下五种技能则是必备的：学习新技能的技能、信息技术技能、第二语言技能、批判性思维以及创造力。

第二个听力文本是卢燕和她叔叔之间的对话。在对话中，卢燕提到她认为上大学可以保证就业，这也是她父母的观点，而她叔叔并不这么认为。他认为未来的劳动力市场有很大的不确定性。他还认为人工智能可能会在某些方面代替人类，而对于这一点，卢燕也认同。而且二人都认为应该跟上时代的步伐，学会使用各种最新的软件和应用程序，因为未来的工作可能将不受空间的限制。

【Why】

这两个听力文本的目的都是让学生了解职业技能。不同之处在于，第一个听力文本主要让学生倾听专业人士(咨询顾问)的声音，第二个听力文本则是让学生倾听一场家庭对话中普通人的声音。通过倾听两种不同的声音，学生能够对未来职业所需的具体技能有大致的了解，从而有利于学生在接下来的学习中有意识地为未来职业发展做相应的准备。

【How】

本课第一篇文本属于访谈类文体，通过一问一答的方式层层递进，逐步让受访者 Mr McDougall 讲述他对于职业技能的理解。在讲述过程中，Mr McDougall 使用了大量的标志词来帮助听众理解他的逻辑，比如 first、several important broad skills、 another 等。而在论证自己观点的过程中，他使用了例证法(举出几种语言的例子来证明第二外语技能的重要性)和对比法(in the past 和 in the future 等)。

第二篇文本属于谈话类问题，相比于第一篇的一问一答，第二篇则是以二人交流为主。二人均提出观点，也对对方的观点做出评价。在证明观点方面这一篇文本并没有明显体现，但是其中对于对方观点的回应(同意或者提出异议)是本篇的亮点(Not necessarily、exactly、I couldn't agree with you more 等)。

教学目标

在本课结束时，学生能够：

1. 提取未来职业发展所需的技能；
2. 概括和归纳本课听力文本主要内容，并进行复述；
3. 用英语对别人的观点进行附和或者提出异议；
4. 批判性地评价两篇文本中所提及的观点。

教学重难点

1. 概括和归纳本课听力文本的主要内容，并进行复述；
2. 批判性地评价两篇文本中所提及的观点。

教学过程

教学目标	教学活动与步骤	设计意图	效果评价	时间与互动模式
第一课时				
提取未来职业发展所需技能。	Activity 1 T guides Ss to review what is learned in the previous classes by asking: According to what we learnt last class, what is important for success in future jobs? Activity 2 T guides Ss to brainstorm what specific skills are needed for success in future jobs by asking: What specific knowledge, skills and attitudes are needed for future jobs?	引导学生回忆上一节课所学内容，引入本课话题；同时进一步激活学生已有知识，为接下来的听说活动做铺垫。	学生能够回忆并说出上节课所学的内容，并能说出一到两个职业技能。	5' IW PW

续表

教学目标	教学活动与步骤	设计意图	效果评价	时间与互动模式
	Activity 3 Ss read the skills on page 12 and predict what will be mentioned in Mr McDougall's interview.	引导学生进行听前预测，激发学生兴趣，并让学生通过表达熟悉"Abilities/Skills ＋ Reasons"的模式。	学生能够说出自己的预测，并给出相应的理由。	5' IW
	Activity 4 Ss listen to the interview, and then fill in the blanks on page 12.	引导学生听听力文本，验证之前的预测。	学生能够基本填出表格内容。	10' IW
概括和归纳本课听力文本主要内容，并进行复述。	Activity 5 T guides Ss to brainstorm skills of summarising information in listening materials by asking: 1. What should we do if we want to summarise a listening material effectively and efficiently? 2. What skills can you think of to help us summarise a listening material? T then summarises skills of summarising information in listening materials.	通过头脑风暴，激发学生已知的关于概括听力材料的技巧，之后教师引导学生进行梳理和整合。	学生能够说出一些概括听力材料的技巧，并在教师的引导下进行整合。	5' PW CW
	Activity 6 T guides Ss to listen to the interview again and take notes.	学生运用刚刚学到的技巧重听材料，记笔记。	学生能够运用技巧记下听力材料的结构框架和要点。	5' IW
	Activity 7 T asks some Ss to share their notes and give oral summary of the interview.	通过学生展示笔记、口头概括以及教师点评，深化学生对于技巧的理解。	学生能够借助自己的笔记作比较全面和准确的口头概括。	10' CW

续表

教学目标	教学活动与步骤	设计意图	效果评价	时间与互动模式
批判性地评价两篇文本中所提及的观点。	Homework 1. Finish Activity 6 on the textbook. 2. Critical Thinking: Consider and evaluate the skills mentioned by Mr Mcdougall. Do you think Mr Mcdougall is right? Will these abilities/skills really be important in the future?			
		第二课时		
回顾所学。	Activity 1 With the suggestions by Mr Mcdougall, T asks Ss: Do you agree or disagree with them?	与上节课的作业相衔接，让学生表达自己对专家某一个建议的态度，并阐述理由。	学生能够针对某一个建议表达自己的想法，并有逻辑地提出至少一个理由。	5' CW
提取未来职业发展所需技能；同时，对他人的观点进行附和或者提出异议。	Activity 2 T asks Ss to read the questions of Activity 7 on page 13 and let them listen to the audio with the questions in mind. Encourage Ss to take notes with the skills previously learned. Then ask Ss to answer the questions.	让学生带着问题阅读，找出问题的答案。鼓励学生使用上节课学到的技巧做笔记。	学生能够找出问题的答案。	7' CW
	Activity 3 T asks Ss to listen to the talk again and finish the Talk Builder on page 13.	让学生聚焦语言知识，学习用英语附和及提出异议，为接下来的活动做铺垫。	学生能够完成Talk Builder。	7' IW
批判性地评价两篇文本中所提及的观点。	Activity 4 T lists Mr McDougall's suggestions. T asks Ss to form groups of four, and choose one or two suggestions/ideas. Then consider and evaluate them. Talk within the group with the help of the Talk Builder.	让学生运用Talk Builder的内容对本课提及的观点进行批判性思考和讨论，在活动中内化语言知识和技能。	学生能够对列举出的观点进行批判性思考，并运用Talk Builder的内容进行讨论。	5' GW

续表

教学目标	教学活动与步骤	设计意图	效果评价	时间与互动模式
	Activity 5 T asks some groups to summarise their discussion or to express their specific opinions. Others are encouraged to respond to any ideas expressed.	把讨论扩展到全班，在呈现和讨论的过程中进一步内化语言知识和技能。	学生能够运用所学知识，表达自己的观点，并对他人的观点做出回应。	14’ CW
	Activity 6 T asks Ss to reflect on their learning experience during the two periods.	让学生反思学习过程，进行自我评价。	学生能够进行反思和自我评价。	2’ CW
	Homework Revise the career plans you made previously based on what you have just learned about future careers and career skills.			

(五)Lesson 3

文本分析

【What】

很长时间以来，人们的职业选择和发展往往是子承父业，一辈子只做一份工作，但科技的变革将极大地改变职业的选择和发展。在未来，人们不再会终身从事一份工作，按部就班地每天工作八小时将难以帮助我们进行职业发展并获得成功，工作和职业种类的出现和消亡将变得更加频繁，现有的职业或工种将被软件、机器人等高科技所取代。

为应对这些变化，我们需要改变固有的职业观，寻求未来职业成功的有效方式，培养承担风险、锐意创新、解决问题和勤奋努力的能力与品质，积极为未来的变化做准备，主动地进行终身学习，只有这样才能避免被未来职业淘汰，真正把握自己的未来。

【Why】

作者希望通过学习这篇文章，学生能够了解社会和科技发展对于未来职业的影响，探讨未来职业发展新趋势对个人技能和观念提出的挑战，希望学生能够更新观念，通过不断学习提升个人素养，把握自己的职业发展和未来，实现个人价值。

【How】

文章标题和全文均使用了第二人称 You，既符合本文的主题：个人将成为未来职业发展的决策者，You 需要培养关键技能，应对未来的职业变化，又与本文的文本功能相匹配，满足说服、号召读者的需要，容易让读者“代入角色”，设身处地地思考自己是否会面临类似的处境，制造“紧迫感”，引导读者意识到未来取决于自己。

文章开篇通过举例和对比的方式，将过去和现在的职业特点进行比较，突出了未来职业变化这一主题。在谈及未来的职业变化时，作者通过“先破后立”的方式，先引入一个人们熟悉的想法，通过提问，运用条件状语从句等方式，创设情境，引发思考，再逐步通过论证，让读者意识到这种过去固有的观点将在未来发生变化，这样的写作方式弱化了直接抛出观点论证的说教性，增强了作者与读者的互动，便于读者接受作者的观点。

教学目标

在本课结束时，学生能够：

1. 归纳文章探讨的主要内容，即职业将发生怎样的变化以及个人如何应对职业变化；

2. 获取文本细节信息，阐释未来的职业变化、造成职业变化的原因以及应对职业变化的具体方法；

3. 梳理文章结构，明确作者的写作手法；

4. 借助本课所学的语言知识，探讨未来职业发展变化以及作为中学生如何为未来的职业变化做准备。

教学过程

教学目的	教学活动及互动方式	设计意图	效果评价	时间与互动模式
第一课时				
归纳文章探讨的主要内容，即职业将发生怎样的变化以及个人如何应对职业变化。	Activity 1 Ss read a career plan written by their classmate and state whether they think it is feasible in the future.	创设情境，引出本课主题，在阅读前激活部分词汇知识。	学生能够基于给出的职业规划发表自己的见解，判断该职业规划在未来是否可行。	5’ IW
	Activity 2 Ss read through the passage and figure out what the author thinks about future careers.	通过梳理文章结构，获取文本探讨的主要内容。	学生能够说出作者对于未来职业的看法，即未来职业将要发生变化。	10’ PW

续表

教学目的	教学活动及互动方式	设计意图	效果评价	时间与互动模式
获取文本细节信息，阐释未来的职业变化、造成职业变化的原因，以及应对职业变化的具体方法。	Activity 3 Ss read the passage again，figure out answers to the questions，and write them down. Questions： 1. What changes will there be in your careers? 2. What should we do to adapt to career changes?	学生在问题的引导下，进一步获取文本细节信息，习得语言知识。	学生能够找出文章作者谈及的未来职业变化及应对方式。	10’ GW
	Activity 4 Ss write down answers and present their ideas in class.	学生使用并内化文中的语言及观点。	学生能够使用文中语言表达观点。	12’ CW
基于文本内容，使用 Lesson 2 所学的功能性语言，批判性思考，表达自己是否同意本文所述观点。	Activity 5 Ss think about on what points they agree or disagree with the writer and give their reasons. Ss summarise and reflect on what they have learnt about “careers” in this class.	学生总结反思本课所学内容，通过自我评价，进一步提升课堂学习效果。	学生能够总结出本课自己对“职业”话题的学习内容。	3’ CW
	Homework Ss write a short reply to state what they think about Mike’s career plan.			
第二课时				
梳理文章结构，明确作者的写作手法。	Activity 1 Ss read the passage again and think about whether the author’s writing is logically organised. Ss analyse the structure of the passage and T gives a brief summary.	梳理作者的写作逻辑和手法，搭建文章的写作框架。	学生能够分析出文章各段间的逻辑关系，明确全文写作框架。	6’ PW CW

续表

教学目的	教学活动及互动方式	设计意图	效果评价	时间与互动模式
借助本课所学的否定表达，探讨未来职业发展变化，以及作为中学生如何为未来的职业变化做准备。	Activity 2 Ss think about the author's writing technique in this passage. Ss read the sentences about career changes again and figure out what kind of expressions the author use to contrast changes. Ss use the negative expressions to talk about changes in future careers. Ss work in pairs and use the negative expressions to talk about more career changes that they think will take place in ten years.	以文章内容为载体，帮助学生关注文本中的语言特点及否定表达，掌握描述变化的语言知识。	学生能够理解文章的语言特点，掌握否定表达的含义及功能，使用否定表达来表述未来职业变化。	16' IW PW
	Activity 3 Ss discuss and write down what they are going to do now to prepare for future careers. Post their notes on the wall and read their classmates' works. Ss share whose notes are helpful or inspiring to him/her.	提出应对未来职业变化的方式。	学生能够表达自己对作者观点的看法，以及自身将如何为未来职业发展做准备。	16' IW CW
	Activity 4 Ss summarise and reflect upon what they have learnt about "careers" in this class.	学生总结反思本堂课的所学内容，通过自我评价，进一步提升课堂学习效果。	学生能够总结出本堂课自己对"职业"话题的学习内容。	2' CW
	Homework 1. Polish the letter based on the structure and writing technique you have learnt in this class. 2. List the job that you think will disappear in ten years' time and state reasons.			

(六)Viewing Workshop

文本分析

【What】

本课的视频是一个主持人采访经济学家的电视节目片段，主要围绕机器人经济对劳动力市场带来的影响(What)、影响产生的原因(Why)，以及应对措施(How)三方面展开。机器人经济背景下，科技不断进步，纯粹体力工作将被替代，而依靠人思维的工作将会继续存在。在未来劳动市场上，只有具备机器人所不能替代的素质，尤其是在思维、知识、情感和交流方面，才能适应未来的挑战。

【Why】

学生通过观看视频了解机器人经济对劳动力市场的冲击，思考如何提升个人思维、知识、沟通能力等，以适应机器人经济对就业带来的影响。

【How】

本课的视频属于新闻访谈类文体，通过一问一答的方式层层递进，逐步引导观众了解机器人经济对劳动力市场带来的冲击。

本视频体现了口语交流的特点，使用了大量的语气词，如 Well、Um、you know、I am sorry? 等。此外，受访专家在表达观点时，使用了重复句式，如 the jobs that will survive will be … and the jobs that will survive are those …、using our backs … using our fingers to … and using our brains … 等。同时，访谈过程中，双方利用语调、体态、表情辅助表达观点信息。例如，女主持人在说到人们处在一个充满挑战的时期时，做出了耸肩和较为夸张的面部表情来表达立场和观点。

教学目标

在本课结束时，学生能够：

1. 通过观看视频，获取和梳理机器人经济的相关信息，包括对未来职业带来的影响、产生的原因，以及应对措施；

2. 基于视频内容，分析访谈专家的观点，思考人类的独特性，并有逻辑地提出至少一个观点；

3. 明确机器人经济给未来劳动力市场带来的影响，论述自己为应对变化能够采取的具体行动。

教学重难点

【教学重点】

1. 通过观看视频，获取和梳理机器人经济的相关信息，包括对未来职业带来的影响、产生的原因，以及应对措施；

2. 基于视频内容，分析访谈专家的观点，思考人类的独特性，并有逻辑地提出至少一个观点。

【教学难点】

明确机器人经济给未来劳动力市场带来的影响，论述自己为应对变化能够采取的具体行动。

教学过程

教学目标	教学活动及互动方式	设计意图	效果评价	时间
获取和梳理机器人经济的相关信息，包括对未来职业的影响、产生的原因，以及应对措施。	Activity 1 T guides Ss to review the main idea of Lesson 3 and emphasises that some jobs might be replaced by robots someday. Then Ss discuss the following questions: 1. What jobs will be replaced by robots? 2. What jobs will survive the robot economy?	基于上节课所学内容，通过问题激活学生关于机器人经济的已知，引出本节课的主题；同时铺垫有关机器人经济的词汇表达。	学生能够与同伴积极讨论机器人的使用对现有工作产生的影响，并列举具体的工种，阐述原因。	5' PW CW
	Activity 2 Ss predict what the two speakers are going to talk about.	引导学生预测视频内容，激活学生的兴趣。	学生能够对内容进行合理预测。	2' CW
	Activity 3 Ss watch the whole video, check predictions and figure out the main idea.	通过观看视频，获取主持人提出的问题，以及经济学家的部分回答，概括总结访谈的主要内容。	学生能够获取梳理主持人的提问，并记录经济学家的回答。	10' IW CW
	Activity 4 Ss watch the interview again part by part, and figure out the details in each part.	获取机器人经济对劳动力市场带来的具体影响、影响产生的原因及人们可以采取的应对措施，并概括、整合信息。	学生能够获取访谈的细节信息。	13' CW

续表

教学目标	教学活动及互动方式	设计意图	效果评价	时间
基于视频内容，分析访谈专家的观点，思考人类的独特性，并有逻辑地提出至少一个观点。	Activity 5 Ss discuss the interviewee's suggestion and talk about the following question: What are the unique things that a human being can do?	基于访谈专家的建议，思考人类的独特性，表达自己的看法，并阐述理由，进行批判性思考。	学生能够指出人类的独特性，并提出至少一个观点。	4' GW CW
明确机器人经济给未来劳动力市场带来的影响，论述自己为应对变化能够采取的具体行动。	Activity 6 Ss are going to discuss the following question: What can you do to survive the robot economy in the future?	联系自身实际，思考如何提升自己的职场竞争力，以应对机器人经济带来的冲击。	学生能够基于自身情况，制订行之有效的应对措施。	6' GW CW
	Homework Ss use what they have learned to write a short passage (100 words) about robot economy, which should include the following aspects: 1. What effects does the robot economy have on the overall labor force? 2. Why do the changes happen? 3. What can we do to face the possible changes?			

(七)Writing Workshop

文本分析

本课要求学生根据招聘启事写一封求职信，以一篇招聘兼职工作的启事引入学习内容，以一篇应聘兼职记者职位的求职信为范文，供学生阅读、分析和模仿，最后写出一封应聘兼职工作的求职信。

【What】

1. A part-time job advertisement. 本课开始时呈现了一则招聘兼职工作的启事。内容包括：

(1)招聘职位：学校新闻摄影师、本地新闻记者、音乐栏目编辑、网络工程师；

(2)申请人提交申请信地址：thormascowle@＊＊.com；

(3)申请信内容要求：个人兴趣、与申请职位相关的特长或能力、个人详细信息。

2. An application letter. 这是一封回应兼职招聘启事的求职信。作者(第五中学高二年级十七岁的李美玲)因对新闻记者这个职位感兴趣，在校报上看到了招聘启事，写下了这封求职信。信中介绍了个人兴趣、相关经历、个性特点和能力等方面内容，表达了希望获取该职位的愿望。

【How】

从文体体裁和语言特点看，本文为正式信件类的应用文。从文体结构看，本文包含三部分：

第一部分(第一段)：说明求职意向；

第二部分(第二段至第四段)：介绍个人与所申请职位相关的兴趣、个性特点、个人能力和经历等内容；

第三部分(第五段)：表达期待对方回复(获取本职位)的愿望。

【Why】

本课呈现了两个文本。文本一(兼职招聘信息)创设了一个真实情境，给出写作要求。接着，学生通过学习文本二(申请信)，了解求职信的格式、结构和主要内容，在今后的实际生活中能够正确撰写求职信，达到真正交际的目的。同时，进一步认识个人兴趣、个性特点和技能与职业选择之间的关系，树立全人发展的意识，提升个人素养，为进入职场和未来生活做好准备。

教学目标

在本课结束时，学生能够：

1. 获取、梳理求职信的格式、结构和语言特点，归纳概括求职信主体部分的内容；
2. 列出求职信写作提纲，参考范文撰写兼职工作求职信；
3. 运用教材附录中提供的 Self-check List 和 Peer Editing Sheet，完善求职信。

教学重难点

【教学重点】

获取、梳理求职信的格式、结构和语言特点，归纳概括求职信主体部分的内容。

【教学难点】

列出求职信写作提纲，参考范文撰写兼职工作求职信。

教学过程

教学目的	教学活动与步骤	设计意图	效果评价	时间与互动模式
第一课时				
帮助学生获取、梳理求职信的格式、结构和语言；归纳概括求职信主体部分的内容。	Activity 1 1. Review what have learned T asks Ss to review what they have learnt in the previous lessons. 2. Get ready for writing T asks Ss to discuss in pairs about the question: If you are going to apply for a part-time job with the local newspaper, what will you include in your application letter?	引导学生回忆上一节课所学内容，引入本节课学习内容，激活学生已有知识，为下面的写作活动做铺垫。	学生能够回忆起本单元已学的内容，并说出成功获得职位所需的一个或几个具体技能，以及求职信包含的一些要素。	5' CW
	Activity 2 1. Read and answer questions T asks Ss to read the job advertisement and the application letter on the textbook. Then Ss answer the question based on the two texts: What information can you get from the advertisement/the application letter? 2. Read for the structure (1) T asks Ss to read the letter again and match the five parts in the letter with the main topics or functions on page 18. (2) T checks Ss' answers and summarises the outline of an application letter. (3)T emphasises the 3 Cs for each part of the application letter (Clear, Convincing and Complimentary). 3. Read for the language (1) T asks Ss to read for evidence for Li Meiling's personal qualities and qualifications. (2) T asks Ss to discuss and	引导学生在写作前先获取、梳理求职信的格式、结构和语言，归纳概括求职申请信的内容和注意事项，为接下来的写作活动做铺垫。	学生能够从招聘启事中识别出文中具体的写作要求。通过阅读文本，获取并梳理出求职信的格式、结构和包含的内容，并进一步归纳求职信的句式和连接词。	25' IW CW

续表

教学目的	教学活动与步骤	设计意图	效果评价	时间与互动模式
	summarise what should be included in an application letter and then T adds more tips to it. (3) T asks Ss to read for sentence structures that can be used in a letter of application. (4) T asks Ss to identify what linking words are used to express additional points and reasons.			
根据求职信写作提纲，参考范文撰写求职信，帮助学生独立完成一封求职信初稿。	Activity 3 1. Draw an outline T asks Ss to choose a part-time job that interests them most in the advertisement, and follow the outline to draw an outline of their own application letter. 2. Write the first draft T guides Ss to write an application letter for the job that interests them most based on their outline.	引导学生根据招聘启事选择自己最感兴趣的职位，写出纲要，并根据纲要写求职信初稿。	学生能够根据个人喜好，选出自己感兴趣的职位；在教师的指导下，独立完成写作框架，厘清写作逻辑，思考细节内容。	10' IW
	Homework Finish the first draft with the help of the outline.			
第二课时				
运用同伴评价表和自我评价表，完善求职信。	Activity 1 1. Review the first draft T asks Ss to review what has been learnt in the previous lesson, activating what they have learned. 2. Self-assess the writing T guides Ss to proofread their work independently first, based on the self-check list, following the process below: a. Think about the overall content, language, and organisation. b. Improve transitions, consistency, and paragraph unity.	引导学生回顾所学知识，通过自查，找出并反思自己写作中存在的问题。培养学生的自学能力和反思能力。引导学生通过评价他人作品，学习他人的条理性、逻辑性，进一步帮助学生明确求职信的评价维度，发展学习能力。	学生能够通过自查找出自己作品在结构、语言上的问题；通过互评找出同伴的问题，并学习同伴作品中可取之处，明确求职申请信的评价维度，优化自己的求职信。	25' IW PW CW

续表

教学目的	教学活动与步骤	设计意图	效果评价	时间与互动模式
	c. Check spelling, punctuation, and grammar errors. 3. Peer edit the writing (1) After self-assessment, T guides Ss to do peer editing, learning from each other and helping each other better improve their writing, based on the peer editing sheet on page 93. (2) T asks Ss to present some samples and make some analysis based on the peer-editing sheet.			
	Activity 2 1. T helps Ss to summarise the structure and elements of a letter of application. 2. T helps Ss to summarise some useful structures and expressions that an application letter uses. 3. T guides Ss to complete their writing independently, based on what they have learned.	帮助学生进一步明晰求职信的要求、句式结构与合理的交际用语，并帮助学生独立完成求职信。	学生能够通过复习范文，学习求职信所用句式结构和合理交际用语，并独立完成一封求职信。	15' IW CW
	Homework Reread your own writing after class and polish it if necessary in preparation for the upcoming project.			

(八)Project

文本分析

【What】

本课的活动方案是基于 Project 7 Planning a Careers Fair 改编而来。课本上原本的活动是策划一场大型的招聘会，要经过头脑风暴、调查研究、讨论论证等环节，安排招聘会的方方面面，包括时间、场地、后勤保障等。考虑到本单元的主题实际上是聚焦在未来职业的发展变化，以及个人需要具备的职业素养，我将招聘会的内容进一步具体化，让学生以小组为单位成立一个新的公司(be their own bosses)，并在招聘会上宣传自己的公司，同时按照一定的标准招揽人才。

【Why】

该招聘会的目的是让学生思考未来职业发展方向，提升对职场以及职业技能的认知，树立面向未来的职业观；同时在思考和创造的过程中发展未来职业所需的关键能力，为进入职场做好准备。

【How】

本课为活动课，所有的准备活动由教师引导学生在课前完成，课上教师只做必要的引导，大部分内容交给学生自己来完成。

教学目标

在本课准备及实施过程中，学生能够：

1. 提出自己的创意，模拟创建自己的公司，并借助海报和现场讲解对其进行宣传；
2. 能够思考和表达出公司所需人才的职业技能。

教学重难点

本节课教学的重难点在课前。教师要充分发挥学生的主观能动性，借助现代沟通媒介，引导学生自行组成小组，并完成招聘会的准备工作。

教学过程

教学目标	教学活动与步骤	设计意图	效果评价	时间
让学生在课下完成招聘会的准备工作。	Step 1 Getting into groups T guides Ss to form groups of four.	让学生组成小组，为创立自己的公司做准备。 尽量让学生自己分组，尊重他们的社交圈和兴趣爱好，毕竟现实中合伙创业也是类似的模式，不能强行安排。	学生可以自行组成小组。	课前
	Step 2 Establishing a company T asks each group to set up their own “future” company after discussing the following questions: 1. What is the name of the company? Where is it located? What does the company do? 2. How is it different from	让学生经过小组讨论模拟创建属于自己的公司，为招聘会做准备。 教师要对学生的活动过程进行必要的引导，如对学生分工方案的引导、对学生调	各小组能够经过讨论模拟创建自己的公司。	课前

续表

教学目标	教学活动与步骤	设计意图	效果评价	时间
	current companies? 3. What are the company's advantages over others? 4. What will be the difficulties that the company may face? How can these difficulties be overcomed?	查研究方法的引导等。		
	Step 3 Deciding recruitment plan T asks each group to discuss the following questions: 1. What kind of people does the company want to hire? 2. What career skills are required to work for the company? 3. How does the company attract people to join?	让学生经过小组讨论确认招聘的方案。	各小组能够经过讨论确定招聘方案。	课前
	Step 4 Making posters T asks Ss to make a poster for the careers fair. The poster should include: 1. An introduction of the company 2. A detailed recruitment plan.	让学生把准备工作落实在文字上，同时为招聘会做准备。 该步骤在课下完成。教师给学生提供必要的教学用具，同时给予学生必要的指导。	各小组能够做出招聘海报。	课前
实施模拟招聘会。	Step 5 The Careers Fair! Ss begin the Careers Fair. For each group, two stay at their own stand to introduce their company and attract talents through communication. The other two go around as talents to learn about other companies. Group members take turns to play these two roles.	这就是最终的“综合产出”部分。考虑到空间的需求，该招聘会的场地最好设定在操场、礼堂或者花园等场所，便于学生交流，也更接近实际的招聘会现场。	学生能够宣传自己的公司并招揽人才。学生能够扮演好人才的角色，通过交流了解不同的公司。	38’ CW
	Step 6 Evaluation T asks Ss to vote for “The Most Promising Company”. Ss cannot vote for their own company through cellphone voting app. T declares the result and award the winner group.	让学生对自己的综合表现进行评价。	学生能够比较客观公正地选出“最有前途公司”。	2’ CW

续表

教学目标	教学活动与步骤	设计意图	效果评价	时间
	Homework Write an application letter to your favourite company.			

五、教学反思

(一)

首先谈谈我对“单元大观念”教学的感悟。我也是在接手这个大观念项目的时候才接触到这个词，我想，它的前身应该是“主题意义”，再往前，或者再往大了说，就应该是《课标》里的“人与自然、人与社会、人与自我”了。我非常喜欢这个概念，而且在备课过程中也享受在“大观念”指导下对于教学流程和教学方法的探讨。因为我觉得课标、主题意义、大观念才是真正体现语言教学精髓的理念。

在课标、主题意义、“大观念”的指引下，作为英语教师，我感觉到英语教学被赋予了生命：此时的语言教学是有意义的，我们的教学固然还要涉及词汇、语法等知识以及听说读写等技能，但是所有这些其实都是工具性的，而我们的目的不仅是教授知识和技能，而是将知识和技能当作工具进行更深层次的思考和探讨。以本单元为例，教师在备课过程中想的是学生未来的职业发展，想的是单元里的各个语篇如何为大观念服务；学生在学的过程中真正在理解和思考“职业发展”这样一个真实的话题和理念；相信多年以后，当学生真正面对自己的职业选择时，也会有意或无意地想起，当年的英语课上，曾经探讨过这样一个话题，并且当年探讨过的一些理念也或多或少地会在自己的职业道路上起到一些作用。

作为一线教师，对于如何将“大观念”落地，我也有一些自己的想法。在做教学设计时，包括授课的过程中，我认为有一点非常重要，那就是真实。一定要让学生感受到真实，让他们感受到他们是真的在思考，而且他们的真实思考是有价值、有意义的。换句话说，要让他们意识到，任何大、小观念的生成，主题意义的提炼，分析与归纳，都是他们的成果，而不是教师或教材强加给他们的。我觉得只有这样，他们才真正能够理解和运用所有的“观念”。

具体反映到这两节课中，我认为如下两个做法很有意义。

一是我在第二节课的设计中加了一个小活动，让学生批判性地看待听力语篇所提及的内容，而这种 critical thinking 恰巧也是语篇中提到的一个未来必备的职业技能。这个活动让学生感受到，他们不是在一味地听教师讲授，而是真的在思考，从而提高他们的积极性和课堂参与度。

二是我会用黑板的很大比例去记录学生实时的课堂生成。当学生看到自己的想法被呈现在黑板上，他们会感觉到自己的思考和表达都是有意义的，这样他们就会更愿意思考和表达。一个学生乐于思考和表达的课堂，我认为就是好的课堂。

曹向前

（二）

高中英语写作不仅要关注写作任务的真实性和交际性，也要关注写作结构的完整性和语言的准确性，帮助学生运用准确的语言清晰表达意义。针对本单元 Writing Workshop，学生需要撰写一封求职信，为未来求职和进入职场做好准备。这一任务对于学生来说是一个挑战，学生虽有一定的写作经验，能写出表意较为完整的句子，但是他们对英文求职信的格式、结构和语言特点并不是很清楚，部分学生也不能使用准确、具体的词汇清晰表达个人兴趣、资质和经历等，语言表达连贯性和逻辑性也有待提高，在语言使用得体性方面也需要教师的进一步引导。为解决以上问题，我反复研读教材中提供的范文，给予学生足够的结构、内容和语言支持，充分调动学生参与评价的积极性，让学生不仅学到"什么是好的求职信"，也切实提高了学生写求职信的技能。

1. 充分研读范文，解读核心内容

教师对语篇的充分研读是做好教学设计的基础。在正式讲课之前，我反复研读文本，结合学生的薄弱点确定授课重点。教材中的文本(应聘兼职工作的求职信)为学生提供了书写求职信的范本，能够帮助学生了解求职信的格式、结构、内容和语言。范文结构清晰，主要包括三部分：(1)说明求职意向；(2)介绍个人与所申请职位相关的兴趣、资质和经历等内容；(3)表达期待对方回复(得到本职位)的愿望。对学生来说，获取求职信的结构并不是难点，但是学生容易忽略求职信的语言特点，比如说：选用确切的、正式的语言直接陈述和介绍自己的求职意向，并通过具体的实例说明自己的资质、经历和个性特点，言简意赅、语言得体。此外，学生也容易忽视段落间的逻辑。

我解读出范文的核心内容、确定教学重难点后，感觉自己在设计教学活动时有了参照，授课逻辑也变得顺畅，为正式授课打下基础。

2. 提供支撑性帮助，解决学生语言难题

教师进行充分的文本研读之后，需要思考如何在课堂上将文本研读的过程还给学生，即如何将教师的文本研读转化为学生的学习内容和学习活动。为了帮助学生解决写作语言不够准确的问题，我在授课时搭建内容、结构和语言支架，提供足够的支撑性帮助，指导学生写作。

在课堂伊始，我提出问题"If you are going to apply for a part-time job with the local newspaper, what will you include in your application letter?"，以了解学生对"求职信结构"的认知，进而使学生阅读文本获取范文中的结构，使学生初步了解求职信需要包括哪些内容。接着，我提出问题"What information can you get from the advertisement/the application letter?"，使学生思考求职信的内容。在课堂上，学生积

极思考，回答出了“申请目的”“个人兴趣”“个人品质和能力”等内容。随后，为帮助学生获取文本中的语言表达，我提出上位的问题，先让学生以小组为单位讨论文本运用了哪些语言来表达“申请目的”“个人兴趣”和“个人资历”等，以及文中使用哪些语言衔接各个段落，让学生自己总结并记录关键语言点，我做适当补充，也引导学生进一步思考范文的语言风格以及实现手段，比如：作者没有使用“I'm writing to apply for a position…”，而是使用了“I am writing to apply for a position…”来避免缩略形式，使语言更正式。

这个探究过程无形中为学生搭建了写作内容和语言支架，为其提供写作时需要使用的句型、语法和语言修辞等，使其顺利完成写作任务。此外，在这个过程中，我并没有直接找出文中的语言点，而是先让学生自己去寻找和总结，有利于提高学生的主动学习能力，也能激发学生的创造力和学习文本语言的兴趣。在上课过程中，学生的表现也令人惊喜，不仅积极寻找文中的关键语言点，也想出了更多的表达，体现出很强的思考力和小组合作能力。

3. 调动学生参与评价，发展学生高阶思维

写作是培养学生批判性思维和自主学习能力的好契机，教师要在课堂上引导学生进行自评和互评，充分发挥学生的主观能动性和创造力。在授课前，我初步设计了求职信自评和互评标准，然后在课上邀请学生进行完善，进而使其借助具体的评价标准对自己和同伴的求职信进行评价。为完成这一任务，学生需要不断思考评分标准来比对自己和他人的写作，这个过程会使学生在无形中对“优秀求职信”的标准内化于心，并在无意识的状态下发展批判性思维能力。在上课过程中，学生的积极性很高，对同伴的求职信进行了详细的批注和评价，并在全班阐述自己如何评价，以及自己能从他人的作文中借鉴到什么。

我在学生参与评价的过程中也及时给予学生反馈，鼓励学生学习他人求职信中的优点，进一步帮助学生明确求职信的评价维度，为其完善自己的求职信奠定基础。通过学生的外在表现，我深刻感受到自评和互评环节极大地增强了学生的参与度，使学生在情感、认知和行为上参与到写作课程的教与学中，推进了学生的深度学习。

总之，通过这次授课，我深刻体会到教师要充分研读文本，将范文视为丰富的学习资源，引导学生通过阅读与鉴赏、梳理与探究，使其借鉴其中精准的语言和完善的结构，更好地扎实自身的写作能力。教师也需要积极调动学生参与评价，使其展示作为学习者的主动参与，探索感悟与创造创新，引导学生成为积极思考者、主动探究者与批判评价者。

陈林林

（三）

本次教学活动我负责两部分：Lesson 1 和 Reading Club 1。两部分内容主要包括 EQ 在职业规划中的重要性，文本的语法结构和如何融入职场新环境。这两部分帮助学

生理解并创造性地开发 EQ 潜能，探寻行之有效的方法。我在整个教学活动中的反思如下。

1. 文本的结构性

本单元多维度探讨 Career 的主题意义。在实际教学活动中教学方向明晰，既要符合主题意义，又要能够突出该部分的特点，符合逻辑意义。在教学活动中如何实现内容和形式的统一，如何引导学生思考并落地主题意义是很有挑战的。通过课堂讨论让逻辑清晰；通过问题引导使学生参与并得出关于结构特点的结论是非常有效的教学方法。结论的半开放性更加有利于培养学生的创造性思维。在教学活动中引导学生用自己的真实经历佐证自己的推演过程，把自己的主观感受和观点不断细化，批判性地提取有效信息，为自己的结论提供通道。

2. 语法的实用性

学生是学习的主体，要围绕学生搭建合理有效的语法教学活动。如-ing 在文本中的作用：提出观点、解释观点、陈述事例等，这不仅局限在语法本身的结构，而是要先清楚为什么使用-ing 形式。在这个问题的指引下去归纳总结文本中-ing 形式的作用可以帮助学生看到一个更大的图像。在这个原则下的语法教学活动和例子筛选能够使学生理解语法的有效性，从而在造句时使自己的表述更有逻辑。

何明

(四)

在备课、试讲、评课、磨课的过程中，我收获良多，对高中英语课堂有了更清晰的认识。

设计 Meet the New Boss: You 这一课的学习评价指标时，我起初是基于文本内容来设计评价标准的，重点设在是否理解了本课语篇中作者的观点。后期我研读了《课标》中有关核心素养和六要素的内容，发现了更系统地制订学习评价指标的方式。将核心素养与单元教学内容结合，制订学习评价标准，这样可以帮助学生观察到自己在某个素养层面上的单元进阶，真正体现评价与单元整体教学的功能。

在设计具体的课堂活动时，《课标》中提出的英语学习活动观给教师提供了有效指导，即从学习理解、应用实践、迁移创新三个环节出发，思考如何基于主题意义，设计层层递进、富有逻辑的教学活动，帮助学生将课本知识应用到实际生活中。在设计这三个环节的教学活动时，挑战最大的就在于应用实践类的课堂活动，如何能让学生有效内化课堂语言学习的内容是我设计本课的一大难点。内化语言需要充分的时间，在本课的授课过程中，学生需要在纸上写下作者提及的未来职业变化和应对方式，并在班内展示，这个教学活动实际需要至少 15 分钟的时间。在前期试讲的过程中，我因为想要完成迁移创新的环节，而缩短了此活动的时长，最后的课堂生成效果就不是特别理想。改进后，我将重点落在应用实践类的课堂活动，帮助学生巩固内化文本的学习内容。最终，我舍弃了迁移创新类的部分课堂活动，将重点落在了内化文本内容上，学生的学习效果比之前的课堂有了明显提升。

为了更好地帮助学生学习各课时的具体内容，教师还要研读分析教材中的单元教学内容。在进行本课的教学设计时，我也曾苦恼 Meet the New Boss: You 的主题意义到底在于什么。当我请教其他老师时，他们建议我研读本单元的其他文本，通过各个语篇的文本分析，整合单元教学内容，提炼单元大观念，思考如何进行单元整体教学。我和备课组的老师们共同讨论，逐渐明晰了整个单元的教学结构，明确了本课在整个单元学习中的功能。

在实际授课过程中，我明显感觉到经过整合的单元教学设计更符合学生的认知规律，大观念的生成也可以帮助教师更好地把握各课教学的核心内容，将教学内容从碎片化变为结构化，帮助学生进行深度学习。

由于对文本内容总是有新理解，我多次修改教学设计。最后我发现如果在备课之初，从 What、Why、How 三个层面做好透彻的文本分析，可以避免后续课程设计的许多问题。

此外，在本次教学设计的过程中，我发现只关注词句往往会加重学生的认知负担，不利于学生理解全文。因此，在授课过程中，教师应当基于文本内容，生成结构化知识。结构化的知识不仅会使课堂教学更有逻辑，也会增加文本关键信息的复现率，强化学生的理解及记忆，帮助他们潜移默化地掌握语言知识，减轻语言学习的记忆负担。在以往的课堂中，我总是借助演示文稿呈现结构化的知识，但在本课的前期备课研讨时，备课组老师建议我充分利用黑板这一教学资源，将结构化的知识呈现在黑板上，便于学生在课堂中讨论或思考，在最后课堂总结的过程中，黑板上的板书也的确为学生提供了有效的支撑。

回顾本课的第一次与最后一次试讲，我发现自己还在如何为学生搭建支架上有了很大成长。搭建支架是引导学生思考的重要环节，如果支架搭得太少，学生的思维可能达不到预期程度。例如，在本堂课的第一次试讲中，我没有进行任何铺垫，直接引导学生在第一次阅读后就用思维导图的方式呈现作者对 Careers 的思考，即便是在年级语言水平最好的几个班，学生都一头雾水，几乎用了一节课的时间才完成思维导图的绘制，而且没有获取文本关键信息。最终，在备课组老师的建议下，我在课堂的各个环节逐步为学生搭建支架。我们先设计了导入环节的调查问卷，既有助于了解学生对本课话题的已有认知，又可以提前铺垫本课的核心词汇。在阅读环节中，学生先通读文本提取大意，若出现偏差或无法理解，教师再引导学生概括文本内容。

在实际授课过程中，我发现根据教材和学生实际学情适时补充教学内容，更有利于学生的学习和发展。例如，学生可能在单元学习之初就对自己的职业发展方向感到迷茫，因此无法制订合理的职业发展规划。此时，教师可以充分利用网络资源和学校生涯规划指导的课程资源，通过调查问卷，帮助学生做出职业发展评估，更好地完成单元学习。此外，由于学生对职业的了解并不充分，教师可以在课外为学生提供更多的泛读材料，帮助学生了解当下热门的职业及其特点。结合学生实际情况，适时整合课内外学习资源，补充学习内容，提供更有针对性的指导，才能帮助学生进行深度学习，真正做到学有所用。

彭博

(五)

我在设计 Viewing Workshop 的过程中，针对“教什么”“怎么教”有如下思考。

1.“看”的课程应该教什么?

备课的首要步骤就是深入研读语篇，把握主题意义，从而更好地确保落实核心素养目标、设计合理的教学活动。拿到 Viewing Workshop 的语篇后，我先从 What、Why、How 三个方面进行了细致的文本分析，厘清了文章的内容、结构和主题。此文本的内容及主题十分清晰，即机器人经济对未来劳动力市场带来的影响。那本语篇的主题与本单元的主题 Career 有什么关系呢？本课应该放置在本单元的哪个位置进行教学呢？通过对本单元所有语篇主题的梳理总结，最后确定了单元大观念，以及本语篇的小观念，并根据单元授课的逻辑结构，将本语篇作为本单元的第八课时，前面衔接 Lesson 3，同时为后面的 Writing Workshop 做铺垫。

梳理完大、小观念，我开始基于文本分析和学情设立教学目标。在第一版教学目标中，我试图让学生获取梳理视频信息，并通过角色扮演内化语言和内容，最后还能联系自身表达看法。在第一次说课时，有老师就问道：“你觉得这三个目标在 1 课时内都能达成吗?”我意识到教学不是生搬硬套，不是照搬前沿理论设计“完美”的课时，而是能够真正以学生为中心，有逻辑、有重点。针对“看”课程的教学目标，我产生了以下两点思考：

(1)立足单元大观念，抓住语篇小观念

Viewing Workshop 的定位是“拓展主题知识，聚焦看说能力”，目的在于让学生通过地道的视频学习加深对单元主题的理解，其重点应该在于对核心观点的获取，不需面面俱到。因而，“看”语篇的教学目标应该立足于让学生体会到语篇小观念，抓住关键信息即可，不需要设置复杂的内化活动，重心不在于内化语言。在新思路的引领下，我放弃了“求全”的想法，专注于观念的提取，形成了最终的教学目标。

(2)利用语篇特色，培养学生综合语言能力

除了关注大、小观念外，也应该抓住 Viewing Workshop 的语篇特点，培养学生的综合语言能力。例如，本语篇中，学生可以通过观察两位说话者的背景图片判断他们的身份，同时在观看视频的过程中也可以通过关注说话者的语调、体态、表情等获取观点信息。在实际教学中，教师可以有意识地引导学生关注多模态信息，以更好地应对社会的发展变化。

2.“看”的课程应该如何设计?

(1)基于教学目标，精简教学活动

教师应该在主题意义的引领下，设计高质量的活动，而不是走形式。基于新的教

学目标，我精简了教学活动，并仔细打磨了活动之间的衔接逻辑。我感觉对整个课堂的掌控感明显更强了。

(2)基于教学目标和学情分析，合理调整活动难度

考虑到 Viewing Workshop 的教学重点在于获取理解观点，我在设计的过程中就没有太纠结语言上的细节，也不用要求学生掌握所有的内容。同时，也要充分考虑学情，合理调整活动的难度。在本节课的设计中，第一遍观看，我让学生着重抓取主要内容，也引导学生关注主持人的提问。第二遍观看，我采用了分段播放的形式，也给予了学生较多的语言支持。在实际课堂上，大多数学生都能够完成相应的活动。

(3)以主题为引领，尝试“逆向设计”

本节课的小观念是：明确机器人经济对未来劳动力市场的影响，思考自己为应对变化能够采取的具体行动。在本次教学中，我尝试了“逆向设计”：达到这个目标，我需要给予学生什么支持？在逆向思维的引导下，我重新优化了教学设计，并将讨论点细化到了两个问题上：What are the things unique that a human being can do? As students，what can we do to survive the robot economy in the future? 以此引导学生聚焦思考人类的独特性，最后学生联系自身实际，思考如何提升职场竞争力，以应对机器人经济带来的冲击。教学活动始终把主题意义探究作为主线，内容与形式结合，体现学科育人价值。

汪菁

六、案例点评

本单元是一次实践大观念视角下高中英语单元整体教学，促进英语学科核心素养和学科育人目标落地课堂的成功尝试。

从单元整体教学内容看，上课教师依据课程标准，从课程内容出发，梳理并整合本单元各课时教学内容，建立各课时间的关联，提炼出单元大观念和小观念。

Topic Talk 铺垫单元话题，旨在激活学生对单元主题的已有知识和经验。Lesson 1 从理论层面强调了情商培养的必要性和重要性，而 Reading Club 1 则具体提出适应并融入新环境的建议，因此将两课建立关联，使学生由抽象到具体建立对“情商”的认知。Lesson 2 旨在使学生通过听两篇听力对话了解职业发展所需的技能。学生通过对 Lesson 1 和 Lesson 2 的学习，能够了解职业发展所需的不同素养和技能，生成本单元的第一个小观念“知晓职业素养和技能”。

在 Lesson 3 中，学生进一步认识未来职业变化的趋势、探究变化背后的原因并思考应对方式；Viewing Workshop 具体探讨信息时代下可能会消失的工作类型。学生通过对 Lesson 3 和 Viewing Workshop 的学习，进一步认识职业变化，生成本单元的第二个小观念“认识职业变化”。

在 Writing Workshop 中，学生学习写一封求职信；在 Project 实践中，学生根据

自身的兴趣爱好和能力与职业需求匹配，给自己心仪的公司写求职信。学生从实践层面“为未来求职做准备”。至此，学生形成整个单元学习的大观念，即思考未来职业选择，提升对职场及职业技能的认知，树立面向未来的职业观，为进入未来做好准备。

从单元整体教学目标看，本单元首先通过 Topic Talk、Lesson 1＋Reading Club 1 和 Lesson 2 的学习活动，利用 Career Plan，阐释未来职业选择以及应当具备的职业素养，探讨未来职业所需技能。其次，通过 Lesson 3 和 Viewing Workshop 的学习活动，探究未来职业变化，分析变化产生的原因，探讨如何为未来的职业变化做准备。最后，在 Writing Workshop 到 Project 的学习活动中，能够写一封求职信，并在模拟招聘会中，以雇主身份阐明职业要求，以应聘者身份表明自身技能和品质，为未来的职业发展做好准备。在单元教学目标的统领下，各课时目标层层递进，环环相扣，从认知到实践层次逐步建构单元大观念。

从单元整体学习活动看，上课教师根据各课时之间的关联和每课时的重点内容，设计不同的学习活动和作业，形成整个单元的活动链。Topic Talk 这一课中，教师在导入环节以 Career Plan 为切入点，开启学生对 Careers 话题的探讨，之后各课时的学习始终贯穿对 Career Plan 的讨论，最后在本单元学习结束时，学生能够完成一封求职信。

从单元整体评价方式看，教师在单元整体教学的各个环节都关注了学生的表现，帮助学生获得学习成就，反思学习效果，促进学生大观念的生成。在整个单元学习的过程中，教师通过多元评价方式检测学生的学习效果。在每节课课前、课中和课后，教师通过问卷调查、课堂观察、口头或书面作业、学习评价表、课后阅读任务、反思日志等形式，帮助学生评价自身学习情况；完成整个单元的学习后，教师引导学生基于主题绘制思维导图，使自己对此话题的认知可视化。通过 Project 中“模拟招聘会”的挑战性学习任务，检测学生是否为未来求职做好一定准备，评价学生是否能运用所学解决其自身生活中的问题。

总之，本单元基于大观念的整体教学有利于帮助教师在教学中把握育人本质，聚焦主题意义的建构，为学生探索英语学科语言知识与技能和形成核心素养奠定基础，使英语学科核心素养真正落地课堂。

案例六：选择性必修三 Unit 9 Human Biology

团队教师(按姓氏拼音排序)：崔丽伟　何维　武岳　杨睿　张婷婷
赵志成　周亚楠

团队负责人：李春芳

一、单元整体教学内容分析

本单元围绕 Human Biology 话题展开，以多种形式的语篇呈现了人类生物学领域的研究和发展，并引导学生理性思考生物学对人类社会的发展所起的作用。本单元涉及"人与自我""人与社会""人与自然"三大领域，整个单元的学习内容包含 Topic Talk、Lesson 1～3、Writing Workshop、Viewing Workshop 和 Reading Club 等，各课通过听、说、读、看、写等活动，围绕"人类生物学"从不同角度丰富单元主题的内涵，深化主题的意义。

Topic Talk 包括两篇听力材料，第一篇对话中两个高中生谈论最近看过的体育节目，引出对人体和人脑功能的讨论。第二篇访谈中 Milhouse 博士被邀请介绍人类在极端气候下的身体适应力的研究。该课作为本单元的起始课，起到了激活学生与人体生物学主题相关的原有知识的作用，丰富了学生有关生物学话题的语言，为谈论对人体生物学的了解做好语言以及思维的铺垫。此外，教材提供了 Quote… Unquote，有助于引导学生认识到人类身体和大脑的无穷价值，以及关注人脑和身体健康的重要性，对内容学习进行话题的铺垫。

Lesson 1 为阅读语篇，属于论说文，文章标题"克隆还是不克隆"既是本课的主题和论点，也是作者抛给读者的问题，引发读者的深思。本文阐述了克隆技术的定义、分类、突破性进展，分析了支持和反对克隆技术两类不同观点的原因，最后借助爱因斯坦的名言回答了标题的问题，即科技是把双刃剑，效果取决于使用该科技的人，即人类自己。通过探讨"克隆还是不克隆"这一极具争议的话题，培养学生辩证地看待人类生物学，既要肯定科学技术给人类带来的福祉，又要思考其带来的新的伦理问题和挑战。同时，让学生熟知中国科学家在克隆技术上作出的贡献，激发民族自豪感。

Lesson 2 主要包含两段听力材料：第一段听力材料是以科学讲座的形式介绍了大脑的基本构造、传输信息的方式，以及人类对大脑的研究；第二段听力材料是三位学生参与"健康生活"电台活动，通过热线电话的方式向脑专家 Kim 寻求提高脑健康的建议。作者希望学生通过对本课听力内容的学习，认识大脑，从而更合理地利用大脑，尤其是提高脑健康，提升学习效率和生命质量。

Lesson 3 是阅读课，文本是关于流行病的科普类说明文。首先，作者给出流行病的定义与界定办法，然后依次介绍了禽流感、罗马帝国流行病、黑死病、西班牙流感、非典(SARS)和埃博拉(EVD)的基本情况。作者希望学生能够感知流行病的不可抗拒的危害，并呼吁未来各国积极携手应对，提升学生人类命运共同体意识。学生还需对文章标题进行深入理解，意识到题眼 explained 的一语双关，流行病只能解释，很难预防或阻止发生，所以 explained 巧妙地表达出作者对流行病的无奈，于是在文末呼吁各国政府共同努力，团结协作，拯救生命。

Writing Workshop 为本单元的概要写作。本课呈现了 Epidemics Explained 这篇科学报告的概要范文，将原文 700 多词的科学报告凝练成 170 多词的短文，引导学生了解概要写作的步骤，即先将需要概括的文本分为若干组成部分，然后将每一部分的主旨用几句话进行概括，最后再将所有句子综合起来，补充连接词，形成最后的概要。同时，作者利用 Writing Help 提出概要写作的禁忌，即避免例子和解释，切勿添加个人观点。通过仿照一篇概要范文，期待学生撰写有关第一课 To Clone or Not to Clone(619 词)的概要，达到传递主要信息的目的，为今后学术写作奠定基础。

Animal Experiments 为本单元的视听课，视频中动物权益保护者 Sam 与剑桥大学 Tina 博士展开关于动物实验的辩论。第一部分，开场主持人通过一系列数据说明从古至今动物都被用于各种实验研究，第二部分 Sam 和 Tina 围绕五个主要问题展开辩论，由于人类生物学发展的需要，动物成为实验对象不可避免，但是动物实验也极大地伤害了动物，学生要批判性思考动物实验的利弊，深入思考是否有更好的解决方法，从而平衡人类发展与动物保护。作者希望学生通过“看”的方式，身临其境地感受辩论者坚持各自观点时有理有据的表达，辨是明非，更形象、深刻地达到育人目地。

Reading Club 1 介绍了传统中医的历史、理念、疗效三个方面。中医药学是中华文明的瑰宝，是五千多年文明的结晶，是打开中华文明宝库的钥匙。作者希望学生通过阅读了解中医在预防疾病、治疗疾病、减缓疼痛、增强健康等方面的功效，从而燃起学习和研究中医的兴趣，保护好、发掘好、发展好、传承好中医药宝库，从而使其服务于人民。

Reading Club 2 介绍了 DNA 检测除了用于检测疾病外，在其他方面也大有用途。文中举了两个案例，第一个案例 Criminal Found After 31 Years 介绍了 DNA 检测协助破案，第二个案例 Copernicus' Grave Found 介绍了基因检测如何确认哥白尼骨骼身份。通过两个例子，旨在引导学生通过阅读进一步了解人类生物技术在实际生活中的应用价值，同时思考 DNA 隐私是否需要被保护这一社会热门话题。

二、单元大、小观念的梳理

Human Biology 这一单元涵盖了“人与自我”“人与社会”“人与自然”三大主题。基于单元主题、单元教学目标，提取与分析各语篇子主题，寻找各篇章之间主题意义的关联，最终整合生成小观念。例如：Lesson 1 阐述了克隆技术的发展、克隆引发社会关注，以及倡导批判性思考科技带来的利与弊；Viewing Workshop 一课以“动物是否应该用于科学实验”的辩论为载体更深刻地呈现了批判性思考，正反双方唇枪舌剑，有理有据。两课都围绕“批判性思维”这一个层面设计，将这两课合并为一个小单元，提炼出“辩证思考生物学的应用价值”这一小观念。同理，继续挖掘其他语篇之间内容和逻辑的联系，建立小单元，提炼小观念。最终，形成三个显性关联的小观念，即认识生物学的研究范畴与意义—关注生物学的应用价值—辩证思考生物学的应用价值。这三个小观念遵循由浅入深的认知发展规律，经整合，提炼出大观念，即对生物学发展的认识、关注与思辨。

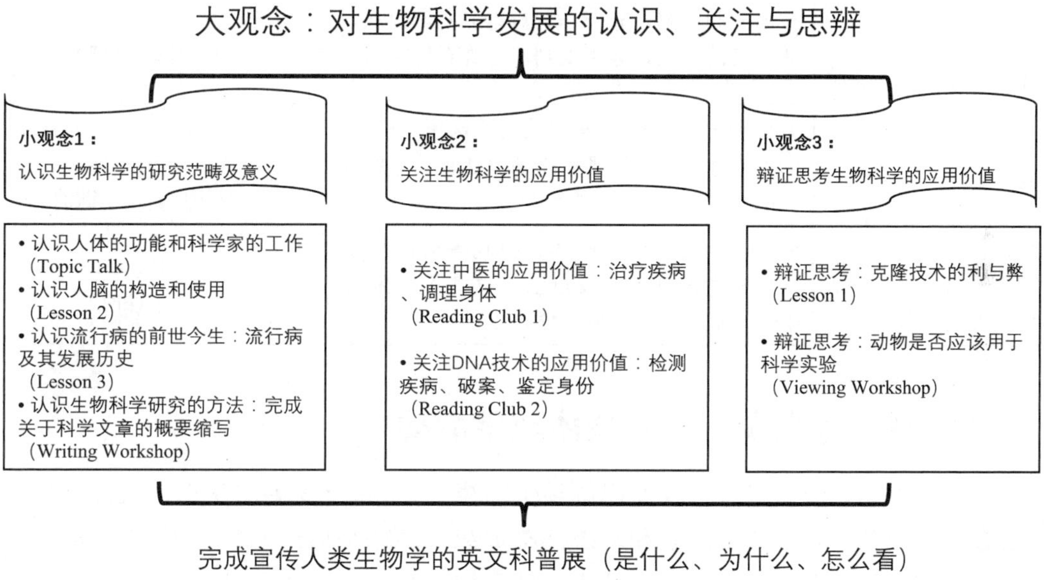

Human Biology 单元主题内容关联图

三、基于大观念的单元总体教学目标

单元总体教学目标		语篇及课时
小观念 1：认识生物学的研究范畴及意义	描述人体的功能和科学家的工作，谈论自己对人体生物学的了解。	Topic Talk（1 课时）
	梳理并描述人脑的构造和科学家近十年脑科学研究的新发现，迁移所学，帮助解决自身或他人在用脑方面的问题。	L2 Brain Power（听说，2 课时）
	梳理并描述流行病及其发展历史，分析流行病的特点和趋势，推理作者对流行病的态度，倡导全球携手，共同研究。	L3 Epidemics Explained（阅读，2 课时）
	完成关于科学文章的概要缩写，介绍人体研究的相关理论成果。	Writing Workshop A Summary（写作，2 课时）

续表

单元总体教学目标		语篇及课时
小观念 2： 关注生物学的应用价值	介绍古代中国智慧——传统中医的历史、原理、治疗，评价其在调理身体、治疗疾病等方面的功效。	Reading Club 1 Traditional Chinese Medicine Reading Club 2 DNA Detectives （拓展阅读，1 课时）
	谈论现代基因工程——DNA 测试技术在检测疾病、破案、确认历史名人身份等方面的作用，借助网络搜集 DNA 技术的其他使用。	
小观念 3： 辩证思考生物学的应用价值	梳理并描述克隆技术的艰辛发展历程，分析克隆技术的利与弊，分析作者对克隆技术的观点，阐述自己的观点，运用批判性思维看待克隆技术。	L1 To Clone or Not to Clone （阅读，2 课时）
	分析辩论双方关于“动物是否应该用于科学实验”的论点和论据，有理有据地表达自己对此社会现象的态度。	Viewing Workshop Animal Experiments （视听课，1 课时）
大观念： 对生物学发展的认识、关注与思辨	鼓励学生通过网络媒体、报刊等渠道主动查找一些科学发现，以及自己对这些科学发现的理解，形成科学精神和科学态度。	Project （1 课时）

四、基于大观念的单元整体教学活动

在完成本单元的学习后，教师期待学生围绕“对生物学发展的认识、关注与思辨”大观念以及三个小观念产出静态和动态两类成果。静态是通过网络、报刊等媒介筛选自己感兴趣的关于人类生物学的新技术、新发现，并合理表达自己对于新技术的态度和观点，该活动将显性地呈现学科育人的效果。动态是设计“是否要大力发展克隆技术”的英文辩论，以班级为单位进行，双方辩手要提前收集有利于自己的论据，在辩论时，运用论据和有说服力的语言赢得评委的认可；不担任辩手的同学作为评委，结合评价标准和自己的判断投出宝贵的一票，成为评价主体。该活动不仅提升学生的思辨能力，而且有助于培养团队精神。

基于上述设计理念，教师在开启本单元之初，介绍单元静态和动态项目任务，设置如下情境：下周是校园科普周(Campus Science Week)，为了提高同学们关于人类生物学的科普知识，从而提升同学们的学习生活品质，请上网搜索你感兴趣的一项有关人类研究的新技术或新发现，写一篇英语文章介绍它，并表达你对该技术的看法。

同时，班级间展开主题为“是否要大力发展克隆技术”的英文辩论，建议在熟悉课本的基础上，到网上搜集更多有力证据，辩论前写好论据，最终将由不担任辩手的学生团队和教师评委投票决定胜负。

五、各课教学设计

(一)Topic Talk

文本分析

【主题意义】

Topic Talk 属于“人与自我”主题语境下“认识自我”的主题群内容。通过两篇听力文本认识人类大脑和身体的功能，认同科学家进行生物学研究的意义，初步形成对生物学的认识。学生通过谈论自己对人体生物学的了解，激活已有知识，积累和主题相关的词汇。学生通过对名人名言的理解和讨论，认识到人类身体和大脑的价值，以及身心健康的重要性。

【What】

本课包括两篇听力材料。第一篇对话中两个高中生谈论最近看过的体育节目，引出对人体和人脑功能的讨论。谈话者首先提及人体的功能，比如做出决定、记忆事实、推理、创造和创新等。最后谈话者认同科学家们善于用脑改善人类生活的做法，比如医学研究治疗疾病的方法，以及通过开发疫苗寻找预防疾病的方法等，并对他们所从事的脑力工作表达钦佩之情。第二篇访谈中 Milhouse 博士被邀请介绍人类在极端气候下的身体适应力的研究。首先实验者参与做特殊的呼吸练习，然后他们在实验室极低的温度下练习，出现身体自然发热的有趣现象，从中得出结论，即人们能够控制自己身体的温度。最后，Milhouse 博士谈及运动员服用兴奋剂也能产生类似效果，引发学生对未知领域的好奇和期待。

【Why】

作者希望学生通过学习第一篇听力材料，了解人类生物学的研究对象是人本身，包含人类大脑和身体，提升对自我的认识，同时认同科学家为造福人类所作的贡献，为整个单元的教学做好话题、词汇和思维的铺垫。作者希望学生通过第二篇听力材料，了解科研工作者进行人类生物学实验的过程。通过提出关于人类服用兴奋剂等有待研究的领域，引发学生对人体生物学未知领域的好奇和期待。

【How】

第一篇属于日常对话，用词偏口语化，例如：It's incredible, isn't it? Yes. I do, too. Isn't it amazing what the human mind and body are capable of? 第二篇属于访谈，主持人通过提问(Could you tell us what you've found out?)、追问(And what happened?)、转述(So what you are saying is that …)、评论(It's been very interesting to talk to you today.)等方式采访人体研究专家。该专家在介绍实验过程中运用了 first、then、after 等衔接词，使表达逻辑更清晰。

教学目标

在本课结束时，学生能够：

1. 认识人类身体和大脑的功能；

2. 梳理出人体温度实验的过程；

3. 运用所学语言，描述身体和大脑的功能和科学家通过脑力工作对人类作出的贡献；

4. 初步谈论对人体生物学的认识。

教学重难点

【教学重点】

1. 认识人类身体和大脑的功能；

2. 运用所学语言，描述身体和大脑的功能和科学家通过脑力工作对人类作出的贡献；

3. 梳理人体温度实验的过程。

【教学难点】

初步谈论对人体生物学的认识。

教学评价设计

活动	评价内容	评价指标	大、小观念及目标关联
活动 1：Listening	人体和大脑的功能。	是否能获取人体和大脑的功能？	课时目标 1：认识人类身体和大脑的功能。 小观念 1：认识生物学的研究范畴及意义。 大观念：对生物学发展的认识、关注与思辨。
	语言	是否能使用本课所学的语言？	
活动 2：Speaking	人体和大脑的功能，以及科学家通过脑力劳动对人类作出的贡献。	是否能说出人体和大脑的功能？ 是否能说出科学家通过脑力劳动对人类作出的贡献？	课时目标 2：运用所学语言，描述身体和大脑的功能和科学家通过脑力工作对人类作出的贡献。 小观念 1：认识生物学的研究范畴及意义。 大观念：对生物学发展的认识、关注与思辨。
	语言	是否能使用本课所学的语言？	

续表

活动	评价内容	评价指标	大、小观念及目标关联
活动 3：Listening & Drawing a Mind Map	人体温度实验。	是否能获取人体温度实验的相关信息？ 是否能判断相关的陈述是否正确？ 是否能梳理并概括出人体温度实验的过程？	课时目标 3：梳理人体温度实验的过程。 小观念 1：认识生物学的研究范畴及意义。 大观念：对生物学发展的认识、关注与思辨。
	语言	是否能使用本课所学的语言？	
活动 4：Speaking	对人体生物学的认识。	是否能探讨人体生物学在日常生活中的应用？ 是否能发表对兴奋剂使用的看法，进而讨论人类应该如何利用人体生物学？	课时目标 4：初步谈论对人体生物学的认识。 小观念 1：认识生物学的研究范畴及意义。 大观念：对生物学发展的认识、关注与思辨。
	语言	是否能使用本课所学的语言？	

教学过程

教学目标	教学活动与步骤	设计意图	效果评价	时间与互动模式
认识人类身体和大脑的功能。	Activity 1 Ss talk about the capabilities of human body and human mind using the sentence patterns: My body is capable of doing … / My mind is capable of doing …	通过图片引入话题，进行头脑风暴，激活学生有关人体的相关知识储备和语言。	学生能够简单描述和列举人体以及大脑的功能。	5’ IW CW
	Activity 2 1. Read the sentences and expressions in Text Builder. 2. Listen to the dialogue and underline expressions to complete the sentences.	听取关键信息，培养学生的听力能力。	学生能够根据听力材料，补全人类身体和大脑功能的相关信息，以及科学家通过脑力劳动对人类社会所作出的贡献。	6’ IW CW

续表

教学目标	教学活动与步骤	设计意图	效果评价	时间与互动模式
运用所学语言，描述身体和大脑的功能和科学家通过脑力工作对人类作出的贡献。	Activity 3 Ss work in pairs and try to ask and answer questions about the functions of human body and mind, and the contribution made by scientists with their mind.	交流信息，内化语言。	学生能够运用听力材料的主要内容进行问答。	6' PW
梳理人体温度实验的过程。	Activity 4 Ss listen to the dialogue about an experiment and answer the "true or false" questions.	提高学生通过听力获取、辨认关键信息的能力。	学生能够根据听力材料获取、辨认关键信息正确与否。	5' IW CW
	Activity 5 Ss sort out and describe the process of the experiment.	学生将所学内容梳理整合，提高逻辑思维能力。	学生能够梳理并概述人体温度实验的过程。	8' IW CW
初步谈论对人体生物学的认识。	Activity 6 Ss talk about the application of human biology in our daily life.	引导学生关注人体生物学在日常生活中的应用。	学生能够列举出生活中应用到人体生物学的例子。	5' GW CW
	Activity 7 Ss voice their opinions on doping and talk about how we should make use of human biology.	引导学生正确认识人体生物学，培养学生的语言能力和思辨能力，并为本单元后面的学习做准备。	学生能够辩证地看待人体生物学的应用。	5' GW CW

作业设计		
作业名称	作业设计	大、小观念及目标关联
Paragraph Writing	Ss write a short paragraph to introduce their understanding of human biology.	单元大观念是对生物学发展的认识、关注与思辨。本课所对应的小观念是认识生物学的研究范畴和意义，目标是描述人体的功能和科学家的工作，谈论自己对人体生物学的了解。通过写作的形式，落实学生对于人体生物学的认识。

教学反思与改进
本课优势：将主题意义的探究作为核心任务，带动学生开展语言知识的学习和语言技能的提升；将话题与学生生活实际紧密相连，激发学生对未知领域的好奇和期待。 本课不足：应给予学生更多与人体生物学方面相关的材料支持，对话题展开更充分的讨论。

(二)Lesson 1

第一课时

文本分析

【主题意义】

本文的主题语境为“人与社会”，属于“科学与技术”主题群下的“科技发展与技术创新”子话题。通过探讨“是否克隆”“克隆技术是祸是福”这一极具争议的话题，培养学生“辩证”地看待人类生物学的应用价值，既要肯定科学技术给人类带来福祉，又要思考其带来的新的伦理问题和挑战。面对日新月异的科学发展，人们应该形成个体理性的思考，正确看待技术，即技术是无罪的，使用技术的人决定了技术带给人类社会的影响。

【What】

本课介绍了克隆的定义、分类(自然克隆与人工克隆)、人工克隆的发展历史、对人类的利与弊以及作者的态度。课文主要介绍人工克隆，具体包括：1. 两次里程碑式的突破和意义，比如：第一只人工克隆哺乳动物(克隆羊多利)的诞生，为克隆二十多种哺乳动物奠定了基础；第一只人工克隆灵长类动物(克隆猴中中和华华)的诞生，代表着不可复制细胞(non-reproductive cell)技术的历史性突破。2. 成功克隆灵长类动物带来的赞扬和支持，主要原因是可以改善人们的生活、促进医学研究，比如：治愈疾病、延缓衰老、短时间内培育大量基因相同的动物、节省研究时间、提高研究效果等。3. 克隆灵长类动物引发的担忧，主要表现在伦理问题、不被平等对待问题、不道德的技术滥用等。文末，作者借助爱因斯坦的名言回答标题的问题，强调科学是祸是福的关键在于人。

【Why】

首先，作者希望学生认识到科技的进步不是一蹴而就的。其次，作者引导学生意识到科学家在突破技术上付出持之以恒的艰辛，对中国科学家在克隆技术上的贡献深感骄傲，激发民族自豪感。最后，作者在文中多处表达对克隆技术未来的担忧，加强对世人的警示，旨在启发学生运用批判性的眼光看待新技术，并合理利用技术这把双刃剑。

【How】

语篇构成方面，本课为阅读语篇，属于论说文，文章标题既是本课的主题和论点，也是作者抛给读者的问题，引发读者的深思。文章开门见山，简要介绍克隆的定义、分类、自然克隆的实例；第二段至第六段，着重围绕人工克隆展开，每段的段首即为主题句，读者可以快速了解文本主要内容(克隆羊—克隆猴—灵长类克隆技术的优势—道德担忧—作者的态度)。结尾引用爱因斯坦的名言，有力地佐证了作者赞同克隆技术的研究，达到说服读者的目的。

论证思路方面，作者采用对照式结构，将正、反两方观点先后呈现，使两者形成强烈对比，在充分展开双方论据的基础上，巧妙借用名人名言表达出自己的立场，即批判地看待克隆技术。此外，作者在第四段和第五段使用论说文中较典型的观点段落(opinion paragraph)的表达方法。1. 观点段的首句清晰地陈述对克隆持有的观点，比如：The successful cloning of primates has led to worldwide praise as a huge breakthrough. Cloning, however, continues to be an issue that causes a great deal of disagreement and provokes strong emotions. 2. 段落间逻辑清晰，比如，however 用于支持和反对的段落之间；段落内逻辑清晰，比如，在表达反对观点时，运用了furthermore、thus、finally 等词。3. 运用事实、对比、举例、引用名人名言等写作手法使文章更有说服力，比如：So far, it is still unknown…; while some people believe…, others raise moral concerns; For example, they wonder if clones should be treated as objects; As Einstein said, "Science is a powerful instrument….".

语言表达方面，1. 语气正式，用词科学严谨且丰富多样，比如，分析技术带来的好的影响时用到 praise as a huge breakthrough、offer clues on、have the potential to、be crucial for、be bound to、help、change、save、reduce、produce 等；分析技术带来的糟糕结果时用到 continue to be、cause a great deal of disagreement、provoke strong emotions、raise moral concerns、lead to、worry about、wonder if、mere copies、as inferior、abuse the technology、for unethical purposes 等。2. 段与段联系紧密，通过时间短语、连接词显性地组织各段形成有机整体，如第二段 for years、第三段 in January 2018、第五段 however、第六段 so far 等。3. 作者为了表达对克隆技术不成熟、不完善的担忧，在文中多次使用疑问句和否定句，如"Will this be a major issue for all cloned animals?" "Will it continue to happen forever?" "So far, it is still unknown what will happen to Zhong Zhong and Hua Hua…"等。4. 巧妙运用情态动词，如 could help、might lead to、should be 等，流露出对未来的担忧和对世人传达道德约束技术的警示。

教学目标

在本课时结束时，学生能够：

1. 根据标题预测文本内容，并通过思维导图梳理文本框架结构及介绍克隆定义、分类、发展中的技术突破、技术的利与弊等关键信息；
2. 借助思维导图，阐释克隆技术的内涵及发展；
3. 分析文体特点，推断作者态度；
4. 阐述自己对于克隆技术的看法，提升综合语言运用能力和批判思维。

教学重难点

【教学重点】

1. 通过思维导图梳理文本框架结构及介绍克隆定义、分类、发展中的技术突破、技术的利与弊等关键信息；

2. 借助思维导图，阐释克隆技术的内涵及发展。

【教学难点】

1. 分析文体特点，推断作者态度；

2. 阐述自己对于克隆技术的看法，提升综合语言运用能力和批判思维。

教学评价设计

<table>
<tr><th>活动</th><th>评价内容</th><th>评价指标</th><th>大、小观念及目标关联</th></tr>
<tr><td rowspan="2">活动 1：
Looking and talking</td><td>内容</td><td>是否能够基于已知，简单地表达自己对克隆的理解？</td><td rowspan="2">课时目标 1：根据图片激活话题。
小观念 3：辩证思考生物学的应用价值。
大观念：对生物学发展的认识、关注与思辨。</td></tr>
<tr><td>语言</td><td>是否能够用英文介绍对克隆猴和克隆羊的认识？</td></tr>
<tr><td rowspan="2">活动 2：
Predicting the reading content</td><td>内容</td><td>1. 是否能够根据标题，说出关于克隆有可能谈及的主要方面？
2. 是否能对于自己的猜测给予合理的解释？</td><td rowspan="2">课时目标 1：根据标题预测文本内容。
小观念 3：辩证思考生物学的应用价值。
大观念：对生物学发展的认识、关注与思辨。</td></tr>
<tr><td>语言</td><td>是否能使用与克隆有关的英语表达？</td></tr>
<tr><td rowspan="2">活动 3：
Deep learning by drawing a structure map</td><td>内容</td><td>1. 是否能够通过思维导图清晰地展示出文本的主要框架？
2. 是否能够提取有关克隆定义、分类、发展中的技术突破、技术带来的利与弊等关键信息？</td><td rowspan="2">课时目标 1：通过思维导图梳理文本框架结构及介绍克隆的定义、分类、发展中的技术突破、技术的利与弊等关键信息。
小观念 3：辩证思考生物学的应用价值。
大观念：对生物学发展的认识、关注与思辨。</td></tr>
<tr><td>语言</td><td>1. 是否能准确运用英文词块而非照抄原文长句？
2. 是否能准确拼写英语词汇？</td></tr>
<tr><td rowspan="2">活动 4：
Introducing the passage by using your structure maps</td><td>内容</td><td>1. 是否能有逻辑地说出克隆的定义、分类、技术突破、支持和反对克隆技术以及原因等事实性内容？
2. 是否能建构自己关于克隆技术的结构化知识？</td><td rowspan="2">课时目标 2：借助思维导图，阐释克隆技术的内涵及发展。
小观念 3：辩证思考生物学的应用价值。
大观念：对生物学发展的认识、关注与思辨。</td></tr>
<tr><td>语言</td><td>1. 是否能准确运用本课关于克隆的词块？
2. 是否能运用逻辑连接词组织语言表达？</td></tr>
</table>

续表

活动	评价内容	评价指标	大、小观念及目标关联
活动 5：Analysing the text	内容	1. 是否能准确判断文本类型？ 2. 是否能有理有据地分析作者对克隆的态度？	课时目标 3：分析文体特点，推断作者态度。 小观念 3：辩证思考生物学的应用价值。 大观念：对生物学发展的认识、关注与思辨。
	语言	是否能运用文本语言进行合理推断？	
活动 6：Voicing your opinion	内容	1. 是否能围绕本课主题，展开合理想象？ 2. 是否能辩证地看待克隆？	课时目标 4：阐述自己对克隆技术的看法，发展综合语言运用能力和批判性思维。 小观念 3：辩证思考生物学的应用价值。 大观念：对生物学发展的认识、关注与思辨。
	语言	是否能运用本课所学语言进行合理表达？	

教学过程

教学目标	教学活动与步骤	设计意图	效果评价	时间与互动模式
根据标题预测文本内容，并通过思维导图梳理文本框架结构及关键信息。	Activity 1 Ss look at two pictures of Dolly the sheep and Zhongzhong and Huahua. Then answer the following question: What do these pictures have in common? Ss share their understanding, while T writes the words related to the theme "cloning".	引入本课主题，调研学生对克隆的已有认识，激发思考，铺垫语言。	学生能够基于已知，简单地表达自己对克隆的理解。	3' CW
	Activity 2 1. Ss predict the main aspects that will be mentioned based on the title. 2. Ss read the text and check whether they are right.	引导学生关注标题和文本主要内容之间的关系，培养学生的预测能力，并激发学生阅读文本的兴趣。	学生能够根据标题，说出有可能谈及的主要方面。	5' CW IW

续表

教学目标	教学活动与步骤	设计意图	效果评价	时间与互动模式
	Activity 3 Ss read the text again and draw a mind map to show its structure and key information.	梳理文本的主要框架和关键信息，并对这些内容进行显性化展示。	学生能够通过思维导图展示出文本的主要框架和有关克隆定义、分类、发展中的技术突破、技术带来的利与弊等关键信息。	10' IW
借助思维导图，阐释克隆技术的内涵及发展。	Activity 4 Ss share their mind maps in pairs, then in class.	引导学生内化并说出克隆的定义、分类、技术突破、支持和反对克隆技术以及原因等。进一步归纳整理文本的主要内容，建构关于克隆的知识。	学生能说明克隆的内涵及发展。	12' PW CW
分析文体特点，推断作者态度。	Activity 5 Ss are guided to focus on the text type and the author's opinion. Questions: 1. What is the text type? How does the author organise it? 2. What is the writer's attitude towards cloning? Find the evidence from the text.	引导学生分析文章的行文特征并推断作者的观点。	学生能够说出文本类型和作者对克隆的态度。	7' IW CW
阐述自己对克隆技术的看法，初步发展综合语言运用能力和批判思维。	Activity 6 Ss share their opinions about cloning. Questions: 1. Do you think cloning is a good idea? Why? 2. Imagine if you have a cloned-self, how would you feel?	引导学生围绕本课主题，展开合理想象，联系个人情感，表达观点。	学生能够说出自己对克隆的看法及相关原因。	3' IW CW

续表

作业设计		
作业名称	作业设计	大、小观念及目标关联
Cloning around us	Read four pieces of news regarding cloning and then list both the advantages and disadvantages of each type of cloning according to your own understanding.	大观念：对生物学发展的认识、关注与思辨。 小观念 3：辩证思考生物学的应用价值。 课时目标 4：阐述自己对克隆技术的看法，发展综合语言运用能力和批判性思维。 本课结束时，学生能够在大、小观念的引领下，初步实现课时目标。因此，在课后作业设计时，将重心从口头转移到笔头，采用真实的英语语言素材，激发学生的学习兴趣，深入思考克隆技术的现实应用价值，通过作业中利弊分析的表格，引导学生辩证看待克隆技术，初步形成个人观点；同时为下节写作课积累话题和语言素材。
教学反思与改进		
本课优势：本课依托大观念，立足小观念，充分挖掘文本的语言价值和育人价值，特别是在培养高阶思维方面，通过预测标题、绘制结构图、分析作者观点、表达自己的观点等一系列的活动设计，层层递进地加深学生对克隆技术的认识，从而培养其辩证思考生物学的应用价值，即本单元的小观念，为最终实现单元大观念做好铺垫。 本课不足：本课是大观念引领下对单元整体设计的初步尝试，从理论到实践，教师要提供给学生充分的时间展开对文本的分析和观点的分享。		

第二课时

教学目标

在本课结束时，学生能够：

1. 通过阅读有关克隆观点的段落，梳理议论文的结构框架、写作手法和语言表达；

2. 通过讨论有关克隆技术的新闻报道，深入分析克隆技术的利与弊，内化写作手法和语言表达；

3. 通过写作，熟练使用议论文的语篇结构，培养思辨能力(对生物学的应用价值形成理性思考)。

教学重难点

【学习重点】

梳理议论文的结构框架、写作手法和语言表达。

【学习难点】

在写作中，迁移运用议论文语篇特征，有逻辑、有说服力地表达自己的观点。

教学评价设计

<table>
<tr><th>活动</th><th>评价内容</th><th>评价指标</th><th>大、小观念及目标关联</th></tr>
<tr><td rowspan="2">活动 1：
Introducing the text with mind maps</td><td>内容</td><td>是否能完整、有逻辑地介绍课文主要内容？</td><td rowspan="8">课时目标 1：通过阅读有关克隆观点的段落，梳理议论文的结构框架、写作手法和语言表达。
小观念 3：辩证思考生物学的应用价值。
大观念：对生物学发展的认识、关注与思辨。</td></tr>
<tr><td>语言</td><td>是否能使用本课所学的语言以及连接词？</td></tr>
<tr><td rowspan="2">活动 2：
Analysing the text</td><td>内容</td><td>1. 是否能辨别议论文文体及说出判断依据？
2. 是否能分析出作者的态度？
3. 是否能解释第四段至第六段的写作意图？</td></tr>
<tr><td>语言</td><td>是否能使用本课所学语言？</td></tr>
<tr><td rowspan="2">活动 3：
Thinking about the writing task</td><td>内容</td><td>1. 是否能理解写作任务？
2. 是否能借助已有经验说出议论文的语篇特征？</td></tr>
<tr><td>语言</td><td>是否能使用论点和论据之类的中英文词汇？</td></tr>
<tr><td rowspan="2">活动 4：
Reading paragraphs 4-6 as a writing sample</td><td>内容</td><td>1. 是否能清晰地梳理语篇结构？
2. 是否能画出文中体现举例、引用、对比和事实的句子，圈出各段介绍克隆利弊的短语、情态动词和连接词？
3. 是否能总结提炼出 FACE 写作微技能？</td></tr>
<tr><td>语言</td><td>是否能使用文本中出现的语言？</td></tr>
<tr><td rowspan="2">活动 5：
Discussing News</td><td>内容</td><td>是否能运用 FACE 和梳理的语言有逻辑地表达关于克隆技术的利与弊？</td><td rowspan="2">课时目标 2：通过讨论有关克隆技术的新闻报道，深入分析克隆技术的利与弊，内化写作手法和语言表达。
小观念 3：辩证思考生物学的应用价值。
大观念：对生物学发展的认识、关注与思辨。</td></tr>
<tr><td>语言</td><td>是否能使用本课所学的语言？</td></tr>
</table>

续表

活动	评价内容	评价指标	大、小观念及目标关联
活动 6： Writing	内容	1. 是否能呈现有逻辑的语篇结构？ 2. 是否能运用 FACE 论证技巧？	课时目标 3：通过写作，熟练使用议论文的语篇结构，培养思辨能力(对生物学的应用价值形成理性思考)。 小观念 3：辩证思考生物学的应用价值。 大观念：对生物学发展的认识、关注与思辨。
	语言	1. 是否能在语言上使用丰富的表达？ 2. 是否能使用本课所学的语言？	

教学过程

教学目标	教学活动与步骤	设计意图	效果评价	时间与互动模式
通过阅读有关克隆观点的段落，梳理议论文的结构框架、写作手法和语言表达。	Activity 1 With pictures and mind maps, Ss recall what have been learnt in L1.	激活已学，导入主题。	学生能够利用思维导图完整、有逻辑地介绍课文的主要内容。	16' IW PW CW
	Activity 2 Ss read the text from writing perspective. Questions: 1. What type of writing is the passage? 2. What is the writer's opinion towards cloning? 3. What is the purpose of paragraphs 4-6?	通过写作视角重新审视文本，明确写作体裁、作者态度和写作意图。	学生能够说出议论文文体及判断依据，分析出作者的态度；解释第 4～6 段的写作意图。	
	Activity 3 T sets the writing task. The Science column of BA English newspaper is now asking Ss to voice opinions on cloning. The topic is "Cloning: hope or danger?" Ss think about the elements of an argumentation. Question: How can we write an argumentation?	创设写作情境，明确写作任务，初步引发对议论文语篇特征的思考，为下文写作做好铺垫。	学生能够理解任务，回答议论文的语篇特征。	

续表

教学目标	教学活动与步骤	设计意图	效果评价	时间与互动模式
	Activity 4 Ss read paragraphs 4-6 as a writing sample and work out its structure, writing skills and language step by step.	梳理典型段落的写作结构、写作手法和语言表达，为写作提供思维和语言的支撑。	学生能够清晰地梳理语篇结构；画出文中体现举例、引用、对比和事实的句子；圈出各段介绍克隆利、弊的短语、情态动词和连接词。	
通过讨论有关克隆技术的新闻报道，深入分析克隆技术的利与弊，内化写作手法和语言表达。	Activity 5 1. Ss watch a demo of introducing pros and cons of cloning. 2. Ss discuss the pros and cons of cloning with the help of homework. 3. Ss present the most valuable and convincing cons and pros.	内化写作技巧和写作语言；培养辩证思维，为写作提供内容支撑。	学生能够运用FACE和梳理的语言有逻辑地表达关于克隆技术的利与弊。	9' PW IW CW
通过写作，熟练使用议论文的语篇特征，培养思辨能力(对生物学的应用价值形成理性思考)。	Activity 6 Ss write an argumentation on “Cloning: hope or danger?” Ss are invited to present their writings and have a class evaluation feedback based on the blackboard content.	笔头表达观点，熟练运用议论文的语篇特征。分享写作成果，使用议论文写作标准进行评价。	学生能够表达自己的观点，写作内容体现了清晰的结构、有说服力的 FACE 写作手法和较丰富的语言。	20' IW CW
	Activity 7 What have we learnt today?	回顾议论文语篇特征，形成单元小观念，即：辩证思考生物学应用的价值。		

续表

作业设计		
作业名称	作业设计	大、小观念及目标关联
Cloning：hope or danger?	Polish your writing on "Cloning：hope or danger?"，then send it to our school English newspaper.	大观念：对生物学发展的认识、关注与思辨。 小观念 3：辩证思考生物学的应用价值。 课时目标 3：通过写作，熟练使用议论文的语篇结构，培养思辨能力(对生物学的应用价值形成理性思考)。 本节课结束时，学生应该在大、小观念的引领下，初步实现课时目标，因此，在课后作业设计时，虽然部分同学利用课上时间已经完成，但在语言层面仍需要时间进行完善；同时，笔头的落实也是对本单元大、小观念的直观体现。
教学反思与改进		
本课优势： 1. 通过单元整体设计，整合课时教学内容，符合学生的认知规律。学生对于生物学的认识需要经历从一般到特殊、由浅入深的过程。克隆话题虽不陌生，但是其研究价值的实际应用与学生的生活体验有距离。所以通过前面课程的学习，认知生物学的研究范畴和应用价值之后，通过写作活动这一高阶思维，拓展新闻阅读，提出对克隆现实应用价值的批判性思考，辨析克隆技术的利与弊，从而形成科学的态度和个人的观点，学生实现深度学习。 2. 本课第二课时的写作活动有利于单元大观念的形成。虽然本课话题只呈现了克隆技术，但这个典型例子极大地引发了学生迁移思考一系列类似克隆的生物学前沿技术应用的利与弊，故在完成这些内容的学习后进行本课的学习会帮助学生形成对生物学发展的深层认知、对科学研究的客观态度和正确的行为取向，为单元整体大观念的形成做铺垫。 3. 读写结合的设计有利于学科素养的落实。通过第一课时的阅读，学生对于克隆技术及其应用中的利与弊有了基本的了解和认识。本节课，通过进一步的学习活动，让学生在深层次上辩证地思考克隆技术的利弊关系，形成自己的观点。从阅读输入到理解思考，最后写作输出，学生的语言能力、思维品质得到发展和提高，学科素养在学习活动中真正得以落实。 本课不足：读写结合的时间分配是决定写作效果的关键，因此，为了保障写作的顺利进行，学生进行了大量的读的输入，既包括课内重点段落的赏析，也涵盖课外新闻的评论，从而为写作的输出提供语言和思维的脚手架。但是课堂时间有限，依然有部分学生无法当堂完成写作，而对于已完成写作任务的学生而言，作文的行数限制了写作的发挥。因此，在今后的教学中，教师会尝试对写作任务进行分层布置。		

(三)Lesson 2

文本分析

【What】

本课包含两段听力材料，第一段听力材料是关于大脑的科学讲座，谈论了大脑的基本构造、传输信息的方式以及人类对大脑的研究。首先，大脑由灰质和白质构成，重达一斤，消耗人体20%的能量，并且含有超过一千亿个细胞，这些细胞通过电脉冲连接起来。其次，大脑利用电脉冲发送信息，就像电脑工作一样，但单个大脑中可能存在的连接比宇宙中的原子还多。最后，经过近十年的研究，科学家发现大脑中有不同的区域，这些区域负责不同的功能。

第二段听力材料是三位学生参与“健康生活”电台活动，通过热线电话的方式向脑专家Kim咨询提高脑健康的建议。Anna询问是否可以通过填词游戏提高记忆力，专家认为这种方式既正确也不正确。用脑者需要挑战性练习，从而保持大脑的灵活性；John询问考前有哪些健脑食品，专家建议减少垃圾食物的摄入，增加天然食物以及Omega-3脂肪酸的摄入；Bella询问哪类运动可以改善大脑健康，专家回复散步和跑步等可以增加血液氧含量的运动。

【Why】

作者希望学生通过对本课听力内容的学习，认识大脑，从而更合理地利用大脑，尤其是提高脑健康，提升学习效率和生命质量。

【How】

第一段听力材料是科学讲座，其中有大量专业词汇，例如，organ、nerve cells、electrical impulses、atoms等；专家用打比方、比较等方法降低听众理解难度，例如，just imagine that、like a kilo of potatoes、the same way as a computer works、like explorers exploring the world等；还使用举例的方法解释抽象的问题，例如，A good example of this can be、for example等。

第二段听力材料是学生打给脑专家的热线电话，以对话形式展开。围绕三个问题依次展开，即Do crossword puzzles，games and quizzes really work? Are there certain foods that are good for the brain? Is there any particular kind of exercise that can improve the health of my brain? 此外，本篇语言交互性较强，如well、amazing、isn't it、doesn't it、One hundred billion cells! What do we know about…、Incredible，isn't it? Interesting，isn't it? 以轻松易懂的方式，让听者可以准确理解大脑的生理机能。

教学目标

在本课结束时，学生能够：

1. 获取、梳理、概括有关人类大脑机能与增强脑力的主要内容与细节信息；
2. 分析并总结讲座中演讲者所用的交际性演讲技能；
3. 结合自身经历，探讨增强脑力的有效方法；
4. 运用文本的相关表达及演讲技能，举办校园脱口秀节目，多角度介绍大脑的相关知识。

教学重难点

【学习重点】

1. 获取、梳理、概括有关人类大脑机能与增强脑力的主要内容与细节信息；

2. 分析并总结讲座中演讲者所用的交际性演讲技能。

【学习难点】

1. 结合自身经历，探讨增强脑力的有效方法；

2. 运用文本的相关表达及演讲技能，举办校园脱口秀节目，多角度介绍大脑的相关知识。

教学评价设计

活动	评价内容	评价指标	大、小观念及目标关联
活动 1：Relaying the information	内容	是否能条理清晰地说出人类大脑机能的概况与细节信息？	课时目标 1：获取、梳理、概括有关人类大脑机能内容与细节信息。 小观念 1：对生物学的初步认识。 大观念：对生物学发展的认识、关注与思辨。
	语言	是否能使用听力文本中的语言？	
活动 2：Discussing the speech skills	内容	是否能理解交际性演讲的方法？	课时目标 2：分析并总结讲座中演讲者所用的交际性演讲技能。 小观念 1：对生物学的初步认识。 大观念：对生物学发展的认识、关注与思辨。
	语言	是否能找到技能对应的语言表达？	
活动 3：Exploring the ways	内容	是否能谈论更多的增加脑力的方法？	课时目标 3：结合自身经历，探讨增强脑力的有效方法。 小观念 2：对生物学应用的理解。 大观念：对生物学发展的认识、关注与思辨。
	语言	是否能运用本课及拓展的语言？	
活动 4：Participating in the talk show	内容	是否能以小组合作形式多角度介绍大脑的相关知识？	课时目标 4：运用文本的相关表达及演讲技能，举办校园脱口秀节目，多角度介绍大脑的相关知识。 小观念 3：辩证思考生物学的应用价值。 大观念：对生物学发展的认识、关注与思辨。
	语言	是否能综合运用所学语言与演讲技能？	

教学过程

教学目标	教学活动与步骤	设计意图	效果评价	时间与互动模式
获取、梳理、概括有关人类大脑机能内容与细节信息。	Ss are able to establish a connection between the target task and the listening topic. Meanwhile, they could figure out the meanings of key words.	创设情境，引出主题，激活学生背景知识和兴趣，进行有效语言铺垫，引导学生建立目标任务与听力主题之间的联系。	学生能够明确本课最终产出目标，知晓重点词义。	5’ CW
	Activity 1 Ss listen to the tape, and find out what aspects of the brain are mentioned in the tape. Activity 2 1. Ss read and predict if the statements are true or false. 2. Ss listen to the lecture and check the answers. 3. Ss listen again to complete the structural information map. Activity 3 Ss relay the information as presenters in a real situation.	帮助学生提取及梳理主要信息；同时，帮助学生加工信息，提升语言输出技巧。	学生能够根据已知经验对陈述内容进行正误判断；学生能够根据听力内容进行正误判断与信息填写；学生能够整合已有知识并输出信息。	15’ GW CW IW
分析并总结讲座中演讲者所用的交际性演讲技能。	Activity 4 Ss read the typescripts loudly and discuss the speech skills from the following aspects. 1. How can we make the speech more interactive? 2. Can you find some examples in the speech?	引导学生关注演讲的交际性。	学生能够理解交际性演讲的方法。	5’ GW CW IW
获取、梳理、概括有关增强脑力的主要内容与细节信息。	Activity 5 Ss listen to a student phone-in programme and complete the table. 1. What problems do they have? 2. What can they do?	帮助学生提取及梳理主要信息。	学生能够根据听力信息进行提取与总结。	7’ GW CW IW

续表

教学目标	教学活动与步骤	设计意图	效果评价	时间与互动模式
讨论专家访谈中建议的有效性；结合自身经历，探讨增强脑力的有效方法。	Activity 6 1. Ss summarise the ways to improve the brain power according to the tape. 2. Ss explore more ways to boost the brain power based on their own experience. 3. Ss read aloud more ways provided by T and summarise them into the chart.	引导学生对于输入信息的评价与思考；帮助学生拓展思维，深化主题意义。	学生能够总结听力文本中增加脑力的方法；能够谈论更多增加脑力的方法，并总结补充到材料中。	15' GW CW
运用文本的相关表达及演讲技能，举办校园脱口秀节目，多角度介绍大脑的相关知识。	Activity 7 Ss work in groups. With the given instructions requirements and the evaluation form, finish the task at the very beginning of the class.	迁移创新，引导学生在新情境中运用所学内容，关注语言评价，加强语言运用能力。	学生能够以小组分工的形式，合作完成脱口秀节目，结合自身经历，评价增强脑力方法的有效性。	33' GW IW CW

作业设计

作业名称	作业设计	大、小观念及目标关联
	Search online in groups for more ways to increase brain power. Then give a short presentation to the class.	课时目标：深入内化主题。 小观念 3：辩证思考生物学的应用价值。 大观念：对生物学发展的认识、关注与思辨。

教学反思与改进

本课优势：

1. 通过本单元大观念的分析与目标的设定可以更加清晰地聚焦到每课时小观念的目标定位，使教与学在单元整体框架下，更有逻辑、深度及广度。

2. 综合发布任务，告诉学生若想参加活动，需要知道“What is our brain?”“the way to improve our brain”和“speech skill”三大模块知识。在这三大模块下聚焦第一模块，从而激发学生已有知识，再渗透目标词汇。这样既让学生有学习的目标意识，使课堂脉络清晰，也激发了学生的已有知识。

3. 对于听力过程中的小任务设定真实情境，即为身边没听讲座的同学介绍你所习得的大脑知识，创建有真实意义的学习活动。

4. 听力过后，如果可以提供更多关于增强脑力方法的材料支撑，可以很好地帮助学生丰富语言表达，拓展学生思维。

5. 在听完第二篇听力材料后，不设过多的学生讨论时间，因为在目标任务中，学生会有类似的思考与输出，这样可以任务去碎片化，合并任务，输出目标明确。

6. 在最后的大任务中，细化任务，让任务落地，准备 role play card，让每位同学都明确自己需要做的准备，这样也保证了小组输出任务的完整性。

本课不足：课堂评价内容需要完善。此外，课堂时间把握应该更加精准。

（四）Lesson 3

文本分析

【主题意义】

本课主题是“解释流行病”。近年来，流行病全球暴发，严重威胁人类生命。作者试图解答人们关于流行病的困惑，翔实地介绍了人类历史上曾经发生的致命性大规模流行病。通过阅读，学生深刻感知流行病给人类带来的巨大灾难与危害，同时作者呼吁各国政府共同努力，系统地开展医学研究，让学生形成人类命运共同体意识。

【What】

文章标题 Epidemics Explained，题眼 explained 预示文章将要阐述流行病的现象并解释其产生原因。正文首先讲述了流行病的定义与界定方法：流行病是短时间内迅速在大量人群中传播的感染性疾病，只有致死病例达到一定数量，才会被正式定为流行病。然后，依次介绍了禽流感、罗马帝国流行病(人类有记载的最早的流行病)、黑死病、西班牙流感、非典(SARS)和埃博拉(EVD)的基本情况，比如暴发地点、暴发时间、结束时间、死亡人数等。通过对禽流感与过去致命的流行病历史做对比，试图解释流行病的产生原因。最后，呼吁各国政府携手努力，共同攻克难题。

【Why】

作者希望学生能够梳理概括出历史上几次大的流行病的基本信息和主要特点，感知流行病的不可抗拒危害，并呼吁各国积极携手应对。此外，学生还需对文章标题进行深入理解，意识到题眼 explained 一语双关，从字面意思看，文章将解释有关流行病的问题，这源于人们总是在寻找流行病的解释以便获得治疗方法，从而预防它。从引申含义看，流行病只能解释，很难预防或被阻止，所以 explained 巧妙地表达出作者对流行病的无奈，于是在文末呼吁各国政府共同努力，团结协作，拯救生命。

【How】

本文体现了科普类说明文的语言特点，运用大量医学术语，如 epidemic、infectious、baseline、virus、symptom、a case of lung、survival rate、infection rate、indicate 等。语句较长，且被动表达方式较多，被动的使用能达到主题突出、结构紧密的写作效果，也能解决泛指或不清楚行为执行者的问题，如：They can be caused by、Each disease can only officially be classified…、it is not seen as 等。此外，文章结构清晰，即说明流行病的定义、介绍流行病的前世今生、提出流行病的解决方法；同时，逻辑清晰，即按照时间顺序(500 and 550 CE—in the 1330s—in 1918—in 2002—from 2013 to 2016)将禽流感与历史上的其他五次流行病进行比对，让读者从中提取出流行病的主要特点，如高传染性、致命性、高死亡率等。

教学目标

在本课结束时，学生能够：

1. 获取、理解流行病的定义；
2. 梳理流行病发展史上重要流行病的相关信息；
3. 分析文本结构，概括流行病特征，探究写作目的；
4. 在新情境下表达对流行病的看法和应对策略。

教学重难点

【学习重点】

1. 梳理流行病发展史上重要流行病的相关信息；
2. 分析文本结构，概括流行病特征，探究写作目的。

【学习难点】

分析文本结构，概括流行病特征，探究写作目的。

教学评价设计

<table>
<tr><th>活动</th><th>评价内容</th><th>评价指标</th><th>大、小观念及目标关联</th></tr>
<tr><td rowspan="2">活动 1：
Doing a quiz</td><td>内容</td><td>是否能准确判断出流行病相关的常识信息。</td><td rowspan="4">课时目标 1：获取、理解流行病的定义。
小观念 1：认识生物学的研究范畴及意义。
大观念：对生物学发展的认识、关注与思辨。</td></tr>
<tr><td>语言</td><td>是否能准确理解流行病相关的词汇。</td></tr>
<tr><td rowspan="2">活动 2：
Reading and exploring</td><td>内容</td><td>是否能概括出文本的主要内容，并获取流行病的定义和分类、提取主要的流行病种类。</td></tr>
<tr><td>语言</td><td>是否能使用有关流行病定义和类别的语言。</td></tr>
</table>

续表

<table>
<tr><th>活动</th><th>评价内容</th><th>评价指标</th><th>大、小观念及目标关联</th></tr>
<tr><td rowspan="2">活动 3：Reading and understanding</td><td>内容</td><td>是否能完成对流行病发展史相关信息的获取与梳理、概括与整合，包括流行病暴发的时间、地点、过程和影响。</td><td rowspan="4">课时目标 2：梳理流行病发展史上重要流行病的相关信息。
小观念 1：认识生物学的研究范畴及意义。
大观念：对生物学发展的认识、关注与思辨。</td></tr>
<tr><td>语言</td><td>是否能使用流行病暴发的时间、地点、过程和影响的相关语言。</td></tr>
<tr><td rowspan="2">活动 4：Sharing and learning</td><td>内容</td><td>是否能根据笔记内容介绍几种主要流行病信息。</td></tr>
<tr><td>语言</td><td>是否能使用介绍主要流行病信息的相关语言。</td></tr>
<tr><td rowspan="2">活动 5：Thinking and drawing</td><td>内容</td><td>是否能从流行病的定义、分类、发生原因、影响和应对策略等方面画出文章结构图，并能从说明对象的定义、范畴、发展和解决办法等方面概括说明文的文体特征。</td><td rowspan="4">课时目标 3：分析文本结构，概括流行病特征，探究写作目的。
小观念 1：认识生物学的研究范畴及意义。
大观念：对生物学发展的认识、关注与思辨。</td></tr>
<tr><td>语言</td><td>是否能使用流行病的定义、分类、发生原因、影响和应对策略等方面的相关语言。</td></tr>
<tr><td rowspan="2">活动 6：Thinking and answering</td><td>内容</td><td>是否能概括流行病的特征，分析标题的意义并表达对文本意义的理解。</td></tr>
<tr><td>语言</td><td>是否能使用流行病特征和文本意义的相关语言。</td></tr>
<tr><td rowspan="2">活动 7：Discussing and presenting</td><td>内容</td><td>是否能通过创设的新情境，围绕主题和所形成的新的知识结构，展开概述、阐释、分析和评价，输出知识和语言，表达个人观点和情感态度。</td><td rowspan="2">课时目标 4：在新情境下表达对流行病的看法和应对策略。
小观念 1：认识生物学的研究范畴及意义。
大观念：对生物学发展的认识、关注与思辨。</td></tr>
<tr><td>语言</td><td>是否能使用与流行病主题相关的语言表达观点和态度。</td></tr>
</table>

教学过程

教学目标	教学活动与步骤	设计意图	效果评价	时间与互动模式
获取、理解流行病的定义。	Activity 1 Ss do the quiz. In the quiz, there are five statements about epidemics and Ss tick the statements that they think are correct.	调动学生已知，激发学生学习新知的兴趣，实现话题的引入。同时在师生问答中解释生词，扫清词汇障碍，为后面的阅读理解做铺垫。	学生能够根据自己的知识储备判断五个陈述的正误。	4' PW CW
	Activity 2 Ss read the passage. Find out what an epidemic is and how a disease can be classified as an epidemic. Then circle all the epidemics mentioned in the passage.	学生在教师的引导下通过扫读获取关键词，了解语篇主要内容，在培养阅读策略的同时提高信息获取能力。	学生能够了解文本主要内容，并获取流行病的定义和分类、提取主要的流行病种类。	10' IW CW
梳理流行病发展史上几种重要流行病的相关信息。	Activity 3 Ss read the passage again and make notes about the epidemics mentioned in the passage.	通过让学生自主做笔记，完成对流行病发展史相关信息的获取与梳理、概括与整合。	学生能够梳理概括主要流行病发展史的相关信息，包括流行病暴发的时间、地点、过程和影响。	16' IW CW
	Activity 4 Ss introduce the epidemics to their partners based on the notes, and then to the whole class.	通过介绍和分享，学生可以完成对流行病知识和语言的内化。	学生能够根据笔记内容介绍几种主要流行病信息，完成对流行病知识和语言的内化。	10' PW CW

续表

教学目标	教学活动与步骤	设计意图	效果评价	时间与互动模式
分析文本结构，概括流行病特征，探究写作目的。	Activity 5 Ss draw a mind map to show the structure of the text and then summarise the feature of expository text.	通过画文章结构图理解文本的组织方式，并进一步概括出说明文文体特征，从而深化对文本和说明文文体的理解。	学生能够从流行病的定义、分类、发生原因、影响和应对策略等方面画出文章结构图，并进一步概括出说明文文体特征，即可以从说明对象的定义、范畴、发展和解决办法等方面进行解释和说明。	12’ IW CW
	Activity 6 Ss discuss and answer the following questions: 1. What are the main features of an epidemic? 2. What does the title mean to you? What does the writer want to convey in the passage?	通过讨论问题，概括流行病特征，探究写作目的，从而深入探讨主题，理解文本的意义。	学生能够概括流行病的特征，分析标题的意义并表达对文本意义的理解。	10’ GW CW
在新情境下表达对流行病的看法和应对策略。	Activity 7 Ss work in groups and give a lecture on epidemics to our school's primary Ss on behalf of Biological Sciences Club.	通过创设新的情境，引导学生围绕主题和所形成的新的知识结构，表达个人观点和情感态度。	学生能够围绕主题和所形成的新的知识结构，展开概述、阐释、分析和评价，输出语言，表达态度和观点。	18’ GW CW

作业设计

作业名称	作业设计	大、小观念及目标关联
Writing assignment	Work in groups to polish the lecture on epidemics presented in class.	课时目标 4：在新情境下表达对流行病的看法和应对策略。 小观念 1：认识生物学的研究范畴及意义。 大观念：对生物学发展的认识、关注与思辨。

续表

教学反思与改进
本课优势： 1. 本课的教学设计遵循了六要素整合的英语学习活动观。以促进学生英语学科核心素养的发展为目标，围绕流行病这一主题语境，通过学习理解、应用实践、迁移创新等综合性、层次性、关联性、实践性，并融合了语言、思维和文化的活动，引导学生加深对人体生物学的理解。 2. 本课的教学有利于学生在相互关联的文本中习得语言知识，运用语言技能，评析语篇意义，探究主题意义，从而提高学生的知识建构能力、主题内容综合表达能力和迁移创造性表达的能力。 3. 本课的教学设计创设了自主探究的活动，该活动有助于激活学生已有的知识和经验，并尝试在新的语境中运用所学的关于流行病的语言和文化知识，分析问题、解决问题，创造性地表达个人观点、情感和态度。 4. 本课的教学环节中无论是让学生画文章结构图还是新的情境下引导学生围绕主题和所形成的新的知识结构，展开概述、阐释、分析和评价，输出语言，都促进了学生的创新思维和批判性思维的发展。 本课不足：在环节 6 中，教师引导学生探究写作目的和文本意义时，提问的学生数量不多，应该多提问一些学生，使覆盖面更广，同时教师在对学生的表达进行评价时只是单方面的，可以邀请其他学生进行评价，促使讨论更深入，文本意义的探究更全面。

(五) Writing Workshop

文本分析

【主题意义】

本课为写作课。学生通过阅读 Epidemics Explained 的概要短文，学习如何对生物学题材类的说明文进行概要写作，提升对语篇结构的分析能力，在读写过程中发展逻辑思维，提升理解判断和总结概括能力。

【What】

本课阅读文本为 Epidemics Explained 的概要范文，共分为四段。首段是对原文第一段和第二段的概述，介绍流行病的定义；第二段是对原文第三段至第六段的概述，介绍历史上几次重大流行病，包括暴发时间、地点、死亡人数、影响范围等；第三段是对原文第七段和第八段的概述，介绍 21 世纪两次严重的流行病；第四段是对原文第九段的概述，介绍全球联合抗疫。参考范文，完成 To Clone or Not to Clone 的概要写作。

【Why】

作者希望学生通过本课的学习，对比原课文和概要文本，分析概要文本的结构特点、内容要点及语言表达，了解概要写作的方法和技巧。参照范文，梳理课文 To Clone or Not to Clone 的结构和内容，撰写文本概要，科学严谨地传递文本信息。学生通过阅读原课文和概要文本，完成概要写作，在读写中了解人体研究的相关理论成果，认识生物学研究的意义，深度思考生物学的应用价值。

【How】

本课概述篇幅虽然较短，但是涵盖原文所有信息要点：流行病的定义、历史上重大流行病的介绍、21世纪两次严重的流行病简介、全球共同抗疫等内容。专家研究成果的引用、简洁明确的语言表述、时间年代的使用、具体数据的应用，都尽显科学类概要文本的严谨性和准确性，具有说服力。概要范文采用第三人称，体现了科学类说明文概要写作的客观性。概要描述中，作者使用了非谓语动词和定语从句详细地介绍流行病的定义、造成的危害等，如 causing a large number of deaths、called "The Black Death"、also known as、killing 50 million、recently discovered、the number of which、which occurred、which killed 等。此外，概要中也使用 at the start of the 21st century、globally 等过渡词来连接各语段。在举例介绍历史上较严重的流行病时使用了一般过去式，在介绍流行病定义及各国面对流行病应采取的共同举措时使用了一般现在时。

教学目标

在第一课时结束时，学生能够：

1. 通过阅读和对比 Epidemics Explained 的课文和概要文本，总结概要写作需要涵盖的原文信息；

2. 阅读课文 To Clone or Not to Clone，梳理结构，整合段落内容；

3. 分析词汇、句式特点，总结科技类概要说明文的语言特点；

4. 根据写作任务，列出写作提纲，完成初稿。

在第二课时结束时，学生能够：

1. 通过组内互评作文，进一步明确概要写作的结构和内容特点；

2. 根据分享和评价，借助互评获得建议，修改个人作文；

3. 结合本课和单元学习，深度认识流行病、克隆等生物技术的研究意义和应用价值。

教学重难点

【教学重点】

1. 阅读和对比 Epidemics Explained 的课文和概要文本，分析概要文本涵盖的原文信息；

2. 阅读课文 To Clone or Not to Clone，梳理课文结构，整合段落内容。

【教学难点】

1. 总结概括概要作文的结构、内容和语言特点；

2. 互评作文，提出修改意见，思考和提升个人作文；

3. 深度认识流行病、克隆等生物技术的研究意义和应用价值。

教学评价设计

活动	评价内容	评价指标	大、小观念及目标关联
活动 1：Having a discussion	小组活动，讨论英语概要写作的方法。	是否能联系已有知识介绍如何用英语进行概要写作？	课时目标 1：通过阅读和对比 Epidemics Explained 的课文和概要文本，总结概要写作需要涵盖的原文信息。 小观念 1：认识生物学的范畴及意义。 大观念：对生物学发展的认识、关注与思辨。
	语言	是否能使用本单元前面所学的语言表达？	
活动 2：Reading the text "Epidemics Explained" and the summary of it	阅读梳理原文和概要范文的结构，对比思考两个文本的区别。	1. 是否能归纳原文的结构，将要点信息与各部分匹配？ 2. 是否能总结概要范文各段的内容？ 3. 是否能对比分析概要范文的内容结构特点？	
	语言	是否能识别概要范文中提取的原文语言？	
活动 3：Reading the text "To Clone or Not to Clone"	梳理课文结构，概括各部分的主要内容，提炼信息要点。	是否能整合和概括课文内容，参考示例段落，提炼出其他段落的信息要点？	课时目标 2：阅读课文 To Clone or Not to Clone，梳理结构，整合段落内容。
	语言	是否能提取关键词句归纳各部分的主要内容？	
活动 4：Analysing the language use in the summary of "To Clone or Not to Clone"	关注范文的语体和语言运用，分析语言特点。	是否能分析归纳概要范文中的词汇和句式特点？	课时目标 3：分析词汇、句式特点，总结科学类概要说明文的语言特点。
	语言	是否能学习使用范文中的连接词、非谓语动词和定语从句？	
活动 5：Writing your summary	利用活动 3 和 4 的学习结果，进行 To Clone or Not to Clone 的概要写作。	是否能利用前面活动的学习成果，独立完成作文初稿？	课时目标 4：根据写作任务，列出写作提纲，完成初稿。
	语言	是否能利用从范文中学习的语言知识和表达方式进行写作？	

续表

活动	评价内容	评价指标	大、小观念及目标关联
活动 6：Having a discussion to review	讨论回顾概要作文的结构和内容要点。	是否能准确概述书写作文的各段主要内容？	课时目标 5：通过组内互评作文，进一步明确概要写作的结构和内容特点。
	语言	是否能运用原文的语言概述各段的信息点？	
活动 7：Group work：Assessing the writings	小组内互评作文，提供修改意见。	是否能参照 Peer Editing Sheet 互评作文，提出修改意见？	
	语言	是否能准确合理地使用课文中的词汇和句子？	
活动 8：Presenting and sharing	小组推荐展示，班级分享交流与评价，修改个人作文。	是否能在结构、内容、语言方面达到写作要求、实现写作目的？	课时目标 6：根据分享和评价，借助互评获得建议，修改个人作文。
	语言	是否能表达准确、语义连贯、有逻辑性？	
活动 9：Discussing and thinking	深度讨论思考，发表观点。	是否能结合本课和单元学习，深度思考问题，发表观点？	课时目标 7：结合本课和单元学习，深度认识流行病、克隆等生物技术的研究意义和应用价值。
	语言	是否能利用本课和单元学习的语言进行口语交流？	

教学过程

教学目标	教学活动与步骤	设计意图	效果评价	时间与互动模式
第一课时				
通过阅读和对比 Epidemics Explained 的课文和概要文本，总结概要写作需要涵盖的原文信息。	Activity 1 Ss work in groups and discuss： 1. What is important in writing a summary? 2. What should be included in the summary?	创设情境，引入主题，激活学生已有语言和概要写作的背景知识。	学生能够讨论、分享有关概要写作的方法和包含的内容要点。	3’ PW CW

续表

教学目标	教学活动与步骤	设计意图	效果评价	时间与互动模式
	Activity 2 Read "Epidemics Explained" and find out: 1. How many parts can it be divided into? 2. Which paragraphs may be included into each part? 3. What is the key information in each part?	阅读课文，梳理主要内容结构，概括各部分的要点。	学生可以将原文归纳为四个段落，将所给主题与各段落正确搭配。	6' PW CW
	Activity 3 1. Read the summary, find the main focus for each paragraph. 2. Compare the summary with the original text: (1)What information is included and what is left out? (2)What is the reason?	对比两篇文本，分析归纳概要范文的结构、内容和写作特点，获取科学类概要文章的基本信息。	学生能够发现原文和范文的不同，总结概要范文所包含的原文信息要点。	6' GW CW
阅读课文 To Clone or Not to Clone，梳理结构，整合段落内容。	Activity 4 Read "To Clone or Not to Clone" and answer the questions. 1. How many parts can it be divided into? 2. Which paragraphs may be included in each part? 3. What is the main idea of for each part?	引导学生阅读原文，总结课文结构，初步构思写作内容。	学生能够划分课文结构，归纳主题内容。借助示范，概括每个段落的主要信息。	6' PW CW
分析词汇、句式特点，总结科学类概要说明文的语言特点。	Activity 5 Analyse the use of words and sentences in the text: 1. When giving examples, what techniques does the writer use to make the description reliable? 2. What clauses are used to make the statements more vivid and accurate? 3. What linking words are used to make the article logical?	引导学生关注范文的语体、语言运用，为概要写作做语言准备。	学生能够发现举例介绍流行病历史事件时使用的数据、连接词、非谓语动词和复合句。	7' GW CW

续表

教学目标	教学活动与步骤	设计意图	效果评价	时间与互动模式
根据写作任务，列出写作提纲，初步完成初稿。	Activity 6 1. Complete and outline of each paragraph. 2. Write the first draft with the help of the outline and Writing Help.	利用纲要，进行课文概要写作，实现学习活动的应用实践和迁移创新。	学生能够借助分析概要范文在内容、结构和语言上的特点，独立完成作文初稿。	12' IW CW
	Read the text again and finish the first draft.	进一步阅读课文，修改初稿。	学生能够深入理解课文，明确概要作文结构内容，完成写作初稿。	10' IW CW
第二课时				
通过组内互评作文，进一步明确概要写作的结构和内容特点。	Activity 1 Work in pairs and review the structure and content of the writing summary. 1. How many parts are there in the text "To Clone or Not to Clone"? 2. What the main focus of each part?	创设情境，回忆写作结构内容，明确写作任务。	学生能够准确说出概要作文的结构和段落内容。	3' PW CW
	Activity 2 Assess the writings in each group: 1. Does the writer summarise the main idea of each section? 2. Does the writer use his/her own words to summarise? 3. Dose the writer include his/her own opinion? 4. Does the writer use transition words to link the writing?	学生根据 Peer Editing Sheet 组内互评与交流，发现他人写作中的优点，提出修改意见，思考个人作文可改进之处。	学生从结构、内容、语言方面小组互评作文，给予修改意见，思考如何提升个人作文。	16' PW GW

续表

教学目标	教学活动与步骤	设计意图	效果评价	时间与互动模式
根据分享和评价，借助互评获得建议，修改个人作文。	Activity 3 1. Present and share the example writing of each group in the class. 2. Discuss why they are well written and how to improve further. 3. Revise and polish their own summaries according to the suggestions and examples.	根据分享和评价，借助互评获得建议，修改作文，提升作文初稿质量。	在班级内展示小组优秀作文，师生点评，分享写作经验，学习借鉴优秀作文，修改个人作文。	16’ GW CW
结合本课和单元学习，深度认识流行病、克隆等生物技术的研究意义和应用价值。	Activity 4 Discuss the questions: 1. What is the purpose to study epidemics? 2. What do you think of cloning? 3. How can we make good use of human biology to serve us?	引导学生综合单元所学，形成本课的单元小观念，培养学生的语言能力、文化意识和思维品质。	学生能够讨论并发表个人观点，认识生物学的研究范畴和意义。	5’ GW CW
完成写作内容的修改。	Finish the second draft.	学生修改、提升作文内容、结构和语言。	学生能够参考范例和交流评价，修改个人作文。	10’ IW CW

作业设计

作业名称	作业设计	大、小观念及目标关联
Editing the draft	Read the text again and revise the first draft.	修改和完成作文的初稿。通过阅读和写作，认识流行病和克隆等生物技术的研究意义和应用价值。 小观念 1：认识生物学的范畴及意义。 大观念：对生物学发展的认识、关注与思辨。
Finishing the writing	According to the suggestions，sharing and evaluation，complete the writing of the summary.	修改并完成作文的终稿。结合写作和讨论交流，深度思考生物学的研究范畴和意义，形成本课的小观念，逐步建立单元大观念。

续表

教学反思与改进
本课优势： 1. 本课将碎片化的教学内容重新整合，从单元大的主题观念入手，设计不同层级的小观念，将单元主题渗透于每个课时的教学中，有助于深度学习的开展，引导学生开展高阶思维活动。 2. 创设符合学生实际的学习活动，将学习活动观的思想贯穿教学始终，同时整体设计学习活动，避免碎片化、无实效的活动，通过学习理解、应用实践、迁移创新等不同层次的语言、思维等活动，提升学习的质量。 3. 从学生学习的角度思考教学，设计符合学生学习需要的活动，根据学生的不同需求设置有层次的学习活动，满足学生的个性化学习需要，让学生在活动中学习语言并应用语言。 本课不足： 1. 学生对于文本的整合和概括能力还需提高，这需要在教学中关注学生的高级思维能力培养，教师要设置引发深度思考的问题和学习活动引导学生学习。 2. 写作过程中语言的应用仍然存在很多问题，词汇的使用、语法的应用、连接词的运用等无法做到准确、灵活，需要在今后的课堂教学中创设更真实的语境，让学生在不同情境中体会和运用语言，在用中学。 3. 尚未形成构建单元大、小观念的学习方式，学生能够梳理和理解阅读文本的主题，但是上升到课时小观念和单元整体大观念还有困难，推动单元大、小观念的联系还需不断优化，这需要在今后的课堂教学中通过教师设置合理的学习活动，引导学生逐步建立课时的小观念，最终形成单元大观念。

（六）Viewing Workshop

文本分析

Viewing Workshop 以“动物是否应该用于科学实验”的辩论为载体，深刻地呈现了批判性思考，正反双方唇枪舌剑，有理有据。希望通过本课的视听学习，学生能够分析辩论双方关于“动物是否应该用于科学实验”的论点和论据，并有理有据地表达自己对此社会现象的态度。

教学目标

在本课结束时，学生能够：

1. 通过观看视频，获取关于动物医学实验的事实性信息；

2. 梳理并总结电视节目中关于动物医学实验的不同观点；

3. 通过综合运用所学内容，针对“人类是否应该用动物进行医学实验”进行辩论，表达个人观点。

教学过程

教学目标	教师活动	学生活动	设计意图	时间与互动模式
通过观看视频，获取关于动物医学实验的事实性信息。	Activity 1 Ask Ss questions: What do you know about animal experiments? What are included in animal experiments? Do you think it is necessary to use animals in medical research? Why or why not?	Ss try to share their understanding of animal experiments, including what might be included in those experiments and whether they are for or against the idea.	创设情境，通过话题引入，引导学生讨论动物实验的定义和内容，初步探讨是否支持动物实验；学习积累相关话题词汇。	3' IW CW
	Activity 2 Play the first part of the video and ask Ss to take notes.	Ss watch the first part of the video and get the facts by taking notes.	引导学生通过笔记、记录关键词以捕捉重点事实性细节。	7' IW
梳理并总结电视节目中关于动物医学实验的不同观点	Activity 3 Play the second part of the video for three times, focusing on the main issues, different views, and the language used in the debate.	Watch part 2 of the video. Complete the "main issues" and Tina and Sam's different views.	提炼总结不同专家的观点，以及记录辩论语言。	7' IW
	Activity 4 Ask Ss to retell the main idea based on their notes and the table.	Use the table to retell the main ideas of the debate.	巩固内化视听内容，为课堂辩论做准备。	3' IW

续表

教学目标	教师活动	学生活动	设计意图	时间与互动模式
综合运用所学内容，开展辩论，表达个人观点。	Activity 5 Guide the Ss to work in groups and prepare for the debate.	Ss work in groups and gather different views. Then have a class debate.	引导学生在所观看视频的内容和语言支撑的基础上，表达自己的观点，形成小组辩论，针对“人类是否应该用动物进行医学实验”表达自己的观点，提升批判性思维。	25' CW
	Write a short passage to state your opinions: Who do you agree with, Tina or Simon? Why? What are your arguments?		落实课上所学及学生辩论的内容。	
教学反思				
总的说来，本课围绕“批判性思维”这一个层面进行设计，完成“辩证思考生物学的应用价值”这一小观念的落实——本课学生可以基于事实，对个人观点进行表达和论证，教师引导学生从提取文本信息，逐步提升到基于所学表达个人观点，进行有逻辑的表达。 在整节课的教学中，教师结合主题语境，不断复现有关词语，例如，在引入环节就提前铺垫动物实验的相关语块，视听环节关注关键词的理解，并有意识地促使学生在辩论中使用新学的词汇，解决学生因语言能力不足而不能有效支撑其思维表达需要的问题。再如，在视听的过程中引导学生学习和运用辩论时所用语言，为本课输出任务做语言铺垫。 总之，本课教学设计中教师对思维的培养从基础着手，通过层层递进的教学活动，注重将语言基础的学习和思维能力培养相融合，使学生在视听的过程中，除了获取知识和提升语言能力，思维品质也能在分析问题和解决问题的过程中得到发展。				

(七)Reading Club

文本分析

【主题意义】

本课作为本单元的拓展阅读课，旨在引导学生通过阅读进一步了解传统中医在现代人类生物学发达的背景下，继续发挥着提高人类生命质量、预防和治疗疾病等作用。同时，关注到 DNA 技术的应用价值：检测疾病、破案、鉴定身份。

【What】

Reading Club 1 是说明文体，中心话题是中医。本文介绍传统中医的历史、理念、疗效三个方面。文章第一部分作者介绍了中医的历史：中医诞生于中国古代，经过上千年，逐渐发展成独特的医疗体系。第二部分介绍了中医的理论即中医相信人脑、人体与环境之间相互作用。其中，传统中医理念包括：人体是更广阔的宇宙微缩；阴阳是两种相对且互补的力量，阴阳调和则身体健康，阴阳失衡则身体患病；金木水火土五种元素代表了所有现象，包括人生的阶段、身体运行原理等；气是一种全身流通的重要能量，在保持健康方面起到了重要作用。第三部分介绍了中医的常见治疗方式，包括药、针灸、呼吸、运动、按摩和饮食等。作者并未在文中阐述自己对于中医的观点，引发读者深入思考。Reading Club 2 是说明文体，中心话题是 DNA 检测技术。本文开篇介绍 DNA 检测除了用于检查疾病外，在其他方面也大有用途。文章接下来列举了 DNA 检测技术运用于破案和认定历史人物两个例子。

【Why】

通过阅读 Reading Club 1 让学生感知到中医是中华文明的瑰宝，是五千年文化的结晶。也希望学生通过阅读了解中医在预防疾病、治疗疾病、减缓疼痛、增强健康等方面的功效，从而燃起学习和研究中医的兴趣，保护好、发掘好、发展好、传承好中医宝库，服务于人类健康。通过阅读 Reading Club 2 希望学生通过阅读进一步明白技术的发展并非一帆风顺，在使用中难免引发争论，比如人类基因的隐私是否得到保护，作者并未就此给出明确答案，引发读者的深入思考。

【How】

Reading Club 1 为说明文，整体结构清晰。Reading Club 2 按照时间顺序描述了 DNA 如何帮助警察抓捕罪犯的过程。在描述该案例时，使用过去时态，如 was founded、questioned、couldn't identify、worked through、was arrested、was profiled 等。

教学目标

在本课结束时，学生能够：

1. 通过阅读标题和副标题来确定文本类型；
2. 获取、梳理、概括关于中医和 DNA 检测技术的主要内容与细节信息；
3. 用课堂所学的语言谈论中医和 DNA 检测技术；
4. 联系个人生活实际谈论中医和基因工程的前景。

教学重难点

1. 用课堂所学语言谈论中医和 DNA 检测技术；
2. 联系个人生活实际谈论中医和基因工程的前景。

教学评价设计

活动	评价内容	评价指标	大、小观念及目标关联
活动 1：Talk about TCM and DNA detectives	内容	1. 是否与中医话题相关？ 2. 是否与 DNA 检测技术相关？	课时目标 1：通过阅读标题和副标题来确定文本类型。 小观念 2：关注生物学的应用价值——关注中医的应用价值：治疗疾病、调理身体。 关注生物学的应用价值——关注 DNA 技术的应用价值：检测疾病、破案、鉴定身份。 大观念：对生物学发展的认识、关注与思辨。
活动 2：Predict and check	内容	是否能根据文章标题预测文章内容？ 预测内容是否和话题相关？ 是否能有逻辑、有条理地阐释作出此预测的原因？ 快速阅读后是否能概括总结出文章大意？	
活动 3：Read and answer questions	内容	是否能根据题目获取、概括、梳理相关信息？	课时目标 2：获取、梳理、概括关于中医和 DNA 检测技术的主要内容与细节信息。 小观念 2：关注生物学的应用价值——关注中医的应用价值：治疗疾病、调理身体。 关注生物学的应用价值——关注 DNA 技术的应用价值：检测疾病、破案、鉴定身份。 大观念：对生物学发展的认识、关注与思辨。
	语言	答案是否运用相关词汇？	
活动 4：Watch a video clip and have a group discussion	内容	是否基于文本信息整合性地输出关于中医和 DNA 检测技术的信息？ 是否基于文本和视频有逻辑、条理清晰地介绍中西医异同，并谈论自己对基因检测的观点？	课时目标 3：用课堂所学的语言谈论中医和 DNA 检测技术。 课时目标 4：联系个人生活实际谈论中医和 DNA 检测技术。 小观念 2：关注生物学的应用价值——关注中医的应用价值：治疗疾病、调理身体。 关注生物学的应用价值——关注 DNA 技术的应用价值：检测疾病、破案、鉴定身份。 大观念：对生物学发展的认识、关注与思辨。
	语言	是否能使用本课所学语言？	

续表

活动	评价内容	评价指标	大、小观念及目标关联
活动 5： Take part in Chaowai Talk Show	内容	是否基于文本信息整合性地输出关于中医和 DNA 检测技术的基本信息？ 是否基于文本信息整合性地输出关于中医和 DNA 检测技术的广泛应用？ 是否根据已学联系个人经验有逻辑、条理清晰地阐述自己对中医及 DNA 检测技术的看法？ 是否根据已学联系个人经验有逻辑、条理清晰地谈论自己对中医及 DNA 检测技术的未来发展趋势？	课时目标 3：用课堂所学的语言谈论中医和 DNA 检测技术。 课时目标 4：联系个人生活实际谈论中医和 DNA 检测技术。 小观念 2：关注生物学的应用价值——关注中医的应用价值：治疗疾病、调理身体。 关注生物学的应用价值——关注 DNA 技术的应用价值：检测疾病、破案、鉴定身份。 大观念：对生物学发展的认识、关注与思辨。
	语言	是否能使用本课所学语言？	

教学过程

教学目标	教学活动与步骤	设计意图	效果评价	时间与互动模式
根据文章标题预测内容。快速浏览，判断文章体裁和文章主题。	Activity 1 Ss answer the questions: 1. What do you know about Traditional Chinese Medicine (TCM)? 2. What is DNA? What do you know about it?	引入主题，形成阅读期待，在语境中激活学生对主题的兴趣。	学生能够产生对文章的兴趣。	3' CW
	Activity 2 Ss read the title and predict the content while T writes down the key words on the blackboard. Ss read the passage and check their prediction. Ss answer the questions: 1. What kind of article is this one? 2. What is this passage mainly talking about?	学生对内容进行预设，为提取和归纳基本信息做准备。同时，第一次略读文章，判断文章体裁，并找出文章主题。	学生能够根据文章标题预测文章的内容，并快速分辨该文章的主题和体裁。	5' IW CW

续表

教学目标	教学活动与步骤	设计意图	效果评价	时间与互动模式
通过回答问题完成文章的梳理、概括和整合。	Activity 3 Ss read the two passages again independently, and answer the following questions: 1. What is the result of the imbalance between the two opposing forces, yin and yang? 2. What is the function of the five elements? 3. What are the most popular TCM treatments? 4. In what aspects has DNA detective been used? 5. What were the difficulties faced in each of the two cases? 6. What have DNA detectives helped to find?	学生自主阅读，内化文本信息。完成对文章内容的理解和梳理，并根据问题获取、概括相关信息。	学生能够通过自主阅读，完成对文章内容的理解，通过回答问题获取、概括、梳理、内化文章信息。	7' IW CW
通过观看视频获取更多信息，进一步内化文章内容，输出相关信息，以此深化对文章的理解。	Activity 4 Ss watch a video clip about TCM and DNA detectives, and then Ss work with their teammates to have a discussion on the following questions: 1. What are the differences between Traditional Chinese Medicine and Western Medicine? 2. The wide application of DNA technology has brought benefits to human beings. However, as is mentioned in the video, it also causes public concerns. What is your attitude towards it? Use examples to support your ideas.	学生通过生生讨论这一活动，对比中西医异同，谈论自己对DNA检测技术应用的态度，加工文章主要信息，并整合性地输出。	学生能够基于对文章信息的理解，在观看相关视频后，通过小组合作的方式，将文本信息整合性地输出。	12' IW PW CW
通过思考中医和DNA检测技术在现实生活中的应用和作为学生如何促进这两项技术的发展，将文章所获得的信息与个人经历建立联系。	Activity 5 With all information above, Ss are going to take part in the voice of Chaowai talk show and talk about the TCM and DNA detectives. What is TCM/DNA detectives? What are the other applications of TCM/DNA detectives? How to promote TCM/DNA detectives as a student?	学生通过新情境的设置，进一步分析文本，并通过小组合作的方式，分享自己阅读后的体验和感悟，激发批判性思维和多元思维。	学生能够正确评判对生物技术的各种观点，创造性地表达自己的观点，具备多角度思考问题的能力。	13' IW PW CW

续表

<table>
<tr><td colspan="3">作业设计</td></tr>
<tr><td>作业名称</td><td>作业设计</td><td>大、小观念及目标关联</td></tr>
<tr><td>应用文</td><td>Suppose Jim, one of your foreign friends, is very interested in Traditional Chinese Medicine. He wrote to you to ask about it. Now please write back to him, introducing TCM and recommending one popular TCM treatment. The reasons for your recommendation are supposed to be included.
The wide application of DNA technology has brought benefits to human beings. However, as is mentioned in the video, it also causes public concerns. Write an essay within 100 words to:
1. introduce the applications of DNA technology;
2. introduce the problems it brings to us;
3. present your opinions towards it.</td><td>课时目标 3：用课堂所学语言谈论中医。
课时目标 4：联系个人生活实际谈论中医。
小观念 2：关注生物学的应用价值——关注中医的应用价值：治疗疾病、调理身体。
大观念：对生物学发展的认识、关注与思辨。</td></tr>
<tr><td>课堂自我评价</td><td>Write a reflection after completing this lesson. Consider the following:
1. What is your understanding of TCM and DNA detectives?
2. What text type have you learnt about?
3. What are its features?
4. What words, expressions and structures have you learnt?
5. What improvement have you made in understanding different cultures?
6. What improvement have you made in expressing opinions?</td><td>课时目标 1：通过阅读标题和副标题确定文本类型。
课时目标 3：用课堂所学语言谈论中医和 DNA 检测技术。
课时目标 4：联系个人生活实际谈论中医和 DNA 检测技术。
小观念 2：关注生物学的应用价值——关注中医的应用价值：治疗疾病、调理身体。
关注生物学的应用价值——关注 DNA 技术的应用价值：检测疾病、破案、鉴定身份。
大观念：对生物学发展的认识、关注与思辨。</td></tr>
<tr><td colspan="3">教学反思与改进</td></tr>
<tr><td colspan="3">本课尝试基于英语学习活动观和单元整体教学开展的阅读拓展教学活动，按照基于文本、深入文本、超越文本设计的教学环节，借助学习理解、应用实践、迁移创新等一系列体现单元整体性、综合性、关联性、实践性等特点的英语学习活动，增强学生的语言能力、文化意识、思维品质和学习能力。</td></tr>
</table>

(八)Project

单元活动分析

在完成本单元的学习后，教师期待学生围绕“对生物学发展的认识、关注与思辨”的大观念以及三个小观念产出静态和动态两类成果。静态是通过网络、报刊等媒介筛选出学生自己感兴趣的关于人类生物学的新技术和新发现，用英文写一篇文章来介绍它，该活动将显性地呈现学科育人的效果。动态是设计“是否要大力发展克隆技术”的英文辩论，该活动不仅能提升学生的思辨能力，而且有助于培养团队精神。

教学目标

在本课结束时，学生能够：

1. 通过搜集资料和同伴分享，关注生物学在生活中的应用价值；
2. 通过辩论赛的形式，提高学生对克隆技术的认识；
3. 在辩论和探究中，批判、评价克隆技术的优、缺点，辩证性地看待生物科技的发展，从而形成科学精神和科学态度。

教学重难点

【教学重点】

1. 通过搜集资料和同伴分享，关注生物学在生活中的应用价值；
2. 通过辩论赛的形式，提高学生对克隆技术的认识。

【教学难点】

在辩论和探究中，批判、评价克隆技术的优、缺点，辩证性地看待生物科技的发展，从而形成科学精神和科学态度。

教学评价设计

活动	评价内容	评价指标	大、小观念及目标关联
活动1：Sharing articles	人体生物学在生活中的应用。	是否能找到并介绍课本以外、更多的人体生物学在生活中应用的事例？	课时目标1：通过搜集资料和同伴分享，关注生物学在生活中的应用价值。 大观念：对生物学发展的认识、关注与思辨。
	语言	是否能使用本单元所学语言？	

续表

活动	评价内容	评价指标	大、小观念及目标关联
活动 2：Debating	对克隆技术的认识。	是否能清晰、有理有据地陈述对克隆技术的观点？ 是否能辩证性地看待生物科技的发展？	课时目标 2：通过辩论赛的形式，提高学生对克隆技术的认识。 课时目标 3：在辩论和探究中，批判、评价克隆技术的优、缺点，辩证性地看待生物科技的发展，从而形成科学精神和科学态度。 大观念：对生物学发展的认识、关注与思辨。
	语言	是否能使用本单元所学语言？	

教学过程

教学目标	教学活动与步骤	设计意图	效果评价	时间与互动模式
通过搜集资料和同伴分享，关注生物学在生活中的应用价值。	Activity 1 Ss search for information online about the application of human biology in daily life and write an article about it before the class.	以“校园科普周”为背景导入活动，学生收集有关人体生物学的相关信息和语言。	学生能通过网络等资源搜集到生活中应用到人体生物学的信息，并用英文写一篇文章来介绍它。	课前
	Activity 2 1. Ss share their articles in groups talking about the application of human biology. 2. Representative of each group presents their ideas.	交流信息，内化语言。	学生能够通过组内、班内分享，获取更多有关人体生物学在生活中应用的信息。	10’ GW CW
	Activity 3 Ss evaluate the performance of each group with evaluation form and by making oral comments.	引导学生在表达时关注语言、内容和结构。	学生能够就内容、语言、逻辑等方面客观地评价各组的成果。	6’ CW
通过辩论赛的形式，提高学生对克隆技术的认识。	Activity 4 Ss are informed of the English debate on “To Develop Clone Technology or Not” one week before the class and they prepare the arguments based on the text and information from the Internet.	内化文章内容，引导学生进行批判性思考。	学生能够在课内所学的基础上，形成自己的观点，并有逻辑地组织观点。	20’ IW GW

续表

教学目标	教学活动与步骤	设计意图	效果评价	时间与互动模式
在辩论和探究中，批判、评价克隆技术的优、缺点，辩证性地看待生物科技的发展，从而形成科学精神和科学态度。	Activity 5 Ss debate on the topic “To Develop Clone Technology or Not” from the pro side and con side.	在辩论和探究中，培养辩证思维。	学生能够批判性地评价克隆技术的优、缺点，辩证性地看待生物科技的发展。	
	Activity 6 Non-debaters and T vote according to their judgement and evaluation criteria to decide the result of the debate.	培养学生的思辨能力和科学精神。	学生能够通过评价，形成自己的观点和态度，从而形成科学精神和科学态度。	4’ CW

作业设计		
作业名称	作业设计	大、小观念及目标关联
Unit Summary	Ss make a summary of what they’ve learnt in this unit. They can either write a paragraph or draw a mind map.	单元大观念是对生物学发展的认识、关注与思辨。学生在这节课后，基于所学，通过文段写作或思维导图的形式，最终反馈对整个单元大观念的理解。

教学反思与改进
1. 在学习活动观的引领下，将自主学习、合作学习、探究学习等方式有效融合，发展多元思维和批判性思维，提高英语学习能力和运用能力。 2. 充分利用信息技术，促进信息技术与课程教学的深度融合，科学地组织和开展线上、线下混合教学，丰富课程资源，拓展学习渠道。

六、教学反思

(一)

完成本单元整体教学后，我对单元整体教学有了进一步的认识，在过程中要特别关注以下几方面。

1. 创设丰富的学习活动

《课标》提倡有层级的学习活动观，主张把对学生综合语言能力的培养融入不同层级的学习活动中，增强学生参与语言实践的深度与效果，真正发挥学生在语言学习过程中的主体作用。本单元以促进学生英语学科核心素养为发展目标，围绕“人体生物学”这一主题，通过学习理解、应用实践、迁移创新等综合性、关联性、实践性的活动，引导学生加深对人体生物学的理解。

2. 以探究主题意义为核心

《课标》提出英语课程应该把对主题意义的探究视为教与学的核心任务，并以此整合学习内容，引领学生语言能力、文化意识、思维品质和学习能力的融合发展。本单元围绕“人体生物学”这一主题，在教学过程中充分重视每个语篇的意义，侧重对各个语篇的归纳、分析、判断和推理，领会语篇的主题意义，在此基础上通过创设与主题意义密切相关的语境来引领和统筹教学活动，使学生能够获得对文本和相关主题的深层理解，并自发地运用目标语言，从而实现综合语言运用能力的发展，培养学科核心素养。

3. 关注学生思维品质的培养

《课标》将思维品质确立为英语学科核心素养的重要组成部分，是学生必备的关键能力，这将思维品质的培养提高到前所未有的高度，突出了英语学科的育人价值。本单元在实施过程中注重学思结合，分析“流行病发展特点”、评价“克隆技术的影响”和想象“如何应对流行病”等一系列活动，使学生在认知冲突中激发参与欲望，在自主建构中形成思维互动，在自我监控中发展反思意识，在应用迁移中培养解决问题的能力，从而提升学生的思维品质。

崔丽伟

（二）

我对于单元各课之间的关联有了更加清晰的认识，本节视听课在单元整体教学设计中落实了“辩证思考生物学的应用价值”这一小观念。整个单元探讨生物学的研究目标、范畴和意义，引导学生先认识生物学进而关注生物学，而本课是基于单元之前所学内容提出自己对于生物学和新科技的批判性的思考，是思维层次从低阶到高阶的过程。本课是以“动物是否应该用于科学实验”的辩论为载体，更深刻地呈现了批判性思考，学生在视频内容和语言支撑的基础上，表达自己的观点，最终形成人类科技发展与伦理道德关系的思考：在科技进步的背景下，人类的发展是要打破还是要遵循伦理和自然规律？

基于以上对于单元整体目标和大、小观念以及本课在单元整体教学中位置与关联的分析，并经过几轮的备课和修改打磨，我体会到对于文本的深层挖掘尤为重要，课堂教学不能停留在完成教材上设计的教学任务的表面，而是要对教材文本进行深入思考，从文本的内容及意义、文本的语言等方面，透彻分析，储备充足的文本分析内容和语用知识，这样才能在课堂上对学生进行有意识的恰当引导。就本节视听课而言，备课的过程中，首先，对于教材中提供的文本，我从内容、语言等方面进行分析。其次，我对于该辩论的话题进行了深入的调查，通过查找网络资源，结合学情，提供了相应内容的补充，以帮助学生更好地了解动物实验的主要内容及其利弊。最后，我分析文本中辩论的形式、辩论的语言、交际得体性等，强调语用层面如何在得体、有礼貌的前提下有理有据地表达自己的观点和态度。

此外，课堂上要注重将语言基础的学习和思维能力的培养相融合，在整节课的教学中，我结合主题语境，不断复现有关词语。例如，在引入环节就提前铺垫动物实验的相关语块，视听环节关注关键词的理解，在视听的过程中引导学生学习和运用辩论时所用语言，均是为本课输出任务做语言铺垫。通过有意识地促使学生在辩论中使用新学的词语，解决学生因语言能力不足而不能有效支撑其思维表达需要的问题。

何维

（三）

我在参与此次单元整体教学设计的过程中，收获很多。

首先，本节课让我对单元整体教学有了新的感悟。通过对单元大、小观念的提炼，可以非常明确本单元的育人价值；通过对本单元大观念的分析与单元目标的设定可以更加清晰地聚焦到每课时小观念的目标定位，使教与学在单元整体框架下，更加有逻辑，有深度及广度；在制订与规划单元学习目标后，可以明晰单元发展路径，加深对于每一节课的认识与定位；通过教师基于单元目标开发的学习活动和评价活动，形成语言迁移及应用能力，生成对于话题内容新的认知与价值判断。因此，在实践活动中要不断尝试单元整体的教学方法，真正促进教与学的双向成长。

其次，在教学设计一次次的打磨提升中，我对教学活动有了更加深刻的认识。第一，加强教学环节之间的逻辑性。对于课堂教学中最终的任务输出——脱口秀，在第一版教学设计中就已形成，但对于话题引入环节，却经历了多次变化与修改。第一版设计以大脑为出发点，介绍 Brain 的几个小词组，但这些小词组与授课内容关联不大，感觉绕了很多圈才回到正题，效果欠佳。第二版以大脑的一些有趣常识为背景，通过六句话的层层推进，让大家猜出核心概念 Brain Power。与此同时，渗透认为比较重要的课堂目标词汇。但在这个过程中，学生已有的知识储备不能被很好地激发出来，而且猜词游戏也没有起到很好的猜词作用。于是，在第三版的设计中，便开门见山，先引出本课堂的终极综合任务，告诉学生若想参加脱口秀，需要知道“What is our brain?”“the way to improve our brain”和“speech skill”这三大模块。在介绍完三大模块，自然聚焦到第一模块“What is our brain?”，从而激发学生已有知识，渗透目标词汇。学生在引入过程中可以形成较强的目标意识，同时可以很好地将已有知识激发出来。第二，构建提取信息的结构化意识。在听力任务中，第一版以段落填空形式提取细节信息。第二版改为框架填空形式，这样可以使信息结构化，建立起构建信息的逻辑意识。第三，创建真实而有意义的学习活动。对于听力过程中的小任务——复述演讲，在第一版的设计中为单纯复述已获取的目标信息，但实践后感觉有些空洞，实际意义不大。第二版改成“为今日请假的同学介绍学习到的大脑知识”，这样可以让情境真实化，从而创建起具有真实意义的学习活动。第四，设计精准化的教学指令。在讲授 speech skill 时，第一版设计的教学指令为“How can we deliver the information effectively? ”，在此基础上再添加小标题，“Make your speech more fluency, interactive and attractive.”。这样的指令设计，大标题就是无效信息，小标题又有三方面指向，指令不明晰，重点不突出。第二版便直接将指令改成“How can we make the speech more interactive? ”，这样可以使任务更加精准化，指令直击要害。第五，实现任务去碎片化，突出目标任务。在听完第二篇听力材料，讨论如何增强脑力的方法时，第一版的设计为多个问题步步引导，先让学生思考增强脑力的有效方法，再给出增强脑力的补充材料，最后再让学生讨论健脑方法是否有效。这样的操作会让听后输出过程变得漫长，节奏也十分拖沓，从而影响课堂的教学重点。第二版改为只讨论一个问题，即“你眼中增强脑力的有效方法”，但在课堂实施之后，依然感觉输出环节不够精致。于是在第三版中，取消了所有讨论环节。因为在综合性大任务中，学生会有类似的思考与输出，这样让任务去碎片化，合并任务，使得输出目标明确。第六，细化目标任务指令，让任务落地。在终极任务的实施环节中，一开始仅仅为学生提供简单的分工指令，但这样无法让每一位学生有质量、有深度、有广度地完成目标任务。因此，在第二版设计中准备了角色扮演卡，从而细化学生任务，有利于任务落地，让学生更清晰且精细地完成任务。

最后，在这次学习实践的过程中，我深刻体会到运用单元整体教学方法的魅力。在接下来的教学活动中，我将不断反思、不断尝试，在教与学的过程中，立足学情，科学运用单元整体设计理念，不断提升学生的语言能力、文化意识、思维品质及学习能力，将发展学生的学科核心素养落到实处。

武岳

(四)

1. 开展以终为始的教学设计

单元整体教学设计从宏观的教育目标到中观的教学目标再到微观的课程目标，将大观念、大单元思想进行落实。它与传统的教学设计截然不同，具体到课时教学设计，是从学习结果开始的逆向思考。和以往从“输入端”开始思考的传统教学设计不同，它是在系统管理和整合教学内容、搭建教学内容内在联系的基础上，以达成目标为出发点的逆向思考，更加强调学生如何“学”与“用”。在英语学科核心素养的培养目标下，我们需要转变教学设计观念，从单元整体主题意义与单元内文本的内在逻辑关系的角度来思考如何进行单元设计和课时设计。以 Reading Club 为例，Reading Club 1 介绍古代中国智慧——传统中医的历史、原理、治疗，评价其在调理身体、治疗疾病等方面的功效；Reading Club 2 谈论现代基因工程——DNA 测试技术在检测疾病、破案、判断历史名人身份等方面的作用，借助网络搜集 DNA 技术的其他使用。这两个文本提炼出的小观念——关注生物学的应用价值，而这个课时小观念是为了帮助学生理解单元大观念——对生物学发展的认识、关注与思辨服务的，只有学生了解并关注了生物学发展的具体信息及生物学的应用价值，才能激起对这个话题的思辨能力。因此我先确定了本节课的教学目标，并根据教学目标设计教学活动。

学生通过小组讨论，谈论中医和DNA技术的应用并阐述作为学生如何宣传这两种技术。这个教学活动既实现了课时目标，也体现了单元的大、小观念。

2. 如何设定单元整体教学目标

(1)注重挖掘单元育人功能

学科大观念是隐性的，暗含在教材内容中，指向学科具体知识背后更为本质的内容，因此，我们要深挖教材本身所蕴含的丰富育人价值，并以此作为确立单元大观念的基石。本单元围绕 Human Biology 这一主题展开，我就应关注人类生物学单元内各文本之间的联系。因此，我设计的活动在生物学主题引领下层层递进，在单元学习中帮助学生建构形成对生物学的初步认识、对生物学应用的深入理解、对生物学的理性分析，从而推动学生理性看待科学的发展与应用核心素养在课堂的落地。

(2)建立大、小观念的关联

挖掘完单元的育人功能，我们还要建立大、小观念之间的关联。我要从教材出发，深入研读各语篇内容，围绕大观念梳理单元各板块的核心育人价值，提炼出各板块内容之间的小观念，建立大、小观念之间的逻辑关系，建构指向单元大观念的框架图。

(3)依托单元大、小观念，规划单元目标

在完成对单元大、小观念的提炼后，我在制订单元学习目标时依托单元的大、小观念，以单元框架内容为导向，确保在各语篇教学中落实大、小观念，实现学科素养目标。

反思之前设计的教学目标，我常常“因小失大”，片面地强调课时目标，而忽略了单元整体目标的重要性。单元整体教学是一个整合的过程，单元目标不容忽视，因为它是所有课时目标的终点。学生高阶思维要求目标归类中不仅要涉及认知维度回忆、理解层面，还要深入到评价、创造层面，帮助学生学会深度学习，深层思考学习材料，实现大观念的顶层设计要求。因此在教学目标的定位上，我把以前“了解知识、理解知识和记忆知识”的目标，转变为对学科核心素养的关键能力培养，通过培养学生的必备品格和价值观，发展学生的能力、活化学生的思维，使得我们最终制订出的单元目标可以体现语言能力、文化意识、思维品质和学习能力的融合发展，反映学生学习后形成的新的认知、态度、价值判断和行为选择。

杨睿

(五)

1. 对课堂教学的新感悟

在单元整体指导思想与设计理念的引领下，教师和学生的角色都发生了巨大变化。教师由“知识的传授者”转变为“教学活动的设计者和策划者”。作为整堂课的“导演”，教师需先确定好教学内容，清楚重、难点，了解学情。在此基础上，既要有单元整体的宏观设计和目标，又要运用创造性的教学思维，激活教材内容，保证微观上各个教学活动环环相扣、有序推进。而学生也由以往“知识的接收者”转变为“知识的生成者、思想的创造者”。学生在真实的情境中，更容易激发出语言和思维的潜能，通过体验、领会教材提供的知识和信息，主动思考、大胆实践。在此过程中，学生习得了语言知识同时提高了自身的批判性思维和创新能力。本单元的话题是“人体生物学”，学生对该主题有一些了解，但是大部分人体生物学知识仍是学生的未知领域。我将主题意义的探究作为核心任务，通过设计与学生生活紧密联系的子话题，充分激发学生的好奇心，带动学生开展语言知识的学习和语言技能的提升。

2. 对厘清单元各课之间的关联、设计教学过程、设定整体教学目标等方面的提升

在单元整体教学的背景下，单一、孤立地设计某一节课已经没有太大意义了。在单元大观念的统领下，每个单元又会分为若干个小观念，每课的内容都与之相关，且可能出现局部重合。这就需要我在备课时充分发挥主观能动性，找到大观念和小观念之间、小观念与小观念之间的内在逻辑关系，并且找到一个最为恰当的角度切入。这样的单元教学设计才是有机的统一体，不仅教师非常清楚自己在教什么，学生也会随着单元内容的展开明确自己在学什么。

单元整体教学设计中至关重要的一步是教学目标的设定。基于大观念的单元整体教学目标统领着各个课时的目标。我在课程设计上紧紧把握“目标意识”。所有的教学活动围绕单元整体教学目标来设计，在这个过程中，我要敢于并且善于根据学生的学情，将教材内容进行有机整合与取舍。例如，本单元中 Topic Talk、Lesson 2、Lesson 3 以及 Writing Workshop 关注的是生物学研究范畴和研究意义，Reading Club 关注的是生物学的应用，而 Lesson 1 和 Viewing Workshop 则更深入地、辩证地思考生物学的应用价值。因此，本单元围绕生物学的不同方面进行内容上的整合，最终实现对单元主题意义的探究。

3. 对今后教学的启发

在进行单元整体教学设计的实践过程中，我更加深刻地认识到学生的英语学习不再是对已知世界的简单重复，而是帮助学生打开未知世界大门的钥匙。学生思维能力的发展和语言的学习是相辅相成、相得益彰的。要达成这样的目标，教学活动的设计是关键。设计什么样的活动才能让学生既落实了语言知识，又提升了核心素养呢？大观念引领下的单元整体教学设计给我们指明了方向，但是具体的活动仍是需要教师不断思考、揣摩、实践、总结的。为此我将在实践中学习，在学习中反思，将备教材、备学生、备方法三者结合在一起，整合教学信息，寻求更有效的教学形式和方法，让学生真正体会到语言的人文性和工具性，从单纯的语言学习走向更高层次的意义的理解和思维的发展。

张婷婷

(六)

本节课是本单元的写作课，是基于单元两篇阅读文本的概要写作。通过本课的学习，让学生阅读课文范例，分析范例中的内容、结构和语言等特点，了解概要写作的

特点，完成写作练习。学生在阅读 Epidemic Explained 的概要范例后，可以学习到如何对生物学体裁类的说明文进行概要写作，提升对语篇结构的分析能力，在读写过程中发展理解判断、总结概括和逻辑思维的能力。在教学中，按照教材的教学活动设计开展课堂教学，学生通过阅读、分析、讨论、写作等活动，完成了写作的初稿，依照学习活动中框架构建的表格填充，很容易地完成对于 Epidemics Explained 原有课文的结构分析，并以此为参照，高效地完成对于 To Clone or Not to Clone 概要写作的结构分析。在教学过程中，我发现学生可以较好地完成此部分的学习活动，但是在对于段落具体内容的简单概括和语言使用上还是缺少凝练和准确性，这些都是在此前的阅读和分析过程中缺少对范例文本更为细致、具体的阅读、理解和分析造成的。

1. 对教学过程的思考及二次设计

(1)课堂教学中，新课导入阶段通过小组讨论，介绍概要写作的方法。虽然在之前的教材中进行过概要写作的学习和练习，本单元是同类型写作课的延续，但是由于时间间隔较长和话题的熟悉度偏低等因素，所以在课堂教学中学生参与的积极性并不高，提出的写作建议较少，缺少写作活动的可实施性。

二次设计：课前挑选一名写作基础较好的同学，完成 Epidemics Explained 一课课文的概要，上课伊始，让学生针对这位学生的作文进行小组讨论，对该作文评价，重点指出在哪些方面可以进行改进。通过这样的设计，学生一方面可以联系自己的学习经验，从同学的作文中学习好的写作方法，另一方面可以在阅读写作范例后进行对比，增加学生对于概要写作在内容、结构、语言等方面更全面和深入的理解。

(2)在分析范文语篇结构、内容和语言活动中，虽然学生通过阅读寻找服务于主题、逻辑等方面的词汇、句子和连接词句等，但是学生在开展写作时不会将学习到的知识应用于写作实践中，缺少理论与实践的结合。

二次设计：将课文 To Clone or Not to Clone 一课的第一部分当作范例，在学生进行写作练习时，保证内容的同时，将范例文本中学习到的写作方法和词汇应用等技巧合理使用，关注词汇的准确性，注意文段内和文段间的逻辑关联。

2. 对今后教学的启发

语篇是英语教学的基础资源，赋予语言学习以主题、情境和内容，尤其是特有的逻辑结构、文体特征和语言形式，以及服务于主题意义的表达。所以从本节课的教学效果分析，我在备课阶段对于本课的教学分析还是不足，语篇研读不够深入，所以设计的教学活动虽然是依据教材开展，但是缺少对于学生、学习内容和教材的整体和多角度的分析。所以，我在教学设计时，在把握主题意义的前提下，应该创设学习活动，指导学生分析文体特征和语言特点及其与主题意义的关联，课时的小观念服务于单元的大观念，完成教学目标，将核心素养落实到课堂教学中。

赵志成

(七)

本节课我初次运用大观念的理念设计，并在单元整体教学设计的基础上进行课堂实施。因此，对学生和我都是一次全新的挑战。

挑战一：教材现成的写作课和基于单元大观念主题下的写作是否重复?

改变一：教材在 Writing Workshop 板块中详细地提供了过程性写作的范式，比如本单元呈现科学报告的概要写作，旨在教会学生了解概要写作的步骤并完成对较长文章的凝练，教材设计的初衷是为学术写作奠定基础。然而，在实际教学中，经过教师和学生对本单元各篇章的梳理和整合，提炼出单元大观念——对生物学发展的认识、关注与思辨。所以，本课正是通过读写结合的方式实现大观念下的小观念 3：梳理并描述克隆技术的艰辛发展历程，分析克隆技术的利与弊，分析作者对克隆技术的观点，阐述自己对是否克隆的观点，运用批判性思维看待克隆技术。同时，原有的教材写作课起到承载大观念下的小观念 1 的作用。

实践证明，学生对克隆话题十分感兴趣，课外查阅大量中英文资料，课上运用议论文特有的行文结构、语言、论证微技能充分、自如、有说服力地表达个性想法，有力地体现了运用学科思维的能力，形成了英语核心素养。

挑战二：如何选择写作评价方式?

改变二：传统的写作评价方式以教师为主要的评价者，一堂写作课上纠错、评分、范文展示占了大量时间，这样无疑会忽视学生创作的过程和学生的主观能动性。本节课尝试教、学、评一体化的评价方式，刚开始的确不太适应，但是经过反复磨课、试课，教师和学生都喜欢上了这种方式。师生开展阅读活动时，我引导学生挖掘写作评价要素，比如结构、写作手法、语言，并显性地呈现在黑板上；接下来的写作环节，学生会主动运用自己讨论出来的评价要素，自然地融入到作文表达中，甚至在同伴评价时能自觉地参照评价表对同学的文章进行多维度的反馈。

事实证明，通过整合教学与评价，评价不再凌驾于教学之上或游离于教学之外，而是融入教学之中，成为教学的有机组成部分，促进学生学科核心素养的逐步形成与发展。

周亚楠

七、案例点评

北京市朝阳区高中英语周亚楠团队的七位教师开展了基于大观念的单元整体教学设计的尝试，团队教师围绕 Human Biology 进行设计，取得了以下专业发展的变化和进步。

教师们实施单元整体教学设计后，在教师观、学生观、教材观等层面发生了以下变化。首先，教师观的体现由重“教”转向重“学”，即侧重向学生进行知识传授转向帮助学生学习、运用知识，发展语言运用能力，形成内在素养，落实立德树人根本任务。如周亚楠老师在设计 Lesson 1 To Clone or Not to Clone 阅读的第二课时读写结合课之初，教学目标是通过提供更多与克隆相关的话题，为学生补充阅读文本，教学生更多教材文本以外议论文的论证方法，但最终教师把教学目标改为：1. 通过阅读有关克隆观点的段落，梳理议论文的结构框架、写作手法和语言表达；2. 通过讨论有关克隆技术的新闻报道，深入分析克隆技术的利与弊，内化写作手法和语言表达；3. 通过给校刊投稿的写作方式，熟练地使用议论文的语篇特征，培养思辨能力(对生物学的应用价值形成理性思考能力)。周老师引导学生阅读有关克隆观点的重点段落，让学生能够梳理议论文的结构框架、写作手法和语言表达。教学目标的转变反映出教师教学设计理念的根本性改变，即从教师如何泛泛地教授更多转向教师如何引导学生聚焦重点内容，学习更深、领悟更透、运用更多，进而实现深度学习目标。

其次，学生观发生质的变化，以生为本，重视、理解、尊重、爱护学生；教学的逻辑起点着眼于学生，即为学生学习而设计教学，体现统揽全局、整体优化、循序操作、层层落实、减负增效的理念；在课堂教学中引导学生深入文本，发展思维，有效解决学生课堂中的生成性问题，关注学生的进步和发展，让授课变成学课。如武岳老师在 Brain Power 听说课的导入环节前后经历了三次变化：第一次以大脑为出发点，介绍了 Brain 的几个小词组，但这些小词组与授课内容关联不大，费时费力，效果欠佳。第二次设计了一个与 Brain Power 相关的猜词游戏，通过六个问题，让学生猜出核心词 Brain Power，但学生已有知识储备与积极性未能被很好地激发出来。第三次教师开门见山，引出本课堂的终极任务：学生要以主持人、嘉宾等角色参加学校举办的关于如何提升 Brain Power 的脱口秀。学生为了完成好脱口秀，就需要知道什么是“our brain”“the way to improve our brain”和“speech skill”这三部分内容，带着任务的真实学习需求，把学生自然带入学习进程。教师引领学生听后获取、梳理、概括有关人类大脑机能与增强脑力的主要内容与细节信息，帮助学生系统了解“our brain”的内涵。但如果要参加脱口秀还需要演讲技巧，于是教师继续引导学生听后分析并总结文本讲座中演讲者所用的交际性演讲技能。最后，为了达到脱口秀的真实性，教师启发学生结合自身经历，补充听力文本以外的增强脑力的有效方法。有了前期这三大板块的扎实学习，学生运用听力文本相关表达及演讲技能，成功举办了校园脱口秀节目，从多角度介绍大脑的相关知识。整节课设计在课堂实施中取得很大成功，这主要源于教师从一开始的导入环节到最后的脱口秀，每一个教学活动都能从学生的实际出发，明确学生的已有经验和已有知识储备，并在此基础上，逐渐加大难度，逐层提升能力，最终提升了学生的语言理解和语言运用能力。

此外，基于大观念的单元整体教学设计(见下图)帮助教师树立了新的教材观：以前是“书本”思想，教材当成“东西”，学生当成“容器”，教师是“搬运工”，教学过程就是教师把教材里的东西搬进学生的容器里的过程，是封闭的、固化的；现在实施单元整体教学设计后，更突显“人本”思想，教材是教学资源，教学过程是教师灵活使用教材的过程。教师研读透彻整个单元中的全部文本后，寻找文本间的内在逻辑关联，提炼出若干小观念，再将小观念提炼为更加上位的单元大观念，然后从大、小观念的角度引导学生进行自主构建、合作学习和探究学习，学生的学习热情在单元主题意义探究过程中被点燃，课堂是灵动的、有生命力的，学生们迸发出各种鲜活思想与创意，不断带给教师种种惊喜，教学效益得到极大提升。

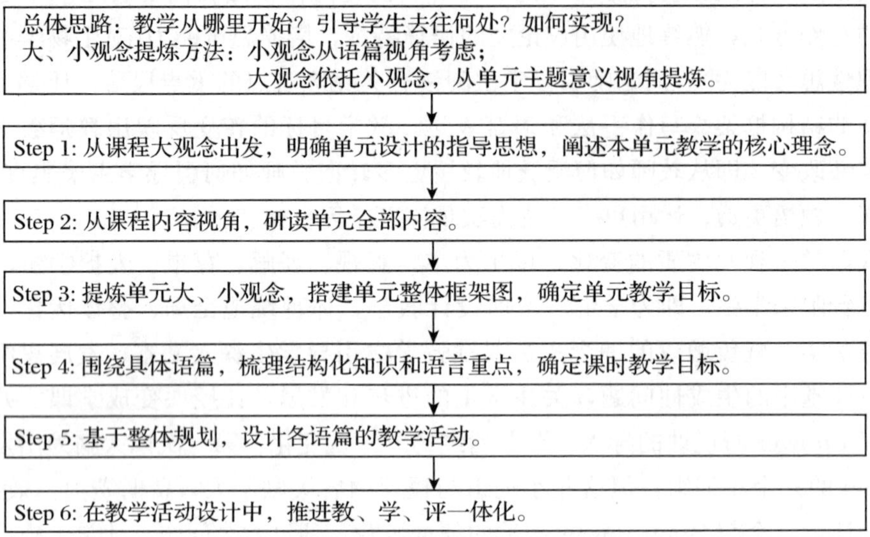

基于大观念的单元整体教学设计流程图

后 记

本书以《普通高中英语课程标准(2017年版2020年修订)》为依据，立足于英语学科本质，明确英语学科工具性和人文性的双重性质，基于英语学科大观念阐释单元整体教学的内涵与特征，以英语学习活动观为路径，倡导实施关联整合的单元深度教学，以发展和培养学生的英语学科核心素养为目标，提供单元整体教学设计的系统思路，并以丰富的案例展现核心素养导向的高中英语单元整体教学设计的方法与策略。希望本书能够对高中英语教师实施单元整体教学有所帮助，以达到深化英语课程改革的目的，切实体现英语学科的育人价值。

本书的理论部分来源于《课程·教材·教法》2020年"基于大观念的英语学科教学设计探析"、《中小学外语教学》2021年"基于大观念的高中英语单元整体教学设计""指向英语学科核心素养的英语学习活动观——内涵、架构、优势、学理基础及实践初效"、《外语教育研究前沿》2021年"指向深度学习的高中英语单元整体教学设计"、《教学月刊·中学版》(外语教学)2022年"大观念对英语学科落实育人导向课程目标的意义与价值"等文章；单元整体教学设计有的来自一线骨干英语教师的教学实践案例，有的来自北京师范大学外文学院研究生的微格教学实践案例，大部分教学设计都是经过教学实践检验的。

除了提供案例的骨干教师、教研员和研究生外，为本书提供理论支持和实践案例指导的还有(按姓氏音序排列)蒋京丽、李雪如、李珍珠、钱小芳、孙万磊、吴昊、闫赤兵、张宏丽、赵连杰、周密等，在此一并表示衷心的感谢。本书适合为高中英语教师、英语教育研究者、英语课程与教学论专业研究生、英语(师范)专业高年级本科生提供参考和借鉴。

真诚地希望读者对本书提出宝贵的意见和建议，更希望广大一线教师在教学实践中，积极探索，勇于创新，勤于总结，共同推进单元整体教学的实施与发展。

王蔷

2023年12月于北京